内蒙古师范大学60周年校庆
学术著作出版基金资助出版

教育部人文社会科学研究项目基金项目（项目号08JA880034）
内蒙古自治区高等学校科研重点项目（项目号NJSZ07023）成果

《教育杂志》与近代教育考论

JIAOYU ZAZHI YU JINDAI JIAOYU KAOLUN

王有亮 著

中央民族大学出版社
China Minzu University Press

图书在版编目（CIP）数据

《教育杂志》与近代教育考论/王有亮著. —北京：中央民族大学出版社，2012.6
ISBN 978-7-5660-0250-1

Ⅰ. ①教… Ⅱ. ①王… Ⅲ. ①教育—期刊—研究—中国②教育史—研究—中国—近代 Ⅳ. ①G52-55

中国版本图书馆 CIP 数据核字（2012）第 144403 号

《教育杂志》与近代教育考论

作　　者　王有亮
责任编辑　娜木罕
封面设计　汤建军
出 版 者　中央民族大学出版社
　　　　　北京市海淀区中关村南大街 27 号　邮编：100081
　　　　　电话：68472815（发行部）　传真：68932751（发行部）
　　　　　　　　68932218（总编室）　　　　68932447（办公室）
发 行 者　全国各地新华书店
印 刷 厂　北京春飞无限彩色印刷技术有限公司
开　　本　787×1092（毫米）　1/16　印张：20.25
字　　数　320 千字
版　　次　2012 年 6 月第 1 版　2012 年 6 月第 1 次印刷
书　　号　ISBN 978-7-5660-0250-1
定　　价　56.00 元

目 录

导　言

一、研究的缘起与意义

《教育杂志》[①] 是上海商务印书馆于 1909 年 2 月创办的专业教育刊物，于 1948 年 12 月终刊。其中于 1932 年 1 月和 1941 年 12 月两度停刊，又分别于 1934 年 9 月和 1947 年 7 月复刊。该刊为月刊，前 3 年按“年、期”编排顺序，从第 4 年起改为按“卷、号”排序。一般情况下每月 1 期，但第 1 年由于按阴历有闰月，所以出了 13 期。1934 年是 9 月复刊的，第 24 卷只出了 4 期，1941 年 12 月停刊，因而第 31 卷出了 11 期。1947 年是 7 月复刊的，第 32 卷出了 6 期。又，第 27 卷 9、10 期以及 11、12 期为合刊。[②] 这样《教育杂志》从 1909 年 2 月创刊到 1948 年 12 月终刊的 40 年中实际出刊 31 年零 7 个月，共出正刊 33 卷、382 期、380 册。《教育杂志》还出版了 3 期增刊和号外，分别是：1911 年的临时增刊《世界教育状况》一册，1914 年第 6 卷临时增刊《教育研究实用主义问题》和 1922 年第 14 卷号外《学制课程研究号》。此外，《教育杂志》还出版了《教育杂志补编》（1909—1922 年）10 卷，[③] 1936 年出版了《教育杂志索引》（1—23 卷和 24—25 卷）

① 在 20 世纪初叶，以《教育杂志》为名的刊物不少于 6 种。直隶学务处于 1905 年在天津创办过同名杂志，1907 年改为《直隶教育杂志》，1909 年改为《直隶教育官报》，发行至 1911 年。奉天学务公所于 1912—1913 年、安徽省教育会于 1915 年、广东梅县教育会于 1915—1917 年、武昌师范大学于 1923 年前后，均出版过同名刊物。

② 在《中国近代期刊篇目汇录》第 2 卷（下）对《教育杂志》所作的注释中称《教育杂志》“第 1 卷出 13 期，第 24 卷出 4 期，其余各卷都出 12 期”。此说后被杨建华在其博士论文《中国近代教育期刊与近代教育发展》中采用。关于《教育杂志》卷期数的这一说明并不准确。

③ 关于曾出版《教育杂志补编》10 卷的说法最早见于陈科美主编的《上海近代教育史》。但笔者在国家图书馆和北京师大图书馆查找，至今未曾发现这 10 卷本补编。在王云五为台湾商务印书馆《景印教育杂志旧刊全部》（原书名即为“景印”，作者注）所撰写的序言中全面回顾了《教育杂志》的出版情况，但也未提到补编一事。

两册。

除期刊外，《教育杂志》社还编辑出版了教育丛著共86种100册。教育丛著系将《教育杂志》第1卷至第16卷中的重要撰著分类编辑而成。按当时的出版预告称，“凡关于教育原理、教育行政、教育实际设施，以及各种教学法、各种测验等，无不兼收并蓄，可算是一部最完备最通俗的教育百科小丛书”。编撰者有二百余人之多，大多系国内外教育界知名之士。关于教育杂志社曾经出版过的这套丛书，现在已经少有人提及了。

《教育杂志》在中国教育期刊史上占有十分突出的地位，最具代表性。表现在以下几个方面：

第一，刊期最长。刊期长短是一份刊物能否产生影响、能产生多大影响的一个重要条件。教育期刊对于教育发展的作用不管有多重要，但一个仅出一年半载、三期五期的刊物也很难说能产生多少实际的影响。《教育杂志》从创刊至终刊，前后绵延40年，虽中间曾两度停刊，实际出刊仍达33载。它是我国近代第一份教育期刊《教育世界》刊期的4倍多。比另一份有影响力的教育刊物《中华教育界》实际出刊多4年。① 其他在近代有影响的教育刊物如《新教育》等均只有六七年的时间。刊期超过10年的期刊都很少。《教育杂志》成为中国近代刊寿最长的教育专业期刊。

第二，容量最大。《教育杂志》除因战争原因有少量卷期略显单薄外，每期少则五六万字，多则10万字以上。在有些年份还出版新年特大号、春夏秋冬季特大号等，字数都在20万以上。除正刊外还曾出版增刊、号外。粗略估计，这385期《教育杂志》总容量当在3500万字左右。这在近代教育期刊中无人能出其右。

第三，内容极为丰富。《教育杂志》的内容从中国教育到外国教育，从学前教育到高等教育，从普通教育到职业教育，从学校教育到社会教育，从青年教育到女子教育，从天才教育到顽童教育，从教育行政到各科教学，从教育宗旨到学校制度，从法令奏章到德智体美，从教育调查到教育批评，从教育理论到教育实践，从正文到启事、广告，等等，应有尽有，是个无所不

① 《中华教育界》创刊于1912年，终刊于1950年，共历经38年，但由于其中间停刊时间达10年之久，所以实际出刊仅28年。

包的巨大资料库。是凡我们能够想到的教育问题或当时讨论的问题都可以在《教育杂志》中找到相关的论述或记载。即使是那些启事和文化教育类广告亦具有极大的史料价值。

第四，发行极为广泛。《教育杂志》依托商务印书馆的发行网络，其发行范围十分广泛，从最初的上海、北京、奉天、龙江、天津、济南、汉口、广州、太原、开封、西安、长沙、重庆、成都、福州、泸州、常德、南昌、芜湖、杭州、潮州等20多个发行网点扩大到后来的包括中国香港、新加坡在内的50余处。发行量稳居同类期刊前列，最高时达近5万份。有些卷期一版再版，有的竟再版4次之多，印数高达20万册。有时竟到一刊难求的地步。《教育杂志》社就曾发布启事，希望向读者求购一本“道尔顿制”专号①，说明该期已经售罄，其发行盛况可见一斑。

第五，影响巨大。《教育杂志》虽为一家民营出版社所办，但其影响力巨大。一次征文竟有上千人应征，获奖者达数百人，发放奖金千余元。《教育杂志》的作者队伍大都是当时国内一流学者，特别是教育杂志社所聘请的70余位特约撰述都是学界名流。教育杂志社经常根据教育界存在的热点难点问题，积极主动策划选题，从而形成一个又一个拳头产品，影响于各种教育问题的研讨乃至政府的决策。正是由于《教育杂志》长期以来所产生的巨大影响力，所以在第一次复刊时，时任教育部部长的王世杰特为撰写复刊感言，表明《教育杂志》的作用获得政府认可。不仅如此，在戈公振所著的《中国报学史》中也曾两次提到《教育杂志》，说明《教育杂志》在学界也是被认可的。

第六，性质特殊。中国第一份教育期刊系私人所办。之后一些官办教育期刊和教育会等团体所办教育期刊逐渐得到发展。私人和一些团体所办期刊多由于编辑力量或资金等原因难以持续；官办期刊由于其“无民意之可言”,②“非仅载空言无补之文告，即载一二琐琐之章制”，“虽有宏论谠议，

---

① 《教育杂志》第19卷第8号曾刊登启事：“本社征求本志第14卷第11号《道尔顿制专号》一册，读者如愿割爱，请径寄上海宝山路商务印书馆编译所教育杂志社，本社愿赠阅本志半年为酬；如已订阅本志，可另赠书券。”

② 戈公振：《中国报学史》第143页，上海：上海古籍出版社，2003年。

恒以有所避忌，不敢畅发……安能奕奕有生气乎？"[①] 《教育杂志》是继《东方杂志》之后商务印书馆创办的另一份有重大影响力的专业杂志。《教育杂志》的问世，首开中国图书出版单位创办教育期刊的先河，使教育期刊较个人创办具有稳定的编辑队伍和雄厚的资金保障，大大延长了教育期刊的寿命。又由于商务印书馆是一家实力雄厚的私营出版机构，秉持"在商言商"的经营理念，其麾下的期刊大都能保持一种独立的精神品格，广开言路，为各种意见提供一个自由、平等的讨论平台，因而其问题意识和学术气氛相对浓厚，是一个真正的"公共领域"。《教育杂志》既是中国近代教育曲折发展的忠实记录者，又在很大程度上促进了近代教育的发展变革。

然而，在过去很长一段时间内，无论是在一般的中国报刊史中，还是在中国教育史的研究中，教育期刊这一领域都没有受到足够的重视。方汉奇的《中国近代报刊史》是这一领域最重要的著作之一，60 余万言，引述期刊千余种。但其中没有一节内容是论述教育期刊的，提及的教育期刊也只有一种。在《辛亥革命时期期刊介绍》中所介绍的 252 种期刊，只有 4 种教育期刊，分别是：《教育世界》《四川学报和四川教育官报》《教育今语杂志》和《教育研究》。在第 5 集中另有一篇《辛亥革命时期的教育期刊简介》，共介绍了这期间全国各地刊行的 118 种教育期刊（其中也包括学生期刊）。遗憾的是，也没有列入《教育杂志》。《五四时期期刊介绍》全书共介绍了五四时期的 157 种期刊。其中教育期刊 5 种，即《平民教育》《教育潮》《北京女高师半月刊》《教育与职业》《新教育》，也没有《教育杂志》。

可喜的是，在近年来中国教育史的研究中，教育期刊的作用开始受到了重视，一些教育史著作和学术论文对包括《教育杂志》在内的教育期刊在近代教育发展中的作用有所阐述并给予肯定。一些专题性的研究成果，如周谷平、朱有刚的《〈教育杂志〉与近代西方教育的传播》，田正平、商丽浩的《中国教育期刊的现代化特征》、杨建华的《上海近代教育期刊的历史沿革》、杨婷的《1935 年〈教育杂志〉读经专号述评》等引起了研究者的兴趣。一些研究生开始撰写以教育期刊为主题的学位论文。但至今还未有一本专门的教育期刊史，也没有对《教育杂志》这样有代表性的教育期刊的系

① 戴克敦：《论宜广设教育报以统一教育》，载《教育杂志》，1909 年第 1 年第 9 期。

统论述。已有的研究即使看重教育期刊，也多是把教育期刊看作一个资料库，从中找寻自己所需要的文献，而并没有将教育期刊本身作为一种教育历史现象，作为一种特定的研究对象加以研究。

本研究是以存续40年之久的《教育杂志》为特定研究对象，考察《教育杂志》的办刊情况和发展历程，试图探讨《教育杂志》与近代教育之间的互动关系，进而揭示《教育杂志》在近代教育发展中的作用。该研究处于教育史和期刊史的交叉领域。研究本课题具有重要的理论价值和实际意义。从理论方面说，通过对最具代表性的《教育杂志》的系统研究，不仅可以加深人们对近代教育期刊在教育变革中作用的认识，也可以扩展教育史和期刊史的研究领域。因为教育期刊出现本身就是一个不容忽视的教育历史现象。从实践意义来看，《教育杂志》在长达40年的办刊过程中积累了丰富的经验，认真总结这些历史的经验教训，也可为今天众多的教育类期刊的健康发展提供一些历史的智慧和可资借鉴的经验。

二、文献综述

关于《教育杂志》的文献，大致可以分为以下四方面：

（一）有关《教育杂志》的资料整理工作

内地方面，上海商务印书馆曾于1936年出版了《教育杂志》第1—25卷索引。上海人民出版社曾出版了上海图书馆编辑的《中国近代期刊篇目汇录》共分3卷6册，收录了1857年至1918年60年间出版的哲学社会科学方面的一些主要期刊。据初步统计，该书收录期刊数达496种，汇录其全部或部分篇目。其中收录包括《教育杂志》在内的教育期刊28种。收录了《教育杂志》第1—10卷的篇目。鉴于这些期刊原本大都馆藏不全或严加保护不准外借的特殊情况，这些篇目汇编对于初步考察当时各种教育期刊所关注的话题、栏目设置、教育动态等情况具有重要的作用。

台湾方面，台湾商务印书馆于1975年影印了《教育杂志》旧刊全部33卷，合订本共80册。2006年台湾心理出版社又出版了吴美瑶等人根据影印本编辑的《教育杂志（1909—1948）索引》。该索引主要分为4部分：各期目录、主题分类索引、人名索引、古今用语对照表及外国教育家译名对照表。各期目录部分将33卷的目录全部列出；主题分类索引完全依据1936年索引的体例继续对未了的卷期进行分类。该分类法主要采用杜威氏分类法，有不足时，依王云五氏中外图书统一分类法补充。

鉴于目前在国内图书馆已经很难找到一套保存完整的原版《教育杂志》，因此台湾商务印书馆影印的全套《教育杂志》就具有了十分深远的意义。其不足之处是影印版并未将原刊全部刊期和每一期的全部内容原样影印，而是缺少了增刊、号外以及绝大部分启事和广告，个别卷期正文内容也有删减。①《教育杂志（1909—1948）索引》的出版使我们从此有了《教育杂志》33卷的全部索引，其美中不足的是该索引不是依据原版目录编制而是依据影印版编制，也不是按照最新图书分类法编制而是按照原来旧有的分类法编制。这使令人使用起来多有不便。

（二）新闻史或报刊史的研究

这方面较为重要的著作有戈公振先生的《中国报学史》、宋应离先生的《中国期刊发展史》和李频在先生的《中国近现代期刊史札记》。戈公振的《中国报学史》写成于1926年6月，初版于1927年11月，是我国第一部系统叙述中国报刊历史的著作。其重要贡献在于开创了中国新闻史研究的新领域，首次确立报刊史的研究是一门学问，并为后人的继续深入研究提供了大量第一手资料和重要线索。戈公振在自序中首先阐述了报刊的重要意义，认为报刊是“人类思想交通之媒介”，报刊之于社会，“犹人类维持生命之血，血行停滞，则立见于死状；思想不交通，则公共意识无由见，而社会不能存在”。② 全书除第1章绪论和最后1章阐述报界之现状外，主体部分分4章论述了报刊发展的4个时期：官报独占时期、外报创始时期、民报勃兴时期和民国成立以后。其中提道：“其专言教育者，则有光绪二十七年四月在上海出版之《教育世界》和宣统元年正月出版之《教育杂志》。”宋应离的《中国期刊发展史》可以说是一部期刊发展通史，从1815年中国期刊的初创一直论到20世纪90年代。其中提到的教育期刊有《教育世界》《中华教育界》《教育与职业》等，但对《教育杂志》却只字未提。李频在的《中国近现代期刊史札记》中则把从1815年至1949年的中国期刊史的发展演变

① 关于台湾影印版《教育杂志》与原版《教育杂志》的不同，见本书附录。

② 戈公振：《中国报学史》，第2页，北京：中国新闻出版社，1985年。

划分为初创期、发展期、繁荣壮大期、艰难发展期四个阶段，并将中华和商务两大出版机构在期刊领域的竞争形容为“中国现代出版史上期刊竞争的第一个战役性景观”。[①] 周葱秀、涂明合著《中国近现代文化期刊史》对《教育杂志》作了简要介绍。但只反映了《教育杂志》创刊初期的情况，如主编陆费逵、内容分为20门等。

在一般期刊史研究方面，除上面提到的一些期刊史著述外，人们在期刊史料的整理方面也做了不少工作。其中最值得一提的是：《全国中文期刊联合目录：1833—1949》，该书由北京图书馆联合国内50家图书馆共同编撰，于1961年出版。1981年又由书目文献出版社出版了这本书的增订本，收录的期刊数达到近2万种。该书还将各种期刊的现存卷期及收藏单位作了标注，查找十分便利。它是到目前为止所见到的收录期刊种类最多的一本书，也是研究近代期刊包括教育期刊的必备工具书。

（三）在有关商务印书馆史的研究中也多会涉及商务的期刊，包括《教育杂志》

这方面的成果有：《商务印书馆九十年》《商务印书馆九十五年》《商务印书馆一百年》《商务印书馆110年大事记》，这些成果收录了商务人以及众多名家对商务的回忆文章，其中部分涉及《教育杂志》编辑情况。如《张元济日记》《张元济书札》，以及王绍曾的《近代出版家张元济》、汪家熔的《大变动时代的建设者》和《近代出版人的文化追求》、杨扬的《商务印书馆：民间出版业的兴衰》、李家驹的《商务印书馆与近代知识文化的传播》、史春风的《商务印书馆与中国近代文化》、叶宋曼瑛的《张元济的生平与事业1867—1959》、汪家熔的《商务印书馆史及其他》、［法］戴仁的《上海商务印书馆（1897—1949）》等。

对于商务印书馆期刊的专门研究，目前有关于《东方杂志》和《学生杂志》的研究。台湾地区学者黄良吉在1969年出版了《〈东方杂志〉之刊行及其影响之研究》。这是第一部从传播学的角度对《东方杂志》进行整体研究的专著。研究《东方杂志》的另一部力作是洪九来的《宽容与理性——〈东方杂志〉的公共舆论研究（1904—1932）》。作者从多种角度展

① 李频在：《大众期刊运作》，第191页，北京：中国大百科全书出版社，2003年。

现了《东方杂志》如何依靠一批固守着理性、宽容、多元、渐进、调和等基本价值观念的知识分子，构造了一个温和的自由主义公共空间。台湾王飞仙的《期刊、出版与社会文化变迁——五四前后的商务印书馆与〈学生杂志〉》是通过《学生杂志》考察期刊、出版与社会变迁之间的互动关系。这些研究虽不是直接关于《教育杂志》的，但由于都属于商务的重要期刊，因此对本研究不无参考价值。

（四）教育史著述

在教育史著作特别是中国近代教育史著作中，为说明或论证某个问题，对发表在教育期刊上的文章多有引用。但直接把教育期刊作为对象进行考察和研究的却不多见。其中在《中国教育制度通史》（李国钧、王炳照主编）第6卷中，对罗振玉及其主办的《教育世界》在癸卯学制制定过程中的作用给予了充分肯定。在《中国教育史研究（近代分卷）》中，则把“新的传媒载体的出现，如创刊于1901年的《教育世界》、创刊于1909年的《教育杂志》，1906年后各省学务部门创办的为数众多的教育官报、学务杂志以及1904年创刊的综合性刊物《东方杂志》”看做近代新式学堂迅猛发展的重要原因。[①] 认为近代以来创办的1000多种教育期刊“以讨论教育问题、传播西方教育理论和方法、指导教育实践为己任，积极参与并推动了中国教育改革的进程。众多的出版机构也都程度不同地把引进西学包括译介西方教育作为自己的重要任务之一。其中尤以《教育世界》《教育杂志》和商务印书馆等最为突出”。该书还认为《教育杂志》“以其发行时间长、发行量大的优势，在众多的教育期刊中脱颖而出，在中国近代教育期刊发展史上占有十分突出的位置”。[②]

教育史论文中有对《教育杂志》进行的研究。如较早的周谷平、朱有刚发表在《教育评论》2002年第3期的《〈教育杂志〉与近代西方教育的传播》一文，从对西方教育理论的译介、新教育方法的推广、研究方法的科学化三方面介绍了《教育杂志》传播西方教育的情况。另外，如杨建华的《上海近代教育期刊的历史沿革》、杨婷的《1935年教育杂志读经专号述评》。

---

① 田正平：《中国教育史研究近代分卷》，第177页，上海：华东师范大学出版社，2001年。
② 田正平：《中国教育史研究近代分卷》，第399页，上海：华东师范大学出版社，2001年。

2005 年，出自浙江大学和华东师大的两篇博士论文不约而同地以近代教育期刊为主题研究教育期刊与近代教育发展的关系。一篇是周晔的《教育期刊与中国近代教育——以〈新教育〉为中心的个案研究》，一篇是杨建华的《中国近代教育期刊与近代教育发展——以上海近代教育期刊为例》。周晔的论文虽然是以《新教育》为中心的个案研究，但也涉及了《教育杂志》等期刊。论文用了一节的篇幅对《教育杂志》的基本情况、主要内容、编辑特点及作用作了论述。在谈到《教育杂志》的主要内容时认为“《教育杂志》以对西方近代教育介绍为主要内容，刊发文章内容广泛，几乎涉及当时教育领域的各个方面，特别是其对西方近代教育思潮、教育方法、教育研究方法等方面的译介尤为重视，成为刊物发表文章的重点”。接着对这三方面作了具体的论述。这一观点不十分准确，容易给人造成误解。其实译介西方教育仅仅是《教育杂志》众多内容的一个方面，而并非全部。《教育杂志》在重视介绍西方教育的同时同样重视甚或更加重视对中国现实教育问题的讨论和研究。杨建华的论文在用较大篇幅论述了中国近代教育期刊发展历程的基础上，重点讨论了教育期刊与教育理论传播、教育期刊与近代学制嬗变、教育期刊与近代教学方法变革等三个问题。其中多处论及《教育世界》《教育杂志》与《中华教育界》这几份在上海创刊的教育期刊。

三、本研究的主要内容、研究方法

本研究以近代教育期刊中最有代表性的《教育杂志》为主要研究对象，以《教育杂志》与近代教育的变革为研究内容，运用个案研究的方法，力图展现近代历史文化背景下《教育杂志》的发展历程及其在中国教育近代化进程中所发挥的作用。该研究的主要内容可分为两大方面：一是对《教育杂志》本身问题的研究，如创办与发展过程、办刊宗旨、编辑体例与编辑思想的发展变化等；二是通过《教育杂志》对于近代学制改革、会考制度争论、教师问题和儿童问题的研究，揭示《教育杂志》在教育近代化过程中的主要作用。

本研究将在近代文化教育发展的宏观背景下，沿着教育期刊发展的历史轨迹，既从宏观上把握这一时段教育期刊的总体情况，又按照时间顺序将《教育杂志》的发展划分为几个不同的阶段。在理清《教育杂志》发展脉络后，将分专题对《教育杂志》与教育变革的关系做深入研究。

在研究方法上，以历史唯物主义为指导，在大量收集、整理相关资料的基础上，运用马克思主义历史辩证法认真分析这些资料，坚持“史论结合，论从史出”的研究原则。在具体的研究方法上，既重视分析和综合方法、历史归纳方法和历史研究中的具体和抽象方法，又要尽可能借鉴和吸收一些新的方法。由于本研究对象的特殊性，新闻学和传播学的理论与方法以及文本分析法也是本书采用的重要方法。

第一章 《教育杂志》的创办

一、创刊日期考

《教育杂志》是由上海商务印书馆创办的一份在近代持续时间最长、影响最大的教育刊物，在中国近代教育期刊发展史上占有十分突出的位置。它既是中国近代教育曲折发展的忠实记录者，又在很大程度上促进了近代教育的发展变革。关于它的创刊日期，在有关研究文献以及《教育杂志》自身均有不同说法。特别是当这些不同的说法出自商务史专家和国外学者的著作中时，难免会引起一些混乱。《教育杂志》作为一份有广泛影响力的专业教育刊物，查考清楚其准确的出生日期还是很有必要的。

（一）关于《教育杂志》创刊日期的不同说法

关于《教育杂志》的创刊时间，目前至少有以下 5 种说法：

（1）《教育杂志》创刊于 1909 年 2 月。这在教育史著作（如田正平主编的《中国教育史研究（近代分卷）》）和影响力较大的一些论文（如周谷平的《〈教育杂志〉与近代西方教育的传播》）中都是这么认为的。

（2）《教育杂志》创刊于 1909 年 1 月。这是一种影响较大也较权威的说法。代表人物有郑逸梅先生、以研究出版史特别是商务印书馆史著称的专家汪家熔先生和法国著名汉学家戴仁先生。

郑逸梅先生早在 1964 年左右就已完成《书报话旧》书稿，但未能出版，后于 1983 年由学林出版社出版。书中有《商务印书馆编印的几种期刊》一文，认为“《教育杂志》1909 年 1 月创刊，每月 1 册，一年为 1 卷”。这是见到的关于《教育杂志》创刊于 1909 年 1 月这种说法的最早版本。[①]

---

① 郑先生关于《教育杂志》的介绍多有不确，如说《教育杂志》“一九四一年十二月香港沦陷，便停止发行。共出三十卷”。其实，《教育杂志》1941 年 12 月停刊时已出至 31 卷，后又于 1947 年 7 月复刊，至 1948 年年底，共出 33 卷。

以后一些年轻后学关于《教育杂志》创刊日期的说法大多受此影响。汪家熔先生在《近代出版人的文化追求》这部有较大影响的著作中说："最早办教育杂志的是罗振玉，他在1901年创刊《教育世界》，6年后停办。此后就是商务印书馆的《教育杂志》，创办于1909年元月，一直到1948年底。"①法国著名汉学家戴仁先生著有《上海商务印书馆（1897—1949）》一书。该书原作于1978年在法国出版，2000年翻译为中文，由商务印书馆出版。商务印书馆在这本书的"出版说明"中称，这是"以商务印书馆为题的第一本专著"，尽管"书中有一些说法和我们不尽相同"，但"仍具有相当的参考价值"。在这本具有相当参考价值的著作中，对《教育杂志》的创刊时间也有明确的表述："商务印书馆还着手出版具有某一方面价值的杂志：如泛论教育的《教育杂志》，是1909年1月创办的月刊。"② 大概是受此影响，我国一些年轻学者的研究文献中也采信这一说法。如《〈教育杂志〉与〈中华教育界〉——教育媒体与教育发展的个案研究》③ 一文中明确提出："《教育杂志》和《中华教育界》均为中国近代历时最久、影响最大的教育刊物。它们的起止时间基本相同，《教育杂志》于1909年1月在上海创刊，1948年12月停刊。"又如在一篇专门研究商务印书馆馆办期刊的硕士学位论文中也认为："商务充分认识到教育的重要作用，于1909年1月创办《教育杂志》。"④

可见《教育杂志》创刊于1909年1月的说法影响较大，可以说是一种具有国际影响的说法。

（3）《教育杂志》创刊于1908年2月。在《陆费逵与中华书局——近现代上海出版产业研究》中有这样一段话："1908年秋，陆费逵应聘商务印书馆以后，曾编著《简明修身讲义》《最新商业修身讲义》和《伦理学讲义》等教材，并一直以改革教育、促进文化为己任。同年2月，商务印书

① 汪家熔：《近代出版人的文化追求》，第174页，南宁：广西教育出版社，2003年。

② ［法］戴仁：《上海商务印书馆（1897—1949）》，第18页，上海：商务印书馆，2000年。

③ 李本友：《〈教育杂志〉与〈中华教育界〉——教育媒体与教育发展的个案研究》，载《集美大学教育学报》2000年第1期。

④ 刘兰：《商务印书馆馆办期刊研究》，河南大学2003年硕士学位论文，2003年。

馆创刊《教育杂志》(月刊)便请他主持笔政。”[①] 同年 2 月，那就是 1908 年 2 月。“同年 2 月，商务印书馆创刊《教育杂志》”就等于说《教育杂志》创刊于 1908 年 2 月。

(4)《教育杂志》创刊于“民国纪元前三年一月”。这是《教育杂志》自己的说法。《教育杂志》创刊后一直到 1932 年上海“一·二八”事变前，发展非常顺利，不仅能够按期出版，还常常组织悬赏征文活动，出版专号，有时还出版临时增刊。“一·二八”事变，商务印书馆总厂被毁，商务印书馆的业务不得不停止，包括《教育杂志》在内的一批期刊也只好停刊。一年多以后，《教育杂志》于 1934 年 9 月复刊。在复刊号即第 24 卷第 1 号封面右上角对其办刊经历有一个简单的描述，原文是：

民国纪元前三年一月创刊

民国廿一年“一·二八”停刊

民国廿三年九月复刊

此后，《教育杂志》又于 1941 年 12 月停刊，1947 年 7 月复刊。于是从《教育杂志》第 31 卷第 1 号起，封面右上角的上述描述又增加为：

民国纪元前三年一月创刊

民国廿一年“一·二八”停刊　廿三年九月复刊

民国三十年十二月停刊　三十六年七月复刊

可见，《教育杂志》在 1932 年以后对其创刊时间的说法始终是“民国纪元前三年一月”。

(5)《教育杂志》创刊于清宣统元年正月二十五日。这也是《教育杂志》自己的说法，而且是最确切的说法。在《教育杂志》创刊号第 1 年第 1 期上赫然印着出版日期：“清宣统元年正月二十五日”。

(二)分析与结论

上述对于《教育杂志》创刊日期的 5 种不同说法，可分为两类，前 3 种为一类，是研究者的说法；后两种为一类，是《教育杂志》自己的说法。那么应该如何看待这些不同的说法呢？到底哪种说法是准确的？为什么会有

① 吴燕：《陆费逵与中华书局——近现代上海出版产业研究》，北京师范大学博士论文，2004 年。

这些不同的说法呢？下面简要作些分析。

笔者认为，上述第3种说法应该是个笔误。陆费逵1908年秋才应聘进入商务印书馆。“同年二月”陆费逵还没有到商务，怎么能主持《教育杂志》的笔政呢！所以这显然是个笔误，可能是将次年误写为“同年”了。要不就是中间丢了有关1909年的一段话。

第二种说法与第一种说法仅有一月之差，常不为人所注意，很多人会忽略这一月之差。对于非专业人士来说这也没什么，可能是笔误，也可能对于这一细小问题不愿深究而采用了一种说法，这都是可以理解的。但作为商务史专家又身为商务人的汪家熔先生也说是“创刊于1909年元月”，更有国外知名学者也持此说，那就不得不引起重视了。这种不仅在国内而且会产生国际影响的说法，其根据究竟是什么则不得而知。但初步推断也有可能就是根据第4种说法推演来的。

民国元年是1912年，“民国纪元前三年一月”如果理解为1909年1月的话，那么《教育杂志》创刊于1909年1月似乎就是有根据的了。看来问题的症结还是在《教育杂志》自己的两种不同表述。如何理解“民国纪元前三年一月”这句话便成为问题的关键。按理说，最可信的当然要数教育杂志社自己的说法了。问题在于它的两种表述还是不同的，从表面上看甚至是有矛盾的。经查万年历，创刊号上的出版日期，即“清宣统元年正月二十五日”，正好是1909年2月15日。如果把“民国纪元前三年一月”理解为“1909年1月”的话，这岂不就是对于自己的出生日期有两个矛盾的说法了。但最无可置疑的创刊时间就是写在创刊号上的时间了。所以一个毋庸置疑的结论就是《教育杂志》创刊于1909年2月15日。

那么，《教育杂志》自己为什么也会有两种不同的表述呢？这可能主要是由于阴历与阳历使用上的差别造成的。在清朝都用朝廷年号和阴历表示日期，月日都用阴历，如光绪几年几月几日。民国时期，始用阳历表示日期，如民国几年几月几日，这里的月日则是用阳历表示。尽管陆费逵在《教育杂志》第1年第2期就专门发表文章①，倡导改用阳历，可无论是在文献资料中还是人们日常的使用习惯上都还是多用旧历。就连陆费逵主编的《教

① 陆费逵：《改用阳历》，载《教育杂志》，1909年第1年第2期。

育杂志》也从未使用过阳历表示其出版日期。1912 年以后杂志所刊载的文章中涉及日期的也多用民国几年几月几日，只是到了民国后期才偶见用国际通用的公历表示的。再加民国时期忌用清朝年号，是凡涉及清朝的事情，都用“民国纪元前多少多少年”表示。这种表示法多少给人们带来了一些不便，甚至理解上的偏差。这样，在宣统年间的出版物用宣统几年标明出版日期，在民国时期的出版物又用民国几年来表示。而宣统年间创刊又延续到民国时期的刊物就出现了“民国纪元前”这种说法。所以其关键在于如何理解“民国纪元前三年一月”这个说法。民国纪元前三年是宣统元年。“民国纪元前三年一月”，就是宣统元年一月，即宣统元年正月。而宣统元年正月用阳历表示就是 1909 年 2 月。

看来除了“创刊于 1908 年”的说法是个明显的笔误外，“创刊于 1909 年 1 月”的说法是被教育杂志社“误导”的结果。毕竟“正月”是阴历的惯用说法，而“一月”是阳历的说法。阴历的正月既不用一月来表示，也不用元月来表示；阳历的一月可以说成元月但没有说成正月的。因此，这一理解上的误差是由于商务印书馆的教育杂志社将阴阳历混用造成的。

二、陆费逵与《教育杂志》的创办

（一）关于《教育杂志》创办人的不同观点

早期出版社办期刊具有两种形式：一种是出版社负责编辑、印刷、发行等全部流程，并负全部责任；另一种是由他人（或机构）负责编辑，由出版社负责印刷发行，但不负文责。凡由出版社负全责的期刊都可以笼统地说是由某出版社创办的。但这种说法至多只表明这份刊物属于出版社，对于了解这份刊物的具体情况并无多大帮助。而探明刊物的真正创办人对深入研究期刊具有很大的意义。到底谁是《教育杂志》的具体创办人？这个问题在学术界多有不同意见，特别是有些占主导性的意见很值得商榷。

关于《教育杂志》的具体创办人，文献主要集中在商务的两位领导人夏瑞芳和张元济以及《教育杂志》的首任主编陆费逵身上，大致有如下一些不同的表述：

第一，《教育杂志》由夏瑞芳创办。前辈学者陈科美主编的《上海近代教育史》即持此说：“这年（指 1909 年，引者注），商务印书馆总经理夏瑞芳创办《教育杂志》，聘任陆费逵为主编。”①

第二，《教育杂志》由张元济创办。陈应年先生在《商务印书馆百年回眸》一文中说：“张进入商务后，在夏瑞芳的支持下，又创办了多种杂志。按创办的年代排列，这些杂志是：《绣像小说》（1903—1906 年，李伯元主编）、《东方杂志》（1904—1949 年，主编先后为徐珂、孟森、杜亚泉、钱智修、胡愈之等）、《教育杂志》（1909—1948 年，陆费逵、李石岑、唐钺、何炳松、黄觉民相继任主编）、《小说月报》（1910—1931 年）、《少年杂志》（1911—1931 年）、《政法杂志》（1911—1915 年）、《学生杂志》（1914—1931 年，1938—1941 年，1944—1946 年）、《妇女杂志》（1915—1931 年）、《英文杂志》（1915—1927 年）、《英文周刊》（1915—1937 年）、《儿童世界》（1921—1941 年）、《儿童画报》（1922—1938 年）、《小说世界》（1923—1929 年）、《自然界》（1926—1932 年）等等。”②

第三，《教育杂志》由陆费逵创办。汪家熔先生认为：“《教育杂志》的创意人是陆费逵，创意被采纳后，商务委托他筹备并任主编。商务当时以《教育杂志》来加强与全国各地学校的联系。”③ 郑贞文认为：“这年他（指 1908 年，陆费逵，引者注）刚入馆，还不满 24 岁。他曾当过小书店经理，来馆时初任国文部编辑，不久改任出版部部长，次年创办《教育杂志》，由他主编。”④ 王益为《陆费逵与中华书局》一书所写的《序》也说：“1908 年陆费逵先生应聘到商务印书馆任职，1909 年他创刊并主编了著名的《教育杂志》（月刊）。”⑤ 再有，在沈芝盈所编的《陆费伯鸿行年纪略》中对 1909 年作了如下记载：1909 年（清宣统元年己酉）24 岁，创刊并主持我国第一个教育专业刊物《教育杂志》⑥（月刊）笔政。该刊以“研究教育，改良学务”为宗旨，发表了许多教育改革和文字改革的文章，为我国教育事

---

① 陈科美：《上海近代教育史》，第 251 页，上海：上海教育出版社 . 2003 年。

② 商务印书馆编：《商务印书馆一百年》，第 589—590 页，商务印书馆 . 1997 年。

③ 汪家熔：《近代出版人的文化追求》，第 175 页，南宁：广西教育出版社，2003 年。

④ 蔡元培：《商务印书馆九十年》，第 204 页，北京：商务印书馆，1987 年。

⑤ 俞筱尧、刘彦捷：《陆费逵与中华书局》，第 1 页，北京：中华书局，2002 年。

⑥ 这一说法有误。我国第一个教育专业刊物并非《教育杂志》，而是由罗振玉于 1901 年创办的《教育世界》。

业的近代化做出很大贡献。①

那么，应该如何看待上述 3 种不同的说法？哪种说法更符合实际呢？要回答这些问题确实有一定难度，这些说法也都有一定道理。

夏瑞芳是商务的主要创业者。他出身贫寒，早年在上海的《捷报》做排版工人，因不满西人的歧视，遂与鲍咸恩兄弟及高凤池相约创立商务印书馆，初期资本仅有3750元。由于经营有方，最终发展成为我国近代最大规模的出版企业，也是世界 3 大出版社之一。夏瑞芳既为商务的创办人，又是商务的总经理，将商务拓展出的业务包括各种杂志的创办说成是夏瑞芳所为，这肯定没错，但恐怕并不确切。夏瑞芳虽为总经理，但商务在 1902 年张元济加入后即正式设立 3 个所：编译所、印刷所和发行所，分治出版、印刷和发行事务。商务虽有经理总责，但 3 个所所长分别由张元济、鲍咸昌和夏瑞芳担任，且意见经常不一致。② 而商务所办期刊又归编译所管理，所以说《教育杂志》是在夏的领导下创办的可能更准确。

张元济虽不是商务的最初创办人，但却是对商务的发展功勋最卓著的一个。正如有学者指出的那样："商务能够走上不平凡的发展道路，主要是因为吸纳了一批知识分子加入，张元济及王云五是其中的关键人物。"③ 张元济原本是翰林出身，曾任职刑部贵州主事兼总理衙门章京，因戊戌变法牵连而被革职，受到永不叙用的惩罚。后得李鸿章的推荐，到上海南洋公学担任译书院院长。期间认识了夏瑞芳，二人一见如故。1901 年，张元济获邀入股商务，成为股东之一。翌年，商务成立编译所，并请蔡元培出任所长。但蔡因《苏报》案未能到职，张元济决定辞去南洋公学职务，担任商务编译所所长。当时他与夏就约定"吾辈当以扶助教育为己任"，从而为早期商务的发展确立了新的方向，主体业务自 1903 年始，逐步由印刷转变为出版，并渐及其他与教育相关的事业。

张元济一向重视办杂志。早在他担任南洋公学译书院院长时，就和蔡元培一起创办了一种《外交报》（1901—1910 年）。这是一份主张"文明排外"（强调：发奋自强；了解外国，知己知彼，从中找到维护本国权益的办

---

① 俞筱尧、刘彦捷：《陆费逵与中华书局》，第 499 页，北京：中华书局，2002 年。

② 李家驹：《商务印书馆与近代知识文化的传播》，第 52 页，北京：商务印书馆，2005 年。

③ 李家驹：《商务印书馆与近代知识文化的传播》，第 44 页，北京：商务印书馆，2005 年。

法）的国际知识杂志，当时在社会上有一定影响。张元济作为一个具有创办刊物经历的人到了商务后继续创办几种期刊是完全合乎情理的，但若说商务的所有期刊都是张所创办的，恐怕不符合事实。张担任编译所所长到1917年。在上列期刊中，《儿童世界》（1921—1941年）、《儿童画报》（1922—1938年）、《小说世界》（1923—1929年）、《自然界》（1926—1932年）等都是在1921年之后创办的。即使说1917年以前创刊的杂志，也不能说都是张创办的。但有一点是可以肯定的，那就是没有夏、张的积极支持是不可能创办那么多杂志的，包括《教育杂志》。他们在杂志创刊方面的贡献恐怕主要不在于亲自做了什么，而是在于积极听取并采纳人们的意见从而作出正确的决策。比如，《东方杂志》最早就是由夏瑞芳提议创办的[①]，《学生杂志》和《少年杂志》则是由朱元善建议创刊的，且主编都由他一人担任。[②]

（二）陆费逵与《教育杂志》的创办

最合乎情理又为实践所证实的说法是第3种，即陆费逵是《教育杂志》的具体创办人，这可从下面几点来看：

第一，陆费逵是个出版奇才，且具有丰富的教育及办刊经验。陆费逵（1886—1941年），中国近代著名教育家、出版家，中华书局创始人。复姓陆费，名逵，字伯鸿，号少沧，笔名有飞、冥飞、白等。原籍浙江桐乡，生于陕西汉中。陆费逵早年入江西南昌熊氏英文学塾附属日文专修科学习。1902年与人合办正蒙学堂，自任堂长兼教员。1903年转至湖北武昌，参加革命团体——日知会，负责起草《日知会章程》，当选为该会评议员。1904年与友人集资开设新学界书店，发售革命书刊。1905年应聘主编《楚报》，积极从事革命宣传工作。嗣因忤逆湖广总督张之洞，遂逃往上海，任昌明公司上海支店经理兼编辑员。1906年冬，入上海文明书局襄助经理办事，并兼编辑员和文明小学堂堂长；同年发起创办上海书业商会，负责起草章程，主编《图书月报》，兼书业商会补习所主任。1907年春，在《南方报》发表文章，批评清廷学部图书局颁行的教材。文明书局与商务印书馆相邻。商

① 商务印书馆编：《商务印书馆一百年》，第583页，北京：商务印书馆，1997年。

② 蔡元培：《商务印书馆九十年》，第114页，北京：商务印书馆，1987年。

务国文部部长高梦旦经常出席书业商会，遂与陆费逵相识，认为他是个出版业的奇才，遂建议商务应该将此人聘来。对此，蒋维乔曾有记载：约在民元前三年间，高梦旦常代表商务出席书业商会，屡与文明书局陆费伯鸿见面，谈论之下，大奇其才。盖经营书业者，有出版、印刷、编辑三大部分，互相联系，然能发行者未必知印刷，能印刷者未必知发行，能编辑者更不知发行与印刷。唯陆氏既能操笔编书，又于发行、印刷头头是道，故梦旦佩服之。归言于菊生，以为如此人才，闻名竟不能识，屈居普通职员，商务应罗致之。于是以重金聘为出版部主任。梦旦欲坚其心，又以侄女妻之。①

1908 年秋，陆费逵被重金聘到商务。担任国文部编辑员约半年后，被提升为出版部部长、师范函授学社讲义部主任、交通部（相当于今天的对外交流合作部）部长，兼《教育杂志》主编、记者。在商务印书馆兼职的人都是极受重视、极能干之人，陆费逵身兼三个部长级职务，可以想象他的能力和商务对他的信任之深。这一方面说明商务当局不拘一格提拔人才的气度，另一方面也验证了蒋维乔的说法：这确实是一个难得的出版奇才。

高梦旦也知道陆费逵是一位不甘久居人下的人，为了笼络住他，为商务尽力，由高做主，将他二哥的幼女高君隐嫁给了陆费逵。

汪家熔先生认为，陆费逵进商务的时间虽不长，但对商务进而对我国教育的贡献很大……他担任《教育杂志》主编和商务师范函授学社讲义部主任，这两件事与我国早期的学校教育关系甚大。②

第二，陆费逵一向喜谈教育，十分重视教育的作用，是个教育救国论者。他强调教育发展与国势强弱的关系。他指出："教育得道，则其国昌盛；教育不得道，则其国衰弱而灭亡，此一定之理也。"进而又大声疾呼："盖教育得道，则民智开、民德进、民体强，而国势隆盛矣。教育不得道，则民智塞、民德退、民体弱，而国势衰亡矣。然则欲救危亡而强盛无他，亦求教育之得道而已。"③ 为了救亡图存，陆费逵极力主张加强国民的智育、德育、体育。他在《论改革当从社会始》中提出：教育是立国的根本，"治国者……必先谋夫教也，生计教育得道，则人心必变而善；人心而善，则社

① 蒋维乔、张静庐辑注：《中国现代出版史料》，第 397 页，北京：中华书局，1959 年。
② 汪家熔：《近代出版人的文化追求》，第 174 页，南宁：广西教育出版社，2003 年。
③ 吕达：《陆费逵教育论著选》，第 46 页，北京：人民教育出版社，2000 年。

会之风俗习惯良，而国家以立矣”。他还主张国民教育、人才教育、职业教育三者并存并重，以改变国家之落后面貌。①

陆费逵自称“我好言教育，尤好谈学制”。② 既然好言教育，总要有个言说之地。创办个教育刊物不就是为言说教育提供了一个园地吗?

第三，担任《教育杂志》主编一职，是其作为实际创办者的最有力证明。陆费逵是《教育杂志》的首任主编。这是毋庸置疑的事实。我们可以反过来推想，假如不是他的创意，会把主编的重任交给他吗？再假如，他对教育没有什么思考，没有什么想法，商务印书馆会让他当主编吗？从《教育杂志》创刊号的内容及《教育杂志简章》来看，那是一个经过极其周密的思考而策划出的宏大蓝图。《教育杂志》所体现出的那种气魄也正是陆费逵敢于创新、敢为人先的性格体现。

第四，陆费逵的创意与商务印书馆的追求高度一致，从而得到了张元济、夏瑞芳等领导层的肯定和大力支持。以扶助教育为己任是张元济加入商务印书馆以后所确立的该馆的出版方针。他们深刻认识到，要想使国力强盛，就必须开发民智，提高民众的文化素质。而教育是实现这一目的的最基本途径。陆费逵提出的“研究教育、改良学务”的办刊宗旨与商务的总体追求高度统一。他的提议获得商务领导层同意并受委托筹办有关《教育杂志》创刊事宜。

第五，从夏、张、陆费三人的行政隶属关系来看，夏为总经理，张为编译所所长，陆费逵为出版部部长。对于陆费逵来说，夏和张均为领导，他们管辖的事务范围要大得多。筹办《教育杂志》创刊事，不可能由他们具体负责，只能是职位相对较低又有思想的陆费逵来做。

当然，认定陆费逵为《教育杂志》的创办人，并不意味着抹杀夏瑞芳和张元济在创办《教育杂志》方面的功劳。正像没有夏求贤若渴慧眼识才，力邀张元济加入商务印书馆就不会有商务印书馆后来的发展一样，如果不是高梦旦发现了陆费逵是个出版奇才，商务印书馆高薪聘回陆费逵的话，就不会有产生了广泛影响的《教育杂志》。领导者在事业发展中的作用具有决定

① 吕达：《陆费逵教育论著选》，第 2 页，北京：人民教育出版社，2000 年。
② 俞筱尧、刘彦捷：《陆费逵与中华书局》，第 502 页，北京：中华书局，2002 年。

性意义。对于《教育杂志》的创办而言，夏、张的作用正在于此。

对于这一问题还有待深入探讨。笔者到目前为止尚未看到商务有关创办《教育杂志》的具体决策过程的材料。已经出版的《张元济日记》也只是从1912年起，而之前的日记特别是1909年2月以前的日记没有看到。在有新史料发现以前，现在暂时可以说《教育杂志》是由陆费逵具体创办的。

三、创办动机考

（一）以往对于《教育杂志》创办动机的主要观点

关于《教育杂志》在近代教育发展中所发挥的作用，不论在当时还是现在，也不论在官方还是民间，都得到了充分的肯定。然而，关于商务印书馆创办《教育杂志》的动机，从现有文献来看多半认为是为了推销教科书。这无论在老一辈学者，包括老商务人，还是在当代一些青年学者中，都可以找到这样的说法。老一辈学者以章锡琛先生为代表。章先生早年即进入商务印书馆并曾主编过《妇女杂志》。他主编的《妇女杂志》曾名噪一时，在社会上产生很大影响。因故辞去主编一职后还曾与友人一起创办过《新女性》杂志。章锡琛先生在一篇回忆文章中就说："《教育》（即指《教育杂志》，引者注）原由陆费伯鸿创办主编，以讨论教育学术为名，实际的目的是把它作为推广教科书的工具，通过杂志与各学校取得联系。杂志上附印一张学校调查表，各学校把表上所载学校名称、校长和教职员姓名、全校班次、学生人数和所用教科书等项填明寄去，可赠送杂志一年。"① 由于张先生是老商务人，他的这一说法就往往被看做知情者或亲历者揭示历史真相的权威观点而产生广泛影响。

当代青年学者如李本友在一篇文章中也认为《教育杂志》和《中华教育界》都是"出版教科书中产生的'孩子'"。他认为，"正像为了出版各种书籍、扩大影响，他们创办了许多刊物一样，为了促进教材的出版，他们创办了教育方面的杂志——《教育杂志》《中华教育界》"。"这两种刊物在创办之初的目的，很大程度上是为了教科书的出版。由于这两家印书馆的主要业务是印书，尤其是以出版教材为主，这就在很大程度上决定了他们办教

---

① 蔡元培：《商务印书馆九十年》，第114页，北京：商务印书馆，1987年。

育刊物的动机或多或少是为他们出版教材服务”。[①] 值得注意的是，他不仅把《教育杂志》和《中华教育界》的创办动机说成是推销教科书，更扩大到商务印书馆和中华书局创办的所有杂志都是为了给所出书籍做广告，扩大影响。

这些对于《教育杂志》创办动机的观点不能说一点道理没有。但他们只看到了创办杂志的外在工具价值，而且这个外在工具价值还未必真的存在。对于杂志本身在文化教育上的作用却有所忽略。似乎创办杂志的动机都是外在的，而没有本体的价值追求。

（二）“推销教科书”说：一个庸俗化的观点

笔者认为，对于《教育杂志》创办动机的上述观点未免太过简单化和庸俗化，而且从当时教科书出版发行的情况、从《教育杂志》的实际内容、从期刊在商务印书馆出版业的地位等方面来看，为了推销教科书而创办《教育杂志》的观点并不能成立，分述如下：

第一，从当时教科书出版发行情况来看，商务并无必要费时费力办一个《教育杂志》去推销教科书。商务印书馆原本是一个以印刷业务为主的小作坊，但由于张元济的加入，使商务的经营方向发生了根本性的转变，其主体业务自 1903 年始，逐步由印刷转变为出版以及其他与教育相关的事业，如兴办学校、创办图书馆等，并且确立起了以扶助文化教育为己任的出版和经营宗旨，致力于传播中西方知识。

20 世纪初，随着新式教育的逐步普及，中国传统的蒙学教材已经不适应时代的需要了。从速编印适应时代需要、适合中国国情的教科书就成为发展教育的重点。当时虽也有学堂和书局编印了一些内容较新的蒙学课本，如无锡三等学堂所编《蒙学课本》一度非常畅销，但终因不能及时修订而难以适应变化的形势而被淘汰。因此，编辑出版一套适用的教科书就成了社会之急需。商务印书馆既认识到了教科书之于教育乃至国家的重要意义，又抓住了这样一个难得的历史机遇，在蔡元培的倡议下开始了教科书的编写。1904 年，经商务印书馆众多学者（包括两位日本教育专家）精心编写、几

---

① 李本友：《〈教育杂志〉与〈中华教育界〉——教育媒体与教育发展的个案研究》，载《集美大学教育学报》2000 年第 1 期。

经修改而成的《最新教科书》出版。这是商务印书馆编印的第一套教科书，也是当时市场上无论从形式到内容都最完善的一套教科书。蒋维乔曾不无自豪地举出两个事例证明这一点："一、此书既出，其他书局之儿童读本，即渐渐不复流行。二、在白话教科书未提倡之前，凡各书局所编之教科书及学部国定之教科书，大率皆模仿此书之体裁，故在彼一时期，能完成教科书之使命者，舍《最新》外，固罔有能当之无愧者也。"① 从此，教科书成为商务印书馆出版的重心，并取得了骄人的成绩。民国以前，商务印书馆是国内唯一有计划编辑成套中小学教科书的出版机构。1906 年，清政府学部第一次审订初等小学教科书暂用书目，共计 102 种，其中民营出版企业出版的教科书就有 85 种，占教科书总数的 80% 以上，而商务印书馆编印的《最新初等小学教科书》等更占到了 54 种的绝对优势。一直到中华书局成立前，商务印书馆的教科书都处于绝对垄断地位。即使在民国以后，中华书局、世界书局兴起，商务独霸国内教科书市场的局面稍有改观，但商务印书馆仍占有教科书市场六成的份额。②

《教育杂志》创办于 1909 年，此时正值商务教科书占绝对垄断地位的时期，因此根本没有必要通过发行刊物来推销它的教科书。而且一个新创刊的杂志本身也需要获得社会的认可，也有一个推销的问题。在它本身还没有获得一定市场份额的情况下如何去实现推销教科书的初衷呢？所以从逻辑上推断，将《教育杂志》的创办动机说成是为推销教科书的结论并不能成立。

第二，从《教育杂志》的内容来看，始终体现了其"研究教育、改良学务"的宗旨。这里仅以创刊号的主要篇目为例。在创刊号上刊载了陆费逵的《普通教育当采用俗体字》《缩短在学年限》，陆尔奎的《论普及教育宜先注重宣讲》、沈颐的《论小学校之教授国文》等主张和论说；"记事"栏登载了《北京拟实行强迫教育》《俄人亦欲占我教育权》《哈佛大学校长与总统》等；"调查"栏里刊载了《日本教育界最近之调查》《朝鲜之师范教育》；"评论"栏里刊载了《入学考验问题》；"杂纂"栏里刊载了《日俄战争与日本修身教育》《美国小学堂与德国小学堂》等。这些都是"研究教

---

① 蔡元培：《商务印书馆九十年》，第 56 页，北京：商务印书馆，1987 年。

② 李家驹：《商务印书馆与近代知识的传播》，第 217 页，北京．商务印书馆，2005 年。

育、改良学务”的文字，哪里有推销教材的影子。第一期是这样，以后各卷期都是如此。《教育杂志》从始至终在积极介绍国外教育新说、研讨国内重大教育问题、沟通传递国内外教育界消息等方面不遗余力，充分体现了其作为一份专业教育刊物在研究教育、改良学务方面的重要作用。

李本友为证明《教育杂志》的创办动机就是为了促进教材的出版，列举了3条证据：“在早期的杂志上，有很多篇幅是学部关于教材的精神、他们编某部教材的指导思想、介绍他们编的某套教材、推荐他们出版的一些书”；“《教育杂志》在创刊时，就注重研究教育领域中与教材有关的问题”；“为了打开教科书市场，这两个印书馆的编辑也经常著文阐述对新教育发展的意见”。①

在杂志上登载“学部关于教材的精神、他们编某部教材的指导思想、介绍他们编的某套教材、推荐他们出版的一些书”不正是为了改进教育教学服务吗？完全符合《教育杂志》的办刊宗旨。《教育杂志》中研究的教育问题极为广泛，绝不仅仅是与教材有关的问题。更何况教育领域中与教材有关的问题理所当然应成为研究的重要问题。这与推销教材也没什么必然联系。更不能理解的是此文作者甚至将《教育杂志》编辑经常著文阐述关于新教育发展的意见也说成是为了“打开教科书市场”。这实在是太牵强了。陆费逵有关教育方面的意见很多，都是基于他对教育问题的兴趣和认识而研究的心得，多数跟“打开教科书市场”不搭边，怎么能说是为了“打开教科书市场”才发表关于教育问题的意见呢！这也把陆费逵对于教育问题的兴趣以及创办《教育杂志》和《中华教育界》这些神圣的事业看得太庸俗化了。

当然，商务印书馆所办的各种杂志包括《教育杂志》也确实登载大量关于教科书和其他书籍的广告，但为了刊登广告和为了研究教育而创办《教育杂志》这是截然不同的。我们并不能因为《教育杂志》上登载了有关教科书的广告就说其创刊动机就是为了推销教科书。即使到了1912年，在《教育杂志》已经创刊3年多之后，商务所编的《共和国教科书》也首先是

① 李本友：《〈教育杂志〉与〈中华教育界〉——教育媒体与教育发展的个案研究》，载《集美大学教育学报》2000年第1期。

在比《教育杂志》影响更广泛的《申报》头版上刊登的广告。[1] 因为商务人明白，《教育杂志》影响再大，毕竟也是月刊。

第三，期刊本身就是商务印书馆文化教育事业的重要组成部分之一。它与书籍（包括教科书）的出版相互促进，构成一种互动关系。但我们并不能无视期刊本身的文化功能，把编辑出版杂志的目的都说成是为了出书。书刊互动那是一种出版策略，而非目的动机。

“正像为了出版各种书籍、扩大影响，他们创办了许多刊物一样，为了促进教材的出版，他们创办了教育方面的杂志——《教育杂志》《中华教育界》”。这种说法不仅将《教育杂志》和《中华教育界》的办刊动机限定在促进教材出版上，而且将商务的“许多刊物”的办刊动机都定格在了“为了出版各种书籍、扩大影响”上。这实际上是无视期刊本身的文化教育功能，而仅把期刊看作推销书籍的工具，不客气地说纯属无稽之谈。

按这种逻辑来说，根本无法理解商务印书馆所开创的各种文化教育事业。商务印书馆开办初期，即将期刊业作为其业务的重要组成部分，对于筹办期刊非常热心。张元济早在入商务印书馆前的 1902 年就私人创办了中国第一份外交杂志《外交报》。张元济加入商务印书馆后这份杂志便归商务所有，成为商务所办的第一份杂志。除最初的《外交报》外，1903 年 5 月创办了《绣像小说》，请小说《官场现形记》的作者李嘉宝（伯元）任主编。在当时黑幕小说四起、诲淫诲盗之作不绝的书业中，《绣像小说》以纯正的文学立场，刊登严肃的文学作品，不追随世俗，显示出自己的文化品格，在晚清文学中独树一帜。[2] 商务印书馆又于 1904 年创办了《东方杂志》至 1948 年底停刊，除因抗战爆发停过一个时期外，持续了 30 多年，是中国近代以来持续时间最长、影响最广的大型综合杂志。近代以来，许多重要的文章及文化论争都与《东方杂志》有关。商务印书馆还创办了《教育杂志》《妇女杂志》《学生杂志》《自然界》等，这些杂志均因时而起，是时代思潮发展的结果。这些杂志常常以社会舆论所关注的问题作为刊物组织文章的标的，一旦社会有什么新变化、新要求，商务印书馆的刊物便有文章进行

---

① 汪家熔：《近代出版人的文化追求》，第 191 页，南宁：广西教育出版社，2003 年。

② 杨扬：《商务印书馆：民间出版业的兴衰》，第 52 页，上海：上海教育出版社，2000 年。

探讨。

关于商务印书馆在这方面所做的工作，庄俞在《三十五年来之商务印书馆》一文中，对于商务印书馆与社会演进之关系从教育、文化、实业和人才四个方面作了总结。其中在“商务印书馆与三十五年来之文化”一节对商务所办的杂志作了如下说明：

定期杂志之属，为阅读界至佳至要之刊物，本馆发行多种。为提高本国学术地位，增进国民知识程度之助。讨论时政，阐明学术者，则有《东方杂志》；研究教育以促进步者，则有《教育杂志》；谋国内学生界交换知识，互通声气者，则有《学生杂志》；谋增进少年及儿童普通知识者，则有《少年》杂志《儿童世界》及《儿童画报》等；讨论妇女问题者，则有《妇女杂志》；谋促进学生英语知识者，则有《英语周刊》；研究中外文学者，则有《小说月报》；研究中国自然物及自然现象者，则有《自然界》杂志。上述杂志无不内容丰富、材料新颖，见称于读者。各学术机关团体之定期刊物，颇多由本公司发行者如学艺、农学、史学、舆地学等兹不详赘。①

根据杨扬的研究，“商务印书馆办杂志，不只是一般的介绍、传播近代学术思想，更重要的是通过这些杂志，来引导国内的思想文化新思潮。商务印书馆办刊物，有两个非常突出的现象，第一，没有文化品味的庸俗杂志不办；第二，每个时代的转折关头，杂志主编都应时换上新人，以保持刊物的生气”。②

作为一家民营出版企业，商务印书馆办刊物能够充分兼顾社会效益和经济效益，始终将引导和推动近代文化教育及学术思潮作为办刊的重要任务。当然，由于商务印书馆高明的营销策略，一般来说，其所办刊物大多有不错的经济效益。当二者发生矛盾的时候，也能以社会效益为主。晚清以来，一些靠刊登政治内幕、渲染色情暴力的小报小刊，在普通读者中还是相当有市场的，如后来“礼拜六派”文人发行的《红》和《礼拜六》等杂志，发行量就比倡导新文学的《小说月报》高得多，但商务印书馆并不因此而趋迎庸俗的社会时尚，反倒倡导严肃的思想文化，抵御这些毫无文化品位的读

① 高崧选编：《商务印书馆九十五年》，第 736 页，北京：商务印书馆，1992 年。
② 杨扬：《商务印书馆：民间出版业的兴衰》，第 52 页，上海：上海教育出版社，2000 年。

物。商务印书馆当局的这种文化态度，保证了《小说月报》《东方杂志》等刊物的出版，在当时基本上保持了严肃的文化格调。在探讨社会文化问题时，商务领导人非常关注社会新变化和文化发展新趋向，并常常要求杂志的主编追随新思潮。因此，“五四”以后，商务印书馆各大杂志的实际主事者先后换成富于新知识、新思想且奋发有为的青年人。《东方杂志》的胡愈之、《学生杂志》的杨贤江、《教育杂志》的李石岑和周予同、《妇女杂志》的章锡琛、《小说月报》的沈雁冰及郑振铎，都是那时“指点江山，激扬文字”的风华正茂的一代。改革以后的各种杂志不仅面貌一新，发行量也有了很大增加。商务印书馆的这些举措，保证了《东方杂志》《小说月报》等刊物具有较高的文化水准，而且商务印书馆创办文化事业的决心和毅力，使得这些刊物都有较长的生命周期和较广的发行范围。就影响和持续时间而论，中国近代以来，“商务印书馆办杂志的历史最久，品种最齐全，影响也最大”。[①] 没有一家出版机构所办的刊物可以与商务印书馆所办的刊物相媲美。据法国学者戴仁统计，商务自己先后创办的期刊有 35 种之多，为其他机构发行的期刊有 47 种。[②] 而据李家驹的研究，商务印书馆在 1897—1919 年这段时期共创立 21 种期刊，约占 1949 年前商务杂志总数的 78%。商务所办杂志的内容范围甚广，针对的读者对象亦不同。部分有开风气之先，部分在当时社会发挥过很重要的作用和影响。[③] 虽然商务印书馆创办刊物的具体数目有待于进一步考证，但这至少说明，期刊本身就是商务印书馆文化教育事业的重要组成部分。

如果非要说创办《教育杂志》是为了推销教科书的话，那么请问创办《妇女杂志》是为了推销什么书，创办《自然界》又是为了推销什么书。根本讲不通。所以庸俗化地理解商务印书馆创办期刊的动机是极不严肃的。

（三）从商务的出版宗旨和文化追求看《教育杂志》的创办动机

《教育杂志》是商务印书馆创办的众多刊物中的一种，是以张元济为代表的商务印书馆领导层在采纳了陆费逵的建议后由陆费逵创办的。因此，要想探寻创办《教育杂志》的真正动机，还需从张元济、陆费逵等人的思想

---

① 杨扬：《商务印书馆：民间出版业的兴衰》，第 53 页，上海：上海教育出版社，2000 年。
② ［法］戴仁：《上海商务印书馆（1897—1949）》，第 36 页，北京：商务印书馆，2000 年。
③ 李家驹：《商务印书馆与近代知识的传播》，第 57 页，北京：商务印书馆，2005 年。

信念进而从商务印书馆的出版宗旨和文化追求入手加以考证。

张元济是教育救国论的积极支持者。当时颓危的国情使他早就认识到教育的重要性。早在1897年，他就与好友筹设西学堂，以传授西学培养人才为宗旨。1898年被革职后，张元济首选的仍是教育救国的道路——进入南洋公学。在应邀加入商务印书馆之时，他也依然不忘自己的一贯理念，与商务老板夏瑞芳约定："吾辈当以扶助教育为己任"。这一约定从根本上改变了商务印书馆的经营方向，为商务印书馆确立了新的经营宗旨。因而，"一方面发展固有文化，一方面介绍西洋文化，谋沟通中西以促进整个中国文化之光大"① 成为商务印书馆的出版方针。开发民智、提高民众的文化素质成为商务印书馆的出版追求。商务印书馆的所有出版物都鲜明地体现了这种出版导向，最终使商务印书馆得以通过出版实现传承人类文明、引导社会舆论、传播文化的功能，同时也使其成为"中国知识阶层和民众表达意志的重要场所"和"中国文化的象征"。②

陈原先生在《三个读书人：一部书史》中称赞张元济、邹韬奋、胡愈之"不为名，不为利，只是为着开发民智、振兴中华；为着子孙万代的幸福，为着千古哲人的崇高理想"。他说："世人往往忽略了张是作为思想界的先行者来操作这家出版社的。在他的精神世界里，商务印书馆不仅仅是一个传播媒介，他实际上把它当做他的理想试验场，他的改造社会的理想试验场。"作为读书人，他自知他的力量不足以变革社会，但他却要寻找另一条挽救祖国危亡的道路。"他选择了为社会变革打基础的路——他倡导的开发民智、振兴中华的路。这就是他和好友蔡元培达成的共识：只有把全民族的素质提高，民智大开，才能从根本上拯救垂危的祖国"。他的这个试验场"是围绕着广义的文化教育而启动的"。正如陈原所说："张元济办出版社，确实不是单纯为了出书，他是在办一个旨在名副其实的大学校。"这样，在20世纪的前30年，"商务印书馆不是单一的出版机构，而是一个庞大的文化教育综合体"。这个综合体包括一个出版社、一个图书馆、10多个杂志社；包括有最新装备的现代化印刷厂和供应全国的印刷机械器材厂；包括一

---

① 高崧选编：《商务印书馆九十五年》，第735页，北京：商务印书馆，1992年。

② 史春风：《商务印书馆与中国近代文化》，第37页，北京：北京大学出版社，2006年。

个拍摄科教片、风景片、艺术片的电影厂，还包括大规模的新式益智玩具厂、文具教具科学仪器厂。与此同时，商务印书馆先后开设了幼儿园、小学、中学、师范学校、商业学校以及面对更广大求知群众的各科函授学校。在出书的层面上……举凡哲学、科学、文学、史学……凡有利于提高民智者，都在视野之内。[①]

1952 年张元济 86 岁时曾写下一首《留别商务印书馆同仁》的诗，颇能表明其一生对教育的情结和眷念。诗云："昌明教育平生愿，故向书林努力来。此是良田好耕植，有秋收获仗群才。"正像李思敬先生所评论的那样，中国近百年史不断启迪着人们：教育虽不是救国的管钥，但救国却绝对少不得教育的昌明。落后就要挨打，张元济是看得清楚的。所以他在剧烈的社会动荡之中，投身"可以提携多数国民"的出版事业，埋头播散文化教育的种子以终老。[②]

《教育杂志》的具体创办人陆费逵也是一个教育救国论者，十分重视教育的作用，自称一向喜谈教育。他与张元济有着同样的文化教育志向和追求。他对教育发展与国势强弱的关系曾有过多次精辟的论述。他指出："教育得道，则其国昌盛；教育不得道，则其国衰弱而灭亡，此一定之理也。"进而又大声疾呼："盖教育得道，则民智开、民德进、民体强，而国势隆盛矣。教育不得道，则民智塞、民德退、民体弱，而国势衰亡矣。然则欲救危亡而强盛无他，亦求教育之得道而已。"[③] 他被重金聘到商务印书馆后不久，便创办了在近代极有影响的《教育杂志》。商务印书馆为了能够留住陆费逵，高梦旦甚至将侄女嫁给了他。但陆费逵有着更为远大的志向，无论什么事都无法阻挡他创业的决心。商务印书馆终于没能留住陆费逵，在中华民国成立的当天，陆费逵的另一个更大的杰作——中华书局诞生了，几与《教育杂志》齐名的《中华教育界》也创刊了。汪家熔先生评论道，陆费逵进商务印书馆的时间虽不长，"但对商务、进而对我国教育的贡献很大"。他担任《教育杂志》主编和商务师范函授学社讲义部主任，"这两件事于我国

① 商务印书馆编：《商务印书馆一百年》，第 238 页，北京：商务印书馆，1997 年。
② 商务印书馆编：《商务印书馆一百年》，第 601 页，北京：商务印书馆，1997 年。
③ 吕达：《陆费逵教育论著选》，第 3 页，北京：人民教育出版社，2000 年。

早期的学校教育关系甚大”。[1]

其实，陆费逵对于文化教育更大的贡献是中华书局的创立。从中华书局成立之初，他就将目标锁定在了教育上。他在《中华书局宣言书》中提出：“立国根本在乎教育，教育根本实在教科书；教育不革命，国基终无由巩固；教科书不革命，教育目的终不能达也。”还明确宣布中华书局的创办和出版宗旨是：“一、养成中华共和国国民；二、并采人道主义、政治主义、军国民主义；三、注意实际教育；四、融和国粹欧化。”[2]《中华教育界》在创刊之初，便确立了“研究教育、促进文化”的办刊宗旨。

在中国近代教育史上，两份最具影响力的教育刊物都由陆费逵创办，仅次于商务印书馆的第二大民营出版社中华书局也由他创办。陆费逵之所以能在近代文化教育上做出如此巨大的贡献，绝不能简单地说这是历史的机缘或巧合，而是与他对教育、书业与国家社会关系的深刻认识分不开的。他曾说：“我们希望国家社会进步，不能不希望教育进步；我们希望教育进步，不能不希望书业进步；我们书业虽然是较小的行业，但是与国家社会的关系却比任何行业为大。”[3] 他还说：“出一部有价值的书籍，贡献于社会，则社会上的人们读了此书之后，在无形中所获得的利益，定非浅显；反是，如以诲淫诲盗的书籍贡献于世，则其比提刀杀人还要厉害，盖杀人不过杀一人，恶书之害，甚于洪水猛兽，不知害多少人。”[4] 可以说，陆费逵矢志不渝的文化追求和始终如一的教育情怀是其能够成就一番伟业的重要原因。

如此说来，探寻《教育杂志》的创办动机，不能用太过世俗的、浅薄的、功利化的眼光来看，而应该站在历史的高度，充分体察当时人的高尚情怀、图国家强大的爱国主义精神以及进步知识分子那种难能可贵的文化追求。纵观《教育杂志》的整个发展历程，“研究教育、改良学务”是其创办《教育杂志》的直接动因。《教育杂志》始终没有离开过这一宗旨。从更深层次说，那是为了开发民智，图国家强大。同时，也是对“以扶助教育为己任”的诺言的忠实践行。如果非说是打着“讨论教育学术”的名的话，

---

① 汪家熔：《近代出版人的文化追求》，第 174 页，南宁：广西教育出版社，2003 年。
② 俞筱尧、刘彦捷：《陆费逵与中华书局》，第 430 页，北京：中华书局，2002 年。
③ 俞筱尧、刘彦捷：《陆费逵与中华书局》，第 440 页，北京：中华书局，2002 年。
④ 俞筱尧、刘彦捷：《陆费逵与中华书局》，第 465 页，北京：中华书局，2002 年。

从它的实际作为来看也不是有名无实，而是名副其实的。法国汉学家戴仁在谈到商务所办教育类期刊时的一个评价至为中肯，他说："教育，这是商务印书馆始终关注并作为出版者而存在的首要理由。"① 如果以太功利化的观点去解释《教育杂志》的办刊动机，不仅无法理解商务印书馆创办数十种杂志以及其他一系列的行为，更是对商务印书馆以及商务印书馆人所做的前无古人的伟大事业和高尚文化追求的严重亵渎。

① ［法］戴仁：《上海商务印书馆（1897—1949）》，第 110 页，北京：商务印书馆，2000 年。

第二章　《教育杂志》的发展

一、《教育杂志》的发展阶段

《教育杂志》从1909年2月创刊至1948年12月出完最后1期，整整40年的时间。期间曾两度休刊，主编换过10任。根据主编变化、编辑思想及休刊复刊等情况，大致可以将《教育杂志》40年的发展历程划分为5个阶段，分述如下：

（一）初创阶段

《教育杂志》的初创阶段从1909年2月至1911年10月，包括第1年第1期直到第3年的第10期。这时期处于清朝末年宣统时期，也是辛亥革命的前夜，为陆费逵主政时期。陆费逵1908年秋被重金聘入商务印书馆，1909年2月即创办了商务印书馆继《东方杂志》之后第2份有影响的刊物。这一阶段共出版正刊35期，增刊1期。其主要特点如下：

（1）确立了《教育杂志》的办刊宗旨。在《教育杂志》创刊号上刊登了《教育杂志》简章，第一条即规定“本志以研究教育、改良学务为宗旨”。“研究教育、改良学务”遂成为《教育杂志》的基本宗旨。之后虽在表述上偶有变化，但仅仅是在不同时期所强调的侧重点不同而已，这一基本宗旨并未改变。

（2）规划了《教育杂志》的栏目设置。在《教育杂志》简章中列出20个栏目，分别是图画、主张、社说、学术、教授管理、教授资料、史传、教育人物、教育法令、章程文牍、纪事、调查、评论、文艺、谈话、杂纂、质疑答问、绍见批评、名家著述、附录，并声明每期未必各门都能具备，但至少在10门以上。这一栏目架构，虽从第3年开始略加调整，将20门合并为15门，但这一基本框架一直延续到第13卷。

（3）悬赏征集教授案。为“研究教法，交换智识起见”，《教育杂志》

社特刊登《悬赏征集教授案简章》。该简章规定，每月征集一次，于修身、读本、作文、算术、历史、地理、理科等中择一门命题。这一活动对改进各科教学起到了积极作用，体现了研究教育、改良学务的宗旨。

（4）从开始就重视通过征集文字图片和赠送杂志的做法沟通与学校的联系。

（5）从编辑形式上看，目录只登在封面上，而没有专门的目录页。

（6）出版临时增刊《世界教育状况》。该书洋装500余页，插图20余幅。内容全部从英德文中辑出。“不惟汉文书中从来未见，且大半为日文图籍所未有也”。

（7）从第2年第1期开始在封三版权页上增加英文名《The Chinese Education Review》。①

这一时期的办刊活动为以后《教育杂志》的良性发展奠定了基础。直到1922年，在栏目设置等方面虽也有一些变化，但基本沿袭了创刊初期的风格和框架。

（二）稳定发展阶段

1912年1月到1921年12月是《教育杂志》稳定发展阶段，涵盖第3年第11期到第13卷第12号。由于创办人及主编陆费逵突然离开商务印书馆自创中华书局，《教育杂志》主编一时无人接替，而且造成了1911年11月、12月两月《教育杂志》脱期。根据章锡琛的回忆，陆费逵离开商务印书馆后，“主编人虚悬了很久，暂由原来担任校对杂务的朱赤民（元善）办理集稿发印等事务”。于是从第3年第11期到第5卷第12号，在《教育杂志》版权页的编辑项下只署“教育杂志社”。从第6卷开始署名朱元善，直到第13卷。所以朱元善是陆费逵离开商务印书馆之后《教育杂志》的实际主编。尽管在一些时人回忆文章中对朱元善担任主编一职颇有微词（如章锡琛、茅盾等人回忆录），但朱元善却是历任主编中任职时间最长的一个。在他主政的长达10年中，出刊122期，其中征文11次，专号2个，另出增刊1期。从其编辑风格来看，虽然基本上沿用了陆费逵时代的做法，但也有

① 法国汉学家戴仁认为《教育杂志》最初为《中国教育杂志》，当是由此英文名引起的误会。其实《教育杂志》的汉文名称从未以《中国教育杂志》之名出现过。其英文名也从第18卷改为《The Educational Review》。

一些改进。其中最大的莫过于1920年的杂志革新运动。这次革新主要是受“五四运动”的影响，直接原因则是罗家伦对商务杂志的点名批评。

1. 罗家伦的批评与商务的回应

五四新文化运动时期是一个百家竞起、异说纷纭的时代。伴随着社会改造的呼声日渐高涨，各种各样的新思潮涌入中国，而且刚刚接触到新思想的人们由于其出身、经历、思想状况各不相同，各种思想流派都有广泛的市场，相互之间展开了激烈的论争。新思潮涌入初期的纷杂与无序、思想观念的混乱成为新文化运动时期思想界的显著特征。

1919年，时为北大学生的罗家伦于《新潮》杂志发表了《今日中国之杂志界》，对中国的杂志界提出他的观察与批评。论者多认为罗家伦的批评是针对商务印书馆的杂志而来的，所造成的压力促使商务印书馆旗下的杂志更换编辑进行改版。① 参与改版的期刊编辑们也认为是该文对商务印书馆造成了压力，导致商务印书馆不得不改版。② 但若仔细考察罗家伦文章的脉络以及之后商务印书馆杂志所作的回应，不难发现商务印书馆的期刊虽然在1920年以新文化为皈依改版，但他们的基调仍不改商务印书馆创办期刊的初衷，与罗家伦真正的意图并不相同，且两者对于期刊的标准与责任的认识有着基本的差异。

罗家伦《今日中国之杂志界》一文分为两部分，第一部分先提出他对中国杂志界的观察，将杂志作了分类；第二部分提出了对于办杂志的6条建议（也可看做是好杂志的标准）。罗家伦先将当时中国的杂志分为4大派：（1）官僚派，主要是政府公报；（2）课艺派，主要是各级学校的学生刊物，罗认为这些刊物上所载的学生作品迂阔且头脑不清；（3）杂乱派，主要批评商务印书馆的《东方杂志》，认为它缺乏宗旨，新旧杂陈，“这个古今上

---

① 在张静庐辑注的《中国现代出版史料》甲编，收录了罗家伦这篇文稿的前半部分。张静庐为该文所作的注为：“本文主要是针对着商务印书馆几种杂志的缺点而言，对后来商务五种杂志编辑方向和内容的改进，起了一定的推动作用，一九二一年起，《东方杂志》改由胡愈之（化鲁）负责（主编名义前为陶惺存，后为钱智修）；《小说月报》改由沈雁冰主编，后改郑振铎；《妇女杂志》改由章锡琛主编；《学生杂志》改由杨贤江主编（主编名义为朱天民）；《教育杂志》改由李石岑主编。”张静庐的这一看法对后来的研究者影响较大，多延用这一观点，如周策纵、叶宋曼瑛：《从翰林到出版家：张元济的生平与事业》、杨扬的《商务印书馆：民间出版业的兴衰》；周武：《商务印书馆与新文化运动》，载《社会科学》1999年第5期等。

② 蔡元培：《商务印书馆九十年》，第111页，北京：商务印书馆，1987年。

下派的杂志，忽而工业，忽而政论，忽而农商，忽而灵学，真是五花八门，无奇不有。你说它旧吗？他又像新。你说他新吗？他实在不配”。他认为这样毫无主张、毫无特色、毫无系统的办法，“对社会不会产生一点影响，也不能尽一点灌输新智识的责任”。罗家伦真正集中讨论的是第4学理派，在学理派中，又分为“脑筋清楚的”和“脑筋混沌的”两种，前者所指的是《甲寅》《太平洋》《新青年》《每周评论》和《科学》，后者又分为市侩式和守旧式两种。“这般市侩式的杂志，上面高举学理的大旗，就实际而论，做的人既对学理无明确的观念，又无研究的热心，不过打空锣鼓，以期多销几份。而且最讨厌的莫过于商务印书馆的《教育杂志》。这种杂志里面虽然有过蒋梦麟、黄炎培两君所著几篇还朴实点的东西，其余多半不堪问了”。此外，商务印书馆的《学生杂志》《妇女杂志》都因为内容的平庸、陈旧而受到批评。认为《学生杂志》本是一种“极不堪的课艺杂志，然而也要帮着《教育杂志》谈谈学理，论论职业教育”，误导心地清白的学生。而《妇女杂志》“专说些叫女子当男子奴隶的话，真是人类的罪人”。他说这类杂志，“若不根本改良，真无存在的余地”。在文章的第2部分，罗对于“办杂志究竟应当怎样”提出了6点看法：有一定的宗旨、有知识上的联合、多设周报、趋重批评、有系统的记事以及要增加讽刺画。

其实，早在这篇文章前，罗家伦就已分别对小说界和新闻界提出了他的观察与批评。这3篇文章的结构很相似，先将现状予以分类评比，再提出改革方案。不论是评比的标准或是改良的方向，皆是以新文化为皈依，兼及该期刊有无明确的主张或宗旨。在罗看来，一份好的期刊，关键在于“有宗旨”，罗认为，“杂志”不应该“杂”，一个好的有价值的杂志应该是有宗旨、有主义的，并有种价值观与宣传一种与新文化运动同调的主张。而这些是他认为商务印书馆的杂志所不具备的。

对于罗家伦的批评，《教育杂志》除在《〈教育杂志〉第十二号预告》（刊登在《教育杂志》第11卷第11号）中说明自己办刊11年来“常常随着时势力图革新未尝稍有懈怠”并公布了谋求更进一步革新的若干事项外，并未见公开发表文章予以正面回应。当然就是这一简短表态，至少也说明罗家伦的批评引起了《教育杂志》编辑的重视。与《教育杂志》不同，《东方杂志》的编辑和《学生杂志》的读者皆发表文章予以反驳。双方争论的焦点并不在于商务印书馆的杂志是否该面向新思潮，而是针对杂志是否应有宗旨，应不应该“杂”。《东方杂志》编辑景藏针对罗家伦的批评，发表了《今后杂志界之职务》一文，认为杂志内容本就包罗万象，不论广狭，“非杂自无以名之”。[①] 杂志的职务有 3 项：研究学理、启发思想以及矫正习俗。除第一种是在编者与读者程度相当的情况下进行外，后两项职能编辑皆须负选择以及广泛提供资讯的责任。正是由于这个原因，景藏认为“杂志犹如杂货店”，应该提供各种读者所需的东西。这对程度尚浅的中国学问界尤为必要。该文接着提出了今后杂志界职务的 6 个标准：应该知道世界大势，不可故步自封；应该适应现在时事，不可拘牵顽旧等。由此可知，在商务编辑的眼里，并非不认同新思潮，抗拒而不介绍。他们肯定介绍新思潮是必要的，顺应时代的需求改变也是必要的，只不过所用的是自己的方法，这些方法与商务一贯的“启蒙”初衷是一致的。杂志的目的在于介绍新知，不在宣传宗旨。

《学生杂志》的读者范尧生意识到了“有没有方针”是《新潮》的作者批评杂志的标准，但在他看来，商务印书馆的杂志并非没有方针，例如，《学生杂志》的方针、宗旨即是他们在宣言中所称作为“全国学生界互相联络之机关”与“辅助学业，交换智识”。[②] 范尧生还建议《学生杂志》在既有的宗旨上多注意以下 3 点：改造学生思想，破除陈旧不堪的思想；研究学理，但求其浅近实用，提倡学生与社会的联合；在材料上则需要再多严谨的审查。编辑在该文文末还特意加上了按语，表示对范尧生的建议很赞同，但他们自认为《学生杂志》本就注意随时进步改良，并强调了杂志的功能是要“益人”、要“悟他”。这与《今后杂志界之职务》一文的观点完全一致。既然编辑要选择适合读者的内容并广泛提供资讯以“益人”、“悟他”，那么“介绍智识”就比“宣传主张”来得重要，而如求“浅近实用”，便表示介绍的成分将比讨论多。

① 景藏：《今后杂志界之职务》，载《东方杂志》，第 16 卷第 7 号。
② 本刊编辑：《新编学生杂志广告》，载《学生杂志》，1914 年第 1 年第 1 期。

2. 1920 年商务期刊之改版

“五四运动不但引起新出版物的创办，也促进了许多旧杂志和报纸的改革”。[①] 商务印书馆的主要领导人中，张元济和高梦旦等革新派是清醒的。据张元济日记和张元济年谱记载：

日记：1917 年 10 月 12 日函高梦旦：“《小说月报》不适宜，应变通。”

日记：1919 年 1 月 6 日致高梦旦书：“《教育杂志》须改良，募外稿，从速行！”

日记：1919 年 3 月 14 日“昨查图书盘存簿，见有若干滞销书均列账……本日据符君报告有六十余万。内，实用书三十余万，历年杂志十一万”。

日记：1920 年 2 月 3 日“午后董事会议，公阅今年营业总表，有五百十余万。余云：现在各省自编教科书，又新思潮激进，已有新妇女、新学生、新教育出版。本馆不能一切迎合，故今年书籍不免减退，应当注重印刷，力求进步”。

不革新无以自存。1919 年底，商务印书馆旗下的杂志纷纷预告，在新的一年中将进行大规模改版。当然这不是说这些杂志以前不曾改过版，不过以前的改版大多仅是就版面配置、字体大小或插图风格稍作调整，不像这次是内容取向上的变化。从各杂志预告改版的广告里，可以看出此次改版不同于以往的背景：由于欧战结束，世界大势有所不同，新思潮层出不穷，而商务印书馆的杂志是以介绍新知、启蒙读者为职志，将致力于介绍新思潮，而文字力求白话或浅近的文言文，以求随时进步。如《东方杂志》在变更体例预告中说：“本杂志创刊十六年，向以介绍新智识、汇记国内外大事为重要职志，期间亦尝应时势之需要，叠精变更体例。今者世界智识日益进步，本杂志自当益自策励，以求完善，因自十七卷第一号起，将门类酌加增减，虽宗旨无甚改变，而贡献读者，自谓颇多便利。”《学生杂志》的广告词是：“本社为全国学生交换知识起见，所以刊行杂志，历年以来颇蒙学生界诸君欢迎，投稿的投稿，订阅的订阅，因此，随着时势，一天进步了一天，实在

① 周策纵：《五四运动：现代中国的思想革命》，第 184 页，杭州：江苏人民出版社，1999 年。

感激得很。现在第六卷已经出齐，从第七卷一号起又复努力刷新，答我学生诸君的雅意。至于刷新的事项，且将主要数端布告如下：除了科学文艺并重而外，再加添形上的学说；文言与白话并用……”《妇女杂志》更是推出了6大改良：“迎接新潮变换体例这是根本的改良；多用白话简明切要这是文字的改良；采用新图趣味浓厚这是图画的改良；选译要闻灌输新识这是译件的改良；妇孺修养无所不被这是家政的改良；家庭俱乐部另列专栏这是余兴的改良。”《教育杂志》在第11卷第11号作《教育杂志第十二号预告》时对下年度的革新事项作了说明：“本杂志刊行以来，已经十一年了。在这十一年中，时事的变迁、教育的趋向，不已是日新月异岁不同么，本社同人自始即认为教育为文化的中心，所以常常随着时势力图革新未尝稍有懈怠。凡是读过本杂志的人都能知道本杂志是最求进步的。现在十一卷已经出齐，从第十二卷起再行努力刷新，还望全国教育家不吝赐教，曷胜祷盼。至于刷新事项，略列数端如下：不偏重理论，从实际问题讨论教育改造的方法；持公开主义，不问什么见解，只要立论适时，理由充足，都愿代为发表；文言和白话并用；扩大版本；印刷力求精美；准期出版。”

在1920年新年第1号上，商务印书馆各杂志在《恭贺新禧并祝各界大进步》的标题下对杂志的改革作了进一步渲染：“新年到了，又是一番新气象。然而今年的新年与往年的新年不同，欧战停止，各国对于种种建设事业，早预备捷足进步。我国热心诸君也正尽力提倡……敝馆出版各种杂志，向承各界欢迎，争先订购。今年要大大地改良，大大地刷新，务使全国少年和全国学生读了本馆出版的《少年杂志》《学生杂志》于德育、智育、体育方面进步无量；全国教育家订阅《教育杂志》互相讨论，使教育前途大放光明；全国政商军学各界订阅《东方杂志》《英文杂志》《英文周刊》彼此商榷，常常赐教，使中国的新事业渐渐振兴；讲到妇女解放问题，现在提倡得很多，但是一方面解放，一方面必须建设，敝馆今年的《妇女杂志》有六大改良，正是妇女建设方面的极好书籍，不可不读，赞成解放问题的更不可不多订几份，送与亲友中识字妇女看……”

除了广告，商务的杂志也为改版发表宣言，内容大致相同。如1920年1月号的《学生杂志》卷首发表了改版的宣言，《宣言》中说明了此次改版并重新宣言的原因：一是因欧战结束使得世界大势有所不同，而五四学潮以来中国的思想界亦大为变动，学生界的生活也与过往两异，因此需要对于今后思想界之趋势以及学生的生活有所注意，重新宣言是表示《学生杂志》已经注意到这个问题了；二是他们表示相信学术万能，学生的生活就是学术的生活，而《学生杂志》的宗旨，一向就想对学生尽点学术上辅导的责任，是以想辅助学生的追求。[①]《东方杂志》认为言论为杂志之重大职务，为求社会自觉，杂志将不专主一派学说或一国思想，而是将“世界之学术思想社会运动”以“公平的眼光、忠实的手段介绍给读者”，而书写着重用白话文。[②]《妇女杂志》则强调进化的观点，认为欧战后应有所变革，并注意女子解放问题。[③]

那么，如何看待这次革新呢？1920 年的这次所谓“大大的改良，大大的刷新”，在茅盾等当时商务印书馆的一些编辑眼里却被称为“半革新”[④]。因为这次改版基本上是在不换编辑、保持旧有栏目、增加一些栏目、兼收新稿与消化旧稿的情况下进行的。以《小说月报》为例，确实新增了由沈雁冰主持的“小说新潮”栏，刊登翻译的白话文小说与文论以研究新文学、新思潮为宗旨。但《小说月报》除此之外的其他栏目与改版前并未有明显差异，同时期的《学生杂志》亦如此。

这其中的一个原因就是这些期刊的编辑并不一定欣然同意改革。在这次改版中朱元善还算是一位态度比较积极且对文化风向相当敏感的人。根据茅盾的回忆，早在《新青年》问世时他就有所注意，并要求当时助编《学生杂志》的茅盾加以注意，并尝试稍微在《学生杂志》上发表一些与《新青年》相似的文章以趋时。但即便如此，《学生杂志》的很多栏目还是未曾出现过学生的白话文稿。相比之下，《小说月报》的编辑王蕴章则是万般不得已而为之，因为革新的决定来自“上面”，他不得不从。[⑤]

这一阶段，《教育杂志》从编辑形式到内容方面的变化主要有如下几点：

---

① 本刊编辑：《宣言》，载《学生杂志》1920 年第 7 卷第 1 号。
② 本刊编辑：《本志之希望》，载《东方杂志》1920 年第 17 卷第 1 期。
③ 本刊编辑：《本杂志今后之方针》，载《妇女杂志》1919 年第 5 卷第 12 号。
④ 茅盾：《我走过的道路》，第 173 页，北京：人民文学出版社，1997 年。
⑤ 茅盾：《我走过的道路》，第 109 页，北京：人民文学出版社，1997 年。

（1）第3年第12期（民国元年三月）首次作下期预告《教育杂志第四卷第一号要目预告》，并对民国教育充满期待："民国成立，共和确定。本杂志第三年亦已出全，第四年赓续出版。际此百度更新，教育尤重。同人不揣简陋，急起直追。循时势之变迁，促民德之进步，或为指导，或为启发，窃比于犹人木铎，以开我共和国教育之新纪元。想海内外教育家所乐于赞成者也。"

（2）第2年第1期始封面有英文名称 The Chinese Education Review 及英文卷期 Vol. V No. 1。此前《教育杂志》的英文名只出现在版权页上，封面上并没有英文名。

（3）从第7卷始，《教育杂志》的号数月数完全相符。之前由于"延停数月"以及"遵用新历之故"号数月数参差不齐，殊为不便。如12月出第9号，1月出第10号。为使号数月数相符，在1914年12月之内，将第6卷10—12号全部出齐，从而使《教育杂志》的号数月数从第7卷始方相符。第6卷第12号《本社通告》对此有详细说明：本杂志向例按年分卷按卷分号。每年以正月所出为第1号，挨次顺列。自辛亥武昌事起，交通阻碍，顺延而下遂以正月出第10号，12月出第9号。现在第6卷第9号照例12月出版外，所有第10、11、12、13号赶排赶印，一并于阳历12月内出齐。民国四年正月起出第7卷第1号，俾号数月数相符并答爱读诸君之盛意特此通告。

（4）在重大历史关头，随时倡导对于教育现实问题的研究。如一战结束之后，在第10卷第12号《教育杂志第11卷第1号要目预告》中就及时向教育界发出关注教育研究的呼声：大战终矣！平和成矣！而今而后，无论为国为家为社会为个人，无论为道德为学术为思想，将无一不与战前划为一大纪元。如何进步今虽不可预测，而其所谓改良所谓建造之大业要必悉归其责于教育。然则，今后教育者之责任其重大为何如，今后之教育究当何途之从而后得与新世界新时代之要求适相符合，又如何而后不负既重且大之责任，此正同人所极愿与全国教育界从长研究者已。

（5）较早倡导创造教育。在第11卷第1号较为集中地登载了关于创造教育的几篇文章：论创造力、创造教育之方法、儿童创造力养成之研究；第3号有关于注音字母的3篇文章和注音字母表；第4号登有杜威肖像；第5

号译有杜威教育上之民主主义（原书第7章）

（6）开始发行专号。第11卷第9号出了“德谟克拉西”专号，如果不算以前增刊，这是在正刊中所出的第1个专号。之后又在第13卷第11号出了“演讲号”。

（7）1919年7月第11卷第7号首次出现白话文，即张一麟的《我之国语教育观》。① 虽标题还有之乎者也的文言痕迹，但通篇内容，除偶尔夹杂几个文言虚词外，基本上是白话文。仅举该文开头一段：“鄙人对于国语教育的意见，是把国语教育认作一种慈善的事业。这是怎么说呢？天生一个人给他五官，耳能听，眼睛能看，嘴能说，鼻子能嗅，心能思想。这五种叫做五官。”

（8）及时刷新版面，适应时代要求。1919年正值五四新文化运动时期，《教育杂志》在第11卷第11号作《教育杂志第十二号预告》时对下年度的革新事项作了说明：“本杂志刊行以来，已经十一年了。在这十一年中，时事的变迁教育的趋向，不已是日新月异岁不同么，本社同人自始即认教育为文化的中心，所以常常随着时势力图革新未尝稍有懈怠。凡是读过本杂志的人都能知道本杂志是最求进步的。现在十一卷已经出齐，从第十二卷起再行努力刷新，还望全国教育家不吝赐教，曷胜祷盼。至于刷新事项，略列数端如下：不偏重理论，从实际问题讨论教育改造的方法；持公开主义，不问什么见解，只要立论适时，理由充足，都愿代为发表；文言和白话并用；扩大版本；印刷力求精美；准期出版。”

（三）变革阶段

1922年1月到1931年12月是《教育杂志》的变革阶段，出版了第14卷至23卷。“五四”以后，商务各大杂志的实际主事者终于先后换成富于新知识、新思想而且奋发有为的青年人。《东方杂志》的胡愈之，《学生杂

---

① 《教育杂志》究竟是从哪一期开始出现白话文的，对此周策纵在《五四运动：现代中国的思想革命》一书中认为是从1920年1月开始的。在谈到五四运动后期刊改革时说：“由新任编辑李石岑（后来成为有名的哲学家）领导的《教育杂志》反应更为迅捷，1920年1月，其文章开始以白话文出现。”这句话所反映的历史事实并不确切。《教育杂志》上出现白话文最早是在1919年第7号上，已如上述。之后，几乎每期都有白话文发表。如第8号有孟宪承翻译的《教育的国际联盟》、第9号有贾丰臻的《教育时话》、第10号《杜威讲教育哲学》、第11号《今后教育的希望》、第12号《教学白话文的研究》等。在《教育杂志》主编考证部分还将会提到周策纵这句话。

志》的杨贤江，《教育杂志》的李石岑、周予同，《妇女杂志》的章锡琛和《小说月报》的沈雁冰、郑振铎，都是那时“指点江山，激扬文字”风华正茂的一代。改革以后的《小说月报》“第一期印了五千册，马上销光，各处分馆纷纷来电要求下期多发。于是第二期印了七千。到第一卷末期已印一万”。《妇女杂志》由两三千册增加到一万，《学生杂志》也是“发行量很大，面很广”。

正是在这样的背景下，《教育杂志》改由李石岑担任主编。从《教育杂志》编辑署名情况看，李石岑主编了第14卷的前6期以及第15卷第2号至第20卷第5号，周予同主编了第14卷后6期以及第20卷第6号至23卷第12号。但据当时《妇女杂志》主编章锡琛先生的说法，这段时期“实际的负责人是周予同”。[①] 这一说法基本符合实际。这在周予同《追念杨贤江》一文中可以得到证实。周予同先生回忆说：“那年（指1921年）暑假以后，我辞了厦门大学的教职，转就商务印书馆的编辑。我和李石岑兄主编《教育杂志》，他（指杨贤江）帮助朱赤民先生主编《学生杂志》。”[②] 除20卷6号以后是由周予同独立主编外，这段期间的大部分期刊实际是由两人共同主编的。所以可以将这期间叫做“李周时代”。

这一时期，共出刊120期，其中专号19个。这一阶段无论从办刊思想、栏目设置，还是具体内容都有了很大的改进，给人耳目一新之感。这主要体现在如下一些方面：

1. 办刊思想发生了重大转变。明确提出教育科学化的口号以及“提高教育学术之程度”与“扩大教育学术之范围”的办刊宗旨。

2. 研究重点放在学制改革、职业教育、美育、小学教育、新兴教学法和各类测验方面。在第13卷第11号上，就登出了《教育杂志刷新预告》：本社所出之《教育杂志》，自明年1月起，由李石岑君编辑。内容可分数项说明：（1）建议　教育独立；（2）提倡　美育与体育兼及职业教育；（3）研究　设计教学法、智力测验、教育测验及其他；（4）世界教育新潮　欧美、日本、菲律宾等之教育新说及最近教育状况；（5）国内教育状况　如

① 蔡元培：《商务印书馆九十年》，第111页，北京：商务印书馆，1987年。

② 蔡元培：《商务印书馆九十年》，第398页，北京：商务印书馆，1987年。

小学统计、设计法实施报告、儿童生理发育日记等；（6）教育评坛 专评国内教育界新发生事件；（7）新刊介绍 介绍欧美教育名著，详列书之内容、价格及出版地址，每月将欧美、日本所出各种主要《教育杂志》之要目列一详表，以供教育界之参考。预定明年6月出《现代教育思潮号》特刊，收集欧美、日本各种教育最新学说及现代教育家肖像等。所有《教育杂志》价格邮费依旧，特此预告。教育杂志社启。

在第14卷第1号又发表了《本志宣言》，详细阐述了革新要点：

教育事实是活动的，是进化的，教育理论亦何莫不然？现当本志第14卷开始，同人将是益求精进，兹将特别注意之点略举如下：

学制改革，为目今教育界讨论之中心问题。本志愿从人类之本然性，被教育者之生理的发育与心理的变化，暨世界教育之趋势诸点以讨论之；并本此见地，进究新学制各级课程。教育以"自然"为归，其方法则重启发。一切军国民教育、阶级教育、古典教育以及其他注入式教育，务尽力排斥之。

美育与体育，世界各国竞相提倡，而我国仍觉寂然。本志就改造环境与增进体质之点，愿极力提倡美育与体育；更就精神生活之向上发展，愿极力宣扬美育与体育，美体二育既备，斯德智二育伏其中矣。

我国人民虽众，十九皆无职业。就社会现状以观，具大规模之团体能增进职业者，虽未易骤举，然具小规模之团体能举是职者，实所在皆是。职业教育所以裨补此小规模之团体者实大，且其效甚速。故本志对于农工两方面之职业教育，亦愿量力提倡之。

教育方法的研究，日见扩大，如各种设计教学法、智力测验、教育测验、心理测验、职业测验种种，莫不竞以所得相高。本志愿一面诚实介绍各种教育方法，一面以自力阐扬之。

教育思潮，自欧洲大战以后，顿易旧观。本志特辟"世界教育新潮"一栏，以介绍欧美日本教育新说及最近教育状况。

关于我国教育状况，如小学统计、设计法实施报告以及儿童生理发育日记各种杂著，本志皆当酌量登载。是则所望于全国教育界常以各地教育状况见示，方不至挂一漏万。

本志既得各地教育状况报告，复从报章搜集各地教育情形，乃就同人观察所得，为之撰短评如干首，另立“教育评坛”一栏，一以促各地教育界之警觉，一以表本志之主张也。

关于教育新刊，本志特辟一“新刊介绍”栏。凡各种教育名著，务将内容、价格暨出版地址，详细记出，至杂志方面，则每期将欧美、日本所出各种主要《教育杂志》之要目列一详表，以供教育界之参考。

本志特辟“通讯”一栏，容纳各种教育上质疑辨难之文字，即关于购置新文化书籍等事，如承下问，本志同人亦当量力答复。

本志文体，兼用白话及浅显文言。文主朴实与正确。未尝研究教育而好执笔谈教育之文字不录，无教育经验而任意作肯定语或否定语之文字不录，欲借本志铺张门面或有类应酬之文字不录。故本志历期所刊载者，“言之无物”与“言不由衷”之论文，概从割弃。

3. 出版第 14 卷号外《学制课程研究号》，成为我国课程理论研究初始阶段的标志性成果。

4. 增设了“小学教育论坛”和“儿童研究”两个栏目。“小学教育论坛”是从第 15 卷第 9 号增设的，显示了对小学教育及儿童问题的重视。

5. 从第 14 卷起，改为横排版，从左至右，页码还不是按顺序排列。但第 15 卷第 6 号庚款专号的页码为顺序排列，共 157 页。

（四）恢复发展阶段

1934 年 9 月到 1941 年 11 月《教育杂志》经历了恢复发展的阶段，出版了从第 24 卷到第 31 卷第 11 号。

1932 年 1 月 28 日，日本战机突袭上海闸北，史称“一·二八”事变。商务印书馆位于闸北的总厂、总管理处、编译所和东方图书馆等百亩家业，连机器、产品原料都被日本人悉数炸毁。事后点算，总损失高达1633万。最严重的是东方图书馆中外藏书 50 万册，包括珍贵的善本3754种、3.5 万余册全毁于炮火下，成为永远无法弥补的重大损失。在这种情况下，商务印书馆领导层不得不作出停业的决定。商务印书馆所办的各种杂志也停刊了。但商务印书馆人并没有就此一蹶不振，而是在王云五的领导下迅速作出了复业的决定，于 1932 年 8 月 1 日宣布复业。商务印书馆人喊出了“为国难而牺牲，为文化而奋斗”这个激发人心的口号，也显示了商务印书馆全体职工同仇敌忾的决心，并赢得了全国各界的同情和协助。在此后一年多时间里，商务印书馆所办的各种杂志也陆续复刊。《教育杂志》则于 1934 年 9 月复刊。

1937 年“八·一三”事变，日本再次轰炸上海，商务印书馆短暂停业后于 9 月向外宣布恢复出版，《教育杂志》也于此时在经过短暂搁置后复刊。又因上海沦陷，教育杂志社于 1937 年 12 月迁往长沙续刊。所以从第 27 卷第 11、12 号起《教育杂志》的出版地易为长沙。① 由于第 27 卷第 9、10、11、12 号分别采取了合刊的形式，所以卷期号与月数仍然相符，并未中断。从卷期上来看并无停刊、复刊的痕迹。关于为何采取合刊形式，在《教育杂志》第 27 卷第 9、10 合刊号的商务印书馆启事中作了说明：《东方杂志》《教育杂志》《儿童世界》《英语周刊》4 种，自 10 月起复刊。因受纸张及排印能力之限制，最初复刊时均以两期一次合刊。

从第 24 卷 1 号至第 26 卷第 7 号由著名历史学家、教育家何炳松担任主编，第 26 卷第 8 号至 31 卷 11 号由知名学者黄觉民担任主编。期间共出刊 87 期，其中专号 12 个。

1. 在国难当头的日子，《教育杂志》表现了前所未有的忧患意识和更大的社会责任感。据此提出了这个阶段《教育杂志》所应担负的使命。

（1）基本使命。主编何炳松将阐明中华民国的教育宗旨、探讨实现教育宗旨的途径和方法作为《教育杂志》的基本使命。在《本杂志的使命》中，他说：“中华民国的教育，应当根据三民主义，以充实人民的生活、扶植社会的生存、发展国民的生计、延续民族的生命为目的，务期民族独立、民权普遍、民生发展，以促进世界大同。这是国民政府所定的教育宗旨，正大光明，凡我国人都有拳拳服膺的义务。我们怎样去阐明这个宗旨呢，我们怎样去规划各种具体的办法以求其实现呢？我们料想国人定有许多高见可以发表出来，供大家参考。本杂志极愿把他的篇幅献给国人，备他们发表或讨论这种高见之用。所以追随国人之后共同努力于这个宗旨的阐明和实现，可

① 在第 27 卷第 11、12 合刊号的《编后余谈》中对此有详细记载：“自八·一三沪战发生，本志即决定继续刊行，冀于抗战有所贡献。所以当时本馆上海工厂虽然尽在战区，但仍竭力设法刊印九、十两月合刊本。不幸十一月号正在印刷中，淞沪忽告失陷，本志为上海恶劣环境所迫不得不暂缓发行。直至今日，经本馆当局惨淡经营，始得移至长沙续刊……希望爱护本志者源源赐撰合时鸿文，径寄长沙南正街商务印书馆，使本志在教育方面对长期全面抗战得能增强力量。”

以说是本杂志一个最基本的使命。”

（2）具体使命。我国自从“九·一八”以来，国难日亟，国事濒危，民族生命几有不能延续之势。所以我们的愚见，以为教育界中人，除致力于纯粹教育理论和教学方法的研讨和实施外，似乎还有4项重要的工作，应该当仁不让地担当起来，这就是：①打倒文盲、②建设农村、③提倡生产教育、④提高文化程度。这4项工作或可当作我们实现三民主义教育宗旨的一种可能的方法，亦就是本杂志妄想担负的一种比较具体的使命。上述4项工作，骤然看去，好像都是一般国人应负的责任，不能当作我们教育界中人的特殊使命。但是我们一面眼见我国的文盲这样众多，人民生活这样困苦，生产能力这样薄弱，文化程度这样低落；一面眼见世界列强的文化如此突飞猛进，他们对于我国的压迫如此日趋严重，一面更想象到我们这个强邻环伺的国家有随时灭亡的危险。我们既置身于此百分之二十的识字阶级中，难道还可以袖手旁观，坐而论道，不认它们为我们教育界中人应负的责任吗？本杂志既妄想代我国的教育界做一个共同的喉舌，又哪能不以上述4项工作为重要使命呢？这4项具体使命实际上就是《教育杂志》所应担负的社会使命。

（3）特有使命。本杂志当然负有他所特有的使命，这就是纯粹教育理论和教学方法的探讨。我国古代的教育理论和方法，亦仅有崇高的见解，但如今是否已失其效用？清末改科举为学校时，我们亦曾采行过日本的理论和方法，民国以后亦曾采行过美国的理论和方法，国民政府成立的初年，并曾采行过法国的理论和方法。但如今是否已不甚相宜？过去固有的既失其效用，现在外来的又不甚相宜，我们又应该怎样自出心裁地去创造一种适合国情的新理论和方法，实施起来去达到充实人民生活、扶植社会生存、发展国民生计、延续民族生命的目的呢？本杂志当然更愿意公开他的篇幅，供国人探讨。此外，现代世界各国对于上述4项工作的努力，以及各种教育理论和方法的探讨，凡足资我们借镜的，本杂志亦自当努力介绍，藉供国人参考。

2. 在复刊号上，发表了时任教育部部长王世杰的《教育杂志复刊感言》，发行人王云五的《随便想到的几个教育问题》。王世杰部长对《教育杂志》过往的成绩给予了充分的肯定，对未来的发展寄予厚望。作为一个民营出版机构所办的教育刊物，在复刊之际能够受到教育部部长的肯定和鼓励，足见其影响力。

3. 复刊后的栏目设置主要包括下列各门：①教育文化有关之插图；②通论；③专著；④世界教育新潮；⑤调查；⑥参考资料；⑦新著介绍；⑧教育文艺；⑨世界教育文化史的新页；[①] ⑩教育法规；⑪外国教育论著索引。

4. 加强与作者、读者的联系。设立“编后余谈”栏目，成为与作者和读者联系的一个有效途径。“编后余谈”栏目主要通过下列几种方式加强与读者、作者的联系：

（1）说明编辑意图。如第 24 卷第 1 号《编后余谈》：本杂志的范围，除在本杂志版权页上投稿简章中列举门类外，本期何炳松先生并在本杂志的使命一文中详加说明。我们希望国人能常以一般文化教育工作的报告或卓见供给我们，我们更希望能以科学的教育研究一类著作供给我们。因为我们深信所谓教育建设必以科学的教育研究所得之结果为基础才有把握。

（2）为读者推荐重点文章。如第 26 卷第 10 号《编后余谈》中向读者推荐了“本期中值得介绍的几篇吃力之作”。本期中又有几篇是用科学方法研究的结果，非经长时间的努力不能写成的著作，如童润之氏之《我国中等学校乡村化程度的调查》，钟鲁斋、黄诰之《小学儿童兴趣的调查与研究》，孙礼成之《小学儿童应养成之卫生习惯及其养成法的研究》，赵端瑛之《小学教师待遇的比较研究》，杨敏祺等《识字测验经过的报告》，张达善之《注音符号教学方法的实验研究》等文。这种用科学方法研究而得的结果比个人主观臆测的结果较为可靠，本社愿竭力提倡，藉以建设教育的科学基础。凡有可登的价值无不录用，而且予以较优的报酬。再如，第 26 卷第 2 号《编后余谈》：儿童教育和父母教育自实施儿童年之后已引起全国上下的注意。本杂志为尽一部分责任，近来各期都选刊这方面的文章，以后各期预备仍拟如此。使本杂志不仅为从事学校教育者的必要读物，抑且成从事家庭教育者的必要读物。

（3）征集重点选题稿件。第 25 卷第 10 号《编后余谈》：我们就前次发出的调查表所得，知道本志的读者以现任小学教师及师范生为最多。我们为谋适应他们的实际需要起见，此后拟多刊关于小学教育实际应用的文章。希

---

① 实为本国文化史的新页。

望惠稿诸君协力赞助，更望现任小学教职员能本其平日实际教导所得的经验或将其实用问题研究心得撰文惠掷。无论教材、教法、训导、行政以及师生实地生活方面，凡足供小学教师实际应用者，本社均极欢迎，并当择优刊布。但对全体读者还仍旧顾到一般的需要。

（4）向作者说明稿件情况。如第26卷第8号《编后余谈》：近来我们因为出了几个专号，录取而未刊的稿件又堆积颇多，致劳投稿者来函催刊，甚为抱歉。现拟最近不出专号，所有积稿在六七月份以前投到的，决最迟在十月份特大号内尽量发表，以释撰稿诸君的广注。

此外，还有介绍作者情况等。

5. 广泛征求读者对于刊物的意见。第24卷第4号附《读者调查表》云："读者诸君：本杂志为欲增进服务的效力起见，特举行读者调查以便据以改进。事关重要想蒙赞同，敬请将下表填就即日惠下备考，不胜感盼之至！教育杂志社谨启。"

第25卷第2号《编后余谈》中恳请读者填表，并说："我们举行调查的目的，在于明了读者当中究以哪一届人为最多，各人对于本杂志抱什么一种意见，使我们可以根据调查的结果，来谋本杂志的改进，籍以增进服务的效率。现在我们时时刻刻期待着三万余读者的合作……我们预备汇齐之后做一个大规模的和多方面的统计和分析。希望能够发现许多有趣的项目，报告给读者。我们知道国内定期刊物有三万以上的读者还不很多；我们亦知道定期刊物对于全体读者的意见加以普遍的征求，预备作出一个很有趣味的统计和分析，在国内好像亦还不曾有人做过。我们认为这是一件值得尝试的事，希望全体读者能够帮助我们，把调查表赶紧填就寄给我们。"

6. 开辟了"世界著名教育杂志摘要"等栏目。第25卷第1号（新年号）《编后余谈》中说：今年本杂志的内容除继续去年原状以外……我们为谋全国读者的实际利益起见，决定用最大的努力来介绍世界各文明国教育文化上各种日新月异的理论和实际，仅供全国学术界的参考。我们现在已订购英、美、日、俄、德、法等6国所有著名的《教育杂志》，约共100种。逐期请定10余位专家将各国杂志中对于我国有特殊借镜价值的以及本身有特殊贡献的论文择要摘录其精华，逐期汇刊于本杂志，每期拟暂以4万字为度……这一栏我们定名为"世界著名教育杂志摘要"。我们希望读者读过本杂志一份能够等于读世界上全部著名的《教育杂志》。

（五）最后岁月

1947年7月到1948年12月《教育杂志》经历了其动荡的最后岁月，出版了第32卷第1号到最后1期——第33卷第12号。

“一·二八”事变以后，商务印书馆采取了战时应急措施，其总策略就是分散经营，化整为零，以降低风险。主要行动有，将厂房内迁，印刷力量转移到香港和内地各厂；将总管理处暂迁长沙，同时在上海和香港设立办事处，分散管理；总经理则暂迁香港，主持业务；有关员工的迁调或留任安排；调整出版方针等。1939年后，随着战事日益深化，原定分散管理的方法和措施亦做出调整：由于物资运输困难，在内地置厂的做法未见成效，不得不渐次倚重香港和上海租界内分厂的力量。在1937年到1940年间，香港印刷分厂发挥着很大的作用，教科书和包括《教育杂志》在内的大部分出版物均在香港承印。正当商务印书馆在王云五领导下完成了“第二次复兴”的时候，1941年12月太平洋战争爆发，香港沦陷，受日本管治，与后方运输和通讯中断。香港连同上海、北京失守，意味着各个主要厂房、机器和原料不能再有效使用，令商务印书馆的印刷和出版力量严重受挫，“港沪所有资产损失殆尽”。[①] 在这种情况下，《教育杂志》于1941年12月又第二次停刊。这一停便是近6年时间，直到1947年7月才又复刊。由于王云五的兴趣从20世纪40年代后期逐渐转到政治方面，终于1946年4月辞去商务印书馆总经理职务，5月当上国民党政府经济部部长。他推荐了朱经农任商务总经理一职。抗战胜利后，国共内战爆发，经济严重衰退，物价暴涨，人民生活极为艰苦。书籍本非生活必需品，加之国民党严酷的书报审查制度，令国内文化枯萎，出版业的生存空间更其缩小，许多出版社面临随时倒闭的危机，商务印书馆亦陷入破产的边缘。王云五早已志不在商务，而朱经农亦非一心为商务，令张元济极为不满。1948年下半年，当朱经农又要向董事会请长假时，董事会主席张元济同意其辞职而不是准其长假。就这样商务印书馆摆脱了一个不能为它的繁荣贡献力量的总经理。同年12月，王云五因金圆券之弊案被商务印书馆解除了董事职务，彻底结束了其与商务印书馆25

① 李家驹：《商务印书馆与近代知识文化的传播》，第86页，北京：商务印书馆，2005年。

年的关系。《教育杂志》就是在此种情况下勉强复刊的。但最终由于商务印书馆难以为继，又面临公私合营的新抉择，便在1948年12月出完该年度最后一期后终刊了。尽管在那种情况下终刊似乎是必然的，但在整个33卷的任何一期上都丝毫看不出有停刊的迹象。相反，在好几期的《编者附言》中都能体会到该志的勃勃雄心以及为改进教育所做的种种努力。如第33卷第1号在《编者附言》中说：

本志自去年七月复刊以来，匆匆又是半年，在本志复刊后第二卷开始之时，刚巧是三十七年的新年，又逢着中国教育学会召开年会，怀着满腔的热望，编者不能不在此处抒发一点感想。中国教育学会是国内规模最大的一个教育专业组织，这次于本年本月二三两日在南京召开年会是复员后的初次，当然是一件盛事。本刊为响应该会举行盛大年会起见，曾分函该会一部分重要会员撰作有关年会的文字，同时又承该会年会筹备会供给几篇宝贵的论文，因此就合成本期的专辑。

今后当克服困难，力求改进。新年后的本志，在内容方面包括：(1) 实际问题的研讨；(2) 学术性的研究报告；(3) 国外教育介绍；(4) 关于教材教法方面的切实建议，并力谋相当的平衡。现正计划出一教育心理研究专号，并欲于小学课程标准颁布之后，出一册关于小学课程标准实施的专刊。

又如，第33卷第8号《编者附言》又说：

时间过得真快，本志复刊以来，倏忽又是一年多了……由于我们的能力薄弱，仍觉本志尚未能回复到战前的规模，至少就销数方面说，本志的“风行”已大不如前了。我们固深觉惭愧，却并不自卑自馁。“继续长进”四字，乃代表我们的理想。对于一切的一切，我们都希望其“继续长进”。我们盼望着，国内经济局势会一天天改善，政治情形会一天天地上轨道，每一所教育机关会一年比一年像起样来。用相同的热情，我们愿努力使本志逐渐改良，使成为一种在“继续长进”的国家里面的“继续长进”的刊物。

今后的本志，将常常出专号或专辑。在不久的将来，我们准备出师范教育专号和社会教育专辑。明年一月将出小学教材教法研究专号，并定明年为“教材教法年”，准备出小学国语、算术、社自，以及中学国文、英文等科的专科教材教法研究专辑，想藉此促进国内教育界的学术研究空气。这是我们的计划，先在此预告一下，至于这计划的成功，全赖着各国作者的源源赐稿及合力赞助。

这最后两卷由赵廷为、李季开两君共同担任主编。共出刊18期，其中专号7个（占8期）。复刊号即为《战后中国教育专号（上）》。每期篇幅只有60余页，是《教育杂志》创刊以来每期篇幅最少的一个时期。这是出刊时间最短的一个时期，也是《教育杂志》的最后阶段。

1. 复刊缘由。关于复刊缘由，赵廷为在《我们的信念和愿望——代复刊词》中表示："本志创刊于民国纪元前三年，中间经二度停刊，四十年来可说是饱尝患难，备历艰辛。过去服务成绩，早为读者们深悉，毋庸赘述。胜利迄今将及二载，建国大业，亟待开展，而教育百年树人，攸关国家存亡，自应力谋改进，刻不容缓。本志与此时复刊，不敢妄自菲薄，愿竭尽所能，与国内教育界人士合作，对于今后教育建设，经常贡献意见，以供当局采择。本期出《战后中国教育》专号，就包含着这种用意。"

2. 教育界的信念和愿望。在复刊词中，赵廷为事实上是代表整个教育界对政府和社会发出了重视教育的呼声："愿望今后的政府，致全力于经济复员，平抑物价，稳定币值，以安人心。在未能达成此目的之前，应随时调整待遇，使一般教育工作人员能够活得下去，为国家保留一点元气，准备日后建设之需。现在国家投资于教育的数目实在是太少了。愿望政府早日实施宪政，根据宪法规定教育经费所占总收入的百分比来积极兴办教育。要进行教育建设，不但要有钱，而且要准备一批办教育的人。在职的优良教师，必须要安定其生活，防其改业，未来的师资，尤须赶紧训练。这可以说是教育上的两件大事，愿望教育当局早作未雨绸缪之计。关于教育之学术的研究，编者认为必须要积极提倡。教育的学问，虽尚未严格地成为一种科学，却早已采用科学的方法来探讨……愿望国内教育学术界同人，分工合作，采用科学方法，就本国各项重要教育问题，加以有系统地研究。今后教育的改进，必须要以学术研究的结果作根据，不能专凭一时的感想……如果有了健全的训导制度，教育学术工作人员所发见的优良教育方法，经有经验有学识的视导人员介绍给一般受过训练的教师加以实际的应用，则今后中国的教育，受着学术性的指导，就不难有长足的进步。战后中国教育的革新，似必须循此途径，愿望教育当局深加考虑，请勿等闲视之。"

3.《教育杂志》的编辑思想：(1) 尽量刊载学术性的教育研究报告，以提倡教育的学术化；(2) 尽量刊载进修的资料，以供给在职教师及师范生所需的精神食粮；(3) 尽量提出实际问题，请各专家就不同观点表示不同的意见，以刺激教育工作人员从事专业的思考。本志的园地是公开的，只要言之成理，即与编者主张完全相反的文字，本志也可予以登载，当然由读者①自负言责。近年来，我国教育出版界实在是太感沉寂了，愿望今后教育界同人不再保持缄默，赋予战后中国教育以一种新的生命。

4. 努力倡导两大运动：一是教育学术化运动；二是教育专业化运动。在此经济恐慌时期，一切事“无啥话说”，提出这两个口号好像很迂腐。但我相信目前的局面不会持久下去的。到了真正办教育的那一天，这两种运动也许是极合时宜的了。凡事要未雨绸缪，我们应该先努力提倡这两大运动，到了国家真正需要我们这批专业的教育者从事复兴工作的时候便可有备无患努力苦干，愿教育界同人共勉之。这可以说是《教育杂志》最后的精彩。

二、《教育杂志》办刊宗旨与栏目设置的演变

期刊作为一种定期的出版物，同书籍的主要区别就在于它在长期的出版过程中所保持的那种从内容到形式的连续性和系列性。期刊的办刊宗旨、编辑方针、内容选择以及开本、页码，甚至文稿篇幅的长短、字体的大小，都有自己相对稳定的特色。而办刊宗旨和栏目设置，则往往成为显示其特色的重要标志。办刊宗旨是一个刊物的灵魂，编辑方面所有的工作都是为了实现宗旨服务的。栏目则是期刊结构的一个有机组成部分，是刊物内容的框架，是刊物的宗旨和编辑方针在结构上的体现。同时，它又是读者阅读的向导，作者撰稿的指南。因此，一份好的期刊不仅要有明确的办刊宗旨，其栏目建设在编辑工作中也占有重要地位。栏目一旦形成固定的特色，便会显示出一种系列化的整体优势，从而在刊物中辐射出它的活力甚至影响到整个刊物的面貌。

《教育杂志》从创刊之初就有了明确的办刊宗旨，并显示了强烈的栏目策划意识，还根据形势的变化适时作出调整。《教育杂志》之所以能在当时

① 原文如此，可能是笔误。此处“读者”当为“作者”。

产生较大影响，与其高明的编辑策略是分不开的。

（一）创刊初期的宗旨与栏目设置

20世纪初期是中国教育由传统向近代化转型的重要转折时期。《教育杂志》在此时创刊，既是变革时代的产物，更是以“扶助教育为己任”① 的商务印书馆的自觉作为。

《教育杂志》在创刊之初，就明确提出了“研究教育、改良学务”② 的办刊宗旨。根据这一宗旨，设计了包括20个栏目在内的总体框架结构。这20个栏目及其拟登载的主要内容如下：

（1）图画：采集教育界之人物，男女学校之照片及关于教育之种种图画，用铜版精印，每期插入两张以上。

（2）主张：教育上应设施或改良之事，本社主张必当如此者，以简直之文达之。

（3）社说：有关系之文字，非为一事发者隸此。选论来稿亦附焉。

（4）学术：译述关于教育之新学理。

（5）教授管理：或译东西洋之新法，或述实地教授之经验，期有裨于实用，教授案亦附焉。

（6）教授资料：叙述教授上可供参考之学理事实以为讲授之资料。

（7）史传：关于教育之史事及著名教育家之传记。

（8）教育人物：记述近今关于教育人物之事实或更评论之。

（9）法令：采录关于教育之上谕法规。

（10）章程文牍：采录学务上各种章程文牍。

（11）纪事：分本国、外国两部，记录关于教育之新闻。

（12）调查：或为统计，或为报告，或为一事之本末，或为一处一校之情形，或为各处物产风俗之调查。

（13）评论：评论一事之是非得失。

（14）文艺：或撰译教育小说或选录关于教育之诗词杂著，学校唱歌亦附焉。

---

① 史春风：《商务印书馆与中国近代文化》，第132页，北京：北京大学出版社，2006年。

② 本刊编辑：《教育杂志简章》，载《教育杂志》1909年第1年第1期。

（15）谈话：撰译童话寓言等，以有趣味而合教育旨趣者为主。

（16）杂纂：纂录笔记、格言、杂文等。

（17）质疑答问：教育界诸君如有疑难垂询，本社当酌夺详复，其有关系者当刊入此门，以与阅者互相商榷。

（18）介绍批评：新出之书，当加以批评介绍给读者。

（19）名家著述：择精要之著述按期刊入。

（20）附录：无可归类者附录卷末。本国、外国中等以上之学校招考问题，或鉴定教员考验之问题，亦择要采录，籍供参考。①

当然并非每期都是这20个栏目，而是根据具体情况酌定。但每期“至少必在十门以上”。如第1期开设了图画、主张、社说、教授管理、教授资料、记事、教育法令、调查、评论、杂纂、文艺、介绍批评、附录共13个栏目。

此栏目设计从整体来看可谓图文并茂，包罗万象，气势宏大，是凡教育上的事项没有在这里找不到合适的位置的。关于教育的理论与实践、历史与现状、人物与记事、教学与管理、评论与介绍、质疑答问等无所不包。实在无可归类者，还有附录一栏。这种栏目设计充分体现了综合性教育刊物的特征。

可是，这种设计也并非无懈可击。如“谈话”一栏，撰译童话寓言等，以有趣味而合教育旨趣者为主。栏目名称与所述内容并不完全一致，有些名实不符，或者看了栏目名称并不能知晓其内容，且其内容可以合并到文艺一栏。再如，“主张”、“社说”其实也不大好分别。这些大概就是《教育杂志》自己所说的“原定体例尚有不慊之处”吧。正是由于意识到了存在的不足，于是该志从第3年第1期起改订体例。将原定“主张”、“社说”和“评论”合并为“言论”，将“教授管理”改为“实验”，原“教授管理”内容再加“训练”等皆入此门。将“教授资料”改为“教材”，将“教育人物”栏合并到“史传”，取消“章程文牍”、“谈话”和“介绍批评”栏，“质疑答问”和“名家著述”简化为“答问”和“名著”，增加“修养”一栏。这样，原来设计的20个栏目缩减为15个，从而既保持了该刊的综合性

① 本刊编辑：《教育杂志简章》，载《教育杂志》1909年第1年第1期。

特征，又比原来的栏目更加合理。

改订后的体例如下①：

（1）图画：采集教育界之人物，男女学校之照片及关于教育之种种图画。

（2）言论：凡有关教育之言论，或敷陈其事之设施方法或评论其事之是非得失。

（3）学术：译述关于教育之新学理。

（4）实验：教授管理、训练等皆入此门详述之。

（5）教材：教授资料，叙述教授上可供参考之学理事实以为讲授之资料。

（6）史传：关于教育之史事及著名教育家之传记，并记述近今关于教育人物之事实或更评论之。

（7）修养：关于修德、习学、锻炼、卫生等事，为教员学生所应知者。

（8）调查：或为统计，或为报告，或为一事之本末，或为一处一校之情形，或为各处物产风俗之调查。

（9）法令：采录关于教育之上谕法规。

（10）记事：分“大事记”、“学事一束”两种。“大事记”专记有关吾国教育进行及世界教育大改革之事。“学事一束”则杂记时事。

（11）杂纂：纂录笔记、格言、杂文等。

（12）文艺：或撰译教育小说或撰录关于教育之诗词杂著，学校唱歌亦附焉。

（13）答问：教育界诸君如有疑难垂询，本社当酌夺详复，其有关系者当刊入此门，以与阅者互相商榷。

（14）名著：择时人精要之著作刊入之。

（15）附录：分“专件”、“绍见新书”、“杂录”三种。

《教育杂志》在“发行之初颇偏于趣味一面，其后渐趋实际，效果稍著”。改订体例后，在原来较为注重趣味和实际的基础上将“言论”、“学术”、“实验”、“教材”、“修养”、“调查”等栏目作为其重点栏目，“以期

① 见《教育杂志》1911年第3年第1期。

我国教育日起有功则是本社之私愿也”。改订体例后的栏目设置成为《教育杂志》的一个较为稳定的基本构架，一直持续到第14卷革新前。中间也有几次增删，但大的框架结构基本未变。其中重要的几次变化有：

从第5卷第2号起，开始出现“外论”一栏，均为翻译论著。第6卷第1号起又将“外论”改为“译论”，主要内容是“选择欧美、日本各名家关于教育之论著”。它与“学术”栏的不同之处是，学术栏以“译述关于教育之新学理”为主，重在一个“新”；而“译论”是以名家教育论著为主，重在一个“名”。其共同点是都为翻译论著。增设“谈话”、“答问”、“成绩”、“选录”、“绍介”栏目。这时的“谈话”栏与创刊时的“谈话”栏毫不相同。它是“关于教育之各种短言就个人心理上所发表者”，“成绩”分“办学成绩”、“学生成绩”两种。学生成绩以所作之国文、算术、史地、理科等选其佳者刊入此门。“选录”栏专选教育家及师范生关于教授训练之研究报告。“绍介”栏又分为绍介新书、绍介教育用品、绍介教员3种。这样到第6卷又恢复到创刊时的20个栏目。从第9卷第3号起还增设了“研究”一栏。部分栏目虽然做了调整，但基本框架一如从前，正符合了栏目策划行为中“稳定性与灵活性相统一的原则”。①

《教育杂志》密切关注国际、国内局势，在坚持既定办刊宗旨的前提下，适时调整研究重点。第一次世界大战结束后，《教育杂志》认为一个新的纪元开始了。无论从国家、社会、个人，还是道德、学术、思想，都将与战前很不相同了。虽然今后如何发展不可预测，“而其所谓改良所谓建造之大业要必悉归其责于教育”则是无疑的。因此“今后教育者之责任其重大为何如今后之教育究当何途之从而后得与新世界新时代之要求适相符合又如何而后不负既重且大之责任”② 就是摆在全国教育界面前的一个重大课题了。《教育杂志》则把这个重大课题提了出来供教育界同仁研究。

从第12卷起，又提出了不偏重理论而注重实际的编辑主张。在《教育杂志》第11卷第12号预告中说：“本杂志刊行以来，已经十一年了。在这十一年中，时事的变迁、教育的趋向，不已是日新月异岁不同么，本社同人

---

① 周国清：《论学报编辑的栏目策划》，载《中国人民大学学报》1996年第4期。

② 本刊编辑：《教育杂志第十一卷第一号要目预告》，载《教育杂志》1918年第10卷第12号。

自始即认教育为文化的中心，所以常常随着时势力图革新未尝稍有懈怠。凡是读过本杂志的人都能知道本杂志是最求进步的。现在十一卷已经出齐，从第12卷起再行努力刷新，还望全国教育家不吝赐教，曷胜祷盼。至于刷新事项，略列数端如下：不偏重理论，从实际问题讨论教育改造的方法；持公开主义，不问什么见解，只要立论适时，理由充足，都愿代为发表；文言和白话并用；扩大版本；印刷力求精美。”

这一时期，在“研究教育、改良学务”的办刊宗旨指导下，不断革新栏目，调整研究重点，紧跟时代的步伐，表现出了强烈的社会责任感和与时俱进的编辑风格。其对于一战后教育的关注，“不偏重理论，从实际问题讨论教育改造的方法”的主张以及“公开主义”的办刊方针，显示了编者敏锐的判断力和学者追求真理的可贵精神。

（二）1922 年的重大革新

从1922年第14卷起，李石岑接任《教育杂志》主编一职。李石岑对哲学、美学、教育等素有研究，接任主编后精心策划，提出了一整套革新方案。

1. 办刊宗旨

在原“研究教育、改良学务”的基础上，进一步提出了“提高教育学术之程度，扩大教育学术之范围”，并致力于“教育科学化”的办刊宗旨。[①]应该说这一宗旨是对原有宗旨的发展，由此而确立的办刊方向对于繁荣教育学术和发展国家教育意义重大。

但凡事不能有利而无弊。提高教育学术程度与扩大教育学术范围的文字由于“每近于专门，或过于冗长，不能供读者诸公业余之阅览，而或生沉闷厌弃之感”，因而受到部分读者的批评。但这并不能改变《教育杂志》致力于教育科学化的追求。他们宁愿承担“专著之讥硁硁之见”的指责，但提高教育学术程度、扩大教育学术范围的宗旨却矢志不移。在他们看来，“当举世不学之秋，思挽颓风于万一，或可见谅于明达之读者”。[②] 当然对于读者的合理化建议还是要尽可能吸收，如所载文章“冗长”之弊，则竭力

① 本刊编辑：《本志特别启事》，载《教育杂志》1926年第18卷第1号。
② 本刊编辑：《本志特别启事》，载《教育杂志》1927年第19卷第3号。

矫正，对于文章篇幅限定在七八千字。

第20卷第6号《本志征求文字和图画启事》中进一步重申了编辑主旨："本志数载以来，均以'提高教育学术之程度'与'扩大教育学术之范围'为编辑上之主旨。今后当仍本此意，以挽不学之颓风。"但在各栏目关注重点上，"为避免沉闷与蹈空之讥，拟同时着重国内教育之根本的或急要的问题，使读者由文字上的启示或提倡，而获得实际上之应用或解决"。因此，各栏目的研究重点更加倾向于我国教育的实际问题。如"通论"一栏，除刊载教育学术及与教育学术有关之文字外，拟着重于教育制度与政治或经济之关系，以促进教育机会均等之理想。"小学教育"一栏，除刊载小学教育之理论的与实际的文字外，拟着重农村小学之推广运动，小学教师之生活改善运动，并拟征求小学教材，以为各校之补充读物。"儿童研究"一栏，除刊载研究儿童之专门的文字外，拟着重幼稚教育之推广与特殊儿童之教养，并连带讨究优生学以及母性保护等问题。"教育评坛"一栏除普通文字外，拟着重国内外教育上偶发事项之批评与建议而导国人以思想上之正轨。"新刊介绍"一栏除绍介东西洋教育名著外，拟同时对于国内教育著作或译述加以善意的绍介与批评。其他"世界教育新潮"、"教育文艺"、"教育界消息"及"教育报告"诸栏，亦力求其充实与新颖。图画方面，除普通插图外，拟征求教育漫画、儿童自由画、现代教育专家相片、世界著名大学及实验学校之内部摄影、国内各学校各学术团体之含有教育意义的摄影。教育杂志社还表示："如为事实上之需要，拟临时增添其他各栏。"

另外，鉴于我国对于教育事业理解上的褊狭，一说"教育事业惟限于学校，教育学术仅涉乎心理"。《教育杂志》认为这种狭窄的观念是造成"数十年来一般教育之停滞及教育思想肤薄"的主因之一。因此，在刊载文章范围方面，"本扩大教育学术范围之志，不仅尽量刊载教育学之基本科学如生物、心理、生理等学之文字，即举凡讨究哲学、宗教、艺术、伦理、历史、统计、人类学等等与教育学有关系之篇章，亦择优披露"。[①]

2. 栏目设置及主要内容

第14卷第1号发表了《本志宣言》，详细阐述了包括栏目设置在内的

① 本刊编辑：《本志特别启事》，载《教育杂志》1927年第19卷第3期。

编辑主张，其要点如下：

（1）教育事实是活动的，是进化的，教育理论亦当进化。作为《教育杂志》更应益求精进。

（2）学制与课程改革当为重点讨论问题，且“本志愿从人类之本然性，被教育者之生理的发育与心理的变化，暨世界教育之趋势诸点以讨论之；并本此见地，进究新学制各级课程”。

（3）大力提倡美育、体育及职业教育。“美育与体育，世界各国竞相提倡，而我国仍觉寂然。本志就改造环境与增进体质之点，愿极力提倡美育与体育；更就精神生活之向上发展，愿极力宣扬美育与体育，美体二育既备，斯德智二育伏其中矣”。之所以提倡职业教育，是因为“我国人民虽众，十九皆无职业”。职业教育虽然在大规模增进人们的就业方面不一定有效，“然具小规模之团体能举是职者，实所在皆是。职业教育所以裨补此小规模之团体者实大，且其效甚速。故本志对于农工两方面之职业教育，亦愿量力提倡之”。

（4）开展教育方面的研究，如对各种设计教学法、智力测验、教育测验、心理测验、职业测验等。“本志愿一面诚实介绍各种教育方法，一面以自力阐扬之”。

（5）酌量登载关于我国教育状况的报告，如小学统计、设计法实施报告以及儿童生理发育日记各种杂著。

（6）开辟“世界教育新潮”、“教育评坛”、“新刊介绍”、“通讯”等新栏目。“世界教育新潮”主要介绍欧美、日本、菲律宾等国之教育新说及最近教育状况；“教育评坛”专评国内教育界新发生的事件，“一以促各地教育界之警觉，一以表本志之主张也”；“新刊介绍”主要介绍欧美教育名著，详列书之内容、价格及出版地址，关于《教育杂志》方面，每期将欧美、日本所出各种主要《教育杂志》之要目列一详表，以供教育界之参考。“通讯”栏，基本是以前“答问”栏的延续，容纳各种教育上质疑辩难之文字及关于购置新文化书籍等事，如承下问，本志同人亦当量力答复。

（7）关于文体及稿件“三不录”原则，宣言提出文体兼用白话及浅显文言。在稿件录用标准上提出“文主朴实与正确”的要求和“三不录”原则：“未尝研究教育而好执笔谈教育之文字不录，无教育经验而任意作肯定语或否定语之文字不录，欲借本志铺张门面或有类应酬之文字不录。”

在版式上还有一个重要变化就是从第 14 卷第 1 号开始将原来的竖排版改为横排版。

为直观起见，将第 14 卷第 1 号目录主要部分照录如下：

第十四卷第一号目次

答吕澄论美育书　　　　　　　　　　　　　　　　李石岑

补白

《教育杂志》很重视读者的意见。“小学教育论坛”栏目的增设就是一个很好的说明。一位读者姚白予曾给主编李石岑写信，对《教育杂志》提出批评建议。姚在信中说：“天下没有一件可包办的事，文化运动是要分工的。我以为未来的《教育杂志》绝不可再有包罗万象的气概……还是在小学教育革新方面理论和实际上用功，或是在中等教育、高等教育上用功，或是兼而有之，或另在他方面着眼……无建设的破坏，我们绝不赞成。可以说我们是破坏无建设的破坏的。一方面攻击旧制度，一方面要提出具体的方案来改造……我们不可专在理论上大喊大嚷……总得在实际上研究才好。所以本志不可不注重实际讨论。因为新教育理论上觉悟的人已多，第二步正是要讲怎样实现理论的方法。并且实施上果然奏效，就是理论上不赞同的朋友也会油然同化。”①

根据读者的意见，从第 15 卷第 9 号起增设了“小学教育论坛”一栏。在杂志中对增设这个栏目的原因有如下说明：本志自去年以来，竭力想提高程度、充实内容，结果所选载的文字，在一部分读者看起来，不免偏于理论，或过于专门，更其对于根本的小学教育似乎稍微忽略些。现在我们打算补救这个缺陷。从第 9 号起，特辟“小学教育论坛”一栏，专门刊载关于小学教育的论著。希望国内外对于小学教育有研究或有经验的学者们，多多惠赐鸿著，以促进国家之基础的教育。文字最好用国语而加以标点；内容必须扼要而且简洁；凡空疏累赘的篇章，恕不登载。报酬分赠送现金与赠送本志两种，但亦可由投稿者的本意在篇末先自行注明。②

关于新设栏目“教育评坛”及“新刊介绍”的运行情况，根据《教育杂志》的启事介绍，添设“教育评坛”及“新刊介绍”两栏，“原意想一方面对于国内教育界所发生的现象加以评判，一方面竭力绍介东西洋关于教育的新著，使教育之实际的与理论的两方面同时迈进”。可这两栏的文字，依一年来的情形，大概多由本社编辑者担任，外稿极少。而本社编辑限于人

---

① 见《教育杂志》1922 年第 14 卷第 2 号。

② 本刊编辑：《本志特别启事》，载《教育杂志》1923 年第 15 卷第 8 号。

数太少、事务太繁以及涉猎范围等原因并不能达到预想目标。所以杂志社向教育界发出呼吁，“希望国内教育家多多投稿”。“新刊介绍”栏也打破只介绍东西洋的教育论著的界限，认为国内所出的教育书籍也“很有介绍或批评的必要”，于是也将其列入介绍的范围。对于国内教育著作的介绍，看似多少有些被动，是迫于稿源匮乏而不得不做出的改变。但从另一个角度看，也说明我国当时的教育研究水平在逐步提升，论著数量在逐渐增加，有可以介绍或批评的对象了。

从第 18 卷第 2 号起，又增设了“儿童研究”专栏。这样形成了插图、论著、小学教育论坛、儿童研究、世界教育新潮、研究报告①、教育评坛、新刊介绍、教育文艺、教育界消息等栏目组成的《教育杂志》的格局。这一格局直到第一次停刊前的第 23 卷。

第 21 卷第 1 号开始，又新辟了“论评”栏，且置于除“插图”外的篇首，该栏持续两年时间。用编者的话说：“‘论评’中的文字都值得读者的严重的注意。不客气地说，实是在振响着教育的警钟。”② 第 22 卷的“论评”栏除“指斥教育制度和设施外”，还进一步对新中国教育建设方面作“积极的预计”。第 22 卷的“论著”栏则注重介绍“立场于社会的劳动的教育思想”，目的是“挽救现社会剽窃皮毛的个人主义和自由主义的流毒”。此外，《教育杂志》编辑“屡年以来感于插画的困难和无系统，一方面又感于学校儿童生活之过于枯寂”，于是商请丰子恺先生从第 22 卷起特辟“儿童艺术讲话”一栏，“选印世界名画冠印册首，又以极浅显有趣的笔调叙述艺术上的故事和技巧”。“教育文艺”从第 22 卷起不再刊载长篇，而只选登儿童可以看可以听的童话。

（三）第一次复刊后办刊宗旨与栏目设置

1932 年上海发生“一·二八”事变，商务印书馆总厂被日本帝国主义焚毁。包括《教育杂志》在内的商务印书馆编辑发行的杂志不得不面临停刊的厄运。1934 年 9 月，《教育杂志》成为商务首先复刊的 5 大杂志之一。

---

① 这个栏目在各期名称不一，有“测验报告”、“教育报告”、“学校报告”、“教育研究”等称谓。但在第 21 卷总目中又统称为“教育报告”，第 22 卷总目中将教育研究、教育报告分成两个栏目，而第 23 卷总目中又称作“研究与调查”。

② 本刊编辑：《告读者》，载《教育杂志》1929 年第 21 卷第 12 号。

其卷号编排还接续停刊前的卷号。复刊后直到第26卷第7号由著名学者何炳松先生担任主编。

复刊后《教育杂志》的办刊宗旨与编辑主张在主编何炳松先生的“本杂志的使命”中有着较为系统的阐述。“实现三民主义的教育宗旨，帮助促进中国民族的复兴”成为这一时期《教育杂志》的办刊宗旨。归纳起来主要有以下几点：

1. 阐明教育宗旨并探讨实现宗旨的办法是《教育杂志》的基本使命。何炳松说：“中华民国的教育，应当根据三民主义，以充实人民的生活、扶植社会的生存、发展国民的生计、延续民族的生命为目的，务期民族独立、民权普遍、民生发展，以促进世界大同。这是国民政府所定的教育宗旨，正大光明，凡我国人都有拳拳服膺的义务。我们怎样去阐明这个宗旨呢，我们怎样去规划各种具体的办法以求其实现呢？我们料想国人定有许多高见可以发表出来，供大家参考。本杂志极愿把他的篇幅献给国人，备他们发表或讨论这种高见之用。所以追随国人之后共同努力于这个宗旨的阐明和实现，可以说是本杂志一个最基本的使命。”

2. 教育与文化并重。“本杂志虽命名为教育，实际上我们很想把他的范围扩大起来，成为一种教育与文化并重的刊物。其实就常理说，教育和文化本是不能分离的两件东西”。

3. 担负起民族复兴的重任，为打倒文盲、建设农村、提倡生产教育、提高文化程度贡献力量。“这四项工作或可当作我们实现三民主义教育宗旨的一种可能的方法，亦就是本杂志妄想负担的一种比较具体的使命”。当然我们所承担的是这些工作教育方面的任务。关于打倒文盲，我们需要考虑的是“怎样去努力从事于成人补习教育，以求补救文盲问题于既发之后呢？我们更怎样去努力提倡国民义务教育，以求根本解决文盲问题于未发之前呢？”关于复兴破产的农村，我们要做的是“怎样用教育的力量去辅助政治家和经济学家来共同复兴我国破产的农村呢？我们更怎样用教育的力量从根本上去建设崭新的农村呢？”我们要努力提倡生产教育。那么“我们怎样去提倡职业教育和科学教育，来增进全社会的福利和全民族生存竞争的力量呢？”我们要努力提高文化的程度……我们教育界中人又将怎样努力提倡专门学术的研究和文化事业的猛进，希望达到孙中山先生所说的“迎头赶上去”的一天呢?

4. 创造独立的教育理论和方法。“本杂志当然负有他所特有的使命，这就是纯粹教育理论和教学方法的探讨。我国古代的教育理论和方法，亦仅有崇高的见解，但如今是否已失其效用?清末改科举为学校时，我们亦曾采行过日本的理论和方法，民国以后亦曾采行过美国的理论和方法，国民政府成立的初年，并曾采行过法国的理论和方法。但如今是否已不甚相宜?过去固有的既失其效用，现在外来的又不甚相宜，我们又应该怎样自出心裁地去创造一种适合国情的新理论和方法，实施起来去达到充实人民生活、扶植社会生存、发展国民生计、延续民族生命的目的呢?本杂志当然更愿意公开他的篇幅，供国人的探讨”。

5. 介绍外国教育文化的理论和实际。现代世界各国对上述 4 项工作的努力以及各种教育理论和方法的探讨，凡足资我们借鉴的，本杂志亦自当努力介绍，仅供国人参考，“以期实现三民主义的教育宗旨，帮助促进中国民族的复兴”。

复刊后《教育杂志》栏目的总体安排及稿件要求可从第 24 卷第 1 号《投稿简章》中获得大概了解。其栏目包括：教育文化有关之插图、通论、专著、世界教育新潮、调查、参考资料、新著介绍、教育文艺、世界教育文化史之新页、教育法规、外国教育论著索引共 11 个栏目。该《简章》还对来稿文体、篇幅、选刊办法等作了详细规定。

第 24 卷第 1 号的目录

插图一幅(民族教育的 FirstStep)　丰子恺

　　《教育杂志》复刊感言　王世杰

　　随便想到的几个教育问题　王云五

　　本志的使命　何炳松

论著

　　读宪法草案初稿修正案教育章　常道直

　　国防与教育　张其昀

　　目前中国教育应取之方针及职业教育实施之标准　江问渔

　　现阶段中国教育鸟瞰及其改进趋势　赵　演

　　欧洲各国学制最近实施状况　程其保

“九·一八”以后日本教育的动向	马宗荣
民众教育在民族复兴运动中的地位 ——民众教育的根本信念	陈礼江
我国小学教育目下应走的途径	杜佐周
中国农村复兴与教育改造	杨效春
墨西哥的农村教育运动	黄觉民
教育学与教育科学	姜　琦
大学教育学系方针及设施问题	莊泽宣
新行为主义	高觉敷
学习心理学中之三大问题	萧孝嵘
近代儿童心理学的性质与问题	黄　翼
均数与中数取样误差之实验的比较	沈有乾
职业教育之四道防线	钟道赞
美国职业指导之最近趋向	何清儒
指导师范生实习——一个反省	俞子夷
关于小学算术科的一般教学手断	赵廷为
谈图书的形式与内容	丰之恺

新书介绍

人猿与小孩

社会教育原论

通讯

留日学务近状一瞥	周宪文

本国教育文化史的新页

北平各大学毕业生职业运动

北平大学的整顿问题

文化工作的努力

物理研究所派员测量黄河经纬度

生物研究所最近工作概况

第二次中山奖学金物理学竞赛征文

北平研究院公布普通奖金研究论文法

地质研究论文第四届开始征求

儿童幸福会积极筹备儿童图书馆

沪市东方图书馆积极筹备复兴

上海市大体育场将兴工建造

教育上的新进展

蒋委员长通令各省实施教育生产化

沪市教育会力谋收回租界教育权

各团体相应收回教育权

国难中的东北教育

我们的特约撰述

国外重要教育论著索引

德国教育书籍论文索引

一九三三年美国教育名著六十种

民国二十三年五月日本《教育杂志》所载论文总揽

编后余谈

从上可知，实际栏目与《投稿简章》中设计的栏目多少有些差异，并不完全遵守其栏目设计。如《投稿简章》中有“通论”、“专著”两个栏目，而在上列目录中却将21篇大文列在“论著”一栏中。“新著介绍”成了“新书介绍”，“世界教育文化史的新页”成了“本国教育文化史的新页”等。其中有些是可以理解的，如新著介绍改为新书介绍；但有些是明显的疏忽，甚或为差错，如“世界教育文化史的新页”和“本国教育文化史的新页”是完全不同的。这一栏目直到第27卷改为“教育文化史的新页”后才表里一致的。第26卷第12号《编后余谈》有相关说明：“本志投稿简章业经修改：插图栏因为要充实内容，并以影写版精印，自新年起改称为教育画报……为增加外国教育新闻，特将‘本国教育文化史的新页’改为‘教育文化史的新页’，包括国内外新闻。”

最值得一提的就是从第25卷起增设的“世界著名教育杂志摘要”栏目。关于设置这一栏目的意图，在第25卷第1号《编后余谈》和第27卷启事中都做了介绍：考虑到“国人往往因为文字的、时间的及经济的关系，不能阅读外国《教育杂志》中有价值的论文”，《教育杂志》为补救此种缺憾，谋全国读者的实际利益起见，决定用最大的努力来介绍世界各文明国教育文化上各种日新月异的理论和实际，藉供全国学术界的参考。于是“特订购一百余种的东西各国《教育杂志》，约了二十多位专家，分别担任摘要工作，按期发表，占有二十面左右篇幅。读者由此可以知道外国新的教育学说、设施及实验”。这一栏我们定名为“世界著名教育杂志摘要”，“我们希望读者读过本杂志一份能够等于读世界上全部著名的教育杂志”。

《教育杂志》的这一举措真是一个大手笔。他们为了让国内教育界同人及时了解国际教育动态，不惜斥资订购世界主要发达国家著名教育刊物100余种，还约请20多位专家及时摘编最精彩内容，从而使国内研究者一下子站在了世界教育研究领域的前沿，其视野、其气魄、其宏愿真是令人钦佩不已。

与此同时，取消了“国外重要教育论著索引”一栏，把这部分篇幅让给“世界著名《教育杂志》摘要”。因为“我们觉得单提外国论文题目，在外国杂志不很具备的中国，对于读者似乎没有很大的帮助。反不如选择各著名杂志中重要名著摘要汇刊，较有贡献。不过我们仍想每一季把最近东西各国所出版的教育名著随时将书名、出版家、价目和内容提要等汇齐介绍一次，以便读者的参考”。

从第27卷起，在内容的侧重点上也有了一些改变，主要有两方面：一是充实内容，多刊中小学教师及教育学院、师范学校学生实用的文稿；二是提倡教育的科学研究，欢迎用科学方法研究教育的文稿。在编排形式上，将论著栏各文改用大五号字排印，用影写版精印教育照片。在栏目设置上，简化为如下7个栏目：

（1）教育画报：每期四面或六面（特大号加倍），专登国内外教育、体育照片及富有教育意味之图画，共计照片20幅，全部用影写版精印，异常清晰悦目。

（2）论著：本杂志所发表的论著，大都是介绍教育上的新学说及新设施。对于目前各种教育问题的检讨也十分注重，并且为应大多数读者的要求，对关于中小学教育实用的理论与实施以及家庭教育的问题格外留意。

（3）世界著名教育杂志摘要：国人往往因为文字、时间及经济的关系，不能阅读外国教育杂志中有价值的论文，本志为补救此种缺憾，特订购100

余种东西各国教育杂志，约了20多位专家，分别担任摘要工作，按期发表，占有20面左右篇幅。读者由此可以知道外国新的教育学说、设施及实验。

（4）新著介绍：外国的教育书籍，每年出版甚多，有价值者为数不少，可是国人亦因文字、时间、经济等关系不能阅读，本志为服务读者计，特购置新出版之西文教育佳著，分请专家将其内容摘要叙述，俾读者不阅原书可以见其概略。

（5）教育文艺：这一栏的目的在登载创作的及翻译的教育文艺。此项佳作甚少，欢迎作家源源惠稿。

（6）教育文化史的新页：将国内外教育上重要事件作系统的叙述，并选载重要之教育统计使读者明了教育实际状况。

（7）编后余谈：把每一期的内容及本社的重要消息报告给读者，并将著者的履历加以介绍。

其中“论著”栏包括了原来的“通讯”、“专著”、“世界教育新潮”、“调查”、“研究”等栏目的内容，且在每期目录上也并不标明“论著”栏名称。

在稿件方面，又提出了“力求论文大众化”和反映师生实际生活的要求。第27卷第3号《编后余谈》中提出了“力求论文大众化”的要求。“本志对于专门的教育科学研究的论文向来十分欢迎，不过为适合大多数读者——小学教师——的程度与需要，不得不力求大众化，使读者都能看懂。我们相信，高深专门的文章，不一定就用高深的文字来写，如果以浅显的文字写出来且可以更加明了，更加生动，希望惠稿的作者们多加注意，使自己的研究心得及意见得以便利地传达于全体的读者”。第27卷第6号《编后余谈》中提出：“教育即是生活，教育的目的自然在改进生活。关于学校的生活，无论是教师方面或学生方面，描写的文字是时常可以见到的，但能加以详细地分析并讨论改进方法的却是很少，我们希望从事教育工作的同志，能以翔实简明的文章，描绘教师或学生的实际生活情况，从教育的观点上指示出改进的方法。对于这种文稿，我们极为欢迎。”

关于“教育文艺”栏，自从第26卷第4号登载《人生大道》之后就再没有出现。其原因主要是“由于一年来来稿仅三四篇，又都未能适用，所以该栏只好从缺”。① 杂志社还向全国教育界人士及文艺作家发出呼吁，请求他们拨冗写作一些教育文艺的稿子，且从优致酬。

不断改进编辑工作，以求对于中国教育建设有最大的贡献，对于读者有较大的助益，是《教育杂志》一贯的优良传统。1938 年他们为改良通盘的编辑计划，除特致函各教育专家，请他们指示如何使本志对于中国教育建设有最大的贡献外，还向广大读者征求如何改进的意见。这种谦虚谨慎、主动听取各方面意见从而不断改进编辑工作的做法是《教育杂志》立于不败之地的重要原因。

（四）第二次复刊后办刊宗旨与栏目设置

《教育杂志》在停刊5 年零7 个月之后于1947 年7 月终于又第二次复刊了，主编由赵廷为和李季开两位先生担任。发行人为朱经农先生。其中第33 卷第12 号的发行人为夏鹏。这是《教育杂志》第一次由两位先生担纲主编。

赵廷为曾任教育部编审主任、安徽大学教授、四川省立教育学院教授兼社会教育系主任，时任国立中央大学教育系教授、国立社会教育学院教授兼商务印书馆编审顾问及《教育杂志》主编。主要译著有《小学教材及教学法》《小学教学法通论教材及教学法通论》《低年级算术教学法》《新课程标准与新教学法》等书，是一位对教育尤其是小学教育极有研究的教育专家。

1. 提出教育学术化与教育专业化的办刊宗旨

在第 32 卷第 1 号发表了赵廷为撰写的复刊词，题为《我们的信念和愿望》。在复刊词中，赵廷为表达了一个态度、四个信念和愿望以及三个努力方向，全面阐释了他对于教育及教育刊物与国家前途命运的关系，表达了《教育杂志》在这一时期的新的追求。

“一个态度”是将与教育界人士合作，对于今后教育建设经常贡献意见。“胜利迄今将及二载，建国大业，亟待开展，而教育百年树人，攸关国家存亡，自应力谋改进，刻不容缓。本志与此时复刊，不敢妄自菲薄，愿竭尽所能，与国内教育界人士合作，对于今后教育建设，经常贡献意见，以供

① 本刊编辑：《编后余谈》，载《教育杂志》1937 年第 27 卷第 6 号。

当局采择”。

“四个信念与愿望”是：(1) 愿望今后的政府，致全力于经济复苏，平抑物价，稳定币值，以安人心。在未能达成此目的之前，应随时调整待遇，使一般教育工作人员，能够活得下去，为国家保留一点元气，准备日后建设之需。(2) 现在国家投资于教育的数目实在太少了。愿望政府早日实施宪政，根据宪法规定教育经费所占总收入的百分比来积极兴办教育。(3) 要进行教育建设，不但要有钱，而且要准备一批办教育的人。对在职的优良教师，必须要安定其生活，防其改业，未来的师资尤须赶紧训练。这可以说是教育上的两件大事，愿望教育当局早作未雨绸缪之计。(4) 关于教育之学术的研究，编者认为必须要积极提倡。教育的学问虽尚未严格地成为一种科学，却早已采用科学的方法来探讨……愿望国内教育学术界同人分工合作，采用科学方法，就本国各项重要教育问题，加以有系统地研究。今后教育的改进，必须要以学术研究的结果作根据，不能专凭一时的感想。

“三个努力方向”是：(1) 尽量刊载学术性的教育研究报告，以提倡教育的学术化。(2) 尽量刊载进修的资料，以供给在职教师及师范生所需的精神食粮。(3) 尽量提出实际问题，请各专家就不同观点表示不同的意见，以刺激教育工作人员从事专业的思考。

这里已经明确提出了提倡教育学术化的办刊思想。至于教育专业化，虽没有明确提出口号，但也有了这方面的思想。如“刺激教育工作人员从事专业的思考”。在第 33 卷第 4 号上，赵廷为又发表了《教育学术研究的重要性》一文，更明确地提出了：“今后本志将努力于两大运动：一、教育学术化运动；二、教育专业化运动。”由此可见，将对教育学术化和教育专业化的追求看做是这后几卷的办刊宗旨还是可以讲得通的。

杂志仍然秉持公开主义的用稿原则，“只要言之有理，即与编者主张完全相反的文字，本志也可予以登载，当然由读者自负言责……愿望今后教育界同人不再保持缄默，赋予战后中国教育以一种新的生命”。[①]

2. 栏目设置

这两卷的栏目设置在《投稿简则》中有一说明：“本志包括论著、实

① 赵廷为：《我们的信念和愿望》，载《教育杂志》1947 年第 32 卷第 1 号。

验、研究报告、新著评介、教材介绍、教育文艺及教育文化新资料等项”。说明从内容上还是分为论著、实验等项。这一设置基本沿用了停刊前的栏目名称。而事实上，由于每期篇幅与停刊前相比大幅度减少，页码从60余页至100余页不等，文章10余篇，又接连出版专号（两卷共18期，其中有8期是专号），所以这两卷并没有分栏编排。在稿件具体要求上也与停刊前相差无几。唯在内容方面，提出了一些具体意见，包括：（1）实际问题的研讨；（2）学术性的研究报告；（3）国外教育介绍；（4）关于教材教法方面的切实建议，并力谋相当平衡。这些方面成为第33卷主要关注的问题。

《教育杂志》第33卷第5号目录

从行政经验论教育专业道德规约	程时煃
教育可能成为一种独立研究之科学	姜　琦
从文化观点论教育的本质	陈安仁
近代运动会的起因及其目的	谢似颜
战后中国教育经费问题（二）	陈友松
发展大学教育平议	方惇颐
现行三三制中学与六年一贯制中学之比较研究	郭鸣鹤
英国幼稚教育的发展	袁　昂
论课程误用之为害	董渭川
介绍生活课程的编制	史国雅
师范学校教育课程的批评与建议	王秀南
美国的电影教育	张禹勤　译
亚平的成功（教育文艺）	须养本
一部介绍苏联教育实况的书（新刊介绍）	詹　詹
补白　本期作者简介	

附带说一下，现在能够看到的《教育杂志》在终刊前的活动及思想的有两个资料。一个是第33卷第8号的《编者附言》，这是该刊终刊前的最后一篇《编者附言》。虽然杂志出到第33卷第12号，但9号以后就再没有《编者附言》了。再一个就是教育杂志社于1948年12月5日在编辑部召开的第一次教育问题座谈会，专门讨论国际教师宪章问题。

从这两份资料中不仅丝毫看不到要终刊的意思，反而表现了对未来相当热切的期望。在最后一个《编者附言》中说："本志复刊以来，倏忽又是一年多了……仍觉本志尚未能回复到战前的规模……我们固深觉惭愧，却并不自卑自馁。'继续长进'四字，乃代表我们的理想。对于一切的一切，我们都希望其'继续长进'。我们盼望着，国内经济局势会一天天地改善，政治情形会一天天地上轨道，每一所教育机关会一年比一年像起样来。用相同的热情，我们愿努力使本志逐渐改良，使成为一种在'继续长进'的国家里面的'继续长进'的刊物。"

编辑不仅对未来充满希望，而且还有许多具体的规划。"今后的本志，将常常出专号或专辑……今后专号或专辑的内容当使其更有系统。如此，每一专辑或专号俨然成为一各家合撰的专著，不仅可贡献于教育的学术，且可供作师资训练的补充教材。在不久的将来，我们准备出师范教育专号和社会教育专辑。明年一月将出小学教材教法研究专号，并定明年为'教材教法年'，准备出小学国语、算术、社自以及中学国文、英文、等科的专科教材教法研究专辑，想籍此促进国内教育界的学术研究空气。这是我们的计划，先在此预告一下，至于这计划的成功，全赖着各国作者的源源赐稿及合力赞助。"

12 月 5 日的座谈会也标记为"第一次"座谈会，看起来还准备开第二次、第三次呢。

非常遗憾的是，《教育杂志》不仅没能继续长进，还在这年年底出完第 12 期后就再也没有露面了，一系列宏伟蓝图竟永远停留在蓝图阶段了。

三、《教育杂志》历任主编

主编对于一份杂志来说是极其重要的，杂志的编辑风格、思想内容在很大程度上取决于主编。"编辑是杂志出版过程中实际指挥全局的人。编辑是杂志的精神主宰、智慧的源泉和道德的尺度、舆论的领导者……因此，中外的杂志社无不特别注重编辑人员的遴选"。[1] 研究一份期刊，就不能不了解清楚其主编的情况并对其进行较深入的研究。对于《教育杂志》来说，亦如此。

① 张觉明：《现代杂志编辑学》，第 40 页，北京：中国书籍出版社，1987 年。

（一）一个不很复杂却并未说清楚的问题

《教育杂志》在近40年的办刊过程中，曾两次停刊，再加人事更迭，其主编也几经变化。目前不仅一些研究者对究竟哪些人做过该志主编生出许多不同说法，就连商务印书馆自己似乎也没说清楚。由于陆费逵是首任主编，于是有一些文献在谈到《教育杂志》的主编时就只认陆费逵一人。其实陆费逵只担任过不到3年的主编便离开商务印书馆去创办中华书局了。他编辑的《教育杂志》不及《教育杂志》总出版量的十分之一。因此，有必要将《教育杂志》主编的情况理清楚，还原历史的真实。

关于《教育杂志》的主编，目前至少有如下几种不同的说法：

1. 法国著名汉学家戴仁曾出版了世界上第一本研究上海商务印书馆的专著，即《上海商务印书馆（1897—1949）》。他在该书中是这样描述《教育杂志》的：《教育杂志》（最初为《中国〈教育杂志〉》），月刊，I—xxxI-II，1909年1月—1948年12月，创刊于上海，然后在长沙和香港出版。1932年停刊，1934年9月复刊。一度曾出版过英文版（Monlhly Bulletin of the China Christian Educational Association），主编：蒋维乔、陆费逵，1919年以后为李石岑、何炳松。该杂志介绍新的教育趋向，评论教育领域的新出版物。[①] 按照戴仁的说法，先后担任主编的有：蒋维乔、陆费逵、李石岑、何炳松。

2. 台湾王飞仙女士著有《期刊、出版与社会文化变迁——五四前后的商务印书馆与学生杂志》一书，认为《教育杂志》的历任主编有：陆费逵、朱元善、李石岑、唐钺、何炳松、黄觉民。[②]

3. 陈科美主编的《上海近代教育史》认为，《教育杂志》的首任主编为陆费逵，继陆费逵之后，担任主编的还有朱元善、李石岑、周予同、唐钺、黄觉民、赵廷为、李季开等。[③]。

4. 《商务印书馆110年大事记》和《商务印书馆100年大事记》在记述1909年大事时将《教育杂志》的创刊列为该年大事，并专门列出了《教

---

① ［法］戴仁：《上海商务印书馆（1897—1949）》，第121页，北京：商务印书馆，2000年。

② 王飞仙：《期刊、出版与社会文化变迁——五四前后的商务印书馆与学生杂志》，第46页，台北："国立"政治大学历史系，2004年。

③ 陈科美主编：《上海近代教育史》，第255页，上海：上海教育出版社，2003年。

育杂志历任主编》简表，计有：陆费逵、李石岑、唐钺、何炳松、黄觉民5位。

由上述材料可见，在《教育杂志》主编问题上，学者们的看法有很大不同。在上述4种看法中，商务的看法应该是最权威的。而最权威的看法却未见得是最客观最可靠的。问题主要集中在如下几个方面：蒋维乔担任过《教育杂志》主编吗？担任主编10年之久的朱元善在商务列出的主编名单中为何被忽略了？究竟有哪些人担任过《教育杂志》的主编呢？

（二）蒋维乔从未担任过《教育杂志》主编

可以肯定地说，蒋维乔没有担任过《教育杂志》的主编。戴仁的说法毫无根据。

蒋维乔（1873—1955年）著名教育家、出版家，早期语文教科书编辑。字虚竹，江苏武进人。1902年入中国教育学会。1903年在上海任爱国学社、爱国女学教员，并为《苏报》翻译日本新闻。1909年任爱国女学校长。因坚信“救国之本在于教育”，入商务印书馆致力于新式教科书的编写，先后达10年之久。他曾参与编写商务版最早发行的冠以“最新”二字的初等和高等《小学国文教科书》。在编辑说明中指出：这套教科书的特点在于“由浅入深，由近及远，由已知及未知，按儿童脑力体力之发达，循序渐进，务使人人皆有普通之道德、知识”。他不但教育观念先进，而且编写态度严肃认真，因此该书出版发行后，连续在教育界占据优势达10余年。除此而外，他还先后编写出版了《初等小学国文教科书教授法》《简明国文教科书》《订正最新国语教科书》《订正女子国文教科书》《师范用〈中国文学史〉》等多种教科书，在清末民初的教育界具有广泛的影响。辛亥革命后，曾任临时政府教育部秘书长，负责草拟《中华民国普通教育暂行办法》。南北议和后，北上，任教育部参事，主持召开全国教育会议，完成了全国大、中、小学学制系统的改革决议草案。1913年返沪，仍在商务印书馆主编中学及师范用教科书。1922年，出任江苏省教育厅厅长。1925—1938年先后担任南京东南大学校长，上海光华大学哲学系教授、中文系主任、教务长、文学院院长。

蒋维乔从《教育杂志》创刊初期就在上面发表文章，是《教育杂志》的主要作者之一。但从未担任过《教育杂志》的主编。《论小学以上教授国文》是他1909年发表在《教育杂志》上的一篇重要研究论文。在他看来，国文教学在小学阶段，“自联字而造句而成文，一一皆有蹊径可寻”；而在“小学以上”的国文教学，“无秩然之蹊径可寻”，因而教员必须为“能文之士”。故特为“小学以上”的国文教学撰文发表自己的见解。见解之一是必须重视教授法。“盖能文之士未必知教授法；知教授法者，又未必为能文之士，必须二者兼而有之，方能成为良师”。见解之二是文章分类，学文分层。他把文章分成3类：知的文章、情的文章和美的文章。“知的文章一以明晰为主。情的文章……以势力为主。美的文章一以优丽为主”。他认为学文之道，开始是“求明晰”，小学之所有事；进而“尚势力”（即文气和力度——引者注），中学之所有事；再进之则“取优丽”，则文学者所有事，而非人之所必需。他的这些见解为后世学人继承和发展，殊不可等闲视之。

（三）朱元善：一位有争议的人物

朱元善是担任《教育杂志》主编时间最长的一位，可在商务印书馆出版的《商务印书馆100年大事记》和最新出版的《商务印书馆110年大事记》里列出的《教育杂志》历任主编名单中却没有朱元善的名字。不知是由于疏忽呢还是有意为之。再看看许多人的回忆，也对朱元善颇多贬抑之辞。甚至认为他是通过不正当手段才当上主编的。那么，朱元善究竟是怎么当上主编的？应该如何客观看待朱元善对于《教育杂志》的贡献呢？

1. 朱元善是怎么当上主编的

众所周知，《教育杂志》的首任主编是陆费逵。但陆费逵只主编到1912年1月，即第3年第10期，便离开商务印书馆创办中华书局去了，总共不到3年的时间。陆费逵离开商务印书馆后，从第3年第11期起，在版权页的编辑者下便署名“教育杂志社”。[①] 这种情况一直持续到第5卷第12号。从第6卷第1号起，便正式署名朱元善了。关于朱元善是怎样当上《教育杂志》主编的，曾任《妇女杂志》主编的章锡琛在一篇回忆文章中这样描述：

“伯鸿离开商务后，有两人抢当主编，相持不下，因此主编人虚悬了很久，暂由原来担任校对杂务的朱赤民（元善）办理集稿发印等事务。他是

① 查《教育杂志》原刊初版，是从第3年第11期起在编辑者下署名教育杂志社的，但查台湾商务印书馆《景印教育杂志旧刊全部》第3卷，其第10期为民国元年五月初十再版，署名教育杂志社是从该期开始的。疑为再版时将原编辑者下“桐乡陆费逵”字样改为“教育杂志社”的。

菊老的同乡，位置本来很低，自己又不会动笔。两个抢当主编的人各自撰文交他，他又临时设法向别人拉稿，凑满篇幅。有时向同事拉了稿，把著者姓名都给换上‘天民’两字，人家问他，他说这是社中公用的笔名。后来在有一期版权页上编辑者下面，偷偷换上‘朱天民’三字。从此他成为正式的主编。不久又建议创刊《学生杂志》和《少年杂志》，主编都由他一人担任。”①

从这段文字来看，首先可以得出的一个结论是，从陆费逵离开商务印书馆到朱元善正式接任主编这段时间，尽管《教育杂志》的编辑者署名为“教育杂志社”，朱元善是其实际的主编。

然而值得怀疑的是，在管理如此严格的商务印书馆，对于一份已经产生了广泛影响且面临来势凶猛的《中华教育界》的强大竞争的情况下，商务印书馆会不会任由一个人“偷偷”换上自己的名字就成为正式的主编的。“后来在有一期版权页上编辑者下面，偷偷换上‘朱天民’三字。从此他成为正式的主编”这句话中所说的“在有一期”就是第 6 卷第 1 期。经查《教育杂志》原刊，所谓偷偷换上的也不是“朱天民”3 个字，而是“海盐朱元善”5 个字。

朱元善与张元济是海盐同乡，据说还有点远亲关系。经查张元济日记，涉及朱元善（朱、朱赤萌、赤萌）共计 15 处，除去明显不是指朱元善的 3 处，共有 12 处。例如：

1917 年 1 月 19 日：因越南及新加坡两处禁制本馆《东方杂志》，牵及他书，并扣查各货。当约杜亚泉及朱赤萌、屏农、铁樵诸人细商。

1917 年 3 月 14 日：《学生》三、《东方》三、《小说》二，插图多不合，且耗料。致函杜、朱、恽，望其改良。

1917 年 2 月 5 日：昨晚约高梦旦、庄百俞、叔迁、王中丹、刘铁卿、范云麓、谭廉逊、朱赤萌、费凯声在寓晚饭，商酌编辑一部教科书之事。

1917 年 4 月 30 日：昨晚约寿孝天、杜亚泉、童季通、江伯训、邝富灼、方叔远、陈慎侯、张叔良、朱赤萌在寓便饭。

1917 年 10 月 19 日：赤萌交来《教育杂志》改办法。拟加价，减送。

① 蔡元培：《商务印书馆九十年》，第 273 页，北京：商务印书馆，1987 年。

原稿交还梦翁，请照行。并将其他杂志一律估计，另定办法。（见《张元济日记》，河北教育出版社 2001 年 1 月版）

从上述征引的几则张元济日记来看，朱元善与张元济的关系确实不错，且很受重视。朱元善是能够与高梦旦、庄百俞、杜亚泉、邝富灼等编译所核心人物一样，经常受到张元济邀请共进晚餐，共商商务印书馆重大事项的一员。在陆费逵离开商务印书馆之后他之所以能够实际主持《教育杂志》事务并担任主编一职，绝不是偷偷换上自己的名字就成为主编的，肯定是编译所乃至商务印书馆高层授权的结果。

2. 时人对朱元善的评价

在大部分商务编译所编辑的回忆中，皆未对朱元善有很好的评价。茅盾、章锡琛、胡愈之、陶希圣等多认为这个在商务印书馆开馆不久即进入商务的老资格编辑不学无术。朱元善虽身兼 3 个杂志的编辑（《教育杂志》《学生杂志》《少年杂志》），却未必有审阅稿件的能力（茅盾说他无法审阅诗词），所编的期刊大多仰赖翻译日本、美国同类型杂志的文章。他虽主编《教育杂志》，但实际上对教育理论没有什么研究，那些署名“天民”的文章多是他凭借汉字猜测日文标题，挑选出一些来，托同事翻译，并告知如以“天民”为笔名发表，稿费从优，或者称“天民”为共用笔名，要求他们以“天民”署名。所以在《教育杂志》和《学生杂志》上，署名为“天民”的文章并非全出于朱元善之手，却帮助朱元善以“天民”的笔名创造许多业绩，让商务印书馆高层认为其工作认真。

章锡琛对朱元善的评价已如上引。而在茅盾的回忆中也多贬抑之词。如：朱元善当时要我审阅的投稿，就是这些来自全国各地的中学校、初级师范学校或者甲种蚕桑、甲种工业学校（程度和现在的中专相近）的学生们的投稿。我看这些文言的游记，大多用骈体，可见当时全国各地中等学校盛行的竟是骈体；而诗、词内容，颇多感伤牢骚，老气横秋，疑是教师们修改润色过的。

朱元善说，不管他真是学生写的，还是教师改的，只要做得好，我们就录取；一则，登了出来，学校当局、教师学生都觉得光彩，就会逢人夸耀，这就成了我们这个杂志的义务推销员；二则，学生来稿录取了，不付现金报酬，只送书卷，临时填写价目，从 2 元至 10 元不等，用这书券可买商务印书馆出版的书，这又为商务印书馆的书籍推广了销路。这些很精明的办法，都是朱元善“发明”的。商务老板因此认为朱很能动脑筋，很器重他。同时他也是个老资格，光绪末年商务印书馆刚开办不久他就进商务了；他又是海盐人，和张元济有点远的亲戚关系。因此种种，他一人兼了3个刊物的主编。但手下并无助编，只有一个年轻人（也是海盐人），做登记来稿，寄送稿酬、书券等工作；而且要审核学生们的来稿，朱元善本人是不能胜任的，因为其中诗词极多，看来朱于此道是门外汉。

朱元善编《教育杂志》主要依靠许多日文的《教育杂志》。这些五花八门从教育理论到教学方法、从大学到中学的日文杂志有10多种。朱元善本人并不懂日文，他只看日文中的汉字猜想内容，认为可用，便圈出来，请馆外人翻译。有些文章翻译出来一看，是圈错了，不合需要，便只好存档。两种或两种以上的杂志中有讲同一问题的，如介绍英美教育思潮的，都翻译出来了，他就据以重新编写，成为一篇文章，不注出处，只署名曰“天民”。他对翻译的人说“天民”是共同的笔名。那时《教育杂志》版权页上编者署名朱元善，《学生杂志》最初不署编者名，后来署名时，也署的“天民”。他借此暗示，《教育杂志》上写文章最多的“天民”和《学生杂志》编者是一人。不明情况的商务印书馆老板还以为他真卖力呢！当时他付给那些译者的稿酬是每千字1元至2元，这在当时是一般的报酬。翻译者既不署名，译错了也不负责，译文之潦草，自不待言，所以颇有人愿意接受比较低的报酬。当时商务各杂志稿酬最低2元，最高有5元的，那是几个特约撰稿人才能享受。朱元善用上述方法把《教育杂志》办得相当有生气，因为他及时介绍欧美的教育学说、教育改革情况。但他对教育学说并无研究，用自己的观点把那些粗糙的译文加以改变，有时也要出毛病闹笑话。不过《教育杂志》的读者以中学或师范学校的老师为多，他们看不出这些偶尔出现的毛病。

朱元善还订了一些当时上海出版的适合中学生阅读的杂志，其中就有陈独秀编的《青年杂志》（即《新青年》之前身)。《青年杂志》提倡“德、智、体”三育，用文言，但在1917年改名为《新青年》时已经发表了胡适的《文学改良刍议》，继之以陈独秀的《文学革命论》。朱元善既然订有《新青年》，自然看到这两篇文章。朱可以说是商务印书馆几个主编杂志的人中对外界舆论最敏感的一个。他虽不学无术，但善观风色，而且勇于趋时。

陶希圣，这位原上海商务印书馆的老编辑，后去台湾定居，在回忆商务编译所时对当时的重要人物都做过评价，认为“五四”以后，蔡孑民先生是泰山北斗，不必说；名流是胡适之先生领先。就商务编译所内部来说，一般少壮编辑大为活跃起来了。例如，东方杂志社主任是钱智修先生，但实际上胡愈之、樊仲云遂成主干。学生杂志社主任朱赤民无大作为，杨贤江才是台柱。①

在后人所写的一些作品中，也有把朱元善说成是思想僵化的旧式编辑的，如王建辉在一篇介绍杨贤江的文章中这样来评说朱元善：朱是一位思想僵化的旧式编辑，并没有太多的编辑思想，结果把杂志办成了学生课艺的汇编，因此也跟不上新文化运动兴起以后的新形势，刊物自然难以为继。商务印书馆馆方只能让年轻的杨贤江接编杂志，杨贤江一接手就开始对杂志进行了比较彻底的改造。所谓比较彻底的改造，是说杨贤江在有限的权力之内，将刊物变成青年思想修养和科学教育的杂志。虽然并没有主编的名义，但经过他的努力，不到一年他成为这个杂志实际的主编。②

再如，台湾学者王飞仙在其《期刊、出版与社会文化变迁——五四前后的商务印书馆与学生杂志》一书中则基本采用了茅盾等人的看法，认为朱元善水准不高，未必有什么真才实学，但也肯定他有编辑的某种敏锐度，对于文化转向颇为敏感，也颇有经营期刊的手腕与技巧。她甚至认为“就朱元善而言，他未必抱着什么高尚的立意来编辑杂志（不论是跟自办期刊的知识分子或是跟张元济比起来），也无意加诸特别的色彩或主张于杂志之上”。③

当然也有对朱元善做出正面肯定评价的。如华东师大杨建华认为“身为《教育杂志》主编的朱元善一直关注着西方实验教育学，并且进行了卓

---

① 高崧选编：《商务印书馆九十五年》，第491页，北京：商务印书馆，1992年。

② 王建辉：《革命家编辑家杨贤江》，载《出版广角》1999年第5期。

③ 王飞仙：《期刊、出版与社会文化变迁——五四前后的商务印书馆与学生杂志》，第58—65页，台北：“国立”政治大学历史系，2004年。

有成效的研究”。[①] 侯怀银教授则把朱元善列为20世纪的教育学家，认为他不仅传播和译介国外各种教育理论和教学方法，还比较早地对教育学的研究对象、学科性质等元教育学问题进行了独特研究。朱元善在《教育者研究态度之革新》一文中对教育研究中的自然科学化倾向较早进行发难，批评了盲目采用实验等实证方法的做法，提出：“研究之态度，必不可舍本求末。苟先致力于理论的研究，而后根据理论以为实际的研究。所谓实际的者，当以自己之教育理想及理论证之于实际，若无意义无理想之实际，只可谓之教育的游戏实际。”[②] 他还在教学法、艺术教育学、职业教育等方面进行了探索。早在1914年朱元善等人就对分组教学法做了研究，证明了小组学习在照顾个别差异上具有优势。

1917年商务印书馆出版了由朱元善编写的《职业教育真义》。此外，朱元善在1917年编写的《图书馆管理法》是我国第一部图书馆管理著作。

3. 如何客观看待这位颇具争议的主编及朱元善的贡献

实事求是地说，朱元善对商务尤其是商务印书馆的期刊还是有很大贡献的。

首先，在《教育杂志》首任主编陆费逵突然离开商务印书馆之后，朱元善成为实际主持人，在他的主持下，不仅保证了《教育杂志》得以正常出版，而且他“把《教育杂志》办得相当有生气，因为他及时介绍欧美的教育学说、教育改革情况”（茅盾语）。朱元善也因此成为《教育杂志》历任主编中编辑时间最长的一位。从第3年第11期起直至第13卷第12号，共10卷零2期，占《教育杂志》总出版量（33卷）的近三分之一。

其次，在朱元善的建议下，创办了《学生杂志》和《少年杂志》，朱元善因此成为商务唯一一位同时兼任3个杂志主编的人。尽管他在具体的编辑方式上存在着很多需要商榷的问题，但在人力极其有限的情况下能够将3份杂志办得有声有色，实属不宜。

朱元善不仅在创办杂志方面有其特殊贡献，而且在人才选拔、培养方面也值得称道。这里仅举两例加以说明：一是杨贤江。杨贤江（1895—1931

---

① 杨建华：《中国近代教育期刊与近代教育发展》，第60页，华东师范大学博士论文，2005年。

② 朱元善：《教育者研究态度之革新》，载《教育杂志》1918年第10卷第1号。

年)，浙江余姚人。当他在浙江省立第一师范学校读书时，就积极地在《学生杂志》上发表文章。1917 年从师范学校毕业后，到南京高等师范学校担任学监处事务员，处理行政工作。1920 年，他辞去了南京高师的工作，原打算到广东肇庆担任省立国民师范补习所的教务主任，但是由于受到军阀战争的波及，补习所并未办成，他花费心思准备的图书和计划都派不上用场，后返回上海。正当他无事可做游移不定之际，于 1921 年 3 月，由朱元善介绍进入商务印书馆，协助朱元善编辑他在学生时代就常向其投稿的《学生杂志》，由作者而成了这个杂志的编者。后来更是成了《学生杂志》的实际主编。1921 年 5 月预告，9 月开始的改版就是由他主导的。台湾王飞仙女士认为杨贤江与朱元善的合作是“互蒙其利”，“朱元善得以保住工作，又能推行高层要求的改版，而在《学生杂志》上小有名气的杨贤江则因而获得了一个舞台，自不顺遂的教职生涯中寻得出路”。其实这一观点并不完全正确。杨贤江由于朱元善的举荐确实是拥有了一个舞台，而朱元善则并不是由于杨贤江的到来才保住了工作。因为作为商务印书馆的老资格编辑，其在商务印书馆的存在价值无须由一个年轻人来保障的。相反，在商务印书馆高层存在的延用旧人与招聘新人的争议中一些老商务人的饭碗却面临着来自新人的很大威胁。

另一个就是茅盾的成长经历也与朱元善密切关联。

茅盾原本在商务英文部工作，后应朱元善的请求，来到学生杂志社协助朱元善编辑该志。“编辑《教育杂志》《学生杂志》《少年杂志》的朱元善，已经向高梦旦提出，要我转到他那个部门做他的助手，主要助编《学生杂志》。但是孙毓修借口还要我编辑《中国寓言续编》，不肯放，结果，把我平分，半天编《中国寓言续编》，半天帮助朱元善审阅《学生杂志》的投稿”。就是在编辑《学生杂志》的过程中，茅盾得到了很多锻炼和很大提高。

茅盾在报刊上发表的第一篇译作是朱元善给茅盾布置的任务。据茅盾回忆：朱元善给他出了个题目，说《学生杂志》上没有登过小说，现在打算登点小说，学生最好看点科学小说，要我找材料。我在涵芬楼图书馆的英美旧杂志中发现两种杂志，一种叫《我的杂志》（*My magazine*），一种叫《儿童百科全书》（*Children's Encyclopaedia*，这也是每月出版，类似杂志形式），两者都是供给中学生以历史、科学知识的通俗读物。我在后者或前者（现在记不准了，也不记得是哪年的）找到一篇可以说是科学幻想小说，我把它译出来，就是“三百年后孵化之卵”，登在1917年的《学生杂志》正月号上。这两种英文杂志有些文章不具名，因为这是通俗读物，作者不是什么名人。这篇东西却有原作者姓名，但朱元善把它划掉了。商务编译所的刊物主编者总做这种事。看内容明明是翻译的东西，题下署名却是个中国人。《小说月报》的大部分小说（林琴南译的除外）就是这样。“三百年后孵化之卵”总算留了个“译”字。“这篇小说是用文言翻译的，也是我在报刊上发表的第一篇译作”。

茅盾的第一篇论文也是朱元善给他的命题作文。茅盾回忆道：“他（指朱元善，引者注）打算以《学生杂志》小试改革，先从社论开始。他请我写一篇不同于历来的《学生杂志》社论内容的短文，作为社论；这就是刊登在《学生杂志》1917年12月号上的《学生与社会》。这篇文章可以算得是我的第一篇论文。当时年轻胆大，借着这个题目对两千年来封建主义的治学思想发了一通议论……这篇文章朱元善居然很中意，认为可使《学生杂志》面目一新，便又要我再写一篇社论，登在1918年正月号上，题目是《一九一八年之学生》。这一篇的内容比上一篇更进了一步，在《学生杂志》上议论起时政来了。”

朱元善的翻译思想影响了茅盾。朱元善认为科学小说的翻译，“技术部分要忠实于原文，此外则可以不拘。他的‘理论’是，给中学生读的科学小说，一方面要介绍科学技术，一方面也要文字优美，朱认为这一定要用骈体”。茅盾找到了一篇叫《两月中之建筑谭》（美国洛赛尔·彭特 Russell Bond 著）的科学小说。由“我和泽民合译的。泽民主要把技术部分译出来”，“小说开头，我按照朱的意见，完全用骈体。这里可以抄一小段以见当时我写的骈体的面目：‘疏林斜阳，数声蝉唱，绿水青草，两部蛙歌。莘莘学子，方自暑假大试验中挣扎而出，担簦负笈，返其故里矣。余亦此中之一人’”。①

朱元善还在生活方面对茅盾较为关照。茅盾曾言：“《两月中之建筑

① 茅盾译：《两月中之建筑谭》，载《学生杂志》1918年第5卷第1号。

谭》，在《学生杂志》上连载了8期，原文有许多插图。登了这篇以后，朱认为科学小说应继续登载，要我继续找材料。我后来又找到一本小册子《理工学生在校记》。严格而言，这不是科学小说，这只是用小说形式叙述科学知识。这也是我与泽民合译的。实际是他一人译，我只在文字上稍加修饰。朱硬要用合译的名义。他明知泽民是我的弟弟，但朱说若用泽民在学校的姓名沈德济，又不与我合译，那就要照在校学生投稿例，只能酬以书券，用合译，他可酬现金。言外有格外照顾之意。我和泽民拿到稿费统统去买了书。"[①] 从茅盾的叙述口气看，他似乎并不领朱元善的这个情，但朱元善对茅盾兄弟的关照之意却是很明显的。

尽管在茅盾的回忆录中对朱元善总体上并没有多少好感，但至少在上述几个方面茅盾取得的成就是与朱元善分不开的，这一点连茅盾自己也是承认的。

4. 关于笔名"天民"

在章锡琛和茅盾的回忆文章中都提到笔名"天民"一事。那么"天民"是否就是朱元善呢？或者说"天民"在多大程度上是朱元善呢？

（1）"天民"是社中公用的笔名。章锡琛回忆说，朱元善有时向同事拉了稿，把著者姓名都给换上"天民"两字，人家问他，他说这是社中公用的笔名。后来在有一期版权页的编辑者下面，偷偷换上"朱天民"三字。茅盾也说，朱元善从日文杂志中圈阅一些文章请馆外人翻译。当两种或两种以上的杂志中有讲同一问题的，如介绍英美教育思潮的，都翻译出来了，他就据以重新编写，成为一篇文章，不注出处，只署名曰"天民"。他对翻译的人说"天民"是共同的笔名。那时《教育杂志》版权页上编者署名朱元善，《学生杂志》最初不署编者名，后来署名时，也署的"天民"。他借此暗示，《教育杂志》上写文章最多的"天民"和《学生杂志》编者是一人。

由此可见，朱元善并没有说"天民"是他自己的笔名，而是说是社中公用的笔名。

（2）"天民"这个笔名是朱元善创造的。在《教育杂志》中，"天民"这个名字第一次出现在第4卷第5号上，在这一期上，同时有3篇文章署名

① 蔡元培：《商务印书馆九十年》，第162—163页，北京：商务印书馆，1987年。

“天民”。分别是：《英美社会教育四则》《地理科用语之注意》和《英美近时教育之倾向》。最后一次出现在第13卷第7号上，文章为《美国之教育基金与教育税》。而从第4卷至第13卷恰好是朱元善主政《教育杂志》期间。所以可以合乎逻辑地推断“天民”是朱元善创造的一个共同使用的笔名。

至于朱元善为什么要创造这样一个共同的笔名则不得而知。根据茅盾的回忆，经济上的考虑可能是一个原因。“当时他付给那些译者的稿酬是每千字一元至二元，这在当时是一般的报酬。翻译者既不署名，译错了也不负责，译文之潦草，自不待言，所以颇有人愿意接受比较低的报酬。当时商务各杂志稿酬最低二元，最高有五元的。那是几个特约撰稿人才能享受。朱元善用上述的方法把《教育杂志》办得相当有生气”。但这也有说不通的地方。当时发表文章是件名利双收的事情，且许多人是靠卖文为生的。如果不署自己的名的话，那稿费应该要求的更高一点才合乎情理，不能既无名又无利。另一个可能就是朱元善想将别人的成果据为己有。给人造成一个朱元善就是“天民”，“天民”就是朱元善的印象。从他在《学生杂志》编者下只署“天民”而不署朱元善似乎可以看出朱元善的这一用意。

（3）朱元善从未让“天民”姓过“朱”。章锡琛先生回忆说朱元善曾在编辑者下偷偷换上“朱天民”三个字便成为《教育杂志》的主编了。似乎还有过“朱天民”这一称谓。然而，经查《教育杂志》全部篇目，《教育杂志》中有署名朱元善的文章，也有署名“天民”的文章，但从未有过署名“朱天民”的文章。将“天民”看作朱元善的是别人，朱元善则从未让“天民”姓过朱。

（4）《教育杂志》上署名“天民”的文章共106篇，出现过153次（由于有些文章较长，分在几期上连载）。内容涉及教育基本理论、欧美教育概况、实验教育学、手工教育论、勤劳教育论、公民教育论、艺术教育论、理科教授、职业教育、心理学理论、哲学概念与内容、杜威与罗素学说、学校管理、地理科、家政科、儿童游戏等众多领域。由此也可说明，这些文章确非一人所写，“天民”确非一人之笔名。

（5）“天民”虽非朱元善，但与朱元善关系甚密。表现在：“天民”是朱元善创造的一个公用笔名；署名“天民”的文章有相当一部分为朱元善划定，请馆外人翻译的；朱元善对于两篇同一内容的文章要重新编写，合成一篇文章发表。因此，署名“天民”的文章不能说成都是朱元善的，但也不能说与朱元善毫无关系，应该说其中也有朱元善的劳动。

（6）《教育杂志》上署名朱元善的文章共有 18 篇，分布在第 4 卷至第 11 卷，第 11 卷以后便没有署名朱元善的文章了。署名朱元善的文章内容也较为广泛，如儿童管理、学校风潮、公民教育、复式教授、师范课程、教育方针、理科教授等，且有些是重大的理论问题。如他较早提出尊重个性、教育独立等命题，讨论了今后教育方针问题，提出了创设专科师范学校的设想和革新教育者研究态度的主张。他提出的许多观点直至今天仍具有重要的现实意义。朱元善是否能够称得上是教育学家有待讨论，但如果说他纯粹不学无术，对教育理论毫无研究，似乎也并不客观。从他发表的文章以及编辑《教育杂志》10 多年的经历看，他至少是一位对教育事业有感情、对教育理论有研究、对近代教育期刊出版有贡献的一位教育学者和教育编辑。

（四）历任主编及其教育背景分析

《教育杂志》从创刊到终刊，前后共有 11 任主编。其中第二任主编署名为“教育杂志社”，实际由朱元善负责。李石岑和周予同都是两度出任主编。最后一任主编由赵廷为、李季开两位担任。这样，担任过《教育杂志》主编的共有 9 位：陆费逵、朱元善、李石岑、周予同、唐钺、何炳松、黄觉民、赵廷为、李季开。那么，这 9 位主编都有什么样的专业背景？他们在教育方面有哪些研究成果？他们的专业背景、教育成就与其编辑活动有着怎样的关系？以下对这些问题做些初步探讨。

1. 自学成才：陆费逵

根据陆费逵《我的童子时代》《我的青年时代》等自述文字，他早年几乎没受过任何正规的学校教育。他在谈到自己的求学经历时说：“我幼时母教五年，父教一年，师教一年半，我一生只付过十二元学费。”到 13 岁时读过《四书》《诗经》《书经》《易经》《左传》《唐诗三百首》6 部书。但没有造过句，没有作过文。因为母亲“主张多读多看，反对挖空心思作八股，并反对作疏空的论说”。[①] 陆费逵在回忆这一早年母教的经历时甚至认

① 吕达：《陆费逵教育论著选》，第 381 页，北京：人民教育出版社，2000 年。

为母亲的教育观念“暗合教育原理”①，陆费逵一生受益于母亲处良多。陆费逵母亲吴幼堂②，知书达理，思想开明通达，循循善诱，教子有方。陆母教子，重引导兴趣，多所鼓励，允许孩子按照自己的理想行事。13 岁时，陆费逵不想按“老夫子读书”，父亲坚决反对。但陆母却说服了陆费逵的父亲，任由一个 13 岁少年自主选择学习方式、学习内容、学习时间。这在当时社会非一般人所能做到。陆母性格坚强，隐忍克制，颇有主见，亦见多识广，颇通教育之道。陆费逵少时爱动好奇，模仿力极强。正月里出游看花灯，见有人自制蜡烛卖，回来就收集了堂前供祖宗灵位的烛泪，放在锅中熬化，然后将灯线放入融化的烛油中，居然做成了好几根蜡烛。又一次见有人熔化锡器，觉得好玩，回家后竟把家里锡壶熔铸成各种形状。对此，陆母均采取鼓励的态度，并不多加斥责。陆费逵还曾充满温馨地回忆起与母亲对弈的时光。一开始母亲让他两马、一车、一炮，后来陆费逵棋艺渐长，母亲只能让他一车了。

陆费逵长大后坚忍、独立、自信、自律、果敢、创新的品格与陆母这种教育是分不开的。陆费逵 16 岁时热衷于数学，17 岁进入南昌熊氏英文学塾附设的日语专修科学习日文，不到一年即能看书会话。

陆费逵的教育活动：17 岁时与人合办正蒙学堂，后一人坚持 8 个月。1903 年春，应其日语老师邀请，赴武昌继续学习日文，他则教日语老师弟弟等 3 人国文、算术。这是他第二次从教。后又担任《楚报》主笔和记者，发表了许多改革言论。1906 年为昌明公司编纂《本国地理教科书》，这是他最早编写的一套教科书。陆费逵在文明书局时曾与人合编《文明国语教科书》《文明修身教科书》《文明算术教科书》等，影响很大；另外，他所编著的《高等小学商业教科书》出版后风行全国，一年之内，重版多次。22 岁以后，特别注重教育及经济之研究。1909 年创办《教育杂志》，确立了“研究教育、改良学务”的办刊宗旨，设置了几乎无所不包的 20 个栏目，为《教育杂志》后来的发展奠定了较好的基础。陆费逵主编《教育杂志》近 3 年，编辑共 36 期，对前清学制多所抨击，同时发表自己的主张。1909

---

① 吕达：《陆费逵教育论著选》，第 389 页，北京：人民教育出版社，2000 年。

② 一说其母是李鸿章的侄女，但对此说学界多有疑问，似缺乏充分根据。

年，倡导语言文字改革，发表了在中国语言文字发展史和教育发展史上享有重要地位的《普通教育当采用俗体字》一文，作为民间的首倡，成为后来新文化运动的先声。在中国教育发展史上第一次明确提出国民教育、职业教育、人才教育并重。舒新城曾有过一个很中肯的评价：陆费逵“所读科目最多者为教育，次经济，次地理，次政治哲学，故未受正式教育而能作主笔，且任《教育杂志》首任编辑，于教育及文化有所贡献，完全得力于少年时代的刻苦自修”。[①] 因此，未受过任何正规教育的陆费逵，依靠他所具有的勤奋刻苦、坚毅果敢、创新意识和创业精神等特质，使《教育杂志》《中华教育界》及中华书局这些有影响的教育刊物和文化机构都诞生在他的手里，创造了一个又一个出版史上的奇迹。

2. 师范出身：李石岑、周予同

与陆费逵自学成才不同，李石岑、周予同都受过最正规的师范教育。李石岑（1892—1934 年）原名邦藩，湖南醴陵人。曾在湖南优级师范理化科就读。1912 年赴日本留学，入东京高等师范学校。1915 年 5 月，编辑出版《民铎》杂志。由于抨击国内军阀专权、政治混乱和日本军国主义侵略行径，遭日本政府查禁。1918 年 5 月，东京留日学生示威反对“中日共同防敌军事协定”，遭警察镇压。留日学生遂大举罢课回国，李石岑亦归国。

回国后，任上海商务印书馆编辑，并在上海继续主编《民铎》，着重介绍和阐述西方哲学、社会学、教育学、心理学“最新思潮”，成为当时学术界颇有影响的刊物。1918 年 9 月 1 日至次年 7 月，兼任《时事新报》副刊《学灯》主笔。1920 年 10 月，李石岑陪同罗素、杜威及章太炎、蔡元培、张东荪、吴稚晖等人到湖南讲学，他自己先后在长沙和醴陵作了 5 场演讲，介绍尼采、柏格森、詹姆斯、罗素、杜威的思想。

1922 年 1 月至 6 月、1923 年 2 月至 1928 年 5 月，两度出任《教育杂

① 俞筱尧、刘彦捷编：《陆费逵与中华书局》，第 347 页，北京：中华书局，2001 年。

志》主编,[①] 共编辑 70 期，是继朱元善之后编辑《教育杂志》时间较长的一位。上海大夏大学、光华大学、国立中山大学等争相礼聘其为哲学及心理学教授。1928 年夏天，李石岑决定自费考察法国和德国,[②] 遂辞去《教育杂志》主编一职。李石岑在法国、德国研读赫拉克利特、费尔巴哈的著述和马克思、恩格斯、列宁的著作，重新评价唯物主义和唯心主义。1930 年底返回上海，先后任国立暨南大学及私立复旦大学教育学系教授。[③] 1934 年 10 月 28 日，李石岑在贫病交加中去世，年仅 42 岁。[④]

李石岑主要著述集中在哲学领域。李石岑在《教育杂志》上共发表 18 篇论文，涉及哲学、心理学、教育哲学、美育、比较教育等内容。教育学方面的论著有《教育哲学》《美育之原理》《教育与人生》等。《教育哲学》（商务印书馆 1925 年版）共 7 部分：教育哲学；教育与人生（教育之目的何在、人生之目的何在、教育与人生的关系）；教育上新价值之估定；东西人的教育之不同；中国教育与西洋教育之异点；机械主义与生机主义的教育（何谓机械主义、机械主义的教育、何谓生机主义、生机主义的教育、结论）；近世教育与哲学之关系。

---

① 周策纵在《五四运动：现代中国的思想革命》一书中认为李石岑在 1920 年 1 月就在领导《教育杂志》。他在谈到“五四运动”后期刊改革时说：“由新任编辑李石岑（后来成为有名的哲学家）领导的《教育杂志》反应更为迅捷，1920 年 1 月，其文章开始以白话文出现。”在侯怀银教授所写的《20 世纪中国教育学家小传（14）——李石岑》中说：李石岑“1922 年 1 月至次年夏，任商务印书馆《教育杂志》主编，文名大震”。上述两种说法都不确切。李石岑是从 1922 年 1 月接任主编的，但第一次只担任到同年 6 月。1922 年 7 月—12 月，由周予同担任主编。1923 年第 1 号又由唐钺任主编，1923 年 2 月起，李石岑第二次出任主编，直至 1928 年 5 月。侯怀银文见：http: // www. usors. cn/blog/huai yin/My Essay Detail. asp? id = 1772. 2006. 11.

② 这也是李石岑不再担任主编的原因。《教育杂志》第 20 卷第 6 号封二刊出启事：本志编辑主任李石岑先生于 6 月底辞职赴欧游学，此后关于编辑事务由周予同先生担任。又李君私人函件请暂寄 M. S. Ts. Lee, Chez M. Hu Yue. Tse, 25 Rue de Tourne Fort 25, Paris Ve, France。

③ 《教育杂志》第 24 卷第 1 号特约撰述中对李石岑作了如下介绍：“湖南醴陵人，生于 1891 年，现任国立暨南大学及私立复旦大学教育学系教授，毕业于日本东京高等师范学校。曾和杜威、罗素等在湖南讲学。历任商务印书馆《教育杂志》主编，《民铎》杂志主编，大夏大学、光华大学、国立中山大学哲学教授。曾赴德法诸国研究 3 年。著作甚多，以人生哲学、现代哲学、小引西洋哲学史、哲学概论等为最重要。”

④ 《教育杂志》第 24 卷第 4 号《编后余谈》中作了特别记述：“本杂志本卷第 3 号将出版时，我们的特约撰述李石岑先生忽于 10 月 28 日病故于上海暨南寓所中。李先生在民国十年后曾担任本杂志的主编多年，成绩卓著。本年秋初本杂志筹备复刊时他曾亲来本社允许编者撰稿。不意不久即病，今竟遽尔作古。我国的学术界又弱一个。我们惊悼之余，特在此地对李夫人表示我们极深切地同情。”

周予同（1898—1981 年），原名毓懋，又名周蘧，字豫桐、予同，笔名天行，浙江瑞安人。1916 年，考取北京高等师范学校国文部。受“民主”和“科学”新思潮的影响，周予同和同学们组织励学会、工学会、平民教育社等组织，创办《教育丛刊》《工学》等杂志。高师毕业后留校担任国文教员兼一年级级任。1921 年春，周予同任私立厦门大学教员。同年秋进入上海商务印书馆编译所，先在国文部，后调至教育杂志社，协助李石岑编辑《教育杂志》。后于 1922 年 7 月至 12 月和 1928 年 6 月至 1931 年 12 月两次接替李石岑担任《教育杂志》主编，共编辑《教育杂志》54 期。同时，还在私立立达学园任导师，在私立持志大学、私立国民大学、私立上海大学任教授，并兼任《民铎》杂志编辑。1925 年开始研究经学史，出版《经今古文学》《经学历史》等著作。

他在教育方面曾编写过《本国史》《国文教科书》等教材，撰写了《中国学校制度》《中国现代教育史》等著作，这些著述至今仍有重要价值。周予同先生长期在暨南大学、复旦大学任教。在复旦，与周谷城有复旦“二周”的美称。

3. 留学日美：李石岑、唐钺、何炳松、黄觉民

李石岑是留日的，后又到德国和法国游学，可谓学贯中西。唐钺、何炳松和黄觉民都曾留学美国，一位修政治学和历史，两位修教育心理。

唐钺（1891—1987 年）字擘黄，原名柏丸，福建闽侯人。早年就读于英华书院和福州中等商业学校。1911 年入北京清华学校，1914 年毕业后赴美国康乃尔大学修习心理学和哲学。1917 年入哈佛大学研究院哲学部心理学系深造，并从事心理研究工作，1920 年获博士学位。1921 年回国后历任北京大学哲学系、清华大学心理系心理学教授，上海商务印书馆编辑部哲学教育组组长，中央研究院心理研究所第一任所长、研究员。新中国成立后，历任清华大学、北京大学心理系教授，中国心理学会北京分会第 1 届理事长，第 2 届至第 6 届全国政协委员。1987 年 2 月 5 日在北京逝世，享年 96 岁。2001 年 11 月北京大学召开“唐钺先生诞辰 110 周年纪念大会”，同时《唐钺文集》正式出版发行。唐钺先生是我国心理学的奠基人之一。他在心理学方面成就卓著，享誉心理学界内外。1923 年 1 月，唐钺先生曾接替周予同担任过 1 期（第 15 卷第 1 号）主编，是《教育杂志》主编中时间最

短、编辑最少的主编。[①]

何炳松（1890—1946年），字柏丞，浙江金华人。1911年毕业于浙江省高等学堂。1912年公费赴美国留学。1913年入加州伯克利大学，注册修法语、政治学、经济学科目。同年夏又转入威斯康星大学，注册修地质学、德语、政治学等。在威斯康星大学学习期间，被聘为历史系助教。1915年夏，从威斯康星大学政治学系毕业，获政治学学士学位。后入普林斯顿大学研究院，专攻现代史和国际政治并获硕士学位。何炳松在美国积极参与中国留美学生的活动，担任留美中国学生会副会长（会长为胡适），并在1915年出任《留美学生季报》的编辑部干事。

1916年夏，何炳松回国。短暂做过省长公署助理秘书。1917年何炳松改任浙江省教育厅视学一职，赴各地视察中学教育的情形。何炳松以后曾翻译了一些美国中小学课程设置和教学的介绍文章，应该与他的这一段经历有关。

1917年，何炳松被蔡元培聘为北京大学文科预科讲师，讲授“西洋文明史”。1919年被聘为北京大学史学系教授。何炳松抵京后，又收到北京高等师范学校校长陈宝泉的聘书，兼任该校史地部的教员，亦授西洋历史，并任北京高等师范学校英语部主任、史地部主任等职。

1922年，浙江省第一师范学校因校长马叙伦离职，教育厅厅长夏敬观聘请何炳松继任校长，并任省立第一中学校长。浙一师是一所名校，李叔同、鲁迅、叶圣陶、俞平伯等都曾在该校任过教。

1922年7月召开的中华教育改进社第1届年会上，何炳松与梁启超、朱希祖、徐则陵、柳诒徵、陈衡哲、朱经农等参加了历史教学组的讨论。何炳松提出了历史教科书编写问题。究竟依何种标准选择历史教科书内容，何炳松认为应以说明历代社会进化过程为标准，使学生明白现代社会由来。何炳松认为历史教科书也不应“偏重政治”，建议将历代历史名著取其精华，专门编辑成一书，供学生参考，可以拓展学生的视野。

1923年，何炳松受王云五之聘在商务印书馆主持百科全书的编译工作，

---

① 关于更换唐钺主编一事，教育杂志社曾于第15卷第1号刊登紧要启事：“本社编辑，原定唐擘黄先生担任。现因唐先生事务太多，而前编辑李石岑先生适回社，自本年第2期起，本志编辑事务仍由李先生主持。特此通告。”

不久受聘为史地部主任兼国文部主任。1928 年升任编译所副所长。1929 年王云五离开商务印书馆后，他继任编译所所长。何炳松在商务印书馆期间，主持了 1934 年《教育杂志》复刊工作，并从 1934 年 9 月第 24 卷至 1936 年 7 月第 26 卷第 7 号担任主编，共编辑 19 期。何炳松在复刊词《本杂志的使命》（第 24 卷第 1 号）中，明确提出《教育杂志》的重要使命之一就是要在“介绍外国教育文化的理论和实际”的同时，“创造独立的教育理论和方法”，“自出心裁地去创造一种适合国情的新理论和方法”，提出该杂志特有的使命“就是纯粹教育理论和教学方法的探讨”。当时国内又开始了关于“读经”问题的讨论。何炳松向全国教育界以及关注教育的专家学者发信一百余封，征询有关“读经”的意见，并把收回的 70 余篇文章（意见）编成专辑“全国专家对于读经问题的意见”在《教育杂志》第 25 卷第 5 号发表。何炳松在《编者的话》里说：《教育杂志》“既忝为全国教育专家的喉舌，对于这样一个重大问题，似乎不能不采用集思广益的方法，请求全国专家对于这个问题，分别发表一点高见，使得本杂志的数万读者能够得着一种很可贵的参考，来帮助他们去理解这个问题”。

何炳松 1934 年被推选为中华学艺社理事长。在商务印书馆任职期间，曾兼任光华大学、大厦大学等校教授。何炳松在商务印书馆主持编译了不少西洋史学和教育学的著作及百科词典等。

在相当长的时期内，中国大学用书多采用外文原著，需进口大量外文原版书或予以翻印，而且内容不尽切合国情。为此，蔡元培于 20 世纪 30 年代号召“课本中国化”运动，即提倡大学里使用中国人自己编写的课本。当时学术界也具备了一定的条件。商务印书馆复业后，总经理王云五请蔡元培领衔，邀集国内各大学及学术团体代表组织大学丛书委员会，分请大学教授和各科专家担任编辑。当时继任商务印书馆编译所所长的何炳松担任大学丛书编辑委员，参加规划和编辑出版工作。商务印书馆制定并实施了出版大学教材的计划。这批教材第一批计划有 400 余种，到 1936 年出版了 200 余种，到 1954 年共出版 369 种，教育方面如陈青之的《中国教育史》、陶孟和的《社会与教育》等。

1935 年 1 月 10 日，何炳松与王新命等 10 位教授发表《中国本位的文化建设宣言》，认为“在文化的领域中，我们看不见现在的中国了”，所有的只是古人骷髅或者洋人的天堂，两者都不能拯救中国。因此他们提出："要使中国能在文化的领域中抬头，要使中国的政治、社会和思想都具有中国的特征，必须从事于中国本位的文化建设。"① 这种建设需用科学的方法，批评和检讨过去，把握现在，创造将来。简单一点来说，就是要批评传统文化，但同时又不盲从洋人，对西方文化，必须以中国的需要来决定取舍。这一《中国本位的文化建设宣言》在当时引起很大反响。

在何炳松担任《教育杂志》主编的同时，国民政府教育部于1935年6月任命何炳松担任"国立"暨南大学第三任校长。暨南大学为华侨所创办，是当时国内唯一的一所华侨高等学府。任暨南大学校长后，何炳松仍担任《教育杂志》主编。直到1936年7月才由于校务繁忙辞去主编一职，由黄觉民接任。② 在1935年6月至1946年5月何炳松主政"国立"暨南大学校长11年期间，殚精竭虑，呕心沥血，可谓鞠躬尽瘁，使暨南大学历经艰险而岿然不动，把暨南大学办成了一个颇具影响和特色的著名高校，为暨南大学和华侨教育的发展做出了重要贡献。何炳松学术上一向主张"兼容并包"，当时暨南大学有"东南民主堡垒"之称。何炳松的民主治校作风，亦为师生们所赞扬。

何炳松一生有两个11年闻名于世，即担任上海商务印书馆编译所所长11年，担任"国立"暨南大学校长11年，特别是后者，影响如同北京大学之蔡元培、浙江大学之竺可桢。暨南大学至今仍以何炳松所题的"忠信笃敬"为校训。

何炳松平生精研史学，著译甚丰。他最早系统介绍西方史学理论与方法，强调西方史学原理与中国传统史学的对比与贯通，与梁启超并誉为"中国新史学派的领袖"，是与梁启超齐名的史学家。教育学方面的代表作

---

① 何炳松等：《中国本位的文化建设宣言》，载《文化建设》1935年第1期第4号。

② 《教育杂志》第26卷第8号对此有如下说明："本杂志自二十三年九月十日复刊以来，端赖何炳松先生热心主持指导，得有今日，同人等实在感佩得很！何先生为我国当代有数著名学者，他的学问文章，各界在其著作中都已熟知，其做事的负责认真，所有同事友好无不同声赞佩。此次他为校务繁忙，辞去本社主编职务，专力办学，对暨南大学当然有莫大的利益，而本社则失伟大的导师。犹幸承乏编辑主任的黄觉民先生自本志复刊以迄于今，历任本社的编辑，帮助何先生办理一切，对本杂志情形甚为熟悉，而何先生又住在上海，诸凡仍可就近领教，以此我们稍觉安心，大胆努力前进。"

有：《历史教授法》和《三十五年来中国之大学教育》。

关于何炳松的继任者黄觉民，能够见到的材料也很有限。《教育杂志》在作者介绍中曾有过一个简要介绍。黄觉民，福建闽侯人，1898 年生，得有菲律宾国民大学科学士，菲律宾大学教育硕士和美国哥伦比亚大学教育硕士学位，并且获有哥伦比亚大学师范学院研究所教育心理学专家证书。他在求学时代极为勤奋，曾在教会中获得论文比赛第一名及哥伦比亚大学奖学金的荣誉。他与欧元怀诸先生一样是一位苦学出身的成功者，从中学到大学到研究院到留学一切费用全由自己用工读的方法得来。此种奋斗精神，真是足为我国现代青年的楷模。他曾加入中国教育学会、美国哥伦比亚大学中国教育学会等团体。足迹到过美国、加拿大、菲律宾、日本及国内香港、广州、汕头、厦门、上海、南京、苏州、杭州等地。著有《国学管窥》《古代井田的研究》《中国最近教育之进展》《中国学校制度的研究》等。他不仅是一位教育家，而且是一位发明家。曾经发明福州话童子军旗语及福州话成人快字等，颇为社会人士所钦佩。历任中学生青年会会长、义务学校校长、福州春光小学校长、青年会中学训育主任、厦门云梯中学校长、菲律宾华侨中学训育主任、上海大夏大学教育心理系主任。

黄觉民从第 26 卷第 8 号起接替何炳松担任《教育杂志》主编，直至 1941 年 11 月第 31 卷第 11 号第二次停刊止。他是继朱元善、李石岑之后编辑《教育杂志》卷期数最多者之一，共编辑 65 期。黄觉民也是《教育杂志》主编中第一个以教育为专业的主编。

4. 教育专业：黄觉民与赵廷为

在历任主编中，真正是教育专业科班出身且其著述以教育、心理为主的只有黄觉民和赵廷为两位。黄觉民的简况已如上述。赵廷为的简况如下：

赵廷为（1900—2001 年），浙江嘉善人，毕业于北京高等师范学校英语系和北京师范大学教育研究科。曾任浙江春晖中学英语教师、教务主任，温州第十中学教育学科教师兼附小主任，杭州师范学校教育学科教师，安徽大学、大夏大学、沪江大学教育学系教授，四川省教育学院社会教育系教授、主任，中央大学教育学系教授兼附中校长，上海商务印书馆编辑。早在 1933 年，赵廷为就批评一些教育研究者“太不争气”：一是“一味学时髦”，二是“太会适应环境”，三是“不肯下苦工夫”，四是“兴味太狭隘”。他曾说：“凡是研究教育的人们应该有一种专业的兴味和信仰，可是我国所谓教育家也者，有不少人受社会所同化，正与不学教育的人们一样党同伐异，一样地抢地盘和利用学生，一样地不惜把教育根本摧毁”。①

1947 年 7 月，赵廷为与李季开一起主持了《教育杂志》的第二次复刊，并担任主编至 1948 年 12 月终刊，共编辑 24 期。在第 32 卷第 1 号上发表《我们的信念和愿望——代复刊词》，表述了新的办刊信念和研究重点：“尽量刊载学术性的教育研究报告，以提倡教育的学术化”，“尽量刊载进修的资料，以供给在职教师及师范生所需的精神食粮”，“尽量提出实际问题，请各专家就不同观点表示不同的意见，以刺激教育工作人员从事专业的思考”。新中国成立后赵廷为一直任华东师范大学教育学系教授。

赵廷为主要进行中小学教学法研究，强调教学理论研究与教学实验、试验的结合，在我国教学法研究史有着重要的地位。从 1924 年起在《教育杂志》发表论文 50 余篇。

赵廷为的代表性著作有：《小学教学法通论》《教育概论》《小学教材及教学法通论》《道尔顿制教育》《教育心理学》《新课程标准与新教学法》《教材及教学法通论》《小学教材及教学法》（1、2 两册）等。

《教育杂志》历任主编的简况比较见下表：

表 1 《教育杂志》历任主编基本情况一览表

主编	籍贯	教育背景	学术领域与教育活动	教育代表作
陆费逵	浙江	自学	教育	教育文存五卷
朱元善	浙江	不详	教育	论文：《尊重个性》《教育独立》《今后之教育方针》；论著：《教育者研究态度之革新》《职业教育真义》
李石岑	湖南	湖南优级师范理化科；日本东京高等师范学校；法国、德国游学	哲学、心理学、教育哲学；国立暨南大学及私立复旦大学教育学系教授	论著：《教育哲学》；论文：《教育独立建议》《现代教育思潮批判》《中国教育与西洋教育之异点》

① 铁尘：《教育的学问为什么给人家瞧不起》，载《东方杂志》1933 年第 2 期。

续表

主编	籍贯	教育背景	学术领域与教育活动	教育代表作
周予同	浙江	北京高等师范学校国文部	国文、经学史、教育史；北京高师毕业后留校担任国文教员兼一年级级任。先后在私立厦门大学、私立立达学园、私立持志大学、私立国民大学、私立上海大学任教授	论著：《中国学校制度》《中国现代教育史》；论文：《中国学校的训育》《再论中国学校的训育》《对于新学制系统草案之我见》《中国特殊教育问题》
唐钺	福建	北京清华学校，美国康乃尔大学修习心理学和哲学。1917 年入哈佛大学研究院哲学部心理学系深造，并从事心理研究工作，1920 年获博士学位	心理学；1921 年回国后历任北京大学哲学系、清华大学心理系心理学教授，上海商务印书馆编辑部哲学教育组组长，中央研究院心理研究所第一任所长、研究员	译著：《人的义务》《功用主义》《论人生理想》《论情绪》《论思想流》《宗教经验之种种》《道德形而上学探本》《西方心理学家文选》《幼儿的感觉与意志》《心理学原理》《感觉的分析》
何炳松	浙江	浙江省高等学堂；美国加州伯克利大学、威斯康星大学，注册修地质学、德语、政治学等，获得了政治学学士学位。普林斯顿大学研究院，专攻现代史和国际政治，获硕士学位	历史学；北京大学史学系的教授。北京高等师范学校史地部教员，亦授西洋历史，并任北京高等师范学校英语部主任、史地部主任等职。任浙江省第一师范学校校长。国立暨南大学第三任校长；与梁启超并誉为“中国新史学派的领袖”	译著：《历史教学法》；论文：《教育的墙和我的拆墙主义》《历史教授法》《本杂志的使命》

续表

主编	籍贯	教育背景	学术领域与教育活动	教育代表作
黄觉民	福建	菲律宾国民大学科学士，菲律宾大学教育硕士和美国哥伦比亚大学教育硕士学位。并且获有哥伦比亚大学师范院研究所教育心理学专家证书	心理学、教育学；历任中学生青年会会长、义务学校校长、福州春光小学校长、青年会中学训育主任、厦门云梯中学校长、菲律宾华侨中学训育主任、上海大夏大学教育心理系主任	论文：《儿童性教育的实施》《从战时校舍问题说到改革学校制度》《战时课程问题》《学校兼办社会教育的问题》《考卷校正器的创制》 译作：在世界著名《教育杂志》上摘要多篇论文，涉及心理学、教育学的各个方面
赵廷为	浙江	北京高等师范学校英语系，北京师范大学教育研究科	曾任浙江春珲中学英语教师、教务主任，温州第十中学教育学科教师兼附小主任，杭州师范学校教育学科教师，安徽大学、大夏大学、沪江大学教育学系教授，教育部编审主任，四川省教育学院社会教育系教授、主任，中央大学教育学系教授兼附中校长，上海商务印书馆编辑《教育杂志》。新中国成立后任华东师范大学教育学系教授	论著：《道尔顿制教育》《小学教学法通论》《教育心理学》《新课程标准与新教学法》《教育概论》《小学教材及教学法》（第1、2册）；《教材及教学法通论》《小学教材及教学法通论》《小学自然教学法讲话》 论文：《课程改造》《课程编造法》《教育学术研究的重要性》等50余篇
李季开	不详	不详	不详	论文：《教育行政人员之专业道德》《国际教师宪章问题》

从总体上看，《教育杂志》的9位主编中，两位师范毕业、4位具有国外留学经历、7位大学教授，都是学界名流。他们的专业背景以哲学、历史、教育、心理学为主。即使不以教育学为主业，但也多在教育领域有所建树。他们既有深厚的国学功底，又精通外语，视野开阔，思想活跃，将

《教育杂志》办得有声有色。他们办《教育杂志》并不以自己的专业偏好左右办刊的方向，而是为教育界乃至社会各界构筑起了一个关于教育的真正公共话语平台，最终将《教育杂志》成就为近代教育史上一座永久的丰碑。

经对北京师范大学图书馆、国家图书馆、内蒙古师范大学图书馆所藏《教育杂志》进行核对，可以列出《教育杂志》历任主编及其所编期数及时间，如下表：

表 2　《教育杂志》历任主编及所编期数

主编	卷期数	发行人	备注
陆费逵	第 1 年第 1 期至第 3 年第 10 期	商务印书馆	1909. 2—1912. 1
教育杂志社	第 3 年第 11 期至第 5 卷第 12 号	商务印书馆	1912. 2—1914. 3 这期间实由朱元善主持编辑工作
朱元善	第 6 卷第 1 号至第 13 卷第 12 号	商务印书馆	1914. 4—1921. 12
李石岑	第 14 卷第 1 号至第 6 号；第 14 卷号外即《学制课程研究号》	商务印书馆	1922. 1—1922. 6
周予同	第 14 卷第 7 号至第 12 号	商务印书馆	1922. 7—1922. 12
唐钺	第 15 卷第 1 号	商务印书馆	1923. 1
李石岑	第 15 卷第 2 号至第 20 卷第 5 号	商务印书馆	1923. 2—1928. 5
周予同	第 20 卷第 6 号至第 23 卷第 12 号		1928. 6—1931. 12
何炳松	第 24 卷至第 26 卷第 7 号	王云五	1934. 9—1936. 7
黄觉民	第 26 卷第 8 号至第 31 卷第 11 号	黄觉民	1936. 8—1941. 11
赵廷为 李季开	第 32 卷第 1 号至第 33 卷第 12 号	朱经农；夏鹏	1947. 7—1948. 12 夏鹏为第 33 卷第 12 号发行人

从表 2 可以看出，《教育杂志》从创刊到终刊前后共有 11 任主编。比较特别的是，第二任主编在版权页上署名“教育杂志社”，最后一任主编由两位担任，李石岑和周予同都曾两度出任主编。

四、《教育杂志》经营策略与业绩

（一）经营策略

《教育杂志》作为商务印书馆旗下的杂志之一，不仅注重引导教育研究的内容，构建讨论教育问题的大众话语平台，也很讲究营销策略，把尽可能扩大发行量作为其工作的重要内容。

纵观《教育杂志》近40年的发展历程，其采取的营销策略大致有如下一些：

1. 征文

征文主要是一种开放性的集稿办法，是由杂志社选定一个或几个当时需要讨论的重点、热点或难点问题，通过杂志向社会公开征集稿件的方式。但也是一种有效的经营策略。它在广泛发动社会各方面人士撰稿，扩大稿源的同时，也为期刊作了宣传，从而达到扩大期刊的社会影响的目的。

《教育杂志》从创办之初就很重视通过悬赏征文这种方式扩大其影响。《教育杂志》的征文大体可以分为一般性征文、调查类征文、问题求解式征文和专题性征文。[①] 关于《教育杂志》的征文活动，将在下节作较详细介绍，在此不再赘述。

2. 赠礼（赠阅杂志、赠送礼券）

《教育杂志》经常通过向读者或学校馈赠杂志或礼券的方式扩大其影响。如上所述，《教育杂志》早期每年都进行全国教育调查。凡填表寄回教育杂志社的学校，都会获得下一年度全年的《教育杂志》12期。教育杂志社有时还向读者赠送优惠券，既作为对读者的回馈，又作为商务印书馆书刊的一种促销手段。

第9卷第5号刊登了包括《教育杂志》在内的商务印书馆8大杂志优待程章：

本馆出版杂志内容精审、定价低廉，久蒙社会许可，兹特定赠送礼券以报雅意。略拟简章如下：

---

① 王有亮：《教育杂志征文活动述略》，载《内蒙古师范大学学报（教育科学版）》2007年第11期。

凡预订杂志无论一种数份或数种一份或一种数年但满下列数目者一概赠送礼券：

	定价	赠送礼券
甲	五元以上	五角
乙	八元以上	一元
丙	十二元以上	二元
丁	十六元以上	三元
戊	二十元以上	四元

满二十元以上每增四元加赠礼券一元。

此项礼券印刷美丽吉庆，送礼、学校奖品最为相宜。持券购买本馆书籍文具概照实价计算与现款无异，并可为预定本杂志及预约各书之用。

预订者以民国六年八月底为限过期无效

预订者照下列定价表计算

预订者以同时一次为限不能前后并计

奇零之数不计（如六元七元但照五元计算）

预订杂志概用现款不得记账书券亦不适用邮票作九五折计算

计算数目但以定价为限邮资不得并计

预订者以全年为限半年零册不得并计

如《教育杂志》第9卷第6号曾刊登教育杂志社“优待券”，并作如下说明：

“本社常接订阅诸君来信或属代索商务印书馆西书目录或要求本社代向商务印书馆购买西书而与以折扣。惟商务印书馆发售欧美各国出版西书向照定价不易通融。兹为尊重诸君研究学问起见，特与上海商务印书馆西书部主任商定：凡读本杂志而向商务印书馆购买外来原版西书者当照下开条例予以优待：

为优待《教育杂志》读者起见，特印购买欧美原版西书优待券于本号内以便裁下为凭；

凡持本杂志所赠之优待券向上海商务印书馆西书部购买西文外版书籍者照定价计算一律予以九折；

此券可用至民国六年年底过期作废。期前可以常用并不限制次数。

民国六年六月十四日教育杂志社谨订"

这不仅对《教育杂志》的读者是一种优待，从而增进了读者与杂志社之间的感情，而且促进了商务印书馆外文原版书的销售，是个一举两得的良策。

再如，第25卷第8号《编后余谈》谈道："本杂志自去年九月复刊，至今已出过十二期，蒙读者不弃，订户月有增多……到这一期止，多数订户皆将满期，兹为优待续订者起见，拟刊行本杂志二十四卷全部论文的索引奉赠续订本杂志的诸君。这索引系由安徽省立图书馆馆长陈东原先生负责编辑，洵为研究教育者一种良好的工具。"

3. 广告

刊登广告几乎是所有媒体经营采取的一个基本方式。《教育杂志》也不例外。在封二、封三、正文之前或正文中间插登了许多广告。《教育杂志》的广告大体可以分为两类：一类是商务印书馆自己的广告，主要是刊登商务所出的图书、教材、杂志、教学仪器等；另一类是商务印书馆以外的广告，如药品、眼镜、牙膏等五花八门。

《教育杂志》的广告收费标准在各个时期有所不同。在第1年第1期上刊登的收费标准是：一期，一面8元，半面5元；半年六册，一面36元，半面20元；全年12册，一面60元，半面32元。可能是感觉这一标准太低了，随即从第1年第2期将上述价格依次调整为12元、7元；60元、35元；100元，60元。①

从第2年第1期起，又根据广告位置的不同，分为特等、上等、普通3种等级。特等位置是封底；上等是在封二、封三、图画前、图画中以及论说栏前；其余均为普通。普通级的广告价格为上述调整后的价格。特等和上等级的广告全是一面，没有半面。特等级价格标准是：一期30元、半年150元、全年250元。上等级价格标准是：一期20元、半年100元、全年160元。从第4卷起，又从原来的一期、半年、全年3档增加为一期、3个月、半年、全年四档。其中3个月的价格为：特等一面80元，上等上面55元，普通一面33元，普通半面19元。

---

① 参见教育杂志各期版权页，以下所列广告费，均采自相应卷期版权页的广告价目表。

如第7卷第7号登载有22则广告，占20.5个版面。其中有关于书刊杂志的广告，梁启超著《欧洲战役史论》、周越然编《英文启蒙读本》、京师学务局印行《京师教育报》、江苏省教育会编《教育研究》月刊；《亲民电报汇编》；有关函授招生广告，如商务印书馆附设函授学社英文科招生；有大药房及药品广告，如上海济生堂大药房、五洲大药房广告、儿安氏止痛药水广告；还有眼镜公司的广告，如上海华明眼镜公司等。在这些广告中，有商务印书馆自己的广告12则，外面的广告10则，都登在封二到正文前和正文后到封底，中间没有插页广告。

第9卷第4号有19则广告，有教育部主办的《教育公报》第4年第2期目录（该报全年16期）。中间插页广告11则，其中有湘雅医学专门学校的招生广告。原文如下：

宗旨：本校为湖南育群学会与美国雅礼会订约合组，呈准立案。以英文教授，注重实习，造就医学专门人才。本科五年毕业，授以医学博士学位。

入校资格：凡中学毕业生在本校所承认之大学或专门学校修业至少一年，于化学、物理、生物三科确有实习经验，英文能直接听讲者，得入本科第一年级，凡中学毕业或有同等学力者得入预科。

临症实习：本校附设之湘雅医院建筑绝，精又有湖南红十字会医院及肺痨医院，均为本校学生实习内外各科之地。

学费：全年学膳宿费六十元，分两期缴纳。书籍、制服、显微镜预备等费外加。

试验：入学试验定于本年六月二十号至二十二号及九月五、六、七号在长沙本校举行。外埠如京汉沪广等处如有五人以上同时，通知本校，各人先纳特别考试费五元者得在各该处受特别试验。如确有入本校本科资格而有本校承认学校之凭证者，得免试验径入本科第一年级。凡投考预科者均须一律受试。

开学：本年九月十一号为下学年始业期，另有详章函索即寄。

校址：湖南长沙潮宗街

第13卷第1号刊登的函授学社英文科招生广告也很有特色，短短数语，将函授的优势概述无遗：

无每日到校上课之劳，而有得到完美实用之英文知识之好机会。开办迄今，已历六年。学员共有六千余人，毕业者已有千余人。学科分正科与选科。所聘教员极有经验。改课答问，精细详明。无论何时皆可入学。印有简章，函索即寄。

《教育杂志》曾因“一·二八”之变停刊，后于1934年9月复刊。复刊后，根据当时情况，对广告价格标准又作了调整。第25卷第2号以及之后的连续若干期，《教育杂志》在封三对面页刊登征集广告的广告，原文如下：

欲向全国教育界推销出品唯有在商务印书馆出版之《教育杂志》内刊登广告

本杂志创刊迄今已二十四年，中因“一·二八之”变，暂时停刊，旋于二十三年九月复刊。特约国内教育专家担任撰述，内容精湛，售价低廉，故销数逐期增加，前四期均重版四次之多，印数超过二十万册，其受读者之欢迎与信赖，由此可见。当此学生国货年，各界欲以最低廉之广告费收最宏远之宣传力，直接推销出品，间接增加生产，唯有在本杂志刊登广告。

表3　广告价目表

等第	地位	全面	半面	四分之一
特等	底封面之外面	一百元		
优等	封面底面之内面及对面正文首篇之对面	七十元	四十元	
上等	对插图及首篇正文以外正文前后之对面	六十元	三十五元	二十元
普通	正文后	五十元	三十元	十八元

广告概用白纸黑字，如用色纸或印彩色，价目另议，绘图刻图工价照加，常期刊登，格外优待。

由此可见，《教育杂志》不管是创刊之初，还是复刊之后，始终将广告作为其常规的营销手段。不仅如此，《教育杂志》还在第12卷第2号发表《论登书籍及杂志广告的利益》① 一文，论述在杂志刊登广告的意义。

4. 特价优惠

《教育杂志》除发放优惠券外，也常采用特价促销手段。如第4卷第4号刊登有商务印书馆6种杂志的特价券，包括《教育杂志》，年定价原一元，特价八角。第24卷第1号即复刊号中有半价订单：本志全年12册预定连邮费一元八角。1923年10月底以前预订只收半价九角。第26卷第12号打出“《教育杂志》特价三个月”，以及“优待旧订户，广征新订户”促销广告。其广告词也颇具震撼力：

父母要自己教育子女不可不知教育

要指导子女在校求学不可不知教育

要知道教育不可不读《教育杂志》

要读《教育杂志》请在特价期内订阅

时间自二十五年十二月一日起至二十六年二月底止。

特价预订全年12册一元三角半年六册七角②

5. 宣传

《教育杂志》也比较善于采取非广告的形式宣传自身受欢迎的程度，从而达到扩大影响的目的。

《教育杂志》第25卷第5号《编后余谈》记述了主编何炳松先生所亲历的一件事：本杂志编辑者何炳松先生四月初旬因事往武汉一游，访晤本杂志的老友程其保先生、范寿康先生、姜奇先生……都殷殷以本杂志的近况见询，我们非常感激……程先生答应不久又可有一篇大文寄给本杂志发表，并说本杂志的前程远大，现在三万余订户并不算多云云，我们听了，胆为之壮。又，何先生在武汉大学时，适逢春假期间，王云五、杨瑞六、周鲠生……范寿康诸先生曾伴游全校，后来开入某一间学生的自修室中，竟无意中发现桌上放有一本《教育杂志》，真可说是双料的他乡遇故了。大家当时相视而笑。这亦可见本杂志得到各方爱护情形之一斑。

---

① 在原版《教育杂志》有此文，但在台湾影印版中未见此文。

② 当时正常价格为全年一元八角。

第25卷第6号《编后余谈》还记述了特约撰述尚仲衣先生率北大学生南下考察时的所见所闻：上月中旬我们的特约撰述尚仲衣先生自北平率10多位北大教育学系的同学南下考察各地教育文化事业的状况。他到上海时对我们说，他们沿京浦路一带南来，又沿京沪路一带东下，每考察一个学校，总是看见许多人在展读《教育杂志》。他说，本杂志风行之广，确是一个事实。他又说，有一次在山东某一小学中，看见一位女教师正在授课，把一本展开的《教育杂志》放在旁边的凳子上。他说这种情形一面可以推知那位女教师的"手不释卷"，但一面亦可推知她对《教育杂志》的"不忍释手"。尚先生说他看见了这种情形大大地感动，叫我们要明白自己所负责任的重大。我们听到尚先生这一番鼓励的话，非常兴奋，对于他的指教亦非常感激。

通过这种生动形象的宣传方式，其效果可能会比广告还要有说服力。

6. 读者调查

教育杂志社曾于1934年底搞过一次读者调查。第24卷第4期插图前夹有一张"《教育杂志》读者调查表"。在这张表上对这次调查的意图作了说明："本杂志为欲增进服务的效力起见，特举行读者调查以便据以改进。事关重要想蒙赞同，敬请将下表填就即日惠下备考，不胜感盼之至！"

调查表的主要内容有：读者基本情况（姓名、生年、籍贯、通讯处、现任职务）和意见两部分。在意见栏里又分为4项：对于本杂志改进的意见；希望本杂志多登下列性质的文字；希望少登的文字；其他意见。

这应该说是对改进杂志编辑是一件非常好的事情，也是教育杂志社的一个创举。但根据之后编者所透露的情况，参与调查的读者人数并不理想。教育杂志社不得不再三恳求读者给予配合。

第25卷第2号《编后余谈》中说："我们现在对于我们三万以上的读者提出一个极诚意的请求，就是请各位读者费几分钟的时间和一分邮费，把我们在上卷第四期插图前所放的那一张调查表裁下来逐项简单填好了寄给我们。我们举行调查的目的，在于明了读者当中究以哪一界人为最多，各人对于本杂志抱什么一种意见，使我们可以根据调查的结果，来谋本杂志的改进，籍以增进服务的效率……我们知道，国内定期刊物有三万以上的读者还不很多。我们亦知道，定期刊物对于全体读者的意见加以普遍的征求，预备做出一个很有趣味的统计和分析，在国内好像亦还不曾有人做过。我们认为这是一件值得尝试的事，希望全体读者能够帮助我们，把调查表赶紧填就寄给我们。”

第25卷第3号《编后余谈》又说：“我们对于这件区区小事（指读者调查表一事，引者注）抱的希望很大，可是到如今已整整三个月了，我们总共收到的调查表还不过一千多张，只占总数四十分之一。数目实在太小了。离我们的目标实在太远。我们希望只要能够得到一万张左右，我们就可以着手做分析统计的工夫。而且至少有一万以上的读者表示意见，我们的分析和统计才有相当的价值。”

虽然后来究竟有多少读者参与了调查，是否达到了一万以上的预期，不得而知，也没有见到这次调查的统计结果，但这次调查对了解《教育杂志》的主要读者群和改进编辑工作还是发挥了一定的作用。这可以从这之后《编后余谈》和编辑方向的转变得到证明。如第25卷第10号《编后余谈》：“我们就前次发出的调查表所得，知道本志的读者以现任小学教师及师范生为最多。我们为谋适应他们的实际需要起见，此后拟多刊关于小学教育实际应用的文章。希望惠稿诸君协力赞助，更望现任小学教职员能本其平日实际教导所得的经验或将其实用问题研究心得撰文惠掷。无论教材教法训导行政以及师生实地生活方面，凡足供小学教师实际应用者，本社均极欢迎，并当择优刊布。但对全体读者还仍旧地顾到一般的需要。”第27卷第1号登载红字启事，宣布要在原有基础上再作几项改进，而改进的根据就是“读者所填写的调查表”。该启事这样说：

“本志因感所负的任务至为重大，无时无刻不在设法改善。现在决定自二十七卷起除照原定计划进行外，拟根据前此读者所填写的调查表，再作下列几项的改进：

①充实内容，多刊中小学教师及教育学院师范学校学生实用的文稿。

②字体改大。应读者屡次要求，决自二十七卷一月号起，将论著栏各文改用大五号字排印，其他各栏仍照旧……但万字以上的论著文稿仍以小五号字排印。

③用影写版精印教育照片，并将材料多加，以增进读者的兴趣。

④提倡教育的科学研究，欢迎用科学方法研究教育的文稿。

同时，为减轻读者的负担，扩大本志服务的范围起见，廿五年十二月一日起，举行特价三个月。”

7. 改革版面，充实内容

《教育杂志》亦通过不断改革版面、充实内容来使其有对读者有真正的助益。这方面的措施很多，现列举以下几点：

①增设编后余谈栏目，加强与读者的交流。

②通过增加篇幅，给读者以实际的优惠。如24卷以后常常出版春季特大号、新年特大号来吸引读者。

③聘请特约撰述。本志的编辑和撰稿人多是学有专长、著作丰富的教育学者，尤其是我们的70多位特约撰述在教育界个个都负盛名，个个都是专家，都曾做过大学教授。读者每年仅交一元八角的定费，就无异加入一所函授教育学院，每月接受全国教育专家的自修讲义一册，约15万言，全年并特大号共12册，都约200万言。

④开辟“世界著名《教育杂志》摘要”专栏。这是《教育杂志》从第25卷第1号（新年号）开始所增加的几项精彩之一。“我们为谋全国读者的实际利益起见，决定用最大的努力来介绍世界各文明国教育文化上各种日新月异的理论和实际，藉供全国学术界的参考。我们晓得读者必然喜欢知道世界先进各国的教育理论与实施，但多限于外国语或经济能力，每难如愿以偿。本志为应此种需要，辟有‘世界著名《教育杂志》摘要’专栏，订购东西文教育与心理等杂志119种：计英文66种，德文17种，法文10种，意文6种，俄文9种，日文10种，世界语1种。分请专家担任摘要摘译，按期刊载。每年所需定费及稿费当在3000元左右。因此读者可无须另附代价并免受外国语的困难，每年至少得读外国杂志数十种，摘要200余篇。试问读者在何处得看到这样多的世界《教育杂志》？从何处能读到这么多篇的外国教育理论与实施的译文？从何处去请到这许多位懂得英日等语的专家替你们摘译？即此一点，已值得读者花费几十倍的现定价了”。因此，《教育杂志》的编辑恳请读者诸君“如以为本志确有一读的价值，请即继续加入为本志的基本读者，并为介绍于亲友，使本志同人得到更多服务的机会，是

则不特本志之幸，亦即吾国教育之幸”。[①]

这确是一件了不起的事情。一个杂志社，为办好一个栏目，及时介绍外国先进的教育理论和设施，不惜银两，订购7个语种119种外文杂志，还聘请了20余位专家担任摘要摘译。以实现“我们希望读者读过本杂志一份能够等于读世界上全部著名的《教育杂志》”[②] 的宏愿。一下订购这么多外文杂志，对于一个杂志社，不用说在当时是很不容易的，就是拿到今天，也是相当可观的了。教育杂志社的作为实在是让人感佩至深。

（二）《教育杂志》征文活动述略

一般来说，期刊稿件的来源主要有组稿、投稿（自由来稿）、征文等几种。其中征文是一种开放性的集稿办法，是由杂志社选定一个或几个当时需要讨论的重点、热点或难点问题，通过杂志向社会公开征集稿件的方式。“它可以广泛发动社会各方面人士撰稿，扩大稿源，又可望从中发现新作者，同时也为期刊做宣传，扩大期刊的社会影响”。[③] 征文这种集稿方式由于其能够较好地体现编者的思想而受到许多刊物的重视。

《教育杂志》从创办之初就很重视通过征文这种方式来扩大其影响，主动地为教育发展服务。

1.《教育杂志》征文的种类

《教育杂志》的征文大体可以分为如下几种：

（1）一般性征文。这种征文没有明确具体的问题，而是就杂志的主旨、栏目的设置、杂志关心的问题的宏观方面以及欢迎哪些方面的稿件向公众做出的说明，征集稿件。如《教育杂志》第1年第1期的《〈教育杂志〉简章》，第3年第1期的《征集文字图片简章》即属于这类征文。《征集文字图片简章》内容如下：

“本社为研究教育改良学务起见，发行杂志已逾两年。同人学识有限，深虑陨越。幸蒙海内同志时赐箴言，匡其不逮，感幸？已。自第三年起，内容亦求进步。凡有关于教育之文字图片，倘蒙赐寄，皆所欢迎。兹将简章列下：

---

① 本刊编辑：《教育杂志社启事》，载《教育杂志》1936年第26卷第9号。

② 本刊编辑：《编后余谈》，载《教育杂志》1935年第25卷第1号。

③ 徐伯荣．期刊编辑学概论，第238页，沈阳：辽宁教育出版社，1995年。

○寄来之件不限体裁，不拘长短，左列各门尤为重要：

一论说　如有意见著为论说，本社可代为发表。

二调查　或调查一处之学堂，或调查一学堂之办法，或调查该地方之情况。

三纪事　教育界或学堂中之事实。

四教授案教授细目　新撰旧稿均可。

五唱歌　无论何种唱歌均可。

六人物事实　学校创办人劝学所办事人视学员校长教员保姆贤母等之事实。如承写示，当选择登录，以资表扬，而为模范，并照片寄下更佳。

七成绩　各校学生之作文、习字、绘画手工及各科试卷答案等成绩当择优登出或用铜版印刷冠于卷首。

八小说　无论长篇短篇文言白话均可。

九诗词　与教育有关者。

十照片　各男女大中小学堂之照片，或全体摄影或卒业摄影或运动会摄影或校会摄影均无不可。

○寄来之稿件登与不登均由本社斟酌，原稿恕不检还。

○寄来之件如经本社登出者赠以本杂志一册乃至一年，其较有价值者当赠以商务印书馆之书券，以备凭券取书。

○寄来之件如篇幅较长已经成书欲以版权让归本馆者可另议润费。

○赐函者请注明姓名住址职业以便通讯。”

（2）调查类征文。这类征文是教育杂志社为了解全国教育设施状况以及各校教育的具体实施情况而进行的征文活动。严格说是收集资料的活动。如第2年第12期《调查全国教育》即是。在《调查全国教育》的征文启事中编者说明了调查全国教育的原因和办法：“本社刊行《教育杂志》本为研究教育改良学务起见，然欲改良非先调查全国教育状况不可。本社宣统三年辛亥仍照前二年办法，特备表格请办学诸君各依辛亥年己校情形填注寄下，如有意赐教特希将校名地址姓名及邮票二分寄至……”

第3年第5期刊登的《教育家注意》也属于这类征文：“本社为表彰优良学校，为教育界模范起见，特悬一题曰：学堂经营实况。请办学诸君各就己校经营组织情形录出，见示当择登，杂志登出者酌赠有用书籍自十元至百元备充奖品之用。要项列下：①本校历史；②设备；③职员；④学生；⑤经费；⑥表簿；⑦校务；⑧卒业生；⑨教授管理方法；⑩本校特别情形（以上各项略示梗概不必拘定亦勿铺张）。”

按照上述规定，应征作品一旦被刊登，还会获得一定的书籍奖品。这对于当时的办学诸君而言应该具有一定的吸引力。不仅宣传了自己的学校，还可能获得学校所需书籍奖品，一举两得，何乐而不为呢！

（3）问题求解式征文。这类征文是教育杂志社根据教育发展的具体情况，将各类学校在办学过程中所遇到的具有普遍意义或示范意义的问题提出来广泛征求问题的解决办法。这类征文具有问题求解的性质，故名之曰问题求解式征文。如第1卷第1期就悬赏征集“初等小学校校歌”和初等小学第2年国文科《蜂》教授案。第6卷第5号征集“小学作文教授法”。当然，这类征文并不都是学校的具体问题，也有事关整个教育发展的大问题，如《中国当采之教育方针》《论教科书与教育进化之关系》等。这类征文的特点是：问题指向特别明确；悬赏征集，评比分等；按时披露评选结果，择优刊登。

（4）专题式征文（专号征文）。这类征文是教育杂志社就教育界普遍关注的某一重大教育理论或实践问题发出征文告示，并将应征稿件集中于规定的某一期刊物发表的征文形式。如《学制课程专号》《职业教育专号》《儿童心理专号》等。这类征文多以重大问题为主，以大多数人的兴趣为出发点。

此外，在《教育杂志》上还登载过悬赏征集小学教材的启事，但征集主体是商务印书馆编译所而不是教育杂志社，于《教育杂志》来说具有广告的性质，因此这类并不属于《教育杂志》的征文范围。

在上述四类征文形式中最能反映编者思想和编辑策略以及教育刊物和教育实践互动关系的当属后两种。

2. 问题求解式征文的主要内容

问题求解类征文形式主要出现在《教育杂志》第13卷之前。据粗略统计，从第1卷至第13卷这类征文共有18次，征文主题33个。现将有关情况依时间顺序列表如下：

表 4　问题求解式征文情况一览表

卷期	征集题目	悬赏情况	结果披露
第 1 年 第 1 期	1. 初等小学校歌歌词 2. 初等小学第二年国文科“蜂”教授案		同年第 4 期披露：初等小学校歌一二等各 1 名，《蜂》一二三等各 2 名
第 1 年 第 2 期	悬赏征集修身教授案《不拾遗》		同年第 8 期披露：初等小学修身教授案、二年级修身科获奖名单，一等 1 名、二三等各 2 名
第 2 年 第 1 期	1. 筹定地方教育经费策 2. 论教科书与教育进化之关系	当选者谨赠商务书券一等 20 元，二等 10 元，三等 5 元	该次征文于第 2 年第 5 期如期披露，一、二等奖各 2 名
第 2 年 第 10 期	1. 中国当采之教育方针 2. 南洋劝业会教育观 3. 教育实验心得（各就一己经验所得记述之） 4. 儿童对于各科之心理	一等酬书券值洋 50 元，二等 30 元，三等 10 元	第 3 年第 1 期征文披露：一等 2 名，二等 3 名，三等 4 名，并登一等 2 名之文章
第 3 年 第 3 期	1. 论中小学堂程度之标准及其衔接办法 2. 初等小学算术教授细目（依宣统二年十二月学部奏定新章另加珠算）	酬金同上	第 7 期披露征文结果：一等 1 名，二等 2 名，三等 3 名
第 3 年 第 3 期	（丙）关于教育之论著	（丙）银 25 元	该次征文在第 4 卷第 2 号披露共有 30 篇作品获奖，其中教育类 13 篇
第 3 年 第 8 期	1. 改订学制议（各种学堂之系统年限课程及入学升学卒业等方法） 2. 拟上中央教育会建议案（不拘何种事项）	一等赠现银 40 元，二等 20 元，三等 10 元，等外酌赠书券	
第 4 卷 第 5 号	1. 学校规程 2. 学校由中央管辖与地方管辖之划分 4. 蒙回藏教育 5. 小学教员优待及检定法		

续表

卷期	征集题目	悬赏情况	结果披露
第5卷第7号	1. 今日学校教育应否采用实用主义 2. 实用主义实施法	一等各100元（谨赠商务书券下同），二等各50元，三等各30元（以下酌赠）	第6卷第2号封底披露，共发奖金1100余元，100元2人，50元3人，30元6人，10元11人，其中有杨贤江
第5卷第11号（民国三年二月十号出版）	全国小学校鉴悬赏征集小学国文成绩	酌赠书券每篇1～10元并择优汇印以作模范	第6卷第6号披露选录一千零余名，奖券1300余元
第6卷第5号（8月号）悬赏征文（第7、8、9、10号复登）	1. 小学作文教授法 2. 单级教授之心得	一等各100元（谨赠商务印书馆书券），二等各50元，三等各30元，以下酌赠	在第7卷第4期披露，除择优选登本杂志并备商务印书馆书券及本杂志计值洋1021元分别赠奖藉答
第6卷第11号、12号	临时讨论问题：年假	摘要发表以资研究并当酌赠本杂志或书券以答胜意	第7卷第3期《年假问题答案披露》 本社前以年假问题征求诸大教育家意见共得答案70余份。主张阳历给假数日、阴历给假二三周者居多数。而于功课结束则主张在阳历年假前者居多数，至如何调剂罕得善策。谨择议论透辟者薄酬书券以志钦仰。
第6卷第12号	悬赏征集小学教材，范围：初高小学之修身、国文、理科	第1名奖银300元	收至7月止都凡2000余卷，分最优等、优等、中等，奖金从3～300元不等，共计875元

续表

卷期	征集题目	悬赏情况	结果披露
第6卷第12号（第7卷第1、2号亦有）	悬赏征集各省儿童旧时游戏法（各省教育儿童之歌谣亦可采录应征。但要分清句读，若有土语应加注释）	酌赠书券1～5元	第7卷第7期第一次披露儿童旧时游戏法当选名单，共有45人次获奖，奖金总额148元
第9卷第4号	“征集理科新教材启”以得应用于高等小学理科教授及教授时之参考者为限	入选者酬赠现金。其数目以教材适宜与否及调查之劳费如何临时斟酌	第10卷第7号公布理科新教材第2期成绩评定表，发酬金135元
第9卷第6号	悬赏征文 1. 详述乡土职业之种类及状况 2. 小学校职业教育实施法 3. 提倡补习教育之研究	一等各100元（谨赠商务印书馆书券下同），二等各50元，三等各30元（以下酌赠）	第10卷第5号悬赏征文揭晓获100元1人，50元1人，30元1人，10元1人，5元5人，3元12人，2元18人，获赠6册杂志者95人，共计287元书券。第6号刊登3篇征文
第11卷第7号至第11号	1. 关于今后我国教育上应行革新之一切问题，如教育宗旨、教育主义、学校制度、教授方法、女子教育、社会教育以及其他 2. 世界各国新教育之趋势，如教育学说、教育思潮、学校事业（学级编制教授训练学生自治方法等）、社会教育以及其他自撰译稿均可	撰稿每篇现金10元至50元，译稿每篇现金5元至30元，短篇译著酌酬现金及书券，尤有关系之稿特别从优议酬	
第13卷第1号	征集全国中等以上各种学校章程		

这里需要说明的是，第3年第3期“（丙）关于教育之论著”的征文与其他征文有所不同。它不是《教育杂志》单独的征文活动，而是商务印书馆编译所内东方杂志社、教育杂志社、法政杂志社、小说月报社的一次联合

悬赏征文活动。征文的主题有4大领域：（甲）关于政治、法律、经济、财政及时事之论著；（乙）关于有形无形诸科学及实业之论著；（丙）关于教育之论著；（丁）辞章小说笔记。“关于教育之论著”是其中之一。所以这次征文不像其他征文的问题那么具体。之所以有这次征文活动，按照当时征文简章的说法，是由于“和议告成，大局渐定。诸杂志现定即日接续出版。惟民国新立，凡各种政治、教育、学术咸当一新耳目，期合共和国民之程度，群策群力，是所望于诸贤。现特酌定悬赏征文”。这4类征文的悬赏标准亦不同：（甲）为政法、财经、时事类标准最高，银100元；（丁）为辞章小说笔记类最低，银10元；关于教育之论著比文学类高，但仅为甲类的四分之一，银25元。至于这个标准是如何定的，是根据论题的重要程度，还是撰写论著的难易程度，还是其他什么标准不得而知。不过这一现象也颇耐人寻味。

3. 专题式征文及其主要内容

《教育杂志》的专题式征文主要是从第11卷开始出现的。在此之前也有以临时增刊形式出现的专题，如宣统三年闰月初十发行的《世界教育状况》及第6卷发表的朱元善编的《教育研究实用主义问题》。从第11卷至第13卷，第3类和第4类征文都有，第13卷以后则主要是专题式征文了。下面亦将此类征文按时间顺序列表如下：

表5 《教育杂志》专号一览表

卷期	专号名称	每卷专号期数	备注
第3年增刊	世界教育状况	1	
第6卷增刊	教育研究实用主义问题	1	
第11卷第9期	德谟克拉西专号	1	
第13卷第6期	国语专号	2	
第13卷第11期	（国语）讲演号		
第14卷号外	学制课程研究号	3	
第14卷第9号	现代教育思潮号		
第14卷第11号	道尔顿制专号		
第15卷第6号	庚款办学计划专号	2	

续表

卷期	专号名称	每卷专号期数	备注
第 15 卷第 8 号	性教育专号		
第 16 卷第 1—2 号	小学各科教学法专号（上、下）	4	
第 16 卷第 5 号	体育研究专号		
第 16 卷第 10 号	小学教育参考书专号		
第 17 卷第 1 号	职业教育专号	2	
第 17 卷第 6 号	中等教育专号		
第 18 卷第 1 号	青年教育专号	3	
第 18 卷第 7、8 号	儿童心理专号		
第 19 卷第 2 号	幼稚教育专号	3	
第 19 卷第 9 号	平民教育专号		
第 19 卷第 10 号	城市平民教育专号		
第 20 卷第 3 号	职业指导专号	1	
第 21 卷第 5、6 号	实验小学教育专号（上、下）	2	
第 22 卷第 6、7 号	现代世界教育专号（上、下）	2	
第 23 卷第 8 号	成人教育专号	1	
第 25 卷第 3 号	读书问题	5	未注明为专号
第 25 卷第 5 号	读经问题专号		
第 25 卷第 7 号	中国教育学会主编师资训练专号		
第 25 卷第 8 号	上海市推行识字教育专号		
第 25 卷第 12 号	儿童年专号		
第 26 卷第 1 号	修改课程标准问题	4	未注明为专号
第 26 卷第 4 号	毕业会考问题研究专号		专号不专
第 26 卷第 7 号	全国教育现状专号		
第 26 卷第 12 号	家庭教育专号		专号不专
第 27 卷第 1 号	我国教育实际问题专号	1	
第 29 卷第 3 号	学校兼办社会教育专号	3	
第 29 卷第 4 号	师范教育问题专辑		

续表

卷期	专号名称	每卷专号期数	备注
第 29 卷第 6 号	师范教育问题专辑		
第 31 卷第 1 号	抗战以来高等教育专号	3	
第 31 卷第 7 号	抗战四周年纪念号		
第 31 卷第 11 号	历史教育特辑		
第 32 卷第 1、2 号	战后中国教育专号（上、下）	4	
第 32 卷第 3 号	基本教育专号		
第 32 卷第 4 号	小学课程问题		未注明为专号
第 33 卷第 1 号	中国教育学年会专辑	4	
第 33 卷第 4 号	教育心理研究专辑		
第 33 卷第 8 号	中学教育专辑		
第 33 卷第 11 号	社会教育专辑		

这里需要说明的是，有的专号是纯粹的专号，如《小学各科教学法专号》（上、下）；但有的专号存在“专号不专”的情况。如《家庭教育专号》，家教方面文章 20 篇，此外，还有其他文章约 20 篇。还有就是虽未标明为专号，但也集中相当篇幅讨论一个问题，实际上其“专”的程度一点不比那些“不专”的专号差。因此，也把这些列入专号行列中。属于这种情况的有《读书问题》（第 25 卷第 3 号）、《修改课程标准问题》（第 26 卷第 1 号）、《小学课程问题》（第 32 卷第 4 号）。如第 26 卷第 1 号集中讨论修改课程标准的文章就有 18 篇，连编者也认为“本期的新年特大号，也可算为课程问题的专号”，并在该期《编后余谈》中说明了这一期的来历：“关于课程问题，去年林砺儒先生由粤来沪时就向我们建议刊行专号，我们遂有此决心。所以一见报载教育部召集专家讨论修改中小学课程标准的消息，立即发函恳请中小学专家及教师发表高见。承林先生倡之于先诸位作者成之于后，才有这专号的问世。”看来，将这几期列入专号的行列，也并不违反编者的意图。

4. 征文活动简评

从征文的形式上看，显示了从问题求解式征文逐步向专题式征文发展的趋势。从第1卷至第9卷，除有两个临时增刊外，基本上是问题求解式征文。从每一期的内容看，主要是按杂志的固有栏目编辑，即使是登载获奖征文，也是零星的。从第9卷开始，则表现了专题性色彩。第9卷第6号较为集中地登载了有关“家事教育”的问题，如蒋维乔之《论女学校之家事实习》《菲律宾之家事教育》，天民之《家事教授上教师及生徒之态度》《家事科教授之研究》，太玄之《裁缝教室之设备》等。第11卷有了第1个专号。第12卷没有专号，但表现了较明显的专题性。在同一期登载同一主题的文章一般在5篇以上。如第12卷第1号集中登载了自动主义与自动教育的文章5篇。第12卷第3号集中登载了有关职业教育的文章5篇。第12卷第4号和第8号、第13卷第2号集中讨论了国语教授问题，第9号又集中讨论了学制问题。第13卷第1号集中讨论艺术教育（6篇），第4号集中讨论体育问题（8篇）。列举的这些都非专号，但具有专题性质。从第13卷以后，几乎每年都有专号，少则一个，多则四五个，还有一个专号分两期出版。

从征文主题来看，《教育杂志》征文范围十分广泛，几乎涉及了教育的各种问题以及各类型各层次的教育。从小学校歌、年假问题、各科教授案，到教育宗旨、学制改革、课程标准甚至世界教育发展趋势等无所不包。从教育层次上说，从学前教育、小学教育、中等教育到高等教育应有尽有。从类型上说，有普通教育、职业教育、平民教育、成人教育、社会教育、家庭教育、青年教育、外国教育等。在《教育杂志》征文讨论的问题中，大多是当时教育界或社会上讨论的热点难点问题，如国语问题、读经问题、毕业会考问题、性教育问题、推广识字教育问题、道尔顿制问题、师资训练问题、战后教育问题等。

从征文结果来看，每次征文大多能得到教育界人士的积极响应，应征作品数目可观，不乏佳作。我们现在知道的一些知名人物如恽代英①、杨贤江②等都曾参加过征文。《教育杂志》除披露获奖人员名单和发给奖金外，

---

① 恽代英曾参加第9卷第6号的悬赏征文，奖金分8个等次：100元、50元、30元、10元、5元、3元、2元、获赠6册杂志，恽代英是获得6册杂志奖的95人之一。

② 杨贤江曾参加第5卷第7号征文，奖金设100、50、30、10元4个等级，杨贤江是获得10元奖金的11人之一。

还择登部分获奖作品。如第5卷第11号悬赏征集小学国文成绩，结果选录1000余名，发奖券1300余元。在第6卷第5号悬赏征文（第6、7、8、9、10号复登）“小学作文教授法”和“单级教授之心得”，原计划在次年2月揭晓，但由于应征作品太多，“特请教育名家详细评阅惟一时未能如期阅竣”，于是不得不延期至第4号杂志披露，发放奖金1021元，可见其响应之热烈。但也有个别征文题目并没能引起人们的注意和重视，应征者寥寥；还有的征文效果欠佳，未能达到预期目的。如第1年第2期悬赏征集修身教授案“不拾遗”。根据第1年第8期社告：“此次应征之教授案，多注意文字之讲读练习，有国文教授案性质，非修身教授案也。故割爱甚多。尚希投稿诸君谅之。又此次投稿者仅作简明修身教授案，女子修身作者甚少，佳卷尤鲜，故未取录。”

在第2年第1期悬赏征文两题：《筹定地方教育经费策》和《论教科书与教育进化之关系》。根据第2年第5期社告：“此次征文应征者第一题仅十余篇，第二题约一百余篇，不乏佳作，惜多泛论教科书之编撰法而于‘教育进化’四字未能注意发挥，兹特酌选四篇余兼割爱，尚希谅之。”又如第6卷第11号、第12号临时讨论“年假问题”。在第7卷第3期《年假问题答案披露》中说：“本社前以年假问题征求诸大教育家意见共得答案七十余份。主张阳历给假数日阴历给假二三周者居多数。而于功课结束则主张在阳历年假前者居多数至如何调剂罕得善策。”出现这些个别情况当属正常现象，不足为怪。

综观《教育杂志》的历次征文活动，充分体现了编者宽广的教育视野、对教育问题的敏锐洞察、对教育形势的深刻了解、对教育实践的充分把握、对教育改革的热切愿望。通过征文活动，使《教育杂志》真正成为教育界乃至社会各界交流思想、研讨问题的一个平台，体现了“研究教育、改良学务”的办刊宗旨，从而发挥了其对教育改革的主动积极的引领作用。这对当代教育理论刊物的编辑亦不无借鉴意义。

（三）经营业绩

一个刊物的经营业绩可以从多方面考量，其中发行量是一个重要指标。限于第一手资料的缺乏，想要考查清楚《教育杂志》的发行量是个极其困难的问题。台湾地区学者刘曾兆曾对商务印书馆的主要期刊的发行量做过一个统计，发行量最大的是《东方杂志》，1.5 万份，其次是《教育杂志》和《英文杂志》，都是 1 万份。[①] 这个数据是怎么统计出来的不得而知。对于一个办了近 40 年的刊物，笼统地说发行量是多少，是没有很大意义的，因为每年的发行量肯定是不一样的。究竟什么时候的发行量是 1 万份，还是始终是 1 万份，虽说这是个极其困难的问题，但也不是说就毫无办法解决。在缺乏第一手资料的情况下，可以通过《教育杂志》编辑当时的一些编辑记录如《编后余谈》所反映的情况做出一些合理的推断。

（1）《教育杂志》在其发展初期发行量在 1 万份左右。这从《教育杂志》第 1 年第 13 期《本社特别广告》中可见其发行情况："本杂志出版以来未及一载，同人才力短绌，缺点滋多。乃承读者不弃，销行之数业已逾万。南至叻埠[②]，北抵蒙古，东经日韩以达西半球，西由陕甘而及新疆。此固同人始愿所不料，足徵我国教育进步之速也。明年更当竭力从事，务期逐渐完美，庶稍有裨益于教育界云。本杂志定价低廉，不敷成本。今年亏本为数颇巨，本欲明年加价，向免赔累过多。然本社初意在振兴教育，改良学务，故明年暂不加价，惟愿普及杂志以普及教育而已。"[③]

"行销之数业已逾万"，就说明第一年的发行量就超过了 1 万份。而且发行范围不仅遍及中华大地，还远及日韩，并达西半球。创刊第一年就有如此辉煌业绩实属不易，也出乎编辑同人的预料。尽管有如此的销量，但由于"定价低廉不敷成本"，一年下来"亏本为数颇巨"。为了"振兴教育、改良学务"的初衷，"普及杂志以普及教育"的宏愿，第二年仍维持原价。

（2）第一次复刊后至第二次停刊前《教育杂志》的发行量为 4 万份左右，做出这一判断的根据有如下几个方面：

第 25 卷第 2 号《编后余谈》说道：我们现在对于我们 3 万份以上的读者提出一个极诚意的请求，就是请各位读者费几分钟的时间和一分邮费，把我们在上卷第 4 期插图前所放的那一张调查表裁下来逐项简单地填好了寄给我们……我们知道，国内定期刊物有 3 万份以上的读者还不很多。我们亦知道，定期刊物对于全体读者的意见加以普遍的征求预备做出一个很有趣味的

① 王飞仙：《期刊、出版与社会文化变迁》，台北："国立"政治大学历史学系，2004 年。
② 旧指新加坡。
③ 原文无标点，此段标点为著者所加。

统计和分析，在国内好像亦还不曾有人做过。我们认为这是一件值得尝试的事，希望全体读者能够帮助我们，把调查表赶紧填就寄给我们。

第25卷第3号《编后余谈》这样说：我们对于这件区区小事抱的希望很大，可是到如今已整整3个月了，我们总共收到的调查表还不过1000多张，只占总数的四十分之一，数目实在太小了，离我们的目标实在太远。我们希望只要能够得到1万张左右，我们就可以着手做分析统计的工夫。而且至少有1万份以上的读者表示意见，我们的分析和统计才有相当的价值。

第25卷第4号有一段征集广告的话："本杂志创刊迄今已二十四年，中因'一·二八'之变，暂时停刊，旋于二十三年九月复刊。特约国内教育专家担任撰述，内容精湛，售价低廉，故销数逐期增加，前四期均重版四次之多，印数超过二十万册，① 其受读者之欢迎与信赖，由此可见。"

第25卷第8号《编后余谈》也谈到订数问题："本杂志自去年九月复刊，至今已出过十二期，蒙读者不弃，订户月有增多。现已达到三万五千左右，同人等深感荣幸。到这一期止，多数订户皆将满期，兹为优待续订者起见，拟刊行本杂志二十四卷全部论文的索引奉赠续订本杂志的诸君。这索引系由安徽省立图书馆馆长陈东原先生负责编辑，洵为研究教育者一种良好的工具。"

以上有两处需说明一下。"总共收到的调查表还不过1000多张，只占总数四十分之一"，那总数应该为4万多。"前四期均重版四次之多，印数超过二十万册"，则平均每期当在5万册。

这样说来，当时关于《教育杂志》的发行量有3万份以上、3.5万份左右、4万多份、5万份多几种不同说法。因此，取其中数为4万份左右。《教育杂志》的这一辉煌业绩当不在具有广泛影响的《东方杂志》之下。作为一份专业性较强的刊物，能比作为综合性刊物的《东方杂志》的发行量还要高，实属不易。

---

① 第24卷第1号、第2号版权页有"民国二十三年九月十日初版，十月二十五日三版"以及"民国二十三年十月十日初版，十月二十日三版"字样，可与以上说法互为印证。

第三章 《教育杂志》与近代学制改革

“从教育制度自身的发展逻辑来看，中国教育近代化的主题是通过学习外国先进的制度和经验，建立一个适合中国国情的近代化教育体系。作为中国教育近代化历程中的一个重要阶段，中华民国时期的教育制度实现了两个重要转变：一是从日本模式到美国模式的转变，二是从以引进外国教育制度为主到与中国实际相结合而建立有自己特点的教育制度的转变”。[①] 而无论在近代教育制度建立初期，还是在发展的过程中，也不论是从日本模式转变到美国模式，还是从外国模式转变到适合中国国情的模式，《教育杂志》都发挥了积极的直接的作用。

一、创刊之初即关注学制问题

（一）《缩短在学年限》的发表

《教育杂志》的创办者、首任主编陆费逵自称好言教育，尤好谈学制。在创刊号上他就针对晚清“癸卯学制”存在的问题发表了题为《缩短在学年限》的文章，大胆批评当时学制弊习，提出了改革学制的意见。陆费逵认为：“学所以致用也，而致用之期必在壮年。过幼则稚，过老则衰。”而当时学制年限过长，初小5年，高小4年，高等学堂3年，大学堂3—4年。7岁入学，即使从不留级，非二十七八岁不能毕业，“出以任事，将三十矣”。因此，他主张仿行欧美国家的学制，根据“我国社会之情状，人民之身体，及现今教育之成绩观之，有不能不缩短在学期限之事”。缩短在学年限，于人才教育而言，“成才较易，任事之期较长”；于国民教育而言，“则办学较易，普及之效易期”。于是主张“今日学制，当改为初等小学三年，

① 于述胜：《中国教育通史第七卷》，第3页，济南：山东教育出版社，2000年。

高等小学三年，中学五年，大学预科一年，本科三年或四年……如是则七岁入学，二十一二岁可卒业于大学，出以任事矣”。陆费逵的这些主张实在是切中时弊，振聋发聩，对当时的学制改革具有极大的指导意义，并成为我国新学制改革的先声。

（二）《世界教育状况》的出版

初期的《教育杂志》虽然也刊登了一些介绍外国学制的文字，如留德记者撰写的《撒克逊小学（国民学校）制度》（第3年第1期）、蔡文森翻译自日本的《美日教育制度之比较》（第3年第2期）等。但在介绍外国教育制度方面最值得一提的是《教育杂志》于1911年8月所出版的临时增刊——《世界教育状况》。该刊洋装500余页，插图200余幅。当时对该增刊的广告词曰：我国之人素缺世界知识。兴办教育，殆皆规仿日本。而日本制度之不善，与夫不合我国情形者，贸然效之，未免利少害多。是编缕述世界各文明国教育状况，自英德文书中辑出。凡教育行政、大学、中学、小学、实业、专门、教科书、图书馆、学校卫生等纲举目张，其可为吾国取法者，叙述尤详。不惟汉文书中从来未见，且大半为日文图籍所未有也。[①] 另外，从陆费逵为该刊所撰写的《绪论》也可知晓其编辑宗旨与宏愿。

《世界教育状况》绪论

教育之声，遍于朝野，十年于兹矣。同人组织杂志，以与国人相切磋，亦既三年于兹矣。而教育普及，渺不可期。人才缺乏，尤堪浩叹。若是者何也？吾尝渊渊而思，思其所以至此之原因。殆制度不善，方法不精之咎。而制度何以不善，方法何以不精，则见闻狭隘，研究不足之咎。吾尝欲研究制度方法以示国人。顾人事牵制，才力复缺，有志未逮，徒事蹉跎，良可笑也。

吾向者以教育制度，权在政府，教育方法，责在国民。权在政府者，非吾人所能为力，责在国民者，则匹夫之贱与有责焉。故思研究方法，以改良在野之教育。今年适有闰月，乃谋辑办学须知，专述教授管理之法，以为任教育者怀流之助。继而思之，凡事须从根本解决。个人讲学，仅需方法；公共教育，当重制度。盖方法虽良，制度不善，则处处荆棘，无可作为。于是

① 陆费逵：《〈世界教育状况〉绪论》，载《教育杂志》1911年第3年第6期。

方针顿变，舍方法而事制度。

各国教育制度，各不相同。不惟吾国书籍，论述甚鲜。日人著作，亦不过英法德美四国之大略而已。若比若荷若奥若意若瑞士瑞典皆有特长之制度，为汉文图籍所未详。吾人日日言取人之长，补己之短。而不求知人之长，又安能取以益我哉。甚至所谓外国皆指日本，一若外国仅一日本，日本即各外国。又若日本有者，各国皆有之。日本无者，各国皆无之。于是不究利害，不考国情，事事规仿日本。夫日制善者，吾采之可也。其不善者，吾可求欧美之善者而采之，方能取法乎上，不落人后也。吾国今日亟宜注意者有三：国民教育，一也；职业教育，二也；人才教育，三也。国民程度之高下，恃国民教育。国民生计之盈绌，恃职业教育。而国事之隆替，教育之盛衰，厥恃人才教育。质言之，无国民教育，则国基不固。无职业教育，则生活维艰。无人才教育，则国家无所倚，国民失向导，终于必亡而已矣。

国民教育与职业教育，皆当注意普及。注意普及，则当注意设立维持，与夫师资之养成。人才教育，当注意应吾国今日之急需。与夫所以扩充吾国势，促进吾文明者，尤当注意令大学学额与预备教育相应。勿令多数摒弃，致养成高等游民。此皆欧美各国已具之规模。吾国亟当采行，而日本有志未达者也。

吾今本此宗旨，搜集世界各国教育之制度及其现在之情状，辑为一编。颜曰：《世界教育状况》，为我《教育杂志》之增刊。各先进国之所长，略在于是。善取之以补裨吾国，不得不望之教育行政官，与夫在野教育家矣。

是书编辑之际，值各省教育总会开联合会于上海。不能从速杀青以就正焉，是吾之罪也。幸中央教育会开会在即，是编出版之日，正中央教育会开会之时。愿与会诸君研究采择，确定吾国教育之方针制度，则吾所祝祷翘企者也。

由陆费逵编著的这部《世界教育状况》是我国最早的专述外国教育的著作。

二、《教育杂志》与《普通教育暂行办法》的颁行

1912 年 1 月 1 日，中华民国南京临时政府成立，宣告了封建帝制的终结和资产阶级民主共和国的诞生。1 月 9 日，南京临时政府教育部成立，蔡

元培成为中华民国第一任教育总长。教育部成立后，如何迅速恢复因战乱和政治更迭而陷于停顿的教育事业，建立一个新的教育行政系统和学校教育体系便成为民国教育部的头等大事。在此紧要关头，陆费逵的意见和建议受到蔡元培的重视和采纳。

据陆费逵的自述，主编《教育杂志》期间，对前清学制多有抨击，并发表自己的主张。蔡元培先生就任教育总长之初，“即来沪与同人商教育进行。蔡先生拟刊行白话月报并修改前清学部教科书。我年少气盛，猝答曰：‘白话月报固为开民智之重要工具，但只可提倡民间为之，或由政府别行组织，非教育部之紧急工作。前清学部教科书，内容不合共和政体处，较民间出版者尤多，改不胜改。且编法太旧，文字太深，即改亦不合用。不如通令各学校仍用民间已出之教科书，其与共和政体不合者，列表删改可也。今距春季开学不过月余，政体初更，各省皇皇不知如何措手。我以为去泰去甚，定一暂行办法，并将要旨先电各省教育司，俾得早日准备开学，教育部第一步工作此为最要。’蔡先生以为然，并嘱起草。我与蒋竹庄先生商定一稿，即元年一月所颁之暂行办法及四条通电”。于是，由陆费逵和蒋维乔拟定的《中华民国普通教育暂行办法》（以下简称《暂行办法》）和《普通教育暂行课程标准》于1月19日由教育部通令公布。“此即民国教育史之开场白也”。[①] 这些通令同时刊登在《教育杂志》第3年第10期上。

颁布《暂行办法》虽为应急之举，但其内容尽可能体现民主共和的精神而与清末封建教育划清界限。其中最大的改革之处有下列几点：①规定学堂改称学校；监督、堂长改称校长；②初等小学可以男女同校；③小学一律废止读经科；④中学校为普通教育，文实不必分科；⑤中学校改为4年毕业；⑥废止高等学堂，增设大学预科；⑦凡各种教科书，务合共和国民宗旨；⑧废止旧时奖励出身，初高等小学毕业者称初高等小学毕业生，中学校、师范学校毕业者称中学校及师范学校毕业生；对于旧制与共和政体不相抵触的部分暂予保留。[②] 同时，《暂行办法》还明令各州县小学应一律于元年三月初五开学。这些规定大多是陆费逵在此之前所发表的观点。所以正如

---

① 郑子展：《陆费伯鸿先生年谱》，线装油印本，国家图书馆藏。

② 卢绍稷：《中国现代教育》，第51页，上海：商务印书馆，1933年。

他自己所言："其内容大体根据我三年中所研究的结果，如缩短在学年限、减少授课时间、小学男女共学、废止读经等，均藉蔡先生采纳而得实行，其愉快为何如也。"① 建议被采纳的喜悦之情溢于言表。

这些规定虽为应急措施，但对于贯彻共和精神、及时恢复文化教育事业起到了积极的作用，也为随之而来的教育制度的全面改革奠定了基础。

三、《教育杂志》与"壬子学制"

（一）积极向当局建言献策

《暂行办法》的公布虽被称为"民国教育史的开端"②，但毕竟是临时应急办法，其内容的制定也只能以保证教育事业不停顿为原则，离一部真正完备的学制还是有很大差距的。这一点，在颁布《暂行办法》时就有很清醒的认识："民国既立，清政府之学制，最必须改革者。""至于完全新学制，当征集各地方教育家意见，折中厘定，正式宣布。"③ 因此，制定一个适合共和体制、能够长期指导教育事业发展的新的学制势在必行。于是教育部于1912年3月发表了《教育部拟议学校系统草案》，以广泛征求全国教育界意见。《教育杂志》第3年第12期及时刊登了这一草案。可见，作为一份民营的教育刊物，对教育部动态反应之迅速。从另一面说，也反映了教育部对于《教育杂志》的重视。在《教育部拟议学校系统草案》的前言部分，对为什么发表这份草案作了说明："本部自成立以来，深维教育行政，经纬万端，必先以规定学校系统为入手之方法。承海内教育家投以意见书，及久盈尺，因归纳各家意见，并参酌列国成规，拟就第一次草案；继加修改，成第二次草案；最后成第三次草案。现在所拟新学制，即以第三次草案为准。惟集思可以广益，讨论不厌求详。用特将三种草案先登报端，以供教育家之研究。"④ 其中特别提到"承海内教育家投以意见书"和"参酌列国成规"。那么，究竟海内教育家投了哪些"意见书"，又"参酌"了哪些国家的"成规"呢？仅以《教育杂志》刊登过的意见，就有陆费逵的《敬告

① 俞筱尧、刘彦捷：《陆费逵与中华书局》，第486页，北京：中华书局，2002年。
② 俞筱尧、刘彦捷：《陆费逵与中华书局》，第500页，北京：中华书局，2002年。
③ 高叔平：《蔡元培全集》（第2卷），第130页，北京：中华书局，1984年。
④ 中华民国教育部：《教育部拟议学校系统草案》，载《教育杂志》第3年第12期。

民国教育总长》《民国普通学制议》、高凤谦的《敬告教育部》、高志中的《敬告民国教育家》、希有的《论教育部总长与全国文化之关系》、沈步洲的《学校系统刍议》等，对民初教育特别是学制提出了许多有价值的意见。如陆费逵在《敬告民国教育总长》一文中认为“改革伊始，百端待理，缓急轻重，亟宜审慎”。他提出4项急需办理的事情：从速宣布教育方针；颁布普通学校暂行简章；组织高等教育会议；规定行政权限。这些建议很快就被教育部采纳。高凤谦则提出：教育部既要规定统一，又要充分考虑各地特殊情形。他说：“教育部编定学制，宜揣度吾国所可行者，定一适当之制，以为通则，并许各地方以其本处之状况，增减变通之。”而“不能遂规定划一之办法，以蹈削足适履之弊”。

（二）大量介绍国外学制情况

这一时期，《教育杂志》还刊载了一系列介绍外国教育制度方面的文章，与对本国学制的研究遥相呼应。主要有：《英国教育行政》《日本中学校令施行规则》《日本高等中学校令》《日本高等中学校规程》《美国小学校制度》《菲律宾之教育》《法国小学法令一束》《法国教育之实际》《美国教育行政制度》《美国纽约教育行政制度》等。这些外国学校教育制度的介绍，开阔了人们的眼界，使人们对本国学制的讨论初步有了一种较为宽泛的国际视野。

1912年7月，教育部在北京举行了全国临时教育会议，制定新学制便成为会议的核心议题之一。此次会议讨论通过了新的学制即壬子学制，于1912年9月3日公布。之后，直到1913年，教育部又陆续公布了一系列学校令和学校规程，如《小学校令》《中学校令》《专门学校令》《大学规程》《实业学校令》。这次学制改革延续了两年，所以又称之为壬子癸丑学制。这一学制的颁行，是民初教育改革的一个集中体现和重要成果，为新时期教育发展开辟了道路，为民国以后的教育改革奠定了基础，这个学制的总体框架一直延续到1922年。

（三）及时刊发教育法令

在学制制定过程中，《教育杂志》积极参与了讨论，献计献策。在该学制正式颁布后，《教育杂志》又迅速刊登了这一学制的所有内容。从1912年10月发行的第4卷第7号起，《教育杂志》法令栏里陆续刊登了30余个法规。主要有：

第 4 卷第 7 号刊登的法令有：《教育部公布教育宗旨令》《教育部公布学校系统令》《教育部公布学校学年学期及修业日期规程令》《教育部公布学校制服规程令》《教育部公布学校仪式规程令》《教育部公布学校管理规程令》《教育部公布审定教科用图书规程令》《教育部公布教育会规程令》《教育部训令一（训教育行政官）》《教育部训令二（训学校管理员及教员）》《教育部训令三（训各校学生）》《教育部通咨各省废止中学校以上修业文凭及暂定转学退学办法文》。

第 4 卷第 8 号刊登的法令有：《教育部公布小学校令》《教育部公布中学校令》《教育部公布师范教育令》。

第 4 卷第 9 号刊登的法令有：《教育部公布学校征收学费规程令》《教育部公布各省图书馆审查会规程令》《教育部公布改正小学校名称令》《教育部通告优级师范生毕业后办法令》《教育部公布学生操行成绩考查规程令》《教育部公布学生学业成绩考查规程令》《教育部暂准法政专门学校设立别科令》《教育部公布各学校明正招生办法令》。

第 4 卷第 10 号刊登的法令有：《教育部公布专门学校令》《教育部公布大学令》《教育部公布法政专门学校规程令》《教育部公布公立私立专门学校规程令》《教育部公布工业专门学校规程令》《教育部通咨各省订定小学校教则及课程表文（附教则及课程表）》。

第 4 卷第 11 号刊登的法令有：《教育部公布中学校令实行规则令》。

第 4 卷第 12 号刊登的法令有：《教育部公布师范学校规程令》《教育部公布各学校招生办法令》。

第 5 卷第 1 号刊登的法令有：《教育部公布大学规程令》。

第 5 卷第 2 号刊登的法令有：《教育部公布中学校课程标准令（附表）》《教育部公布师范学校课程标准令（附表）》。

四、《教育杂志》与 1922 年学制改革

我国 20 世纪 20 年代的教育改革在中国教育现代化的过程中占有极其重要的地位，是教育发展史上极其重要的一页，已经引起教育史家的重视。这次教育改革的标志性成果便是 1922 年 11 月 1 日颁布的“壬戌学制”。“壬

戌学制”是在新文化运动的推动下，适应教育发展的需要，经过较长时间（7 年）的酝酿和研究而制定出来的。它也是中国近代史上持续时间最长、影响最大的一个学制。《教育杂志》在这一学制酝酿讨论以及颁布实施过程中都发挥了积极的作用。

（一）“壬戌学制”的颁布

从“壬子癸丑学制”颁布之后，《教育杂志》就没有停止过对于学制问题的探讨。早在 1912 年 12 月，在“壬子癸丑学制”刚刚颁布不久，《教育杂志》就发表庄俞的《新学制实行之商榷》,[①] 对新学制可能存在的问题提出了批评意见。但对壬子癸丑学制正式提出进行全面改革建议的则是在 1915 年全国教育会联合会第一次会议上湖南省教育会提出的改革学校系统案。[②] 该案列举了“壬子癸丑学制”存在的 6 大问题，并提出要对这一学制进行全面更张。尽管该次会议对湖南案十分重视，但鉴于学制的全面更张与国计民生密切相关，“壬子癸丑学制”施行不久，仓促而频繁更张未必有好结果，为慎重起见，会议决定各省教育会用 3 个月时间对此案进行广泛讨论，提出具体意见。这成为新一轮学制改革的先声。此后，学制改革成为教育界广泛讨论的话题，人们纷纷从不同方面提出了改革意见。全国教育会联合会第 5、6 两届年会连续讨论修改学制系统，并将有关意见汇编成册，印发各省区教育会，要求各省区教育会组织学制系统研究会，讨论制定具体的改革方案。1921 年 10 月 27 日，全国教育会联合会第 7 届年会在广州召开，共有 17 个省的 35 名代表出席会议。大会收到 30 件提案，其中涉及学制系统改革的议案有 11 件之多。这些议案以广东案较为完备，大会遂决定以广东案为基础，参照其他议案，讨论并制定出《新学制系统草案》，交大会审

---

① 庄俞:《新学制实行之商榷》，载《教育杂志》第 4 卷第 9 号。

② 该次会议于 1915 年 4 月 21 日—5 月 12 日在天津召开，除贵州、广西未派代表外，其他各省及察哈尔绥远各代表均到会。会议共收议案 72 件。经审查会修正付讨论者 20 件，经大会成立者 13 件。其中建议于教育部者 8 件，通告各省教育会而不建议于教育部者两件，征集各省教育会意见者两件，陈请国民会议及宪法起草会者 1 件。湖南省的改革学校系统案是征集各省教育会意见的两件议案之一。会议认为，湖南省教育会提出改革学校系统草案，以问题重大，其应否改革，宜以郑重之手续出之。爰议定征集各省意见，以 3 个月为限，详细具备意见书，送教育部解决。在未解决以前，暂勿变更现制。详见《全国教育会第一次联合会纪略》，《教育杂志》第 7 卷第 6 号。

查。经大会讨论审查，于11月2日通过了《新学制系统草案》,① 要求各地组织讨论，并通过报刊向全国征求修改意见。1922年9月，教育部在北京举行全国学制会议。会议对《新学制系统草案》稍作修改后交同年10月在济南召开的全国教育会联合会第8届年会讨论。最终于11月1日，以大总统令②的形式，正式公布了《学校系统改革案》。这就是1922年的新学制，史称“壬戌学制”。

（二）《教育杂志》在新学制运动中的作用

在新学制酝酿讨论阶段，《教育杂志》便不断发表学制改革方面的文章，再加其他报纸杂志如《新教育》等也刊发大量学制改革的文章，以及各省教育会、全国教育会联合会数次年会都以学制作为主要议题，从而使学制改革成为一场运动。这时期以《教育杂志》为代表的一批教育期刊在新学制讨论酝酿阶段发挥了积极的作用。

首先，介绍国外学制的有关情况，从而使国内对于学制问题的讨论有一种较为宽泛的国际视野。如蔡文森翻译的《美日教育制度之比较》、钱士青的《英国学制精华》、天民的《各国学校系统之研究》、胜颠翻译的《马硁基（I. S. Mackenzie）论教育制度》及《各国学制比较表》等。

其次，发表了大量中国学制问题的研究成果。贾丰臻的《今后学制革新之研究》，继庄俞之后明确提出研究学制改革是教育研究的重要课题。此后《教育杂志》于同年第9号集中刊发了《学制革新之先决问题》（姜琦）、

---

① 另一说是“于10月30日通过了《新学制系统草案》”（见《中国教育制度通史》第7卷第49页）。此说可能有误。因为据《第七届全国教育会联合会纪略》记载：“此次各省提案既有11件之多，经十月二十七日下午一时大会将各案详细研究，议决即席组织审查会，将本案审查。以全体会员为审查员，举黄任之（炎培）君为审查长。以二十七八九日为审查时间。二十八日审查会议之结果，以广东案较为完备，议决审查方法即以广东为根据，与其他各案比较审查……先审查标准，次审查大体，次分节审查。二十九日提出审查会审议通过。三十一日提出于大会二读。十一月一日续二读。二日三读。遂于十时三十分将研究二年未决之学制系统草案通过。”由此可见，大会是于11月2日而不是10月30日通过了该草案。

② 李华兴主编的《民国教育史》认为“1922年11月1日，新学制正式诞生，由黎元洪以中华民国大总统名义颁行全国”。而在钱曼倩、金林祥主编的《中国近代学制比较研究》一书中则说：“当年11月1日，由时任中华民国大总统徐世昌签署，国务总理王宠惠、教育总长汤尔和副署，以大总统令向全国公布《学校系统改革案》，即壬戌学制。”一部学制，在同一时间，由两位大总统颁行，这显然不可能。徐世昌从1918年10月至1922年6月任大总统，而黎元洪从1922年6月至1923年6月在位。所以不可能是徐世昌签署大总统令，而应该是黎元洪。

《告各省教育会联合会诸君》（贾丰臻）、《中学校制度之商榷》（李步青）、《延长义务教育年限》（慈心）、《对于改革现行学制之意见》（顾树森）、《现行师范学制的流弊及其改革法》（云六）、《中学实行选课制商榷》（何仲英）、《论第五届教育联合会改革师范教育诸案》（许崇清）、《续今后学制革新之研究》（贾丰臻）等讨论中国学制改革的文字。以专号形式征文本是《教育杂志》集中篇幅讨论重大教育问题常用的办法。该期《教育杂志》虽然没有征文，也并非专号，但却具有征文和专号的性质，实际上成为一期没有事先征文的学制研究专号。由此也显示了《教育杂志》编辑对于“学制研究”这一课题的敏锐把握和来自民间的对于学制问题的关切。这一期所刊登的文章尽管观点不尽一致，有的甚至针锋相对，但这种广开言路、各抒已见、民主讨论的气氛对形成一个既符合我国国情又符合教育规律的新学制具有重要意义。

姜琦认为，“学制还是一种形式，学制虽称完善，倘办学人没有活用学制的实力，仍旧是不中用的。换一句话说，若使办学人有了活用学制的实力，那么，学制不求革新而自然会革新了”。姜琦所谓实力，也即学制革新之先决问题，“一是校内经费之充足，二是学生毕业后之销路”。他认为，“学校办得好不好，不必问学制完美不完美。第一，还靠着经费的充足；第二，要学生毕业后有销路。所以我们与其仅仅在几个文字上讨论什么学制，不如脚踏实地请求当局解决经济问题及振兴各种事业……这两大问题一经解决，不但学制可以革新，无论什么问题都可以迎刃而解了”。[①] 而顾树森则并不这样看，他认为，“一国学制之良否，恒与教育前途有密切之关系……不良学制，非特不能为实施教育者之准则，反足以阻碍教育前途之进步”。他指出了现行学制存在的6大弊病：过重划一；多仿效他国；设施普通教育之学校重复太多（指国民学校、高等小学校、中学校多有重复，耗时太多）；多正系的学校少旁系的学校；高等小学校与中学校毕业生之危机以及缺乏培养共和国民之精神。顾树森也提出了改革学制的若干要点：1. 宜考察国内情状顺应世界潮流而定教育方针。一国之风俗民情，常因历史上关系各有特异之点。而世界潮流又因时势之变迁而有不同。制定学制之时，必当

① 姜琦：《学制革新之先决问题》，载《教育杂志》1920年第12卷第9号。

内审国民性质，外观世界潮流，定适宜之方针以为实施教育之标准。2. 各种学校办法除规定大纲外须备多种方式使各地有变通活动之余地。3. 宜规定义务教育年限并须视各地情形分别长短及分地分年推行的办法。4. 裁去高等小学校归并于中学校而延长其年限并实行分科制。我国国民学校生徒毕业后升入高等小学校，高等小学毕业复升入中学校。中间耗费宝贵之光阴，受重复之教育。不如将高等小学裁去，合并于中学校中，而略延长其年限一二年。5. 裁去初级师范学校而于中学校中附设师范科。6. 宜多设各种实业补习学校职业学校专为不能升学者施以相当结束之教育。7. 宜采取高等师范学校附入于大学教育研究科中。8. 在普通学校职业学校各种补习学校中均加授公民科。[①] 李步青在《中学校制度之商榷》一文中也将“制度划一与科目繁重”、“无变通之余地”[②] 看作现行学制存在的最大问题。而这些意见在《新学制系统草案》中均得到了采纳。在“壬戌学制”的 7 项标准中，将“使教育易于普及和多留各地方伸缩余地”作为标准之一，给地方以较大的办学自主权和选择权，充分体现了学制系统的灵活性，有利于发挥地方办学的积极性。

上述这些关于学制改革的意见，反映了中国教育界在新文化运动的激励下，力图从实际出发，积极主动摸索一套既符合国情又符合教育规律的使学校生活和社会生活相适应的新学制系统的可贵追求。

再次，及时报道、详细记述学制改革运动的重大事件。如《第七届全国教育会联合会纪略——附议决案》《新学制运动》《再论新学制运动》《三志新学制运动》《四志新学制运动》等。在《第七届全国教育会联合会纪略——附议决案》中，对第 7 届全国教育会联合会的开会情形、提案情况，特别是关于学制系统的提案讨论情况等进行了详细记述。还附了大会通过的《新学制系统草案》全文。此前在《教育杂志》第 13 卷第 12 号就刊登了《第七次全国教育会联合会议决学制系统草案》。这是第二次刊登此草案。此后，还在《学制课程研究号》又一次刊载了这一学制系统草案。一个学制系统草案，在同一个《教育杂志》重复刊登 3 次，这对一份连续出

---

① 顾树森：《对于改革现行学制之意见》，载《教育杂志》1920 年第 12 卷第 9 号。

② 李步青：《中学校制度之商榷》，载《教育杂志》1920 年第 12 卷第 9 号。

版物来说是不多见的。这至少说明《教育杂志》对于这一次学制改革的重视程度。这对广泛宣传《新学制系统草案》的主要精神、广泛征求社会各界对学制改革的意见具有重要意义。

1921 年 11 月 2 日，全国教育会联合会第 7 届会议讨论通过了《新学制系统草案》，引起广泛注意。全国掀起了一股讨论新学制的热潮，《教育杂志》将其称之为“新学制运动”。《教育杂志》除在第 13 卷第 12 号和第 14 卷第 1 号连续两次刊登《新学制系统草案》外，还从第 14 卷第 2 号起在“教育界消息”栏连续 4 期报道全国各地和各种报刊有关学制讨论的情况。第一次记述了从 1921 年 11 月至 1922 年 1 月初有关报刊及各地讨论新学制的情况。① 主要有：

1921 年 11 月 10 日，时事新报记者发表《评全国教育会联合会改革学制系统案》一文，认为最满意者是“中等教育之采用选科制，与中学校延长为六年，于后三年分科，把职业教育升学预备都能顾到”。

11 月 21 日，江苏省教育会公推出席联合会代表袁希涛报告新学制草案情况，并说明推行新学制的方法。

11 月 30 日，江浙教育协进会在杭州开会，由江浙两省教育会的代表报告讨论新学制的计划。

12 月 3—5 日，余家菊在时事新报发表《评教育会联合会之学制改造案》一文。认为“此次新案之创制，有两点颇值吾人之牢记，而可视为吾国民新精神之觉醒：一为从儿童身心发育阶段以为划分学级之大体标准；一为顾虑各方情形而采富于弹性之方案，而免去一派硬行其主张之险象”。但他不赞成小学由七年制改为六年制。

12 月 8 日，江苏教育界在南京公共演讲厅开新学制草案讨论会。

12 月 14 日，时事新报记者发表《新学制问题》一文，唤起研究教育者从速发表对于新学制的意见。

12 月 18 日，民国日报发表署名秋墨的《新学制实施之必要》一文。

12 月 24 日，江苏新学制草案讨论会委员会在上海召开江苏省教育会第

① 详见《新学制运动》《再志新学制运动》《三志新学制运动》《四志新学制运动》，《教育杂志》第 14 卷第 2 号至第 5 号。在《教育杂志》第 14 卷第 1 号舒新城文（第 21 页），亦有《新学制的运动》一文，记述了 1921 年 10—12 月有关新学制的大事。但没有列入目录页。

三次会议。

1922年1月5日，民国日报刊载广州市教育局拟从市内国民学校入手试行新学制的报道。

1月7日，杭州中等以上学校校长在第一师范开会，讨论新学制系统案及教育独立案。

2月4日，上海各报发表袁希涛的《对于新学制讨论会地方教育方面之意见》一文。

2月7日，浙江省教育会召开新学制讨论会，其主要点在初等教育段。当时讨论意见分为两派：甲派赞成原案，主张四二制。理由是：（1）可早升中学一年；（2）教科改良后，6年教育之效果可抵7年。乙派反对原案，主张四三制。理由是：（1）若小学缩短1年，因辍学二就职业者，剥夺1年求学权利，致社会程度反因此减低。（2）即使6年可抵7年，吾人之希望社会程度宜较前有所提高。

2月11日，浙江教育行政研究会开会，首议《新学制系统草案》。

2月12日，浙江省教育会续开新学制讨论会，议决初等教育采用四三制。

3月14日，江苏教育界组织新学制学程研究委员会。议决分初等、中等、高等、师范、职业五部。4月14日，该会中等部分部委员开会，以一中预拟之初中学程标准草案为讨论根据，讨论后加以修正。

此外，还对广东、江苏和奉天三省的情况分别作了介绍。①

广东：自新学制草案通过后，即组织新学制实施研究会。其会员分普通及专门两种：前者由省教育会正副会长、评议员、各部部长主任、小学校以上校长、大学或高等专门学校毕业曾研究教育者及省市县教育行政人员组成，共96人。后者不定额，遇必要时酌聘之。研究分两期：2月11日开第一次大会，议决该会议事细则及分组研究办法，将会员分为小学、初级中学、高级中学、职业教育4组，分讨论之次序为宗旨、课程、教材、实验方法4种。第二期议专门大学教育。2月18日开第二次大会。3月4日开第三次大会，议决各级宗旨。3月11日第四次大会，议决关于讨论课程分组

① 本刊编辑：《三志新学制运动》，载《教育杂志》1922年第14卷第4号。

会议。

江苏：2 月 23 日，江苏教育界在南京公共演讲厅开新学制草案研究会。到会者有省教育会代表、教育行政人员及各校校长 138 人。首由沈恩孚讲新学制草案议决经过情形。草案之定四二三三制，完全在儿童身心及社会需要上着想。次由袁希涛讲演“新学制与各国学制之比较”。大致谓一国之教育，第一当以本国为本位，第二当以各国为比较。之后，接着开新学制讨论会，至 25 日。

奉天：奉天教育厅以奉省处于特别地位，与别省不同，现行学制诸多窒碍，故自去秋起（指 1921 年秋）即筹备改革学制。其具体计划详见《奉天省教育十年改造设计案》及《奉天新学制草案》两种印刷物内，与联合会议决之新学制草案稍有异同。

（三）《学制课程研究号》的出版

为配合全国对于《新学制系统草案》的讨论，《教育杂志》从 1922 年第 1 号就刊登征文启事，征集有关学制改革和课程改革方面的意见。根据征稿启事和出版说明，原定第 14 卷第 4 号为学制课程研究号，但由于来稿太多，特改为号外。于是有了《教育杂志》唯一的一个号外《学制课程研究号》。如果说第 12 卷第 9 号是一个不是专号的专号的话，那么，《学制课程研究号》就是一个名副其实的专号了。这是《教育杂志》对于新学制的另一个重要贡献。《学制课程研究号》于 1922 年 5 月作为第 14 卷号外出版。①

《学制课程研究号》（英文名为 *Special Number New School System and Curriculum*）在出版广告中对该刊内容和意图作了如下的介绍：本号全书共 400 余页，30 余万言，讨论学制者 14 篇，讨论课程者 23 篇，执笔者均系国内外专攻教育之士。凡关于学制之文字，皆系讨论《新学制系统草案》，而予

① 教育杂志社从第 14 卷第 1 号开始就刊登《学制课程研究号》征文启事，其研究范围是：1. 对于新学制草案本身的讨论；2. 赞成新学制草案之课程研究；3. 自拟另一学制之课程的研究。征文截止时间原定 2 月 28 日，后延至 3 月 10 日。原本是将第 14 卷第 4 号出为《学制课程研究号》，后因“来稿甚多，特改为号外”。这是教育杂志所出的唯一一个号外。《教育杂志》虽也在正刊之外出过其他专集或特刊，但没有称之为号外。另外，关于《学制课程研究号》出版时间，在李华兴主编的《民国教育史》和钱曼倩、金林祥主编的《中国近代学制比较研究》中都认为是 1922 年 6 月（分别见第 141 页和第 316 页）。经查内蒙古师范大学图书馆所藏原版《学制课程研究号》，确切的出版时间是“民国十一年五月初版”，即 1922 年 5 月。

以最稳健最切实之批评。凡关于课程之文字，皆系按照新学制斟酌立言，而供给第八届全国教育联合会编订新课程时以丰满之参考。又篇末插有各种补白，或关于西洋学制课程之状况比较，或关于学制改革之时贤意见，均经采辑。凡留心教育者，均当人手一册也。①

可见，出版这一专号，一是为集中讨论新学制系统草案，予以“最稳健最切实之批评”，二是为第八届联合会讨论课程问题时提供“丰满之参考”。用意之明确、深远可见一斑，也说明作为一家民营杂志社，对于新学制与课程改革的积极主动的参与意识和通过自己的方式影响和推动学制改革的强烈愿望。

《学制课程研究号》关于学制方面的篇目

评新学制草案（王岫庐译）	孟　禄
新学制草案评议	李石岑
我对于新学制的希望	黄炎培
对于新学制系统表之意见	莊　启
新学制系统草案应修正的几个要点	俞子夷
对于新学制草案本身的讨论	舒新城
对于新学制之概评	程时煃
新学制草案初中段的讨论	杨鄂联
进一步讨论学制	余家菊
弹性编制是甚么	俞子夷
江苏省立中学学制变更的历史观	陆殿扬
江苏省对于新学制草案“中等教育”及“中等高等教育衔接”意见之统计	陆殿扬
江苏新学制草案讨论会关于小学一部分各方面意见的汇集研究	俞子夷
小学校要施行新学制急需研究的问题	蒋奎玢

当时一些知名教育家如黄炎培、俞子夷、舒新城、余家菊、李石岑、庄

① 《教育杂志》第14卷第5号封二。在《学制课程研究号》的扉页上，该段文字的最后一句“凡留心教育者，均当人手一册也”改为“倘兹册能在教育界获涓涘之效益，固同人所极欣忭者也”。其他则完全一致。

启等都发表了他们对于新学制的意见。其中最引人注目的当属美国教育家孟禄，这也是《教育杂志》首次刊发英文稿件。①

时任《教育杂志》主编的李石岑发表了《新学制草案评议》一文，首先阐述了对于新学制应采取的态度。他认为对于新学制应该“取研究的态度，不作盲目的恭谀”。既要认识到“新学制绝不是中国教育的万应膏或救生丹”，又要承认“新学制是改进国内教育的一种方策”。因此在讨论的时候“应尽量地加以批评或修正，使将来实施的时候，积极的可以增加效能，消极的不致发生弊端”。正是本着这种态度，提出了他对新学制的看法。他认为新学制有四大优点：一是“根据儿童身心发达时期以为各段教育的划分”，二是“初等教育的升级采用弹性制”，三是“高等及中等教育的编课采用选科制”。他认为这几条尤为重要。“因为有儿童而后有教育，则教育当然以儿童为中心而不能以学制为中心。我们应用学制，当然要顾及儿童的个性和智能，绝不可为简便或划一起见使许多天才的儿童受压迫于尊严而呆板的学制”。李石岑指出的新学制的第四个优点是“能兼顾升学与职业预备”。在肯定新学制诸多优点的同时，他也指出了新学制的不足之处：第一，反对变更四三制的小学而为四二制；第二，担心高级中学的师资问题；第三，对于高等教育段，反对大学高专并立制；第四，高等师范应改为师范大学。

庄启在《对于新学制系统表之意见》中则提出：“定一种适用的教育、一种适用的学制，必须：第一，适用于教育行政；第二，适用于各地方。这两层完全做到，在乎系统直，包括宏”。

俞子夷在《新学制系统草案应修正的几个要点》中，提出了两大原则问题：（1）学制系统还是宜全国一律的呢，还是听各地方自由呢？（2）学制系统可以用一劳永逸的主义定吗？还是宜斟酌十年五年内可以实行的标准，等达到了标准再修改吗？他对这两个问题的答案是：第一，“我们宜有各式的学制，适应各地的状况。不必规定全国一律”。第二，“我们宜一步一步地做去；先定十年五年里可以做得到的，使现在的学校办到这第一步的

① 据本人粗略统计，教育杂志共刊发过两次英文稿件，作者都是孟禄。一次是在第 14 卷号外，一次是在第 14 卷第 9 号，两次都配发了王岫庐的译文。

标准，然后再修改，再进一步”。据此提出了18条具体建议。

舒新城在题为《对于新学制草案本身的讨论》这篇约两万字的长文中分为绪言、初等教育、中等教育、高等教育、师范教育、职业教育与特殊教育、结论7个部分对新学制草案本身详加讨论。他对新学制草案的总评是："高等教育段条文多冲突不合法制精神；初等教育段虽属平凡但本身的冲突甚少，升级采用弹性制颇足以救从前之弊；中等教育采选科制与设校分科取纵横活动主义，是本案之特殊优点；案中不说明分科内容大概及不提及特殊教育为本案缺点。"

他对新学制草案提出的修改要点有：

①为本案所无者特殊教育。

②根据本案修改大体者。

a. 义务教育6年。

b. 初级中学设师范科，取消高等专门及高等师范，师范大学分甲乙两部。

c. 补习教育延长至大学时为止。

③根据本案修改细节者。

a. 高级中学职业科实科大学得附设师范科。

b. 中等教育采用选科制从初级中学第3年起。

c. 大学年限改为由2年至6年。

d. 高级中学之"完全普通科"改为"升学预备科"。

在这期学制课程研究号中，还刊登了3篇调查类的实证性研究资料。一篇是《江苏省立中学学制变更的历史观》（陆殿扬），一篇是《江苏省对于新学制草案'中等教育'及'中等高等教育衔接'意见之统计》（陆殿扬），还有一篇是《江苏新学制草案讨论会关于小学一部分各方面意见的汇集研究》（俞子夷）。《江苏省立中学学制变更的历史观》一文对江苏省立中学学制变更的历史作了详细描述，其主要目的，用作者的话说就是"做研究新学制草案适合于江苏现状与否的参考品"，其"副目的：供研究中国教育史的一部分资料，示一般社会以中学学制变迁的真相"。《江苏省对于新学制草案'中等教育'及'中等高等教育衔接'意见之统计》是江苏省新学制草案讨论委员会的报告。该报告详细描述了委员会讨论学制的经过，对讨论意见进行了分门别类的统计，提出了对新学制的具体修改建议。俞子夷的《江苏新学制草案讨论会关于小学一部分各方面意见的汇集研究》则汇集了江苏省小学教育界106份对于新学制草案的意见，共分13个问题，得出的结论有10条："新学制六三三制多数赞成，并且宜增三年二年各式小学以便推广；小学前后期不必限定四二，亦可用三三分；后期小学如三年可以独设；初级中学宜有职业指导；高小或改六年小学或改初级中学；初级中学亦男女同校；初级中学教员宜在高师养成；初级中学入学标准就是六年小学毕业标准；设置四年或六年小学或初级中学，当根据生活、户口等，不若从前呆板一律以县市乡分；师范学校附属小学宜注重试验研究，县师范宜办讲习科。"

这些意见对于同年9月教育部召开的学制会议以及10月召开的第8次教育联合会都产生了积极影响。

《学制课程研究号》在课程和其他方面的篇目见下表，不再详述。

关于课程方面者

对于新学制小学教科目的意见	莊　俞
小学的新课程	俞子夷
小学课程之研究	常道直
小学和初级中学的课程草案	吴研因
初级中学之特别职能及其课程	郑宗海
关于新学制草案中等教育课程之研究	廖世承
新学制中学课程私议	王岫庐
中学校课程的研究	舒新城
新学制草案高初级中学课程之研究	潘文安
中学校教科课程之研究	程时煃
新学制师范学校课程的研究	解中荪
新制中学的国文课程	周予同
新制中学的外国语	周越然

关于一般者

一个紧急的建议——中等学校及专门学校加授社会学及社会问题	易家钺

初级中学教授社会经济学大纲	邰爽秋
编制中学课程之原则	王克仁
师范教育改造问题	常乃悳
世界语发达的现状及师范学校加入课程的准备	胡愈之
新刊介绍	
美国 Maryland 省 Baltimore 县小学课程	常道直
小学课程	程伯威
Cabot《儿童的七个时期》	严既澄
特载	
湖南大学组织草案及说明书	周鲠生
商务印书馆附设尚公小学概况	

《学制课程研究号》不仅在当时对于新学制的制定具有重要意义，而且在我国课程研究史上也占有重要地位，被我国课程史界看做是我国课程论研究初期的标志性成果。

（四）对孟禄教育改革观点的译介

孟禄是应实际教育调查社的聘请，于 1921 年 9 月 10 日来华实地调查教育状况，并研究中国教育实际问题的。① 实际教育调查社还为孟禄拟定了调查事项、方法和日程。“学制及其施行之机关”是其调查的主要内容。全国第 7 届教育会联合会于 10 月 27 日—11 月 7 日在广州召开。孟禄 11 月 29 日抵穗，参加了这次联合会。“对于会议进行，贡献甚多。计开演讲会一次，谈话会三次，所讨论者皆属根本问题。博士本教育行政专家，此次来华，又

① 关于孟禄来华，在田正平主编的《中国教育史研究》（近代分卷）中认为，1921 年 9 月，“美国著名教育家孟禄应实际教育调查社之聘，专程来华调查中国教育”。其实，孟禄并非“专程”而来，而是另有事项乘机而来的。据记载，“民国七年时，我国组织欧美教育调查团，到外国实地调查教育。当他们在美国时，就有意请孟禄博士来华调查……但是当时博士因哥伦比亚大学教务很忙，所以此事不能实现。今年（民国十年）我国教育界中人听说博士为协和医学基金董事会事，打算来华，于是就请他乘这机会调查中国教育，并且组织实际教育调查社，专司这件事”。孟禄 9 月 10 日抵京。“来京后两星期，因协和医学事，不能即刻着手调查。协和医学事毕，就在北京开始参观”，从此展开了他对中国教育的一系列调查活动。可见，孟禄不是专程来华调查中国教育，而是趁来华处理协和医学基金董事会事之机，应实际教育调查社之聘，调查中国教育的，且实际教育调查社也是专为孟禄来华临时组织的机构。详见《孟禄博士来华后之行踪与言论》，载《教育杂志》1922 年第 14 卷第 1 号。

系为调查学制而来，恰值学制改革案讨论之际，其言论主张直接影响于会议，间接影响于今后全国教育界，实非浅尠”。[1] 因此，孟禄也算是中国新学制改革运动的亲历者，对中国学制改革情况多所了解。在王岫庐的译序中对孟禄的这篇文字作了如下的说明：“今岁首孟禄博士过沪，余幸承教诲，于新学制问题多所教益。顷博士自美寄示此文，属为译登本志；并许为更撰数文，陆续赐登。按博士此次来游，于我国教育前途，关系至钜；其一字一句，均大有价值。博士尝语余，此行视察，率口授他人笔录，从未自行属稿。今于舟次独为本志撰此一文，此固本志之光，亦我教育界之幸也。草率译载，深愧不文，唯读者谅之。”[2]

孟禄认为，新学制草案有以下优点：1. 新学制有较强的伸缩性；2. 允许生徒向种种特异方向发展；3. 此项改革使生徒有充分之修课动机。他说：“今中国中小学校所授功课，除英文外，生徒殆不觉其有何等之切身关系。彼其所见者，只为教师所派定之若干功课，但求试验及格，便已尽其能事。……然此问题对于幼年之关系，不若对于青年之严重。为学生者，于所学苟具意识的动机、而与所学相连，则许多关于学生之问题，为中国学校所大患者，将不难迎刃而解。”4. 中等教育年限之延长。“中等学校为将来优秀国民所由陶择训练。现制四年究嫌过短，改为六年斯可矣”。因“一般优秀国民则以中学校为其养成所”。

孟禄在肯定新学制上述优点的同时也指出了新学制实施中可能存在的危险。1. “为吾人所宜时时戒备者：吾人对于已有之教育利益，不可因制度改革而剥削之是已。查各镇乡鲜有能维持四年以上之小学者，故不宜强令改办六年小学。四年级之小学，宜准其存在”。2. “即以其活动过甚恐滋误会。实则任何一地方并无遍设各式学校之必要。凡各地方，均可发挥自己之理想，而于新学制范围内满足自己之需要”。3. “即以吾人每倾信制度过甚。实则新学制之不能自起作用，无异于旧学制也”。学制改革，并不一定能够解决中国教育之真难题。“所谓真难题，乃隐伏于较深之处，即关于教师之方法不善、学生之动机不足、教材之不充分、行政之能率不高、语文之

① 本刊编辑：《孟禄博士来华后之行踪与言论》，载《教育杂志》1922年第14卷第1号。

② 这是王岫庐（王云五）翻译孟禄著《评新学制草案》一文前所写的译序，写于1922年2月26日，见《学制课程研究号》。

学习不易”。[①]

孟禄对于新学制的评价还是非常中肯的。他在充分肯定新学制的优点的同时所指出的新学制可能存在的危险对正确看待新学制、顺利实施新学制是有很大指导意义的。孟禄提醒国人不能过于依赖新制，新学制并不能解决中国教育的真难题。

（五）《教育杂志》对于各地施行新学制的报道

新学制颁布后，《教育杂志》又积极报道江苏、直隶、江西、广州、四川、广西等省实施新学制的情况，以供其他省份参考。如在《江苏实施新学制之标准及办法》[②] 中，对江苏实施新学制的标准和具体办法作了详尽说明。江苏省实施新学制的标准分初等教育、中等教育和高等教育三部分。

在初等教育方面规定：

第一条　小学校得视地方情形，参照左列办法，酌量办理。

甲　小学校初级，由市乡经费负担设立，高级由县经费负担设立。

乙　县教育经费充裕者，得以县教育经费设立六年小学。其标准应由县教育行政机关规定之。

第二条　高级小学应与初级小学并设。

第三条　初级小学修了后，得给以义务教育四年修了之证书。

第四条　义务教育入学年龄，暂定自满六周岁至十周岁止。其确有特别情形，经市乡学务委员查明报告，由县教育行政机关许可者，得暂缓或免除之。

第五条　幼稚园得附设于小学校内。

第六条　对于年长失学之补习学校，得附设于小学校或其他相当之学校。

在中等教育方面规定：

第七条　中等学校由省经费设立之。

第八条　中学校修业年限，定为初级三年，高级三年。

第九条　师范学校得单设。后三年高级中学，遇有特殊情况，亦得单

① 孟禄：《评新学制草案》（王岫庐译），载《教育杂志》（学制课程研究号）1922 年第 14 卷（号外）。

② 本刊编辑：《江苏实施新学制之标准及办法》，载《教育杂志》1923 年第 15 卷第 4 号。

设之。

第十条 中学校及师范学校原有各学级，仍照旧制。从民国十二年度起，应照新学制学程标准，招收前三年之二年级生或同时招收一年级生。

师范学校本科第二部，在旧制中学未经结束前，得暂仍其旧。

各县设立之师范讲习所，应比照学校系统改革令第二十条办理；但修业年限应在二年以上。师范学校之附设小学，自民国十二年度起，依照新学制办理。

第十一条 依旧制设立之甲种实业学校，暂仍其旧。从民国十二年度起，依照新学制学程标准，招收一年级生。

第十二条 依旧制设立之乙种实业学校，应于相当时期内，改为职业学校。

职业学校应参照各地方需要情形，另定有系统之办法。

在高等教育方面规定：

第十三条 高等学校由国家经费设立；但省经费有余及认为必要时，得由省设立。

第十四条 为补充初级中学教员之不足，得依照学校系统改革令第二十六条，于相当师范学校内附设师范专修科。

第十五条 依旧制设立之专门学校，得仍其旧。

第十六条 公立私立之各学校，得依其学校性质，适用本标准之规定。

根据上述实施新学制的标准及各学校的具体情况，江苏省还对各级中小学、师范学校、实业学校、专门学校实施新学制提出了具有可操作性的具体办法。还对编制预算作了明确规定，从经费方面保障新学制的顺利施行。

《直隶施行新学制之标准案》是在1923年5月召开的省中学会议上议决的。《教育杂志》除对会议情况作了简要报道外，还详细披露了直隶实施新学制的普通原则和具体办法。其普通原则规定有两条："实行新学制，应具有改进精神及试验态度"；"推行新学制时，须顾及现时需要及教育经费；并须权衡缓急，逐渐进行"。[1] 该标准案规定，小学校、中学校、师范学校均自民国十二年起试行新学制。"小学校原有学级，仍照旧制；从十二年

① 见《教育杂志》1923年第15卷第7号。

起，依照新学制招生；但以前所有旧制各班，亦得斟酌情形，改用新制”。“师范学校修业年限定为六年”，“中学修业年限，初级三年，高级三年；但未结束旧制学级，亦得采用四二制”；“依旧制设立之大学专门学校，至迟自十八年起按新学制办理”。

江西省为实施新学制，省教育会发起组织实施新学制讨论会，议决各案，函送教育厅备作参考；而教育厅亦组织实施新学制研究委员会，集教育人士于一堂，以从事研究。因“该省教育经费极为支绌，每年不过六十二万余，今既实施新学制，则非增加教育经费不可”，但所增经费从何而来，却是个大问题。于是先组织“扩充教育经费增加收入研究委员会”，专事研究教育经费问题。同时，教育厅则编制了实施新学制计划书，共 13 条。较之江苏、直隶简略得多。其中有的条款由于争议较大，教育厅不得不做出妥协。①

《教育杂志》刊登的介绍各省实施新学制情况的文章主要有：《江苏实施新学制之标准及办法》《直隶施行新学制之标准案》《江西对于实施新学制之进行》《广州施行新学制之决议》《四川筹备施行新学制》《桂省施行新学制会议之经过》。

（六）新学制实施前后关于选科制的论争

“中等教育得用选科制”这是新学制在中等教育方面的一个明确规定，也是新学制的一个重要特色。选科制又称选修制，是设置选修学科供学生自由选学的一种教学管理制度。这种制度最初萌芽于德国，而在美国得到了发展和完善。18 世纪末到 19 世纪中叶，美国在大学中逐步推行选科制，后又在中学施行。② 这种制度的优点在于能够适应不同学生的兴趣、爱好，有利

① 江西省教育厅《实施新学制计划书》第 7 条规定：“高级中学在省会单独设立一所。”但这一条引起了各中学反对。教育厅方面认为，在省会单设高级中学的理由是：（1）可减少经费；（2）可提高程度；（3）可使规模宏大。但各中学以为教育厅如此办法，殊为不合。且部令亦以合设为原则，分设为附则；非有特别情形，不得分设。若由各中学添设高级班，（1）较为便利；（2）可适宜教学；（3）可期诸普及。后经他派出而调停，经几许磋商，始行妥协……之所以能如此解决者，原因有三：因单独设立高级中学，（1）校址难觅；（2）经费难筹；（3）省议会反对议决。综上三因，故教厅只得牺牲从前另办高中之主张云。见《江西对于实施新学制之进行》，载《教育杂志》1923 年第 15 卷第 7 号。

② 钱曼倩、金林祥：《中国近代学制比较研究》，第 297 页，广州：广东教育出版社，1996 年。

于发展学生的个性，调动学生学习的积极性，体现因材施教的原则。同时，也有利于扩大课程的种类和范围，促进新学科的发展。我国在1919年首先由蔡元培在北大实行选科制。与此同时，一些著名中学，如北京高师附属中学、南开学校中学部等也开始实行选科制。

在新学制草案公布以后，选科制就受到教育界人士的高度关注。舒新城在《教育杂志》第14卷号外《学制课程研究号》上发表《对于新学制草案本身的讨论》一文，指出“中等教育采用选科制与设校分科取纵横活动主义，是本案之特殊优点”。李石岑在同一期杂志著文《新学制草案评议》，也认为“高等及中等教育采用选科制”是新学制草案的一大优点。胡适也说：“教育以儿童为中心，学制系统宜顾及其个性及智能，故于高等及中等教育之编课，采用选科制。”这是新学制草案的“一个大长处”。① 当时主张选科制最有力者当推廖世承。② 他在《关于新学制一个紧急的问题》一文中说：“我以为既名为初级中学，当然应该有选科，因为初级中学最大的效用在适应个性，倘使没有选科，怎样能够适应个性呢。”“初级中学绝对不是高等小学，也不是普通中学。初级中学以适应个性为目的，不当专顾升学方面……所以我们应主张：（1）以三三制为原则；（2）初级中学应采用选科制；（3）初级中学应采用分科制”。③ 但也有许多学者以为初中的课程“当以必修为原则，而以选修为例外”。

主张选科制的人，理由是：学生个性互有差异，教育如需适应个性，则必不能强求全体学生共习一样的课程。按照现在中学校里面实在的情形，每班之中，学生年龄相差“约有四五岁”，智慧相差超过30分，学力相差竟有五六倍，并且志愿各个不同，倘使强其学习同样的课程，为害甚大。所以现在的初级中学必须多设科目，使学生有选择之余地。

怀疑选科制的人，也有他们的理由：（1）初中学生年龄尚幼，还没有选择科目的能力；（2）中学里面原有许多基本的功课是人人应该学习的；（3）现在内地各中学经费既不充裕，人才也很缺乏，举办选科，增设科目，事实上办不到；（4）初中既办选科，则必修科钟点因之减少，必修科目程

① 胡适：《对于新学制的感想》，载《新教育》1923年第4期。
② 时任东南大学教授，主讲中等教育多年，并且管理附属中学，有丰富的实践经验。
③ 廖世承：《关于新学制一个紧急的问题》，载《教育杂志》1923年第15卷第1号。

度因之降低，而所办选科既系各校不同，漫无标准，将来初中成绩或因之减色；（5）初中学生年龄尚幼，犹有童心，选择功课，每每避难就易，专选浅易的科目，其结果不但不能发展个性，并且养成荒惰恶习。

朱经农在列举了上述两种主张之后，也提出了自己的看法：（1）我以为经费充裕、人才众多的初级中学，于必修科目之外，酌设选修的功课，是可以的。不过，为了推行选修制度，降低必修科目的程度，那就不很妥当。（2）我主张拟定初中课程的时候，应该把必修科目的分量尽先规定，务使完满无缺，然后就所余时间酌加选修科目……选科的制度可以采用，选科的范围却不宜太广。（3）倘使内地的中学校、经费不足、人才缺乏，实际上不能多设科目，那就不必一定采用选科制度。（4）我很赞成中学里面试行依能力分组的办法。[①]

朱经农的观点总体上是赞成选科制的，但又充分体现了一种实事求是、因地制宜的务实态度。选科制是一种好制度，但若条件不具备，再好的制度也不能发挥其应有的作用。所以有条件的学校可以实行选科制，暂时不具备条件的学校就可以不采用选科制。即使在具备条件的学校实行选科制，也要处理好必修和选修的关系。

（七）新学制的特点

正是在包括《教育杂志》在内的教育报刊、全国省教育会联合会乃至整个中国教育界的共同努力下，历经多年的反复酝酿讨论，具有里程碑意义的“壬戌学制”终于诞生了。与“壬子癸丑学制”相比，1922 年的新学制有许多特点：

第一，以 7 项标准取代民初的教育宗旨。这 7 项标准是：适应社会进化之需要；发挥平民教育精神；谋个性之发展；注意国民经济力；注意生活教育；使教育易于普及和多留各地方伸缩余地。这 7 项标准的确立也经过了反复讨论。在第 7 届全国教育会联合会通过的学制系统草案其标准是 6 条，与上述 7 项标准比少了“注意生活教育”一条，其他除个别地方表述略有不同外无实质差异。[②] 到 1922 年 9 月教育部召集的全国学制会议上通过的议

---

① 朱经农：《初级中学应否采用选科制》，载《教育杂志》1923 年第 15 卷第 1 号。
② 本刊编辑：《第 7 届全国教育会联合会纪要》，载《教育杂志》1922 年第 14 卷第 7 号。

决案其标准增加成7条，分别是："发挥平民教育精神；注意个性之发展；力图教育普及；注意生活教育；多留伸缩余地，以适应地方情形与需要；顾及国民经济力；兼顾旧制，使改革易于着手。"① 学制会议的最后一条"兼顾旧制，使改革易于着手"没有被采纳，再增加第7届教育会联合会提出的"适应社会进化之需要"一条，另外，在排序上有了一些变化，便形成最后通过的学制系统改革案的7条标准。从这个变化过程中也可看出，当时教育界在制定新学制系统时所关注的主要方面和确立的不同于以前学制的基本原则。

第二，注重从国情出发，富有弹性。我国幅员辽阔，各地经济、文化教育的发展极不平衡。有鉴于此，"壬戌学制"在7项标准中，明确提出了"注意国民经济力"、"多留地方伸缩余地"等充分考虑中国实际的条款。根据这个精神，在学制的各个阶段，都作了比较灵活的、富有弹性的规定。如在初等教育段，小学校修业年限为六年，但可以"依地方情形得展长一年"；义务教育的年限以四年为标准，"但各地方至适当时期得延长之"；义务教育入学年龄，各省区也可以"依地方情形自定之"。在中等教育段，这种灵活性反映得尤为突出。中学校修业年限为六年，分为初高两级各三年，但也可以"初级四年，高级二年；或初级二年，高级四年"；在一般情况下，高级中学应与初级中学并设，"但有特别情形时，得单设之"；初级中学施行普通教育，"但得视地方需要，兼设各种职业科"，高级中学分普通、农、工、商、师范、家事等科，"但得斟酌地方情形，单设一科或兼设数科"；各地应设立中等程度的补习学校或补习科，"补习之种类及年限视地方情形定之"。职业学校的修业年限与程度，"酌量各地方实际需要情形定之"。师范学校修业年限为六年，招收高小毕业生，但也可以"单设后二年或后三年，收受初级中学毕业生"；师范学校后三年，可酌行分组选修制，并根据初小教师的实际需要，"得设相当年期之师范学校或师范讲习科"。在高等教育段，大学可以并设数科，也可以只设一科，"设一科者，称某科大学"，修业年限四至六年；因为学科及地方特殊需要，可以设立各种专门

① 本刊编辑：《教育部召集之学制会议及其议决案》，载《教育杂志》1922年第14卷第10号。

学校；大学校及专门学校可以附设专修科，其修业年限根据实际需要，长短不一；大学院的修业年限，也依实际情况，不作统一规定。此外，中等教育、高等教育均采用选科制。这些都充分体现了新学制系统的灵活性，反映了我国教育界对本国国情的体认，有利于发挥地方办学的积极性，促进教育事业的发展。

第三，力求遵循教育发展的客观规律。教育受社会发展规律和人的发展规律的制约。新学制无论从总体精神上还是具体措施上都力图自觉遵循社会发展规律和人的发展规律。首先，“适应社会进化之需要”被列为 7 项标准之首，还有“注意国民经济力”、“注意生活教育”等项，均表明学制制定者努力使教育适应社会实际情况，加强教育与社会生活的联系，培养出社会所需要的人才。其次，注意使新学制适应学龄儿童身心发展的阶段及特点，注重个性差异，“谋个性之发展”。新学制规定 6 岁入学，6 岁至 12 岁为小学阶段，12 岁至 15 岁为初中阶段，15 岁至 18 岁为高中阶段。这一学段的划分，大致与人的发展进程中童年期、少年期和青年初期相吻合，有利于教学目标的确定和课程设置。明确以学龄儿童的年龄分期作为教育阶段划分的依据，这在中国近代学制史上还是第一次。“它表明我国的学制制定工作已建立在科学的基础之上，已从必然王国开始走向自由王国”。① 李石岑、余家菊、廖世承等教育家对此也都给予肯定。②

第四，中等教育的改革最具特色。“壬戌学制”在制定过程中，中等教育阶段的分歧最大，讨论最多，辩论也最激烈。结果是中等教育段的改革最大、最成功也最具特色，被视为新学制的精华。当时帮助李石岑编辑《教育杂志》的周予同在《教育杂志》发表文章，认为“这次新学制草案的中等教育段，能够将升学和职业两方面兼顾，在维持现社会的原则上面，使学生依据经济的状况和个人的志趣，受相当的教育，这是不能不赞许的”。③ 余家菊也说：“此次中学新制，实于学生个性、学校经济、职业准备、升学

---

① 钱曼倩、金林祥：《中国近代学制比较研究》，第 290 页，广州：广东教育出版社，1996 年。

② 参见李石岑《新学制草案评议》（《教育杂志》第 14 卷号外）；余家菊《评教育联合会之学制改造案》（《中华教育界》第 11 卷第 7 期）。

③ 周予同：《对于新学制系统草案的我见》，载《教育杂志》1922 年第 14 卷第 3 号。

的基本知识，各方面大概都顾虑到了，所以我说中学制度是新制的精粹。”[①] 廖世承也说：“新学制中最精彩的是中等教育一段。”[②] 其精彩之处表现在以下一些方面：修业年限从四年增加到六年，提高中学程度；中学分成初高两级，增加了灵活性；重视职业教育，兼顾升学与就业；实行选科制，发展学生个性。

1922 年的新学制，应该说是中国文化教育界博采众长、“明辨择善”、共同智慧的结晶。它较好地总结了辛亥革命以来教育改革的新经验，反映了新文化运动思想解放的积极成果，表现了中国教育界知识分子群体的自我觉醒和庄严的使命感。在中国近代教育史上，它是一座里程碑，奠定了我国现代教育制度的基础。所以其基本形式得以长期沿用下来，甚至直到今天，“六三三四”制仍是我们的一个基本学制。当然，“壬戌学制”作为一个时代的产物，不可避免地存在着时代的局限和不足，“最根本的仍在于，中国教育界在顺应世界教育发展潮流、学习先进的美国教育的同时，对自己的国情还估计不足，了解不深，照顾不周，存在一定程度的崇美倾向，从而给新学制的实际施行带来许多困难”。[③]

《教育杂志》对一些省份实施新学制的标准、原则、办法的报道，甚至对实施过程中各种问题的披露，无疑为新学制的顺利实施提供了一个交流经验的平台，从而使《教育杂志》在新学制实施过程中发挥了积极的促进作用。

五、《教育杂志》与 1934 年关于学制问题的一场论争

（一）争论的缘起

1934 年 8 月 15 日，《大公报》发表了北京大学校长蒋梦麟等关于修正中小学教育制度的提案，并于 8 月 14 日、15 日连载了《教育部从事改革中之中等教育问题》。《教育杂志》在第 24 卷第 2 号转载了蒋梦麟等的提案和 8 月 15 日发表于《北平晨报》的教育部人员的谈话内容。由此引发了很多

① 余家菊：《评教育联合会之学校改造案》，载《中华教育界》1922 年第 11 卷第 7 号。
② 廖世承：《关于新学制一个紧急的问题》，载《新教育》1922 年第 5 卷第 4 号。
③ 田正平：《中国教育史研究》（近代分卷），第 287 页，上海：华东师范大学出版社，2001 年。

教育界人士对中学学制和教育改革的讨论和争议。对于学制改革的问题，《教育杂志》认为："这个问题关系很大，值得教育界中人的注意和讨论。"① 由此，《教育杂志》在第24卷第2号和第4号中用大量的篇幅引用各方教育专家的观点，对此次改革作了多方面的讨论。

蒋梦麟等认为，中小学教育制度存在4方面不足：(1) 现行中小学制度过分侧重升学，事实上，不能升学的学生反居多数。小学成为中学的预备，中学成为大学的预备，而使整个小学和中学本身的教育失却其原有的目的。(2) 在现行教育制度下，学生由农村而进入城市（小学升初中），再由城市而进入省会都市（中学升大学），使得城市多浮游子弟，而农村缺乏建设人才。(3) 直接照搬国外教育制度与课程，缺乏对我国国情的充分认识和考虑。小学教育专注书本知识，忽视对于日常生活常识的教育，而且义务教育的年限过长，非国民经济力量所能及。(4) 现行中学教育制度存在缺陷，其基础知识及训练不能适应大学的需要，因而不能与大学教育顺利衔接。

基于上述4点中小学教育制度的不足之处，蒋梦麟等提出6点建议，认为可在城市和乡村各选合适的学校作为进行上述改革的试点，确有成效就可推而广之，在全国范围内开展：(1) 修正单轨的升学制，实行多轨制。使得多数不能升学的学生可以根据各自能力与经济状况选择合适的学校，学习必要的生活技能，使其具备社会生存能力。(2) 在初小和高小教育以及初中与高中教育之间划分阶段，每一阶段各自独立，而非下一阶段的预备教育。根据国情，将初小四年划分为国民基础教育阶段，其课程自成段落，不为升学而设。(3) 在上述四年初小毕业后，教育分为多轨制进行。其一由现行制度升入高小、中学以接专科及以上的学校；其二设置二年职业学校、初级职业学校和高级职业学校。在职业学校中以书本知识为辅，注重培养学生的生产技能。(4) 对于广大农村失学儿童，根据目前国情就地实行短期义务教育，利用农闲时间或半日学校的方式实现半耕半读，扫除文盲，提高国民素质。之后再依国民经济的发展状况延长此义务教育的年限。(5) 对与职业学校分离的预备学校应实行改组，其课程以求得专门知识与技能的准

① 见《教育杂志》1934年第24卷第2号。

备为原则，对于国文、外国文和数学三门尤其要严格训练。(6) 四年小学及中学毕业设立奖学金，使大多数有培养潜力的中学生都可升入大学，实现广泛培养人才的目的。①

教育部某重要人员就与中等教育改革有关的新近事实进行了说明。《教育杂志》第 24 卷第 2 号全文转载了谈话内容。谈话涉及中等教育的制度、经费支配及普通中学毕业会考问题：(1) 将师范及职业教育完全划出中学范围之外，使普通中学、师范学校、职业学校个个单独设立，确定目的，严格训练。就现制而言，所谓中等教育，实际上包含中学、师范、职业三种分别设立的学校。(2) 重新设置中等教育经费分配标准，提高师范学校和职业学校的经费额度，降低普通中学的教育经费。(3) 重新修订中学毕业会考规程，严格毕业会考制度。

吴自强在读了蒋梦麟等提出的修正中小学教育制度之后，写下了《我国中小学教育制度为什么又要变更》一文，发表于《教育杂志》第 24 卷第 2 号上。吴自强认为："中国教育之腐败，不一定专是制度问题，而是教育之不普及和教育内容不适应于实际要求的毛病。"吴自强先生指出：首先，要想解决目前中国教育的问题，并不能靠"生活教育"或是"职业教育"，而是要在全社会普及教育。其次，目前的职业教育很失败，职业学校的学生面临就业危机，如果贸然修改中小学教育制度，继续开办中等或中等以上的职业学校则这种改革必然失败。再次，缩短义务教育年限的提议不可行。蒋先生所提出的两年制短期义务教育"只可作为辅助小学教育之不及，若以之替代义教则不可"。最后，吴自强先生认为，如果教育普及，那么小学教育就可办好；只要人人都受过教育，就不必担心会有太多的人离开农村；如果职业学校的学生毕业都可顺利找到出路，那么职业教育也必定能够办好。单纯扩充职业教育或缩短义教年限于改善中小学教育无益，于国计民生无益。②

① 见《教育杂志》"本国教育文化史的新页"一栏，1934 年第 24 卷第 4 号。

② 吴自强：《我国中小学教育制度为什么又要变更》，载《教育杂志》1934 年第 24 卷第 2 号。

（二）争论的两个阶段及其主要观点

1. 第一阶段

在刊登了有关蒋梦麟等建议修正教育制度和教育部重要人员发表中等教育改革计划的文章之后，《教育杂志》在第 24 卷第 4 号分别发表了郑宗海、姜琦、林砺儒、张安国和倪尘因 5 位先生对同一问题的探讨。《教育杂志》希望“国内的教育专家能够‘继续增加其注意，不断为细密之讨论’”。[①]就此，围绕中等教育新制以及教育制度改革问题，各教育专家和学者们展开了一系列的讨论。

张安国先生在文章中明确表示了对吴自强之“中国教育问题在于教育内容而非制度”观点的反对意见。张安国说：“制度与内容是有极密切的关系的，制度可以规定内容，内容可以实现制度。但欲求内容的改善革新，则非先革新制度不可。”对于蒋梦麟等提议修改教育制度的做法，张安国认为是“识时的卓见与壮举”，而对于提议的内容，张安国则认为其“终不免是一个弥缝补漏的修改，而不是大刀阔斧的改革了”。张安国认为，首先，蒋梦麟等所倡导的“双轨制”是阶级社会的产物，“决不宜采行于我们中国”，这种“双轨制”实施的结果，“不仅不能促进社会的和同，且足以招致社会于愈益分裂”。因为提案中只有中学学生可以转入职业学校而无职业学校学生转入普通中学的规定，如此一来，会“于不知不觉间暗示了升中学者之可贵而入职业学校者地位之较低了”，而且会“酿成社会意识之分化”。其次，从学理方面来看，如今进步的思想家已不再将中小学教育作“一般的陶冶”与“职业的陶冶”的划分了[②]，而且这种刻板的划分使学生“多方面的心理嵌入于特殊的定型中”，不利于学生的身心健康发展，所以蒋先生等的提案“未尽适合”。另外，蒋的提案中过于重视中学国文、外国文和数学三科，忽视了其他各学科于社会及个人发展的重要意义，这一点“值得重新估价一下”。[③]

---

① 见《教育杂志》“我国中等教育改制问题”一栏，1934 年第 24 卷第 4 号。

② “一般的陶冶”与“职业的陶冶”之分家由来已久，自远点说，可以追溯到希腊的亚里士多德。在他的教育思想中，根据其生活有忙碌（职业）与闲暇之别的见地，俨然划分教育为二：一为供给生活需要的职业教育，一为享受闲暇的自由教育，并以“努力没有闲暇”的格言，揶揄一切以职业为立场的教育。这即开了后世“一般的陶冶”与“职业的陶冶”对立之端绪。

③ 张安国：《改革中国教育制度私议》，载《教育杂志》1934 年第 24 卷第 4 号。

郑宗海从教育的结构与本质角度阐发他对于此次学制改革的看法。他认为，教育事业本应时时在改进之中，“特其所谓改进，要当在教育之内容与方法。而我国谈教育改革者，率多注重于学制系统”。郑宗海提出：学制系统就好比房屋的间架结构，要想实现房屋的功用，还有待于内容的充实与运用，“徒有躯壳而无灵魂，则往往成为死物”。“故鄙意今后教育建设着重之点，宜转行注目于根本观念，以及其内容与方法之改进，因其实为一切教育成败之关键”。郑宗海用大量篇幅阐述了其对于教育本质的看法，认为目前教育改革的重点在于认清教育本质，从教育内容与方法上进行改革，至于学制改革，必须慎之又慎，详细审定其可行性之后再作决定，“以免于当时无谓之浪费与日后重改之损失”。①

针对中等教育制度改革，姜琦和倪尘因都撰文从不同角度提出反对意见。姜琦对于中学实行“双轨制”持反对态度，同时认为不可以“普通科”和“职业科”来划分中学教育；倪尘因、林砺儒等则对将普通中学、职业学校、师范学校单独设立的改革做法提出异议。

姜琦完全不同意蒋梦麟所提出的“双轨制”或“多轨制”，他提出：“蒋先生的本意在于要适应中国国情，使一般学生学成后，都能够立刻到社会上去服务而不至于失业，这是为我们所十分赞同的。”但是“中国教育，无论如何必须采取绝对的单轨制”，“我以为双轨制是专制国家或资本主义国家教育之专用品，至于共和国家尤其民主主义的共和国家绝不容许这种双轨制存在着的”。首先，双轨制的存在必然导致教育不公平现象的存在，有钱人家的孩子可以去读普通学校或预备学校而为升入大学做准备，而穷人家的孩子就只能进入职业学校习得谋生技能，这就相当于是经济上的双轨学制。其次，中国中等教育“必须废弃‘普通科’与‘职业科’或‘实业科’的名称，而应该视各种学科本身的性质之差异，采用‘文理科’、‘师范科’、‘商业科’、‘工业科’……的名目为学校之冠名”，这样可以在保证教育公平的同时实现培养目标“统一与多样性”。再次，各科的中学校都有“升学预备”与“完成实务”两种任务，学生继续升学或中止及完成学业应有教育与法律上的种种规定来保证。最后，姜琦对于吴自强先前提出的

① 郑宗海：《教育改造声中对于教育本质之探讨》，载《教育杂志》1934年第24卷第4号。

不可轻易再次修订教育制度的主张提出反对意见，认为中国的教育制度可以修正，但必须了解三点："一要检讨过去的教育真正的病源；二要明了现在中国是什么主义的社会；三要推测将来中国社会应该成为怎样的社会。"只要明确这些，"中国的教育制度是不妨修正的，但是看我们怎样的修法才是正确的"。①

对于姜琦先生反对教育改革的理由，我们不敢完全苟同，但其不主张轻易更改制度的态度不论是当今还是在那个时代，还是有很多赞同者的，倪尘因就是其中的一位。倪尘因认为，"使中等教育陷于空泛之原因，并非制度本身之不能适应，而在运用此制度之失当"。先前将师范、职业并设于中学的教育制度下，实际上各中学只做到设有师范及普通两科，兼设职业科的学校并不多，因此中学不能满足学生的多样化需求甚而不能实现学生谋生、任教、升学的目的也是意料之中的事了。而且，"过去中学所以不能各科全备之最大原因，由于经费支配之不均"。确实，根据教育部统计，普通中学经费占中等教育经费总数的四分之三，而职业学校经费仅及十分之一。因此，倪先生认为，试图将普通中学与职业学校分别设置的改革措施十分不妥，理由有三：第一，如若今后各省能依照教育部此次改革中等教育确定经费支配办法来合理分配职业、师范和普通中学的教育经费，那么职业科便得以在所有中学内设立并发挥其满足学生多样化需求的作用，由此，普通中学与职业学校无须单独设立。第二，就经济的意义而言，中学与职业分设就必须增加教员及学校设备，如此势必会增加教育费用，考虑到当前国力和财政现状，普通中学与职业学校单独设立实属下策。第三，中国 20 年来的教育问题出在其制度的反复无常，任何一种制度如若不是与时代或社会环境不相适应，那么其缺点可以通过补救的办法来予以更正，否则改革不仅浪费时间和经费，而且还很可能重蹈覆辙。所以，对于中学教育制度，轻言改弦易辙实在不妥。②

林砺儒亦是改革的声讨者之一。他提道："民元制中学和职业学校分离，不能发展职业教育，这是事实；而民十一制之混合又不能促进职业教

① 姜琦：《中等教育制度问题的商榷》，载《教育杂志》1934 年第 24 卷第 4 号。

② 倪尘因：《中等教育制度评议》，载《教育杂志》1934 年第 24 卷第 4 号。

育，这也是事实。现在我们又把他们分开，难道不怕蹈民十以前的覆辙么?”“这个问题，绝不是变更一下学制所能解决的”。林砺儒认为，职业教育如何发展，职业教育改革如何进行，“社会背景之有无关系甚大，社会需要之有无关系甚大。我们如果真要发展职业教育，便应向改进社会经济着手，使社会经济走上现代的轨道，生产方法科学化了，组织集团化了，才能有现代的职业教育。徒在教育法规上纷更，或在纸面上谈什么计划，就要流为清季的‘时务策’”。[①] 因此，林砺儒认为此次所谓“改革”的计划，实属纸上谈兵。

2. 第二阶段

学制改革提案一出，评论意见之声四起，可谓“一石激起千层浪”。教育界各方人士和专家对改革一事各自看法不一，议论颇多。《教育杂志》的编者们于是在全国范围内广泛征集专家和学者对改革提案的意见和建议，以求共商国是，探讨改革如何进行、教育如何发展。由此，展开了关于中小学学制改革的第二阶段的大讨论。

《教育杂志》第 25 卷第 1 号集中刊登了自全国征集的专家们的意见，大体可以分为三类：第一类是赞成的意见，又可分为赞成原案和赞成原则两类。赞成原案的代表性人物有高觉敷、赵廷为、浦漪人三位先生；赞成原则的代表性人物有周鲠生、杜佐周、谢循初、杨卫玉四位先生。第二类是不赞成的意见，又可分为两种：一种主张维持现状，不过须切实注意实施问题。杨廉、孙贵定、吴绍熙、倪尘因、何清儒、范寿康、韦悫、马宗荣、廖世承、俞子夷、吴研因等诸位先生的意见都属于这一类。另一种认为改造学制，应有前提。所谓前提，就是汪懋祖先生所说的心理改造；郭一岑先生和周予同先生所说的社会改造；张栗原先生所说的国家产业的发展；金曾澄先生所说的以政治力量廓清一切旧势力；陈东原先生所说的经济出路的打开；赵演先生所说的先把“国情”二字弄清；欧元怀先生和于卓先生所说的政治要有出路，经济要能发展；郑鹤声先生所说的先定整个救国的计划。第三类是特殊的意见：王书林先生认为我国地大人众，不宜有单一的制度；杨亮功、章益、罗廷光三位先生认为我们不宜再有双轨的学制；林砺儒先生则认

① 林砺儒：《从批评中学新法令说到未来的改造》，载《教育杂志》1934 年第 24 卷第 4 号。

为提案的双轨制还未彻底。以下就是杂志征集的全国专家的意见汇总。

（1）赞成的意见

高觉敷先生指出："对于中小学的单轨升学制，我根本反对，不仅因为它不适国情，且因为它还反个体差异的原则。主张单轨制的或许以为人生下来是平等的，大家应受相同的教育。其实人生下来是不平等的，身体的强弱、手指的粗细长短、智力的高下、感官的锐敏迟钝，各不相同。如必使尽取统一升学的途径，势必至于大多数人感到方炳圆罄之苦，于国家、于个人都有损失。因此，我赞成'自高小至高中，凡八年间，除现行升学的预备学校外，应有随各级可告段落的职业学校'的提议。"①

赵廷为先生认为，蒋梦麟等提出的改制议案"是值得试验的"。因为蒋曾指出，改革可在城市和乡村各选合适的试点先行开展，证明确有成效之后可推而广之，在全国范围内进行改革。赵廷为认为这是一种"正当的慎重态度"，他表示完全赞同。而且赵先生补充了两点他的个人意见：第一，对于学生职业兴味的转变，学制及课程上应有所顾及。第二，凡有高深研究能力和兴趣的学生，都应该具有升入大学或专科学校的资格，不论其所毕业的低一级的学校属于何种性质。另外，赵廷为对蒋梦麟提案中的"预备学校"又提出了自己的见解："这种预备学校简直可成为一种天才学校，把各处智力极高而身体健康的天才生集合于一校，而给予以特殊的训练，以期将来成为学问家、发明家或各种事业的领袖。"② 他指出，这类天才学校的学生不得中途退学，进入这样学校的唯一标准就是智力水平，家庭境况若何绝无关系，其学费等皆由国家供给。

浦漪人是另外一位赞成原案的专家，他说："欧美各国的教育制度大都是自创的；我国的教育制度大都是模仿的，或是抄袭的。"这也是我国教育制度频繁更迭的原因之所在，所以，"今后我国教育制度的改革，绝对应该自创，一切应以本国的国情为根据，外国的教育制度只可以放在案头作为参考之用而已"。据此，浦漪人认为，"这次蒋先生等的改制提议，是以最近国内的教育统计为根据，真可谓对症下药，必极适合国情，而其改革的步

---

① 见《教育杂志》"全国专家关于学制改造的态度"一栏，1935 年第 25 卷第 1 号。
② 见《教育杂志》"全国专家关于学制改造的态度"一栏，1935 年第 25 卷第 1 号。

骤，又主张先自试验入手，尤合于科学的方法”。浦先生认为，对人的培植须靠教育的力量，而教育力量的发扬光大须靠完善的教育制度，但中国的教育制度距离完善的标准还相差甚远，因此很有改革的必要，并补充了自己的意见：首先，现行中小学的单轨升学制并不适应国情——我国农村破产，国本动摇，国家的经济能力尚不能使受义务教育的儿童免费入学，在此种情形下强行单轨制，必使最大多数的小学毕业生失其升学的机会，如行双轨制，尚可接受职业教育从而获得发展的机会，因此双轨制实在有采取的必要。其次，“双轨”的划分最好像意大利那样建筑在“功用的和选择的基础”之上——四年小学以上的分化要以学生的能力来决定，即通过考试成绩来决定。成绩优良的入升学的一轨，以求深造；成绩较次或成绩虽优但对于职业极感兴趣的任其习业或入职业的一轨，以习个人将来的生活技能。再次，义务教育的年限只可延长不可缩短。因为“我国人民的心理，惯于‘取法乎上，仅得乎中，取法乎中，仅得乎下’，定了四年的义务教育，故不能使其子弟读满四年，倘若定了二年，恐怕连这二年都读不了。故缩短年限，徒然有害于心理，而无补于实际”。最后，从小学至高中阶段内应有随各级可告段落的职业学校，“各级的职业学校中除职业的训练外尚须有一半的课程，其理由很为明显：第一，一个受过教育的人有‘职业的兴趣’，也有‘职业以外的兴趣’，所以他的职业不会和他的知识与欣赏相绝缘的。第二，职业学校的学生或因兴趣的改变，或因家庭经济的日渐宽裕，或因自己程度的突飞猛进，拟改入升学的一轨，可以获得种种便利，这与在升学一轨的学生须有转入职业一轨的便利，情形正反相同”。①

周鲠生指出：“在原则上，我很赞同蒋梦麟先生等所提的中小学教育改制的案。我以为中国现行中小学教育制度，太偏于预备升学的性质”，“每一级学校不能自成一个教育阶段，因之不能升学的学生便要流为社会的废人。这真是近日教育制度上的大缺点”。“蒋先生等主张‘现行的单轨升学制应改为升学和职业并行的双轨制’这个原则，我以为大可采行，至少值得部分的试验”。②

---

① 浦漪人：《对于蒋梦麟先生等所提中小学教育改制议案的意见》，载《教育杂志》1935 年第 25 卷第 1 号。

② 见《教育杂志》“全国专家关于学制改造的态度”一栏，1935 年第 25 卷第 1 号。

杜佐周也是在原则上赞成提案的人。杜先生指出："现行学制之不能尽满人意，已成为公认的事实。蒋梦麟先生等的评议，称不过是近几年来众论的归纳……现行学制之设法修正，也成为一种普遍的要求了。"杜佐周认为，蒋的提案有值得商榷的地方，并提出了一些补充意见。第一，将蒋先生提到的初小四年直接称为基础学校或国民学校，而且应明定为我国义务教育的时期。这就保证了在开始多轨训练以前，能有一个公众必经的基础学校，从而避免了因实行多轨制而在社会上形成"划分为多个阶级"的危险意识。第二，除了蒋先生提议的"将初小四年的课程应自成一段落"之外，"尚应多设各种补习学校，使由基础学校毕业而不能升学的学生有补习的机会。如此，儿童接受教育的机会将必更为便利了。至于在基础学校内，除注重读写算基本能力及公民知识和道德训练外，尤当致力于生活能力的培养，务使学生毕业后，即不能升学，亦能自谋生活。这虽是方法上的问题，亦为我们今后所当注意的"。第三，对于职业学校，其办学经费和师资问题必须给予高度重视并预先解决；"职业学校的种类应在可能的范围内尽量扩充，以适应社会各方面的需要及便利学生的出路"，而且"政府当与社会切实联络，尽量扩充生产事业，以资容纳职业学校的毕业生"。第四，义务教育的年限最好仍定为四年，至于蒋先生等建议的办法，可以施行，作为实施义务教育的准备，但不必在学制上明文规定这一年或两年的简易教育即为义务教育的年限；再者，"为顾及教学的效率，儿童入学的年龄不妨延迟二三年"。第五，中学对于国文、外国文和算学固然应当十分重视，但对于其他陶冶科目，如史地、社会、政治、经济和艺术等，也应当同样重视，以满足不同学生的需求。第六，四年小学及中学毕业的优秀学生应分别给以奖学金以资助其继续升学；大学也应当逐级而升，但除大学外，应当多设各种专门学校，不必规定入学的资格，只要经过严格考试，若学生的程度可作继续研究，即可准其入学。而且这种学校应当以免费为原则，同时多设奖学金以资鼓励。第七，师范教育可以另成一轨，以逐渐提高师资力量，只有这样才能切实提高学制修正后的教育成效。总之，杜佐周认为，"一个学制之适当与否，关系于全国教育的成败甚大。我们决定修正以前，必须经过多番的考虑与讨论，绝不宜草率为之，以误国家大事”。[①]

谢循初在其评论中提道：“蒋梦麟先生等所提的中小学教育改制的议案，我个人认为在原则上没有可指摘的地方。倘原提人许我投票，我便写‘赞成’二字并签名盖章。”谢先生指出：社会制度都是以人民的信念和习惯为依据的。信念和习惯未去，旧的制度极难打倒；信念和习惯不存，新的制度极难形成。而中国人对于教育的信念和习惯仍未完全脱离传统的窠臼。“父母送子女入学，多少总希望他们将来能‘扬名声、显父母’，或希望他们能‘明理’，能‘正心’，能‘诚意’，能‘修身’。至于‘四体不勤，五谷不分’无甚关系”。“我们修正中小学教育制度，要不着眼这种旧信念和旧习惯的根本铲除，仍以四书五经所代表的教育精神不加选择地灌输于青年，结果恐怕依旧等于换汤不换药”，所以要先纠正国人对于教育的旧观念，才能使改革收到成效。另外，谢先生对于新方案的实施提出了两点注意事项：第一，如何评定儿童的能力问题。依照蒋梦麟等的提案，能力有差别的儿童应进入不同的学校就学，儿童自己无法评定自我能力，父母、教师知道得也未必准确，至于考试，只能考核儿童学业的成绩。据此，谢先生指出，可参考欧美各国小学教育的经验，即编制和实施标准的能力测验。通过这种标准化测验来科学地获知儿童的能力水平，从而为其择校提供依据。第二，儿童能力有发展的时期，其能力的表现也需要外界环境的刺激，因此“国民教育的教材，必须尽量广博，以便各个儿童都有表现其能力的机会”。[②] 至于国民教育规定为四年是否适合儿童能力的发展，需要经过精密的科学研究，不可妄下论断。

赞成此次学制改革的杨卫玉先生认为，“中国教育制度之改革，是为时势所需要。吾人正不必再谈应否改革的问题，而应研究如何改革方合国情的问题”。对蒋氏所提议的双轨制这一点杨先生表示相当的赞成，只是有个别地方还值得商榷：首先，由于中国教育落后，国家和农村经济衰落，使得中小学毕业生之多数不能升学，但是不能因此而断定不升学的学生都是想上职业学校的学生，一则不升学的学生虽欲就业而未必有多少人有财力再进入职

---

① 杜佐周：《我国学制的评议及其修正案的检讨》，载《教育杂志》1935 年第 25 卷第 1 号。

② 见《教育杂志》“全国专家关于学制改造的态度”一栏，1935 年第 25 卷第 1 号。

业学校；二则即使实行双轨制而多开办职业学校，将来职业学校的毕业生是否都有出路都是需要预先考虑的问题。杨卫玉先生认为，“吾人深以现在无条件无准备之推广职业教育为虑，恐其结果，将使职业教育与普通教育同受社会之诟病耳”。因此，如何推广职业教育、应具备怎样的条件等“须有一个通盘整个的计划，使学校造就之学生，与社会之需要相应”，“办理职业学校，应以供求相应为第一原则”。最后杨先生指出：“‘徒善不足以为政，徒法不足以自行’，既具善意良法，尤当有人焉苦干、实干，然后成效可期。”①

（2）不赞成的意见

不同意此次改革提案的专家为数不少，其中一部分专家认为还是维持现状为佳，需要注意的是实施问题。杨廉就蒋梦麟的提案提出了自己的不同见解：第一，“四年制的义教能否以生活为主，居于教材、教法、课程的问题，不必牵动学制。简单义教之推行在教育部已有相当办法，如设立简易小学、短期义教之类，在各地方亦有种种试验”。第二，奖学金的设置，属于中等学校的，各省大都已经施行；大学专门的奖学金，各省亦有设立，不过存在一些问题需要修正，“但与学制之变革亦无关系”。第三，“蒋先生等主张十岁后施行分轨教育，而现行学制则定于十二岁后施行分轨教育。应否提早两年施行分轨教育，值得仔细研究”。十二岁开始分轨教育的好处在于此时学生普通教育的基础略微高些，即选择职业、选择多轨制下的各种学校的能力也高些，因此“分轨教育在十二岁时方始施行，比之在十岁时似乎更为合理”。第四，蒋先生等提议将中学部分改为八年，收十岁以上之四年小学毕业生，“今若改中学为八年，年限太长，反使学生望而却步，不仅不能延长其向学之年限，反而减少其向学之年限”。因此，“本人不赞成将中学改为八年，并将中学入学年龄降低至十岁左右”。不过杨廉先生认为现行学制也确有需增修之处：第一，应添设中间学校或称中等学校。“现行学制既操分离之制，则因分离过早，即因分离后所生隔绝之弊。必须设法救济。救济方法莫若于小学之上，或于小学第五年级以上设立修业三年或五年之中间学校。其性质为普通训练与职业训练兼而有之。青年之即入职业或入中学感

① 见《教育杂志》“全国专家关于学制改造的态度”一栏，1935 年第 25 卷第 1 号。

觉不合适者亦可退入中间学校，然后再确定其向左向右之方向。此中间学校实为沟通中学、职业及补救分业太早之最良方法”。第二，应添设六年一贯制中学。“三三制中学虽有其优点，然因每段只有三年，于学生知识道德之训练难求深厚之效力”。“因此本人主张添设六年一贯制中学，能读毕六年者不必参加初中会考，不能读毕六年者可于读毕三年后参加初中会考。但原有之初中制度仍可保留，使能发生其功能”。第三，高中课程须分三组。“现行高中课程不分组别，原意平均发展，文理两方均可兼重。然而耳目两用而不聪，梧鼠五枝而反穷。结果理科既不见长，文科亦颇退步。在学生方面反因课程太重，年限太短，身心交困。不分组之制度，实属失策”。因此，将高中课程分为文组、理组和文理混合组，“如此区分，或可救济现实之弊，而适合青年真正之需要”。①

对于蒋梦麟等提出“四年小学毕业之后，不升学者应入职业学校”的主张，孙贵定先生表示赞同，但认为，“中学年限改为八年，似不甚适当”。理由有三：第一，“我国兴学以来三十余年中，学制迭经变更，现在各级教育方渐入正轨。倘再改弦更张，则一切设施又多一番改变，财力、精力，两不经济”。第二，我国中学大部分设在城市，因交通不便，多数学生寄宿校内，学宿费用已让普通中产以下家庭无力负担，如今再将中学延长两年，恐怕对于小学毕业生升学产生不利影响。第三，中学的基本训练使学生不能适应大学的需要，并非在于中学的年限问题，而在于“中学本身辦理不善，教师教法不良，以致一般学生程度低劣，升入大学时感觉困难在所难免。故此后根本办法应从教学、训育及其他各种教育设施方面着手改革，否则纵或学制延长，恐亦难收效”。孙贵定先生指出：现行学制无须更改，但是中小学教育的设施须力求能适合我国的国情，对于升学及职业两方面也能够统筹兼顾，就此，孙先生提出三条建议：第一，“中小学教师应严格选择，在可能范围内应一律派师范生充任，其非师范出身者，须经过考试检定，一经任用后，须给予相当保障”。第二，“各省市应多设与高校及初中程度相当之职业学校，使中小学毕业后不能升学者，学习相当技能，以为谋生之准备。倘乡村方面难以单独设立职业学校，则在高小内附设职业班亦可。唯我国目

① 见《教育杂志》“全国专家关于学制改造的态度”一栏，1935 年第 25 卷第 1 号。

前职业师资人才异常缺乏，政府方面应举办职业师范学校，以培养此项人才”。第三，“各省市此后应将高中及初中数目严予限制，其已设立高中初中招收新生，应提高程度，宁缺毋滥。成绩优良而家境贫寒之学生，概应特别予以补助及鼓励”。①

吴绍熙先生亦不赞成将中学改为8年制，如果在6年中对学生严格训练，那么就可以达到预定目标，适应大学需要，再多延长两年也是没有效果的。另外，缩短国民教育年限不仅于提高国民的知识水平无益，而且四年国民基础教育之后儿童并未达到可以择业的年龄，此时也就无法作职业的准备。至于升学与职业应否双轨并行，吴绍熙先生认为，“因为各级学校的升学人数少，单方面地去增加职业学校，对于这个问题仍是不能解决”。②

范寿康先生认为在当前的社会制度及社会环境下，单单的学制改革是没有多大意义的。倪尘因先生也完全不同意“先行中小学单轨制不适合国情”的看法，倪先生指出：“升学人数过少，并非学制本身的不适国情，乃是由于现行学制的未能充分运用和经费支配的不均所致。”因此，“实无改革之必要”，“与其将中小学学制改弦更张，不如就施行办法上，酌加修正。大致初高中应一律设置职业科，高小或设或不设，视地方情形而定。一面再将普教与职教经费确切规定百分数（自然增多职教经费），如此切实施行，深信以后必能将现在的缺点校正”。③

何清儒先生认为目前教育的问题“不在制度而在其他”。何先生列出几项中小学教育中应注意的趋向：第一，个别指导缺乏。“学生完成教育的一个阶段而入下一个阶段时，正如徘徊在歧路上，不知去向。小学初中毕业后，应升入普通学校还是入职业学校不是容易决定的事。学生本身知识经验均极缺少，往往不能有正确的决定。做父母师长的如不能根据详细的考察，加以相当指导，由学生任意去取，结果不能升学的入了普通学校，应继续前进的入了职业学校。这样虽有双轨的设备，而走错了轨又有什么用处？现今高小高中有多数不能继续升学，正证明这些人当初不应进入预备升学的学校。假若在他们进入以前有相当的指导，这种惨剧当然可以减少。所以求教

① 见《教育杂志》“全国专家关于学制改造的态度”一栏，1935年第25卷第1号。
② 见《教育杂志》“全国专家关于学制改造的态度”一栏，1935年第25卷第1号。
③ 见《教育杂志》“全国专家关于学制改造的态度”一栏，1935年第25卷第1号。

育适合个人情形必从指导入手”。第二，职业教育不良。“许多学生走入升学的道路，因为现有的职业学校尚未能用成绩表示，得到社会的信仰。许多职业学校闭关自守，与职业界隔离。设备缺乏，教师不良，以书本为教材，以讲授为方法。这类学校所造就出的学生，不过在知识上稍有不同，并没有养成生活的技能。所以职业教育失掉了职业教育的意义。如果是这样的职业教育，即使有很普遍的设置，又何济于事？不但无益，反而有害，因为普通学校的学生至少在一般常识上还可有较广的了解。所以欲求入职业学校的学生走上职业教育的道路，必先将职业教育的价值在实际上表示出来。教材的选择、方法的采用、师资的训练、实习的设备等，都是极迫切的问题”。第三，普通观念错误。“职业教育的不发达，有几种普通观念亦负很多责任。一个普通的观念，即是以‘士’为高。升学的学生可以提高士的身份，延长士的生活，所以觉得比入职业学校，学农、工、商等科更为高尚，这种观念，由父母师长传递给青年，驱使他们集中在升学的路上。还有一种观念是教育界中人常抱的，即智力高优的升高级学校，智力低弱的应早早预备职业，各种职业虽然需要不同的智力，但职业教育绝不限于低能儿。因为这种观念，一般学生不肯自认低弱，都趋向升学之路。所以欲求职业教育发达，对于观念的转移，亦是应注意的工作”。①

韦悫指出，蒋先生等的建议虽极有见地，但改革的程序他本人另有不同的意见，即改革第一件要做的工作是分析教育目标，第二件工作是改革教学法。因为在韦先生看来，教学的改革是改造中国教育之一件非常重要的工作，并提出了行验教学法的改革观点。行验教学法与传统的教学法有很大不同，“教师的职责在于指示学生的行动，以发展他们的能力、习惯、态度及技能。学生的工作在于行动与实验，以取得适当的能力、习惯、态度及技能”。“我们有确定的教育目标和行验教育法，才可以着手改革学制和编制课程标准”。至于普通教育的年限，韦先生认为目前的六三三制无变更的必要；中等教育应多设种类不同的学校以供给青年的需要；高等教育制度暂时无容变更，但仍需努力充实各大学的设备并改造散漫凌乱的课程。另外，韦悫将自己的主张与蒋梦麟等的意见作了比较，以方便读者：“（1）蒋先生等

① 见《教育杂志》“全国专家关于学制改造的态度”一栏，1935年第25卷第1号。

主张四年初小自成阶段，愚见极表同情，惟完全小学仍以六年为标准，并应一律改称为儿童学校。此外，应另设青年补习学校及成人补习学校，以教育失学青年及成人。（2）蒋先生等建议设高小毕业之两年职业学校，惟我主张另设职业补习学校，招收十二岁以上曾受四年义务教育的学生，课程和设备应与现在高小完全不同。（3）关于初级职业学校及高级职业学校的意见，我与蒋先生等主张完全相同，惟我认为青年学校即现制普通中学，如设备完全可增设职业科并应有职业选科。（4）蒋先生等建议设八年预备学校，我不敢赞同，因为我主张学校的阶段不宜过长，才可以适应学生心理的发展及家庭的变迁。”① 总之，韦先生认为改革教育制度须先从内容与方法上入手，这样才可以产生优良的教育制度，故而不主张把现有制度推翻。

马宗荣先生认为目前职业学校鲜有成就“其罪不在教育制度的双轨化与否”，其成因有三：一是部分教育者的错误观念；二是职业科目的师资缺乏；三是教育行政当局未重视职业学校的经费问题。而对于缩短义务教育年限的提议，马先生表示“万不可提倡”。总之，马先生认为，“中国教育之不进步，应归罪于制度不良之处甚少，应归罪于有制度而不彻底的实行之处甚多”。②

廖世承先生对于提案中改制的办法存在异议，对于国民小学毕业后即划分为升学与职业二途的做法表示怀疑。第一，四年毕业的小学生年龄不过10岁左右，此时的儿童不具备确定的兴趣选择适合的学校。第二，职业教育应与人才教育并重。将四年小学毕业的小学生纳入职业学校势必影响人才教育。第三，升学与职业划分过早会引起不少困难，而划分得太清，也会存在弊端。普通学校与职业学校各自完全分立，学生没有随意转入另一类学校的自由，因此在普通中学内添设职业科就便利得多。最后，廖世承先生对现实的教育提出几点注意事项：第一，采用简易的方式，如陶行知所提倡的“小先生”制，努力扫除文盲，限期完成初步的普及教育。第二，多设各种补习学校、民众学校，救济失学的青年和成人。第三，提倡生产教育，添设各级职业学校。第四，维持现行的学制，充实各校内容，每省设立一所模范

① 见《教育杂志》“全国专家关于学制改造的态度”一栏，1935年第25卷第1号。

② 马宗荣：《职业教育应该积极地提倡，义务教育应该从多方面去求普及，但学制则大可不必改变》，载《教育杂志》1935年第25卷第1号。

初中，模范高中。第五，初高中仍以分科为原则。第六，小学课程应如提案所云："注重养成其文字上阅读及发表能力，公民知识与道德之训练。在城市者，教以家庭工业及小本商业知识，在乡村者，教以农村家庭工业及农村常识等。"第七，广设奖学金额数，使贫寒之子弟，也有上进机会。第八，从速培养师资，促进教育效能。第九，一种制度未经长期之试验，勿轻易变更。①

俞子夷先生认为改革学制"与其说是教育问题，毋宁说是政治问题来得妥当"。俞先生"觉得最不妥当的，是与奖学金连带的试验制。奖学金是很好的，试验制却利少弊多"；至于提案的其他部分"总说一句，叫做'改也好，不改也好'"。② 吴研因先生亦是认为目前的中小学教育已然是"升学、职业……多轨制"，提案内容并无革新的意义，维持原状即可。

汪懋祖认为学制改革是有前提条件的，就三个方面的内容进行了讨论：第一，职业教育与现行学制。汪先生指出："与其谓学制偏重升学，毋宁谓职业学校为普通学校所吸收而打消。总之，'读书'的心理不改造，职业教育根本条件不具备，则虽变更制度，在制度上兜一百回圈子，毫无裨益也。"第二，四年的国民教育。义务教育期限之短长，要看一国的文化程度及社会经济情况。比起其他各国的义务教育年限，一方面我国落在其后，四年太短，需迎头赶上；另一方面，限于我国目前财力，就是四年的期限仍旧难以完全达到。"现代国民只受四年教育，实已落后，不可再低。至延为六年之说姑待至四年普及以后。为目前推行便利计，即一二年之短期义教，亦属必要"。第三，中学八年一贯制。"按中学八年一贯制，殊未能适应国民经济能力，亦未能发挥中学选择之功能。中学初期之教育，必较为普遍，而后高级乃得有宽度之选择，否则中学教育就成为特殊阶级之专利品"。③

郭一岑先生和周予同先生认为学制改革的前提是社会改造。郭一岑先生说："过去教育的失败是有目共见的事，这就是说明过去的教育之不能适合于现社会。但是现在的社会是什么样的呢？假使不先明了这点，则任何的改

---

① 廖世承：《对于蒋梦麟先生等所提的中小学教育改制的意见》，载《教育杂志》1935 年第 25 卷第 1 号。

② 见《教育杂志》"全国专家关于学制改造的态度"一栏，1935 年第 25 卷第 1 号。

③ 汪懋祖：《对于蒋梦麟氏修正学制案之讨论》，载《教育杂志》1935 年第 25 卷第 1 号。

革都无所依据。所以蒋先生的改革案如果不是建筑在社会的实际情形上，恐怕仍和从前一样的失败。"[①] 周予同先生认为，国人的眼光须跳出教育来观察教育的失败，正是因为整个中国社会受帝国资本主义的侵蚀才同时使教育也被扼制住，如果不改造这种惨淡的社会境况，"无论试行硬性的双轨制或弹性的变轨制，中国的实业教育和职业教育还会有惨败"；"教育改制如果不是全社会改制的一部分工作，则就能力分轨入学，只是一种空想"。[②]

张栗原先生"认定改革现行学制的前提条件便是国家产业如何发展的问题"。他指出："教育是社会现象之一，它与政治经济的关联是紧密结合着的。政治经济之于教育，是有其决定作用的。因此我们对于教育制度的评价，不应该单从制度的本身去考察，而应该兼从它与各种社会现象的关联中去考察。在理论上，蒋梦麟先生等所建议的修正现行教育制度各点都很妥当。但是国家产业或国民经济如果没有方法使之发展，那么，蒋先生的建议，纵令为政府所采纳，由局部试验阶段而进到全部实施的阶段，我敢断言：这一次的改革，一定和以前历次改革学制一样，只是形式的，绝不会得到实际的效果。"[③]

金曾澄先生对现行中小学学制进行了详细分析，认为目前的学制已经不是纯粹的单轨升学制，而是比较多轨的升学制，所以其课程也是自成段落，无须再改。至于职业教育，金先生认为旧的思想和势力是影响其发展的最大障碍。因此，金曾澄先生提出："为今之计，职业教育方面如果不能打倒帝国主义及改革社会组织，则只可在职业教育本身加以改善，由调查统计结果中，以求得社会切实需要，认真辨理，不可有名无实。在中小学校方面，第一须完备其设备，第二改善其教学，第三提高其程度，第四严整其训练，此四者如不办到，虽日言改制，亦等于无的放矢。现行学制可议之处不少，此为我国教育界同仁所公认。然自前清迄今，谈改制者屡矣，实行改制者，亦二三次矣，其结果如此，非制度之过，乃运用制度者之过耳。如提议人所称，现在乡村教育不发达，课程不适应，中等学教程度太低，此则教育行政

---

① 见《教育杂志》"全国专家关于学制改造的态度"一栏，1935 年第 25 卷第 1 号。
② 见《教育杂志》"全国专家关于学制改造的态度"一栏，1935 年第 25 卷第 1 号。
③ 张栗原：《改革学制的前提条件》，载《教育杂志》1935 年第 25 卷第 1 号。

当局与学校当局应负其责，似不能委为学制之不善也。”①

陈东原先生赞成蒋梦麟等的提议，但“却不赞成把这种改革制度的办法，现在就拿来实行。我相信这制度有实行的一天，而却不是现在”。陈东原先生认为，“我的意见，以为蒋先生等的主张，既重在生产，重在职业，则必须中国的生产事业有发动的萌芽，经济出路有发展的趋势，然后这种教育，才能有所依倚。所以我对于生产教育的主张，认为应在总理的实业计划果能逐渐举行之后。必须中国的政治经济都已趋向于中国的生产国家实业的建立，然后中国的教育才能采取生产政策，大量地造就职业人才”。②

赵演先生认为，认清中国的国情才是施行一切改革的前提和基础。“中国国情与他国不同，则人生哲学自亦在亟待考虑之列。这一点未曾顾虑到，一切改革均属疑问。中国学制花样翻新，不下四五次，其始未尝不兴高采烈，但最后仍然是三个字‘行不通’。到现在依然是走投无路，其情可悯。所谓不适之‘国情’，至此真是亟待研究了。且把我们自己弄清楚了，再谈制度，对于蒋先生的改制提议，我拟作如是观”。③

欧元怀先生和于卓先生一致认为在中国目前政治没有走上轨道、国民经济建设还没有整个计划之前，这种教育改革很难真正得到实施，即使实行了也不易收到良好的效果。欧元怀先生指出：“就教育本身来说，则除学制不完善外，尚有其他更重要的原因：第一，教育理论的分歧；第二，教育政策的激变；第三，教育经费的短缺。”因此，欧元怀先生断定：“倘使不洞察过去失败的症结，由政府统治全国财力和人才，规定通盘计划和严整步骤，力谋政治、经济、教育三方面同时改造，贯彻始终，则前车可鉴，诚恐蒋先生等灿烂辉煌的提案，结果仍是不能兑现的。”④

郑鹤声则认为，要想从根本上改变目前教育不能令人满意的现状，则必须先定整个救国的计划。“我主张，要改进现今我国的教育，我们的第一步手续，是根据国家的需要，订立一个非空谈而要实行的整个国家复兴计划，

---

① 金曾澄：《对于蒋梦麟先生等提议中小学教育改制案感言》，载《教育杂志》1935 年第 25 卷第 1 号。

② 陈东原：《教制改革须在经济出路打开以后》，载《教育杂志》1935 年第 25 卷第 1 号。

③ 见《教育杂志》“全国专家关于学制改造的态度”一栏，1935 年第 25 卷第 1 号。

④ 欧元怀：《中国教育之病症何在兼评蒋梦麟先生等修正中小学制案》，载《教育杂志》1935 年第 25 卷第 1 号。

至于其次的手续，便是使教育的计划与此整个国家复兴计划相适合。在整个国家复兴计划尚未详细订定，或尚在工作空谈资料之时，国家学校制度上的改革，似乎还只是头痛医头、脚痛医脚这一回事。蒋先生等的建议，固然有不少的优点和若干待商之处，但是我觉得在现时，我们要做一种评判，还嫌时机过早。因为我认为学校系统制度是否与整个的国家复兴计划——非空谈的、非广泛的，而是要具体的、详细的、确实要实行的——相适合，乃是评判学校制度良莠的唯一的正当的标准”。①

（3）其他意见

王书林先生认为我国地大人众，不宜有单一的制度。“教育制度须因地制宜，不宜有统一的制度。以往制度失败之原因在此。由此推之，以中国之大，地域之广，各省情形及实际状况又若是之个别，统一的制度亦是不能行的”。“中国应有多方适应之教育制度，不宜根据局部情形而轻言改革也。若拘泥单一之制度，必无以应复杂之情况，将必致愈求统一，愈不适用也”。②

杨亮功、章益、罗廷光三位先生则认为我们不宜再有双轨的学制。杨亮功先生认为蒋先生的提案如若付诸实施会产生很多问题：“一、择业太早，于儿童为不利；二、按照蒋先生等所建议之两年制职业学校，其毕业生年龄不过十二岁左右，此时儿童是否能准许其自由工作而无违于童工律，尚属疑问。三、普通供预备生学之学校与各种职业学校既目的不同，其组织与课程亦复相异，普通中学校之学生因兴趣或家境之变迁不得深造，可许其转入职业学校，若职业学校之学生欲中途转入普通中学以资深造，是否可以准许而无课程上之困难，亦属疑问。四、八年制高级职业教育之时间似嫌过长”。③总之，在杨先生看来，依目前中国教育的现实状况，完全不能再蹈欧洲双轨旧制的覆辙。章益先生亦明确表示：“蒋先生的双轨制，表面虽似提倡职业教育，骨子里不啻为文雅教育张目。”这种制度实施的后果将是资产阶级的子弟都挤到预备学校里去，职业学校只留作贫寒子弟的出路，这是欧洲想要

---

① 见《教育杂志》“全国专家关于学制改造的态度”一栏，1935 年第 25 卷第 1 号。

② 王书林：《中国不宜有统一的教育制度》，载《教育杂志》1935 年第 25 卷第 1 号。

③ 杨亮功：《评蒋梦麟先生等中小学教育改制之建议》，载《教育杂志》1935 年第 25 卷第 1 号。

摆脱却又尚未摆脱的毛病，我们就根本不必尝试了。“双轨制的办法，是出发于文雅教育和职业教育的对立，其归结足以促成社会阶级的对立”。[①] 罗廷光先生分别对蒋提议中的义务教育年限缩短、单轨与双轨制、职业教育和中等教育改组问题提出了疑问，认为有很多方法可以救济无力升学的儿童，也可以借鉴国外的经验，完全不需要以双轨制来代替现行学制。

林砺儒先生对于蒋梦麟双轨制的提议表示赞同，但是认为这种双轨制还是不完全适合国情。林先生认为职业教育是产业发达的结果，如果产业发达了，自然而然就产出职业教育。立足于中国现在的国情，“我们既不能立刻发展出产业，立刻造成社会上分业的需要，又不可再强迫那百分之九十的不能升大学的中学生去学习预备升学的课程，所以我主张介于准备升学和准备职业中间设一种普通公民训练的中学”。另外，林先生指出：预备升学的中学课程也不可太划一。“我主张各学科皆可规定其最低程度，由此以上，应充分保留自由选修的余地”。“盼望教育当局对于学校规程和课程标准都要留给地方学校以充分自由伸缩的余地，只可求最低限度的划一便足”。[②]

《教育杂志》在众位专家的评论意见之后刊登了前任教育部部长朱家骅的意见，朱家骅先生对于我国当时学制以及政府对于教育改造上的种种努力都作了详尽的叙述，可以看做这一场大讨论的总结和参考。

（三）简评

中国兴学以来 30 余年中，学制迭经变更，这次学制改革的提案一出，便引起了全国上下教育界人士的普遍关注。《教育杂志》心系中国教育改革，在这个问题上广泛征集了全国专家的意见，欲求中国教育改革之良策，不致重蹈覆辙，也再次唤起了国人对于教育的重视。在当时的复杂国情之下，政治、经济、文化等无一不与教育有着千丝万缕的联系，各专家学者亦从不同角度对中国目前的中小学教育改革提出了不同的见解。赞同提案的专家对此次学制改革提案提供了补充意见，也有提议将心理学、社会学等不同学科理论应用于教育实践。不赞同者亦从政治、经济和中国国情方面深度剖析了教育正面临的问题，以求为教育发展负责。无论如何，这次讨论使得教

① 见《教育杂志》“全国专家关于学制改造的态度”1935 年第 25 卷第 1 号。

② 林砺儒：《对于蒋梦麟等建议修正教育制度之商榷》，载《教育杂志》1935 年第 25 卷第 1 号。

育界人士、教育当局及广大民众对于教育的发展现状有了较为明确的认识，对于中国教育的未来发展之路有了更多的期许，对于教育强国的理论也有了认真的思考。《教育杂志》为此次的学制改革提供了很好的平台，对中国教育的发展亦功不可没。

第四章　《教育杂志》与会考制度

一、会考制度的建立及其沿革

1932年5月教育部颁发了《中小学学生毕业会考暂行规程》，规定从当年起，全国中小学应届毕业生经原校考核合格者，一律参加由各省、市、县、区会考委员会举行的毕业会考。会考科目为，小学：国语、算术、社会、自然、体育5门；初中：党义、国文、算学、历史、地理、自然、体育、外国语（三年级不选修者免考）、体育8门；高中：党义、国文、算学、历史、地理、物理、化学、生物、外国语、体育10门，并规定会考前一个月各学校将应届毕业生造具名册，连同各科成绩呈报教育主管机关。各会考委员会负责各省考试事宜，会考结束后，分别以学生个人和学校为单位将成绩排名公布并呈报上一级教育行政机关。[①] 学生成绩分为甲乙丙丁四种，甲为优等，丁为不及格。对于会考不及格学生：1～2科不及格者，可补考一次，仍不及格者参加下一年会考，只限一次机会；3科以上不及格者留级一次。此法令出台后遭到各界反对，因为“这样一种影响全国中、小学的制度，事前既未经多数有经验的专家探讨，亦未经指定一较小区域试行；贸然颁布，立刻强制全国遵行，总觉得不免有一点操切”。[②]

在社会各界反对会考的批评声中，教育部对会考规程作了修订，于1933年12月公布了《中学学生毕业会考规程》和《中学学生毕业委员会规程》，并基于小学生年龄太小，组织会考困难，有害于学生身心的发展，并且会考制度对小学生的思想起不到多大的统一作用的考虑，同时废除了小学生毕业会考。新会考规程将会考目的取消，补充制定了中学毕业会考委员会

① 李国钧、王炳照：《中国教育制度通史》（第七卷），第128页，济南：山东教育出版社，2000年。

② 夏迁：《修正中学学生毕业会考规程的检讨》，载《国闻周报》1932年第1卷第5期。

的组织细则。规定中学毕业会考委员会由6～12人组成，各委员会委员由各省、市、县、区教育行政机关指派或聘请。各教育机关长官为委员长。委员长总管所辖地区会考的一切事宜。分区举行会考的地方，由会考委员会派一主试委员主持一区之会考事宜。会考委员会委员分命题委员与监试委员两种，分管命题与监试事宜，这两种委员都不能由参加会考学校的教职员担任。中学毕业会考委员会是一个临时性的组织，它于会考前一个月组织成立，并于会考事宜结束时撤销。① 此外，还统一了会考时间。规定为每年6月最后一个星期及7月第一个星期。考生较多的地区，仍可以分区举行会考，但考试日期不能改变。会考前1个月，各地由学校将应届毕业生名册呈报主管教育行政机关。参加会考的学校，应在会考前两个星期内举行毕业考试，其各科毕业成绩表，应于会考开始前呈报上级教育行政机关。会考科目将体育除外，党义改为公民。会考成绩的核算加入了学校成绩，会考成绩占60%，学校成绩占40%，其中学校成绩由各科学年成绩占60%，各科毕业考试成绩占40%组成；对于1～2科不及格者取消补考直接参加下届会考，但可先行投考大学作为试读生，待来年会考通过后转为正式生；3科不及格者改为有两次留级机会。

1934年，教育部公布了《经会考及视察之公私立中学成绩低弱或成绩恶劣之处置办法》，对于会考成绩不佳者做出了相应的惩处规定。规定："凡会考成绩过低或经视察认为成绩低弱者，应限制其招生额数或停止招生，限期责令改善。其有成绩恶劣难以改进者，应勒令停闭。"②

1935年4月6日，教育部公布了《修正中学学生毕业会考规程》。鉴于学生在最后一学期及暑假前后要应付3次考试即学校毕业考试、会考、升学考试，而会考与学校毕业考试在科目上又有所重复，所以在实行会考两年以后废除了学校毕业考试，并规定凡参加会考的学校，其应届毕业生只就最后一学期所学的科目在会考前两星期内举行学期考试，毕业会考各科成绩以3年各科平均成绩占40%与会考成绩占60%合并计算。还规定各省教育行政

---

① 张永平：《民国中学毕业会考之始末》，载《华东师范大学学报》（教育科学版）1992年第3期。

② 李国钧、王炳照：《中国教育制度通史》（第七卷），第13页，济南：山东教育出版社，2000年。

机关对于所属各初级中学应届毕业生如有特殊困难情形者，呈教育部批准后，可就全省初级中学中抽考半数以上举行会考；会考1科或2科不及格的学生如去他省升学或服务，得由该省原校呈请主管教育行政机关转请该生升学或服务所在地主管教育行政机关令准其参加当地毕业会考、补考，同时还颁布了《师范学校学生毕业会考规程》。

1936年4月教育部颁发了《中学及师范学校学生毕业会考办法更定各点》，完善了中学及师范学校会考办法，削减了考试科目，规定初、高级中学毕业会考科目为国文、外国语、数学、理化（物理、化学）、史地（历史、地理）5科，于1937年又将职业学校纳入会考范围。直到“1945年因当时经济、交通和复员返迁等原因，政府决定暂时停止会考，以后再也没有恢复过”。①

二、《教育杂志》对会考制度的调查与讨论

（一）有关会考制度的历史渊源与背景

1. 文化传统

会考制度的建立是有其历史渊源与文化传承的。早在清朝就已经有了类似会考的考试制度，“前清时，中学堂考试严格得很。每月有月考，半年有期考，学年有年考，临毕业有毕业考。至宣统年间，在学校中举行毕业考试之后，还要到省会经提学司复试及格方得毕业。民元之后，虽废止月考及毕业复试，而学期、学年及毕业考试仍照旧实行”。② 再者，中国自古以来就是以考试论英雄的国家。“书中自有黄金屋，书中自有颜如玉”，但是想要达到这些目的唯一的手段就是考试。民国时期会考制度的建立在一定程度上是受了科举制度的遗毒的。“把读书当作敲门砖，为换取文凭和学位的工具……中国读书人秉着几千年的遗毒，最容易倾倒于虚荣，臣服于利害，如用海洛因治鸦片瘾，愈有效而病愈深”。③

2. 外部影响

民国时期的教育是在继承历史传统和当时国外教育思想的影响下，走上

① 孙培青：《中国教育史》，第433页，上海：华东师范大学出版社，2000年。
② 林砺儒：《从批评中学新法令朔到未来的改造》，载《教育杂志》1934年第24卷第4号。
③ 林砺儒：《从批评中学新法令朔到未来的改造》，载《教育杂志》1934年第24卷第4号。

了从照搬、借鉴国外教育经验到逐渐结合本国国情探索适合本国特点的教育本土化发展之路的。当时联合国教育考察团来华考察教育并在其所著的《中国教育之改造》中提出应提高中学程度，这对当局不能不说是一种刺激。虽然联合国教育考察团成员基本是由欧美等国家人员组成，其报告中难免含有推销欧美教育思想之嫌，但是最终我国会考制度的建立是在借鉴欧美等国的经验基础上，结合当时教育现状的一种本土化的结果。

3. 政治动机

国民党政府举行会考基本上有两种目的：其一，其表面上所说的“为整齐小学、初级中学、高级中学普通科学生毕业程度及增进教学效率”。“‘五·四运动’以后，各学堂当局纪纲不振，考试制度遂突然倒塌下来。学年结束，若能够平稳地举行一次形式的考试，便以引为庆幸”。[①] 由此以致当时毕业生水平参差不齐，学生素质低。所以举行会考在一定程度上能够保证毕业学生应有的水平。其二，国民党政府不愿承认的真正动机就是：1927 年国民党叛变革命以来，为巩固其统治、统一思想而举行会考，这也是国民党进行党化教育的手段之一。由于当时民众对国民党政府不满，全国各地纷纷爆发各种学潮，国民党政府希望通过会考加重学生负担，使他们忙于学习，无暇顾及社会其他。正如《行政院整饬全国学风之通令》中提到的行政院令教育部整饬全国学风，免受共产党及反动派之诱惑。使各学校学生务当修养人格，努力学问蔚为大器。并认为“学生自当一意力学，涵养身心，稟古人思不出位之训诫，奉总理三民主义为依归。不得干涉教育行政，致荒学业”。而在《整饬学风之南北舆论》中关于学风问题时认为：“诚非政府挟雷霆万钧之力，切实整顿，断难期望士习之丕变。”[②] 从以上可以看出“这新法令是对于十一年来放任政策的一种反动，政府要对全国中学教育加上一副羁勒”。[③] 以上种种为会考制度的建立埋下了伏笔。当局也认为“最好的消灭风潮方法在提倡读书，而普遍提倡读书的最好方法，莫过于实行会考”。[④]

---

① 林砺儒：《从批评中学新法令朔到未来的改造》，载《教育杂志》1934 年第 24 卷第 4 号。
② 本刊编辑：《教育界消息》，载《教育杂志》1931 年第 23 卷第 1 号。
③ 林砺儒：《从批评中学新法令朔到未来的改造》，载《教育杂志》1934 年第 24 期第 4 号。
④ 胡国钰：《会考对于学校日常工作的影响》，载《教育杂志》1934 年第 24 卷第 4 号。

4. 理论准备

在会考制度出台前，就有文章指出学校内部考试制度的危害，提出应举行一种校外考试。1928 年《教育杂志》第 20 卷第 1 号李华民的《改革考试制度之我见》认为，当时学校拥有考试权，学校毕业考试由学校自己执行，这样做不仅使同级学校毕业生毕业程度不一，而且教育厅也不能确知各校的真正成绩。即使教育厅进行视学、视察也起不到多大效果。所以作者认为考试权制应上移至教育厅，将入学考试、毕业考试合成一种形式的考试，毕业标准及试题由教育厅组织专家编制。这也为后来会考的举行奠定了基础。而在实际中，在会考制度出台前，就有地方举行过类似考试，1926 年 2 月 20 日《教育杂志》刊登的《湘省举行毕业复试之条例及学生之反抗》①，提到湖南教育司举行中等以上学生毕业复试，遭到学生反抗。其毕业复试和后来举行的会考在形式上是相似的。

（二）各界人士对于会考意见的调查

早在会考制度出台前，就有专家对考试这种制度提出质疑。认为考试是对学生精神活动的妨碍。学生花费大量精力去准备考试，但短时间记忆的知识在考试后很快被忘却大半，“这不是枉费精力，大害精神卫生”。② 因为考试，学生要在短时间内生吞活剥大量考试课程，将注意力集中在对书本的死记硬背上，这样不仅限制了学生个性的发展，妨碍学生自由地研究学问，而且还使学生过度操劳，损害身体健康。如若考试失败则可能挫伤学生的自信心，甚至有选择轻生的也不乏其人。而就考试的形式来说，由于条件的限制，考试大多只能以笔试形式进行，由于考试环境等因素的影响，其结果并不能代表学生的真正水平。此外，还有考试的功利性消灭了教育的真正精神。所以有专家认为，“现在中国学校的考试根本的意义和从前的科举及现在的什么招考县长、招考书记没有什么不同，至于效用有时还比较的低”。③对于这样不利于学生身心发展、教育发展的考试，碍于当时中国的现状，取消似乎不可能，所以就有专家提出减少学生人数，增加教员人数，并提供更

---

① 本刊编辑：《湘省举行毕业复试之条例及学生之反抗》，载《教育杂志》1926 年第 18 卷第 2 号。

② 天一：《考试制度》，载《教育杂志》1920 年第 12 卷第 5 号。

③ 薰宇：《考试》，载《教育杂志》1922 年第 14 卷第 1 号。

多教育机关保证教育均等的改良方案。对于学校所持的态度是“学校应当是一个纯然努力耕耘而不是求收获的机关”。①

《教育杂志》第26卷第4号毕业会考问题研究专号就会考制度进行了专门研究。对于会考各相关关系人进行了实际经验的调查，以下就各相关关系人对会考的意见作简要介绍。

1. 教育行政人员的经验及意见

（1）每年为举办会考，各机关得消耗大量人力、财力和时间。

（2）对于会考原因有人认为是表示对于学校的不信任，大多数认为是利于比较各校成绩，促进后进学校和教学效率，划一程度。

（3）对于会考科目，只考基本课程，对于非会考科目可进行抽考或举行各种展览会。

（4）会考优点在于可以使教员努力，学生用功；缺点在于学校虚报分数，教师只注重会考科目，学生不守规则，加之为考试临时努力有碍于健康。

总的来说，对于会考教育行政人员支持者多于反对者，而且会考的办理工作比前一年有了改进。

2. 阅卷委员的经验及意见

绝大多数人认为会考制度应该存在，但必须进行改善。在会考方法上，试题不应过难或过易、过泛或过狭、过多或过少，这些都是不可取的。评阅卷的缺点主要是阅卷人员前后评阅标准不一致、阅卷人相互间评阅标准不一致。所以针对这些弊病，阅卷人员认为会考应采取测验的方法，使考试方法趋于科学化。

3. 校长的经验及意见

（1）大多数校长认为，会考之前应共同磋商，应参加联席会议。

（2）会考后只有少数学校校长因会考成绩而受到奖惩，这些对于学生家长来说并不很关心，而未能毕业的学生的家长也只是消极请求学校准许该学生毕业。

（3）教师态度方面，担任会考科目的教员多主动增加授课并对学生义

① 薰宇：《考试》，载《教育杂志》1922年第14卷第1号。

务指导；担任非会考科目的教员则多半表示沉默。

（4）学生方面，坦白承认学生曾反对会考的只有一校。大多数学生对会考持无可无不可的态度。

（5）行政方面，会考增加了学校的负担，主要是教员的薪水和学生的旅费。

多数校长认为，会考的举行是官厅对他们的不信任，虽然会考可以督促教师认真教学，学生易于训管，但是会考并不是教育的全部，而且使学生容易死读书。但会考既然势在必行，那么只好改良会考方法。

4. 教务主任的经验及意见

会考成为教务工作很重要的一部分，为此会考前专门举行会议并增加课时。大多数教务主任认为会考既有利又有弊。利在于会考可以督促学生、教员注意功课，督促学校负责；弊在于使教育人员及学生以应付会考为目的，使学生轻视其他科目。会考损害了学生健康，使学生对知识只是零碎记忆，减少了学生课外活动。还有会考结果的不可靠。虽然会考可以取缔不良学校，但却摧残了教育上之实验工作。对于会考之利可以通过其他方法取得，但会考的弊端却在会考制度中难以避免。

5. 训育主任的经验及意见

（1）会考的举行在学校秩序的维持上没有什么显著影响。学生迟到、早退、旷课、犯规、请假等不因会考而改变。

（2）会考使学生的运动减少。

（3）会考使学生课外活动减少。

（4）训育人员大多数赞成会考，认为会考有利有弊，利在于会考易收训练之效；弊在于会考容易养成学生不健全之心理，重视会考科目忽略会考科目以外的训练及活动。

站在训育主任的立场上看，训育主任的职责在于：一方面是维持学校秩序以做一切活动的辅助；另一方面是在指导学生生活，以谋训练目标的实现。虽然会考使学生集中于学习，对维持学校秩序起到了一定的辅助作用，但从训育的最终目的：锻炼强健身体、陶冶公民道德、培育民族文化、充实生活知能、培植科学基础、养成劳动习惯、启发艺术兴趣来看，会考及随后的大学入学考试使学生疲于应付，会考制度的实施使学生无暇顾及这些，会考阻碍了学生全方位发展。

6. 担任会考科目教员的经验及意见

认为会考制度有促进教育效率之作用，能收到归纳中学课程标准之效用。但会考打破了学生的生活规律，妨害学生的身心健康，若考试失败可能导致精神沮丧甚至自杀。会考使学生偏重难的科目，死记教材，不利于天才的培养，学生仅为会考读书失去学习兴趣。对于教师，会考不能设计教学计划及新教法。老师们认为要达到课程规定目标不只是通过会考这一种办法。

7. 担任非会考科目教员的经验及意见

在大多数学校因为会考而减少非会考课程的占7%；利用非会考课时进行补习会考科目的占4%；学生因是非会考课程而轻视的占15%；非会考课程成绩较会考前降低的占7%；将非会考课程加入到会考科目中认为困难的占47%，认为不困难的占53%。由此可见，会考对于副科并没有太大影响，担任非会考科目教员对会考也没有太多反感，并希望这些科目也可以加入到会考中去。

8. 学生的经验及意见

（1）初中毕业生的经验及意见

本调查限于会考及格而升学的初中毕业生。他们认为会考制度虽可以整顿教育现状，促进学生努力，但师生忙于应付会考，学生视会考指南为必读之书，难免无暇顾及非会考科目，长此以往，恐怕与教育的真正意义相距甚远。因此，教育制度确有改革的必要。

（2）高中毕业生的经验及意见

本调查限于经过会考升入大学一年级的学生。在会考前师生花大量时间准备考试科目，减少了非会考科目上课时间甚至很多学生迟到早退或旷课。学生因会考减少日常活动和课外活动，甚至是睡觉时间也平均减少了3小时。另外，会考时也发生过与行政人员串通作弊的事件。还有人认为会考后的成绩基本是与平时成绩相符，那么会考就多此一举。但对多数人来说会考使他们在身体、精神、经济上受了很大的损失。因此，大多数学生认为会考弊大于利，赞成的少，反对的多。

9. 学生家长的经验及意见

大多数家长对于会考表示赞成，认为会考可以改良学校，促进学生努力读书，有继续存在的价值。但会考也存在着不足，如损害了学生健康，影响了学生的精神，妨碍了学校课程的正常进行，使学校重视所考课目，但会考结果却不能测验学生真正的能力，而且对于三种考试即学校毕业考试、会考、入学考试相继举行并非满意。多数家长赞成会考，但认为应从执行方法、会考科目、考试人员、命题等各方面对会考进行改善；而反对会考的家长认为应取消会考制度，代之的是从教育行政机关、学校等其他方面改善教育。

（三）对会考制度价值、利弊的讨论

会考制度的出台对学校、学生、家长等有一定的影响，《教育杂志》就会考各关系人的调查结果及当时社会各方面的学者专家的意见对会考制度的价值、利弊进行了讨论。

1. 会考制度的价值与作用

（1）提高了学校工作效率，使学校认真办学

“自实行了会考以来，无论教师方面、学生方面，工作确实比从前紧张了。从前一天上三小时课，现在上四小时课了；从前下课没有自习，现在下课有自习了；从前假期没有补习，现在假期也要补习了；从前上课教员迟到，现在不迟到了；从前学生任意请假，现在没有重要事故，谁也不请假了。把懒散的学校变为紧张的学校，不能不说是会考的影响”。会考不仅使师生认真对待教学，也让学校认真对待教员的聘请。会考前学校聘请教员靠关系就可以，“现在因会考的关系，请教员比从前认真了，那些滥竽充数的不能胜任的教员，无形中被淘汰了”。①

（2）督促教师认真负责

虽然会考前也不乏认真讲课的教师，但会考的实行使教师更加认真对待课程，对于重要部分反复讲解。从前一学期可能只讲课程一部分，现在因为会考，教师讲课更有计划性，如果讲不完就只能加班加点完成教学。有学者提出，会考前“中学教职员，少适当能胜任之人，对于各科教学及各种实

---

① 孙钰：《毕业会考利弊的检讨》，载《教育杂志》1936 年第 26 卷第 4 号。

验，平时不免敷衍，结果所造就之毕业生，程度多未能达所需之标准……如不举行会考，实际腐败之情形不易表现”。会考施行之后就理论上来讲，“各校应届毕业学生之数，与会考考试及格学生之数，有一定之数目可以稽核，办理之腐败，自可发现，官厅自可加以整顿取缔，故会考制与中学教职员实可收督促之功”。①

（3）督促学生努力学习，提高毕业生质量

在没有毕业会考前，由于当时社会环境等因素能够安心学习的人占少数，加上学校、教师也多半敷衍了事，所以致使“学生平时未能勤修课业，对于考试多不重视，只需肄业期满，总可毕业，结果名不副实。中学毕业生多半未得到中学教育应有之程度”。学生对于平时的课业也不甚上心，荒嬉多余学习。“自从实行会考，不注意功课，便被学校除名，不能参加会考，便不能升学，于是不得不注意功课”。② 而且学校考试也不仅限于近期学习的内容，而是将学期、学年甚至是几年的功课包括在内，所以学生必须经常温习功课。虽然会考不能兼顾所有课程，但对于会考科目来说，学生的程度确实提高了。另外，会考有利于统一课程标准，拉齐毕业程度。在同一个区域的学生，同时参加同样的考试，那么及格者当然在一固定水平线上。有了会考的把关，提高了毕业生的素质，减少了成绩低劣的毕业生。将那些只想蒙混过关、拿文凭的挂名学生剔除在外，而且因为要准备会考，学生对于之后的升学考试也感到相对容易了。

（4）清除了劣质学校，提高学校办学质量

因为有了会考，那些只为收费而招生的学校也必须注意功课了。如果学校的毕业生大多数不能通过会考，那么学校的命运就岌岌可危了。如1935年教育部令山东教育厅文中所说：“查各省市公私立中学，每有办理不善、贻误青年情形，迭经本部令饬督促改进或予以取缔……凡会考成绩过低及经视察认为成绩低劣者，应限制其招生额数，或停止招生，限期责令改善。其有成绩恶劣难期改善者，应勒令停闭……”③ 在会考的压力下迫使学校不得不提高教学的质量。因此会考有利于“取缔不良之私立学校，能得各校比

① 潘渊：《中学会考规程之探讨》，载《教育杂志》1936年第26卷第4号。

② 孙钰：《毕业会考利弊的检讨》，载《教育杂志》1936年第26卷第4号。

③ 胡国钰：《会考对于学校日常工作的影响》，载《教育杂志》1936年第26卷第4号。

较之机会，成绩低劣学校知所改进，因各校竞争成绩教育得以日有进展”。[①]

（5）减少学潮

从教育行政上来说，因会考，学校比较以前更认真办学，教员也认真教学，使学生相对满意，加之学生忙于应付会考，无暇再闹学潮。所以会考使学生“易于管训，增进了与教师的感情，使学生思想统一免去轨外行动”。[②]这也不得不说是当时教育当局所想取得的最好的效果吧。

2. 会考制度的消极影响

利之所在弊必随之，有学者指出：会考制度“根本上是反教育的，易于把教育八股化和科举化，倘坚决地维持其存在，而仅在规程上面下工夫，无论如何修正，站在教育的立场来看，总嫌其害多利少”。[③] 具体来说，会考有以下几点弊端。

（1）会考不能代表中学全部的教育

李建勋认为，就会考科目和时间来说，会考科目与中学课程依照民国二十四年四月教育部颁布的《修正中学学生毕业会考规程》第 4 项规定：高级中学为 9 门课程，初级中学 7 科（实际上等于 9 科）。就科目数论，高中会考者占 60%，非会考者占 40%；初中会考者占 55%，非会考者占 45%。就课时论，高中会考者占 78%，非会考者占 22%；初中会考者占 72%，非会考者占 28%。会考科目数和课时数虽然占去课程中大半但非全体，就算是中学的全部课程也不能代表整个中学的全部教育。[④]

就会考科目与中学目标来说，民国二十二年三月十八日公布的中学规程第 2 条规定了关于对学生应进行锻炼强健体格、陶融公民道德、培育民族文化、充实生活知能、培植科学基础、养成劳动习惯、启发艺术兴趣 7 项训练。对于以上 7 项中学教育目标，会考只能考出其中关于公民道德和民族文化中的一部分知识，其余均得在非会考科目中实现。中学教育应德、智、体全面发展，课内教学与课外活动兼顾。所以“以部定之中学课程代表中学

① 李建勋：《关于会考实际经验的调查·总论》，载《教育杂志》1936 年第 26 卷第 4 号。

② 李建勋：《关于会考实际经验的调查·总论》，载《教育杂志》1936 年第 26 卷第 4 号。

③ 徐侍峰：《从中学生毕业会考规程估定中学生毕业会考制度的价值》，载《教育杂志》1936 年第 26 卷第 4 号。

④ 李建勋：《关于会考实际经验的调查·总论》，载《教育杂志》1936 年第 26 卷第 4 号。

整个的教育已属错误，若以该课程中一部分科目之成绩，判别各中学教育之优劣，则更为不当矣。是以毕业会考之成绩，只能代表各生对某某科之程度（如考试得法），不能代表中学整个的教育，以其与所定目标相差甚远也”。①而且为了顾全学校、教师的脸面，“于是当试期将近，应届毕业之各班师生联合将应授之课停止，集中精力，以预备考试之科，讲究应试之技术。于是各班末一学期之学科，多未能如原定计划授完，而学生预备考试时所获之知识，亦未能持久。结果学生受实际损失，国家原定中学教育之目的亦未能完全达到”。②

（2）忽视了非会考科目

会考使师生关注于考试科目，教学只围绕会考科目转。“会考所考的必须教，甚至于必须尽力教；会考所不考的不必教，甚至于必不教……所教的只是会考的功课，只是会考指南！学校变作了会考筹备处，教师变作了会考筹备员，把教育的真正意义完全失掉了”。③

（3）将学校教育僵化为知识的传授

读书和知识的学习只能说是教育的一部分，但是会考所考的内容仅限于书本范围，而且固化为记忆的知识，这样就造成了在教育中，学生死读书、读死书的现象。更有学者指出这种注重知识记忆的会考制度是科举制度的复活。学生“入学就是读书，读书就是为会考”。④ 这样将学校教育僵化在知识的传授上，使教师成了教书匠，学生成了容纳知识的机器。“把教育完全看成是知识的教育，人格的陶冶、意志的修养被完全摒在教育范围之外。造成了这种偏枯的教育”。⑤ 教育部虽强调要启发教学，但是启发教学需大量时间，“在启发之前，要引发学生的需要；在启发之中，要讨论许多有关的事实；在启发之终，要领导学生自己去发现。假如把教材直接给学生讲那该多省事”。⑥ 学生为了临阵磨枪、不快也光，教师为了面子、地位，自然采取了讲演注入式的教学，甚至有时连这种注入式的教学也省略了而直接去研

---

① 李建勋：《关于会考实际经验的调查·总论》，载《教育杂志》1936 年第 26 卷第 4 号。
② 潘渊：《中学会考规程之探讨》，载《教育杂志》1936 年第 26 卷第 4 号。
③ 孙钰：《毕业会考利弊的检讨》，载《教育杂志》1936 年第 26 卷第 4 号。
④ 潘渊：《中学会考规程之探讨》，载《教育杂志》1936 年第 26 卷第 4 号。
⑤ 孙钰：《毕业会考利弊的检讨》，载《教育杂志》1936 年第 26 卷第 4 号。
⑥ 胡国钰：《会考对于学校日常工作的影响》，载《教育杂志》1936 年第 26 卷第 4 号。

究会考指南、考试技巧。虽然会考指南、会考汇编等书籍迎合了学生谋取会考及格的心理而畅销于书市，但这些书籍不仅固化了学生的思维，更容易使他们形成投机取巧的心理，忽视了教育的真谛。

（4）教育脱离了生活

会考前，学校教育尚还能顾及学生的兴趣与社会的需要。但会考实施后，学校的一切教育就在会考的指挥棒下转了。学校为了会考的成绩牺牲学生的兴趣甚至是健康也在所不惜，更别提社会的需要了。教师一心为了会考，以前的教学法不管了，学生能力的培养也不提了。为了会考，学生不能参加各种团体，不能练习做事的能力，没有时间从事生活劳动。等到会考结束，学生也只成了“只会读书，不会做事；只会说话，不会劳动的书呆子了”。[①]“中学教育所望以发展青年身心者，则因会考而妨害青年身心之健康；所望以研究高深学术及从事职业之预备者，则学校教育岂可以专重书本文字的学习，与实际生活无关的训练而能达到应有目的么?”[②]

（5）会考戕害了学生身心健康，歪曲了人格的塑造

学校毕业考试、会考、升学考试都要在最后一学期和暑假前后举行，节节紧扣，哪一个环节出问题都会断送学生的前程。而且有的科目已搁置一两年，所以会考前学生要从头温习或学习，加上师生都有“人之好善谁不如我”的争强好胜之心。可想而知，在这样巨大的学业压力下，学生只得减少活动和睡眠时间，学校也只能拼命增加课时，有的学校一周竟增加至48小时。于是，“教师将功课尽力地提高程度，讲不完了，尽力地开快车。听不懂了，只好下课后温习，温习不过来了，只好退学。这个教师这样讲，那个教师也这样讲，你也催，他也催，优能的学生也做不完他一日的工作。学生们被催病了，只好认倒霉；被催死了，只好算活该!”[③] 对于通过“会考而得升学的学生要经过三次的精神变态，会考而不及格的学生，其神魂颠倒之次数可以减少，而其病象程度恐怕还要加重”。[④] 这样的会考使教育成了“催命的教育”、“非人的教育”。对此有专家提出：考试不是学生的全部，

---

① 孙钰：《毕业会考利弊的检讨》，载《教育杂志》1936年第26卷第4号。

② 张怀：《会考是否能达到中学教育的目标》，载《教育杂志》1936年第26卷第4号。

③ 孙钰：《毕业会考利弊的检讨》，载《教育杂志》1936年第26卷第4号。

④ 胡国钰：《会考对于学校日常工作的影响》，载《教育杂志》1936年第26卷第4号。

"一个人才的造成，单靠知识是不够的，知识的获得单靠书本是不够的，书本的了解单靠数量的灌注是不够的，数量收入脑中的程度，单靠考试是不够的。在这一连串大小轻重的关系上，不但会考的一件事，只等于一个不足轻重的陪臣，就是读书的本身，也不过等于一个爵爷罢了。在他的上面还有一位至高无上的君主，叫做人生的呢！因此，我们说到青年理智上的健康问题，便不得不提出这个将要科举化的会考和那个繁重与硬化的课程标准两件事。我们相信这两件事都是含有毒质的分子，是青年与儿童理智上健康的大障碍"。[①] 此外，会考不仅损害了学生的身心健康，而且对学生的道德修养也有消极的影响，"在会考时，教员、职员、学生三方面大半日以取巧苟且为事，此时还谈得到什么人格的陶冶？纵使学生经过会考以后身体精神依然健康，只此人格之交相感应上，或称之为道德的健康，也要有很严重的影响了"。[②] 因此，为了考试成绩"师生一德、励精作伪"，这样的会考损害了学生的身心健康，更歪曲了正直人格的塑造。

（6）会考造成了教育的不公平

会考造成了学校内学生待遇的不公平：会考成绩的好坏成了评定学校优劣的标尺。所以为了会考取得好成绩，学校对优等生就往往多加关照，如免费、津贴、特别补习等。优等生与差生发生冲突，教师也自然偏向优等生。这样"功课好的学生本来就好，学校再予补习，当然更好了；功课不甚好的学生本来就不甚好，学校再不加闻问，当然更不好了"。[③] 学习差的学生，不仅在学校被轻视，甚至有可能因学校怕被拖后腿而被中途除名。这些被学校抛弃了的学生，精神上更容易变得颓废，前途也将随之黯淡。另外，会考造成了地区间教育的不公平，"各省、市、区文化程度不同，教育行政机关的当局以及其所组织之会考委员会委员其学识和能力亦彼此相去悬殊；因之会考的标准难易不同，全国会考及格之中学毕业生自必程度参差不齐"。[④] 这样，即使同是及格者也可能在程度上有差异。同时也降低了会考文凭的价

---

① 陈衡哲：《青年的健康问题》，载《大公报》二十四年一月二十四日。

② 胡国钰：《会考对于学校日常工作的影响》，载《教育杂志》1936 年第 26 卷第 4 号。

③ 孙钰：《毕业会考利弊的检讨》，载《教育杂志》1936 年第 26 卷第 4 号。

④ 徐侍峰：《从中学生毕业会考规程估定中学生毕业会考制度的价值》，载《教育杂志》1936 年第 26 卷第 4 号。

值。还有，在一些地区，学校、师生和行政人员联合作弊，造成了考试结果的不公平。

此外，因为学校毕业考试的举行及会考考试、阅卷、公布成绩都集中在一两个月内完成，在短时期内需做如此多的工作，教育厅必须全体动员，甚至还得增加外援。这样，“时间仓促，工作人员不尽可靠，缺乏科学管理的方法等等，更不免凌乱错误。于是与各中学学生的一生前途有关之一个重要关键就只好在这种凌乱错误中碰运气了”。①

（7）会考造成师生感情的淡漠

会考前，师生感情往往较好，教师用知识启迪学生，用情感感化学生。但是会考后，教师对学生的功课只是拼命地催，学生也只是拼命赶。“教师利用学生会考胜利，巩固自己的地位，学校利用教师能教会考，提高学校的地位”。② 在教育中，学校、教师、学生都充满了互相利用的意味，怎能谈到感情的维系呢。

（8）命题、评分不科学

对于会考的命题和评分都具有很大的不公正性。其“沿用方法所以不准确者其病在主观，而主观之弊端在评判有无一定之标准；甲之标准与乙不同，乙之标准又与丙异；各是其是，各非其非，是以同一事实，因评判者之见地不同，则结果若天渊”。③

对于会考及格标准规定为：80 分以上者为甲等，70 分以上者为乙等，60 分以上者为丙等，60 分以下为丁等即不及格。对于这样的考试及格标准只凭主观认定，而毫无任何客观依据。所以就有学者指出会考及格标准应根据实际情况而定。如果试题难则及格人数少，及格标准应降低；试题易，则及格人数多，及格标准应提高。

对于结果不公平，周学章等学者指出有以下几点：首先，计算总平均成绩时如果各科所占比例相等而不管其实际课时数则为不公。如国文、英语每

---

① 徐侍峰：《从中学生毕业会考规程估定中学生毕业会考制度的价值》，载《教育杂志》1936 年第 26 卷第 4 号。

② 孙钰：《毕业会考利弊的检讨》，载《教育杂志》1936 年第 26 卷第 4 号。

③ 周学章、程克敬、王征葵：《中等学校会考方法之检讨》，载《教育杂志》1936 年第 26 卷第 4 号。

周上5小时，共上3年，而生物、化学等每周上4小时，只上1年。“以课业之多寡而论，则前者各具后者七倍以上，然在总平均分数之内各占一样的分比，何其不公之甚耶！”其次，学校办学效率不应完全以学生成绩而评定。学校办学成绩与其教员程度、办学经费等多种因素相关，也与学生整体素质相联系，仅仅凭学生的会考成绩来评定学校，对学校也是不公平的。最后，会考最终成绩将学校成绩和会考成绩相混合，这样虽可以照顾到学生平时成绩，但在学校面临竞争压力下，难免有些学校为提高成绩，而对学校成绩造假，这样造假的学校受到了好评，而如实上报成绩的学校反而吃了亏。①

（9）不利于学生个性的发展、天才的培养

“教学之真正意义在于利用学生之求知欲，以养成其自动研究之习惯”。而会考“使学生专重课本的记忆，不作课外涉猎或独立研究，抹杀个性，降低程度，埋没天才，使学生缺乏系统深刻的研究，只注意记忆零碎的知识，阻碍教者及学者之创造力，重记忆而忽视理解”。② 所以会考的存在，使学校培养出的学生是会死记硬背书本知识、身体孱弱的书呆子，而不是依据学生个性发展、可以自由研究学问、社会所需要的具有创造力的人才。

（10）考试程序僵化

经教育部所定规程规定会考3门不及格者一概留级。学校3年的教育只因一次考试失败而被完全否定。一方面，是对学校教职员的一种不信任；另一方面，留级重考降低了学校、教师在学生中的威信，使学生不再相信教师的担保、学校的教育。此外，会考将中学毕业试验权由学校校长转至会考委员会，是一种对于办学人的不信任的表现。这样的结果就造成了“学行貌美之士，将不肯任校长，中学教育之前途，将蒙不利之影响”。③

因3科不及格就得重修这样做是否科学。如果3科不及格，那么说明该生学习水平较低，如果全部重修，等到下年再参加会考，那么结果反而更糟。上智与下愚不移，对于上智者，其注意力集中于功课，并能长久保持，

---

① 周学章、程克敬、王征葵：《中等学校会考方法之检讨》，载《教育杂志》1936年第26卷第4号。

② 李建勋：《关于会考实际经验的调查·总论》，载《教育杂志》1936年第26卷第4号。

③ 潘渊：《中学会考规程之探讨》，载《教育杂志》，1936年第26卷第4号。

虽没会考施压也可自觉学习。对于下愚者，其注意力不能长久保持，对于一事物虽可暂时用功，但时间一长容易被其他事物引诱，所以就算有会考施压，对其也并无影响。

对于1～2科会考科目不及格者可先行挂科升学，作为试读生，等下一年参加补考通过后再转为正式生。这在逻辑上显然是一个错误，既然可以通过大学入学考试却又因中学会考不及格而反过来参加补考，这不是一种“叠床架屋”① 的制度吗。此外，对于缺考者在条文和行政手段上都非常简便，但缺考者并不意味着成绩不好，无规定请求补考办法的情况下，考生也只能求学无门了。

（11）财政浪费

在经费上，因会考使“学校用费超过预算，增加学生负担，不经济，虚糜公款”。“中学生毕业会考是一桩劳民伤财的财政。对于教育机关，各省每次会考需用经费最多为1.2万元，最少为3000元，平均为7927.8元。为了会考国家投入如此大的财力、人力，如果将这笔钱用于普及教育，那么于国于民可能会有更大的收益吧”。②

总而言之，对于会考，大多数专家、学者都持反对意见，认为“会考成了变相的科举，是使教育回到书本教人的路上的一个方法。它是在努力缩小教育的范围，宣布教育的死刑”。会考虽有一定的价值和作用，对当时的教育弊端有治疗之作用，但这些好处可以通过其他方法获得，但会考自身存在的弊端，确是无法根除的。“毕业会考为教育当局对于当时教育病症的一剂猛烈的救济药，但含有毒性的副作用，绝不可常服”。③ 也有学者提出：从会考本身的价值来说是根本不可能收到整顿教育的作用的。教育当局名义上是为了整顿教育，使学校认真办学，让学生勤奋读书，但事实上，“学生们懒读书，大半是……教员教得糊涂，多半是因为学问不够，不得不含糊敷衍，另用方法以操纵学生；而社会环境又天天暗示着操纵群众是现代成功者的不二法门！校长懒办自然罪不在赦，可是现在做校长的如果认真做，恐怕

① 徐侍峰：《从中学生毕业会考规程估定中学生毕业会考制度的价值》，载《教育杂志》1936年第26卷第4号。

② 李建勋：《关于会考实际经验的调查·总论》，载《教育杂志》1936年第26卷第4号。

③ 潘渊：《中学会考规程之探讨》，载《教育杂志》1936年第26卷第4号。

就做不了校长！老实不客气地说，今日在中国如果没有几套敷衍的把戏，恐怕就做不了校长！”① 所以在利弊比较之下，大多数人认为，会考弊大于利，应予以取消。但是在当局一意孤行执行会考的情况下，会考各相关关系人及专家、学者也提出了对于会考制度的改革意见。

（四）对会考制度的改良意见

1. 做好会考相关工作

会考前应做好筹备工作：应请与考学校的校长参加以表示信任，提前筹备以求周密；教育当局平时宜督促校长；应严令各校不许淘汰应考学生；同场同时会考者最少需3校；教材、教法、设备、考期、地点等划一。会考组织要严整，主考及监试人选要谨慎，监试要严密，考场要适中而卫生。

考后的处理工作：奖惩优劣学科教员，使教员分负责任，免功过独归校长；奖励优良学生，奖励、补助优良学校；会考成绩优良者大学应给予官费；对于成绩优良而无力上学者应予以辅助，会考及格不欲升学者应择优任用；对于不良学校应切实处理；对劣等生应加以制裁。此外，学校成绩是受各种因素影响的，不应只以会考成绩优劣而评定学校办学情况。

2. 考试科目的选定

“部定会考科目仅中学课程中之一部分，中学课程中之各科，亦仅中学教育之一部分。举行会考应统筹兼顾，不应以一部分而概全体。会考不仅应考课程中之各科，而体育、德育亦应在考查之列。惟会考科目，不必每年皆同且亦不必确定种数”。②

3. 统一标准

如果做到全国中学统一课本、统一试题太困难，不易做到。那么，教育部应在其审核的各科教科书中指定几种教材让各校自己选择，或者在课程标准外拟定各科教学细目，使各校在平时教学和考试时能够以此作为根据。

4. 阅卷

阅卷人选要有真才实学，最好由命题人阅卷；评阅方法将分科阅卷改为分题阅卷，采取复阅复核法，若采用标准测验法则此两项可以避免。此外还

① 林砺儒：《从批评中学新法令说到未来的改造》，载《教育杂志》1936年第26卷第4号。

② 李建勋：《关于会考实际经验的调查·总论》，载《教育杂志》1936年第26卷第4号。

要注意防范问题。评卷工作完毕后，应召集阅卷人员就评卷中发现的问题进行讨论，并呈报教育当局以资改正。

5. 毕业、升学与补考

对于不及格者，一科不及格应允许毕业，两科不及格者，如平均分数及格应准许毕业，三科不及格者，如其他成绩特佳则允许毕业。如照前所述降低及格标准则应照章办理。“举行高中毕业生会考时，宜请各该处之大学及专门学校校长参加；初中会考时，宜请各该处之高中校长参加”。这样对于及格者，如在本省管辖范围内之学校，会考及格者可免试升学，否则必须成绩优异者。还有学者对会考提出设想“普通高中为升学而设，将来仅实行高中毕业会考，会考之后予以径升大学之权，而大学入学考试仅加一种特别能力的考试”。[①] 或遇升学科目与会考科目相同，可将该科予以免试，这样不仅提高了考试效率，节省时间，还提高了会考之效益。对于落第学生应多加开道，为其保存颜面。对于能够考入高一级学校的学生来说，已具备了低一级的知识，所以对于已升学的学生有两门会考科目不及格可不必补考，或对其限制升学所入科系，或由升入的学校负责考核或以其第一学年成绩核定。

6. 考区与经费

从会考本身来说，考区越少越容易划一，但就学校与考生的经济来说，考区越多越节约费用。所以最好常设会考委员会，加强各地之间的沟通，这样有利于各地命题、评分的一致性。对于学生赴考旅费应由各省政府负担路费，其余由学生自负。

7. 慎选教育人员

对于拉齐毕业程度、增进办学效率的根本办法应该是制定中学校长规程，慎选教师及行政人员，确保有高质量的师资队伍和严格职守的督学人员。加强中学指导员制度，能够切实增进学校效率。要完善督学制，注意平时考试及对中等教育全盘标准的达到。

8. 改良考试方法

“专苦学生记忆之考试，必迫学生下强记工夫，如是身心俱受不良之影

---

① 张怀：《会考是否能达到中学教育的目标》，载《教育杂志》1936 年第 26 卷第 4 号。

响，故必须铲除测验式之命题，方能减低学生之负担”。[①] 所以有学者提出最好采取标准测验法，并且试题越多结果越可靠。命题人选应是对于该科目的教学有相当经验的专家。而对于考试及格标准则提出：应根据正态分布来决定，这样及格标准就可以避免受试题难易的影响而比较科学了。另一种办法是各科平均及格成绩为60分，单科成绩及格标准应适当降低如45分或50分。对于平均成绩的计算应以各科所占学时多少按比例纳入到总平均成绩中更为科学。还有学者提出用教育调查来代替会考制度，但所需经费和时间过多，在当时情况下较难实行。

9. 借鉴其他国家的考试制度

为了使会考能更好地实行，当时也有学者提出借鉴外国中学考试的经验，改良会考制度。如就学生在短时间内应付大量考试有损健康来说，可以借鉴苏格兰等大学的做法，以科目为单位，无论何科何届，只要授完就可以参加考试。这种分期进行考试的做法可以减轻学生的负担。就美国教育学者对美国中学普遍测验制度的反响及存在的问题与我国会考制度存在的问题进行研究，其二者具有很大的相似性。有学者提出我国会考的诟病如“课程之僵化，方法之呆板，课外活动之剥夺，自由试验之不可能，教育目标之狭隘，教师任务之缩小，科目价值之轩轾，学生健康之妨碍，学生出路之困难”之后，认为会考并不能克服自己的先天不足，应另寻他法代替会考制度。[②]

三、反思与借鉴

会考制度的出台在很大程度上是鉴于当时社会状况、出于政府政治动机而决定的。对于会考制度所产生的作用如督促学校认真办学、教师细心教学、学生努力学习等，表面上看来似乎收到了调整学业成绩、促进教育进步的效果。但在这种蒸蒸日上的教育的表面之下却暗藏着对于真正教育的颠覆。学校几年的教育在会考制度的一票否决权下显得苍白无力；师生们都在会考压力下过着胆战心惊，疲于教学的生活。会考将师生的全部精力都牢牢锁在应试技巧的研究和书本知识的死记硬背上。师生埋头苦心钻研会考指

① 周学章、程克敬、王征葵：《中等学校会考方法之检讨》，载《教育杂志》1936年第26卷第4号。

② 张文昌：《我国中学会考制度之借镜》，载《教育杂志》1935年第25卷第1号。

南，而将真正的教育抛诸脑后。这样无视学生全面发展、忽略学生身心健康的会考并不能考出学生的真正水平，反而是在竭尽全力测试学生的记忆力，锻炼学生复制书本上的文字的功夫。而且这种为了考试而“填鸭式”注入学生脑中的知识在考试后却被学生很轻易地忘却了。即使学生能对课本倒背如流，那么这种机械式记忆来的知识对其以后的学习、生活又能有多少帮助呢？再者，会考除了影响学生身心健康、妨碍学生全方面发展外，更重要的是它妨害了学生良好道德修养的形成。为了会考，泄题、买卖试题事件时有发生，会考指南这类八股化了的参考书籍更是畅销于市。更有为了赢得会考，学校、师生和行政人员联合作弊，其所酿成的后果无疑是固化了学生的思维，易于使学生养成投机取巧的心向，并在会考功利性的驱动下将学生人格的发展引入一个无底深渊。因此，当全社会都在为会考而耗费人力、财力时，教育的真义已荡然无存了。总之，通过对当时会考价值、利弊的讨论和研究后，本人认为，会考制度的建立阻碍了教育的进步，贻误了青少年的发展，影响的不仅是一代人而是对整个国家进步的阻碍。所以会考的存在在当时来说是弊大于利，是不利于中等教育乃至整个国民教育的发展的。

另外，通过《教育杂志》对会考制度调查、研究的反思，也让我们看到了当时专家、学者对于教育和学术态度的认真与严谨。为了能够确保调查结果全面、可靠，当时教育学会平津两会联合对会考制度进行了调查。调查对象覆盖教育行政人员、与考学生、家长等多方面的会考各相关关系人。调查地区包括了河北、河南、江西、福建等省会。而对于会考制度理论的检讨也包括了会考对学校日常工作的影响、会考制度的缺陷、会考是否促进中学教育目标所必要等九项。从提出对会考制度的研究意向到最后结果的发表历时两年时间。从这些我们可以看出：研究者所秉承的研究哲学是：“欲研究一问题，必先认清其性质与范围，性质与范围既明，则一切不难迎刃而解；研究节目，即分析此种性质与范围者也”。[①] 此外，从当时专家、学者对于会考制度历史渊源的探索、对教育部颁发的有关会考各项章程的逐条研究及互相对比、对国外中学考试制度利弊的讨论和借鉴、对会考制度提出改良意见这些方面，我们不能不对这种认真治学的精神表示钦佩。

---

① 李建勋、刘廷芳：《毕业会考问题研究经过》，载《教育杂志》1936 年第 26 卷第 4 号。

第五章　《教育杂志》与教师问题研究

中国向来重视师道，所谓“师严而后道尊”、所谓“作之君作之师”、所谓“天地君亲师”，均足以表示对于师道之重视。古代对于师道虽非常重视，但对于师资之培养并无严格制度，也没有专门培养师资的学校。我国的师范教育完全是近代教育革新运动的产物。1897 年创办的南洋公学师范院成为最早的师范学校。之后又有 1902 年创办的湖北师范学堂，1903 年创办的通州师范学堂和三江师范学堂等。这些学堂多由民间和地方创办。1902 年由清廷出资创办的京师大学堂师范馆成为我国最早的高等师范学堂。此后我国师范教育制度逐步建立，并几经变革。这期间，《教育杂志》作为最重要的教育研究专业刊物之一，本着“研究教育、改良学务”的办刊宗旨，从创刊之初就将教师问题作为其所关注的重要领域，开展了许多卓有成效的研究工作，产生了一系列重要成果。

教师问题极其复杂，《教育杂志》对教师问题的研究内容也极其广泛。本文仅从教师专业化、教师培养、教师待遇等方面概述《教育杂志》在教师问题上所进行的一系列研究。

一、《教育杂志》与我国早期对教师专业化问题的探索

20 世纪 90 年代以来，随着师范教育的转型，对教师专业化问题的研究逐渐多了起来。一时间，有关专业化的文章铺天盖地，扑面而来。在讨论师范教育改革或教师职业发展的文献里，也大多要提到教师专业化问题。在我国甚至可以说是掀起了一场教师专业化运动。而在有关教师专业化的论述中，几乎都会提到一个公认的事实，那就是“1955 年召开的世界教师专业组织会议率先研讨了教师专业问题，推动了教师专业组织的形成和发展。1966 年国际劳工组织和联合国教科文组织提出的《关于教师地位的建议》，

则首次以官方文件的形式做出明确说明，提出应把教育工作视为专门的职业，这种职业要求教师经过严格的、持续的学习，获得并保持专门的知识和特别的技术”。[①] 这些论述给人们留下两个最为突出的印象：一个是教师专业化的问题首先是在国外提出的，跟中国没什么关系；二是专业化的问题是在20世纪50年代以后正式提出的。

但从《教育杂志》反映的情况来看，我国至少在20世纪20年代就提出了教师专业化的问题。我国学者在20世纪40年代曾积极活跃在国际教育舞台上，并两次率先在国际教育大会上提出制定《世界教师专业道德规约》和《国际教师宪章》这些旨在促进教师专业化的重要提案并被大会采纳，这是中国对于国际教师专业化进程做出的重要贡献。当时在国内进行的教师专业化的一系列探索和实践也值得称道。我国在20世纪20－40年代对教师专业化进行的理论探索和实践是我国目前探讨教师专业化问题的重要财富，值得深入挖掘和批判继承。

（一）《教育事业之职业化》的发表

在《教育杂志》中研究教师问题的文章有100余篇。其中直接有关教师专业化的文章有19篇。讨论这一问题的学者有常道直、朱经农、朱炳乾、程时煃、廖世承、傅任敢、林仲达、莫仲义、贾丰臻、邰爽秋、黄敬思、赵廷为、李季开、沈百英等。从《教育杂志》反映的情况看，尤以常道直对此问题的探讨最早、论述最多、贡献最著。

早在1923年，常道直就在《教育杂志》第15卷第4号以“导之”的笔名发表了题为《教育事业之职业化》[②] 的论文。这是现在笔者所看到的最早明确讨论教师专业化的文字。文中不仅论述了各项事业职业化（也即我们现在所说的专业化，作者注）的共同趋势，而且还提出了教育专业化的重要性。他说：“最近几十年来，因为各种事业都须有钜量的科学知识作它的基础，于是就自然而然地各趋专门化了。教育事业也是需要各专门知识与技能的，当然也不能独立于这种普遍的趋势以外。所以在各个教育进步的国家中，教育事业已渐渐成为专门的职业。”“这种趋势，实在用不着什么特

① 教育部师范教育司：《教师专业化的理论与实践》，第3页，北京：人民教育出版社，2001年。

② 导之：《教育事业之职业化》，载《教育杂志》1923年第15卷第4号。

别的解释。我们都知道，而且都认为必要，做医生的，须经过专门的医术的和科学的训练，才能胜任。否则，像那种所谓江湖医生，在文明国家是法律所不许的，即在一切放任的中国，也是为一般明白人所不齿的。试思医术所关的，仅在我们的身体方面的健康，尚且需要严重的取缔，教育事业关乎个人之全部生活的健康——身体的、道德的与智能的健康——自然更不容忽视了。”

各种事业其专业化的时期有早有晚，各不相同。“愈是简单的作业——如各种工匠——成为专门职业的时期愈早，而愈为复杂、细密（或所关愈钜）的作业——如我们所讲的教育——其趋于专门化的时期反愈晚”。造成这种情况的原因之一就在于“一般人多注意——或容易注意——明显的物质方面的事实，而易忽视比较上属于内在的精神方面的需要”。

那么，什么是教育之职业化？常道直提出：“所谓教育之职业化，严格解释起来，不但没有经过教育的理论和方法之陶冶者，不当阑入教育界，就是在教育事业的界限以内，也当各自安于自己部分以内的工作和问题，不应当任意逾越。”然而，在各项事业专业人才缺乏的时代，“教育事业之未能成为一种专门职业，也是当然的结果。在这种情形之下，教育界往往呈一种混沌的现象。于是不得志的政客、穷无所归的人们，都来假教育机关，作他们的暂时栖身之所。这种现象，在人才愈欠缺的地方，愈为习见……”按照教育之职业化的要求，不仅要拒绝“非教育界的人入侵教育事业”，就是教育界内部也要有明确的分工，因为“现在作教育根基的科学这样繁多，学校的种类及其所要教育的人又是这样复杂。于是内部的分工自然成为必要了”。就像不会有包医百病的医生一样，在教育进步的时代，也不会有对“一切教育方术、问题，均无所不知，无所不精”的教师。一个人只有“肯安心专攻某种学问或专办他的小学校或中学校，久之自然也可对于教育有重要的发现，且对教育界必能有真实的、有价值的贡献”。

从以上引述的资料来看，教师专业化问题并不是今天才提出的一个新命题，也不是在 1955 年世界教育专业组织会议之后才意识到的问题。我国学者至少在此之前 32 年就提出了教育专业化的问题，并且做了初步的但也是较为深刻的理论阐述。

（二）制定《世界教师专业道德规约》的提案

我国学者不仅较早提出教育专业化的问题，还积极参加世界教育专业会议，并首先提出关于制定《世界教师专业道德规约》的提案。

世界教育专业会议于1946年8月17—30日，在美国纽约Endicott镇国际商业机器公司（IBM）召开。来自28个国家38个教育团体的56位代表出席。目的在于联合全世界各国的教育工作人员协同增进彼此共同的利益，并促成国际了解。发起者为美国全国教育联合会，中国教育学会和中华儿童教育社受邀。常道直代表参会。

为分别商讨各专门问题，会议分为五个委员会：其一，规划全世界教育专业之组织；其二，草拟国际了解之有效的教学方案；其三，设法协助被战争破坏区域内教师与儿童之救助及其教育重建；其四，建立教师组织与联合国教科文组织之联系；其五，起草关于教师地位、儿童福利及改变教育方针以适应现代问题之种种决议。

在此次大会上，常道直先生以《制定世界教师专业道德规约》为题在大会上致辞，并作为我国临时提案提交大会。此案被大会接受，决定将于下届大会中完成制定程序以资共同信守。①

也就是在这次大会上，经全体代表一致表决，决定成立一个永久性之“世界教育专业组织”并通过总章草案10条。其第2条标明该组织宗旨为：

（1）使高度完善自由之教育普及于一切人民无有差别。

（2）增进全世界教师之专业地位并促进其知能的、物质的、社会的、公民的权益。

（3）依据正确的知识在教育上奠定国际合作基础，藉以培植善意促进世界和平。

（4）对于联合国或其他国际性的机构之有关部门，提供关于教育及专业事项之意见。

鉴于当时美国各地教师纷起要求提高待遇，甚至有以罢教为手段者，但一般要求均以物质报酬为对象，绝少谈及教师专业地位之提高的情况，常道直先生提出：“提高教师之物质的待遇固然在所必争，但教育专业地位之提

① 常道直：《世界教育专业组织与国际和平》，载《教育杂志》1947年第32卷第1号。

高实在尤其重要。学校及教育行政之民主化，包括教师任职之保障、参与课程编订及关涉本身法规之制定，以及教育国策之形成等等，均与教师地位之提高中间有相互依存的关系。”“教师如不获享有与其所负使命之尊严性适相融洽之地位，则一切经由教育以改进社会及国际关系之说，均将徒托空言”。这次会议在教育专业化方面取得的成果，除在《世界教育专业组织总章》中首列提高教师专业地位为其主要目标之一外，还通过了如下决议：“教育专业人员首需在经济、社会和专业上获有完满之地位，然后世界的教师们方能协同推行联合国教育科学文化组织之主旨。本此理由，本会特建议于联合国教科文组织及其各会员国家，即行筹计一提高各国教师地位之世界全盘计划，并促进其知能的、物质的、社会的和公民的权益”。①

常道直先生不仅在大会上致辞，还在晚会上向各国代表发表非正式演讲，阐述关于中国教师所处地位及提高教师专业化水准的见解，受到与会代表的重视。

这些情况说明，“世界教育专业组织”从成立之初就有中国的代表参加，而且中国代表不是被动地参加一个国际会议，而是积极主动地建言献策，特别是为大会提出的《世界教师专业道德规约》提案，在推进教育专业化的进程中是一个具体但重要的贡献。该组织也并不是1955年才“率先研讨了教师专业问题”，而是在其成立之初就将“增进全世界教师之专业地位”作为自己的宗旨明确提出来了。当然比1966年国际劳工组织和联合国教科文组织提出的《关于教师地位的建议》更是早了20年。

（三）我国是《国际教师宪章》的原建议人

就在常道直先生提出由世界教育专业会议发动制定一种《国际教师专业道德规约》的提案并由大会决定将此项规约作为下届会议讨论主题后不久，在联合国教科文组织第一次大会上，又由中国代表团提出制定尊师约章或教师宪章之建议。其大意是：“联教组织②理想之实现端赖教师，世界若干国家原有尊师之传统，此种传统实应发扬而光大之。关于约章内容提出三点：一为教师地位之提高，一为教师之精神的文化的使命与讲学之自由，一

---

① 常道直：《世界教育专业组织与国际和平》，载《教育杂志》1947年第32卷第1号。

② 指联合国教科文组织。

为待遇进修等之提高。”① 据说这一提案“颇获各国代表之赞助”。世界教育专业组织亦为此致函联合国教科文组织表示该组织愿意承担汇集世界各国教师团体之意见并拟定宪章草案之任务。

《国际教育专业道德规约》与《教师宪章》名称不同，侧重点也有所差别，但其根本精神与功能则是一致的。“两者同以提高教育专业之社会地位，俾能对于增进国际了解保持世界和平有更伟大而切实之贡献”。且无论称其为规约还是宪章，“本质绝非可以用各国政府或国际政府的力量强加于教师而令其奉行的法条。他是本于世界教师对其自身所负使命与对于教育功能之认识，立为规条，以资相互勉励自动实践的一种道义的约束”。②

国际教师专业组织是民间组织，而联合国教科文组织则是官方组织。在民间的和官方的国际教师组织中，这项规约或宪章均不约而同地出自我国代表团，这应该说不是偶然的。这充分显示了我国代表对教师专业化的深刻思考。对于这一宪章之制定，按照常道直先生的说法，作为原建议人的我国代表，“自应当仁不让地负起更大的责任”。

根据1947年联合国教科文组织第二届大会的决议，中国教育部将《国际教师宪章》的起草任务交给了联合国教科文组织中国委员会的教育组，常道直先生被推举草拟初稿。

于是，常道直先生用英文拟就了《国际教师宪章》共3节18条。③ 现将翻译稿摘录如下：

第一节 提高教师专业之社会地位

1. 未来的教师必须选自优秀之青年，具备教学成功上所必需之质性，以及健全的品性、良好的健康。

2. 为师范生所设定之教育程序，其用意不仅在养成某种教科及其教育技术之专家，而且要使之成为胜任愉快的社会领袖。

3. 教师当享有与其专业的尊严相称之社会地位，并应有直接或经由所依法选出之代表，参加学校和教育行政之权能。

4. 合格教师之待遇须足够使其生活能与其他专业人士保持同等之社会

---

① 常道直：《国际教师宪章私议》，载《教育杂志》1948年第33卷第11号。
② 常道直：《国际教师宪章私议》，载《教育杂志》1948年第33卷第11号。
③ 常道直：《国际教师宪章私议》，载《教育杂志》1948年第33卷第11号。

的和经济的水准。

5. 凡曾受师范训练之教师，经历试教期间以后，应以国家法律予以周密的保障，以防所有分内权利有遭受侵犯之虞。

6. 退休之教师有领取适度年金之权利，俾能在老年时期维持优裕之生活。

第二节　世界教师之基本信条

1. 教师应自视为全民教育机会平等权利之守卫者。

2. 教师应注视学校中所有由于性别、种族、肤色、阶级、党派、宗教等差异而发生之歧视迹象，并随时予以矫正之。

3. 教师应认识教学不仅是一种谋生的业务，实乃一种神圣的使命，此项使命之贯彻端赖一般具有苦行传教精神之男女教师之虔诚的服务。

4. 教师应确信，经由教育专业界之集体的行动，能以使全人类逐步进于至善之境。

5. 教师之工作应常为人类之价值与尊严之崇高理想所鼓舞。

6. 教师须能获致各种正确的知识与报道，是乃为有效地指导在校学生及一般社会所绝对必要。

第三节　以教育争取世界和平

1. 全世界的教师为争取和平应形成统一阵线，以新的世界秩序之建立为其终竟的目标。

2. 教师们当致力根绝各种发现于教学资料、教科用书或通俗刊物中足以挑拨民族间误解之各种迷执偏见。

3. 教师们应认定一切文明或文化并非某一民族独有之产品，而乃多数民族之集体之业绩，每一民族兼当竭力对于人类之共同的精神资产有所贡献。

4. 应使各地的教师经常获知其他会员国家之学校内关于增进国际了解所为诸般设施之情况，以期彼此间得以更有效的合作。

5. 各科之教师在其教学上均有随时启发阐扬各民族之文化的和经济的相互依存观念之责任与机会。

6. 教师当视联合国及其教育科学文化组织为促进国际了解与合作之有效机构，并且行将臻于健强，足以保证人类安全，解除对于战争之恐惧。

为使这一草案更臻完善，教育杂志社还于1948年11月5日在上海专门召开国际教师宪章问题座谈会，征求意见。常道直、周尚等10人出席会议，《教育杂志》主编赵廷为主持会议。在这次会议上，多数人认为常道直先生所拟草案可谓“渊源旧学，撷取新道，加之以独创发明，实在是尽善尽美”（周尚），“具体而周密”，“不但国内需要此项规定，国际间也需要此种规定”。同时也提出了一些具体修改意见。但也有人认为，这虽是一项伟大的工作，但“国际教师宪章理想的实现在目前尚有其实际困难”，“或许有人会觉得提得太早些吧”（曾作忠）。

常道直先生在谈到宪章制定时说：“我国既为宪章之原建议人，对其制定的过程及其最后条文，自不能不临以密切注意。”“今日之教师除了负有对国家的一份重任外，还要担当一种超国界的对全人类的伟大使命。我们参与世界教师宪章的制定，便是表示我们担起此一新使命的开端。”① 常先生的这一表态，显示了中国人主动承担国际事务，为全人类着想的伟大胸襟。

教师宪章既是教师专业化的重要内容，也是推进教师专业化进程中的重要步骤。我国能成为教师宪章的原建议人和起草人，说明我国在教师专业化的历史进程中是走在世界前面的。甚至可以说，我国在这一历史进程中发挥了一定的领导作用。这是不容忽视的事实。

（四）国内对教师专业化的积极探索和实践

我国教育界人士除在国际舞台上积极推进教师专业化外，在本国也进行了积极的探索和实践，列举如下几方面。

1. 中国教育学会将自己的性质明确定位为“教育专业组织”，将“提高教师的地位”列为其四项使命之一

朱经农在《中国教育学会的时代使命》② 一文中说，中国教育学会作为“一般性的全国性的教育专业组织”，自成立以来，“综其影响所致，不仅增厚了教育界的团结，提高了教师的专业地位，发表了教育学术的研究，促进了国家教育的改革，同时奠定了国际合作的基础”。作为该会主要负责人，朱经农列举了中国教育学会的四项时代使命：“提倡教育学术研究”、“发扬

① 常道直：《国际教师宪章问题》，载《教育杂志》1948年第33卷第12号。

② 朱经农：《中国教育学会的时代使命》，载《教育杂志》1948年第33卷第1号。

教育民主精神”、“提高教师专业地位”、“促进教育国际合作”。“提高教师的专业地位”被列为其中之一。他在解释这一使命时说：“教育专业组织固在教师正式成为社会上一种职业以后始得奠定其基础，但是教师专业地位的提高，又有赖于教育团体之努力。”中国教育学会要“设法增进教师的专业知能与其他素质，提高专业水准，以使从事教育工作的人员均有深厚广博的训练基础，而不使未受专业训练不及标准的或已转业的分子滥竽或重入于教育专业的领域。同时，又需努力提倡专业服务精神与道德，务使国内每一教育工作人员能够敬业勤业乐业，对于教育事业具有真正的信仰和抱负，能以毕生精力贡献于教育事业”。

2. 制定了《全国教育专业道德规约》草案

常道直先生早在1939年的教师节即提出制定《全国教师公约》的建议，①“此项公约的主旨乃在指示教师们于各种关系和活动中所当信守之德义的和专业的原则”，其内容参照美国全国教育联合会之教育专业道德委员会所拟定之原则，分为3部分，即（1）对于学生之关系；（2）对于专业界之关系；（3）对于本业各成员之关系。

1946年，常道直先生又曾向世界教育专业会议提出《世界教育专业道德规约》的提案，情况前已述及。根据朱炳乾先生的介绍，1947年冬天，全国教育学术团体联合会在南京举行第5届年会，讨论“我国教育学界如何多方一起着力，加速教育之民主化，以适应世界潮流”一案时，特别强调教育专业道德的重要性。提案第10项明确指出：“为提高教育专业修养，发扬教育专业自治精神起见，共同商定《教育专业道德规约》，以资信守”。这个提案得到一致通过。“本年②一月三日中教会第九届年会在南京开幕，依照上届联合会年会决议的原则，由常先生与笔者草拟《全国教育专业道德规约》提请大会讨论”。③ 在草拟时曾对美国全国教育学会的《教育专业道德公约》和美国波士顿教育委员会所举出之“非专业行为”做过一番详细研究。在综合上述二者的基础上草拟了规约。原文如下：

---

① 常道直：《教育风气与教育团体》，载《教育杂志》1948年第33卷第11号。

② 指1948年。

③ 朱炳乾：《全国教育专业道德规约草案》，载《教育杂志》1948年第33卷第3号。

全国教育专业道德规约草案①

第一章 总则

1. 本规约所称教育专业，包括全国公私立各级学校教师、校长、教育行政人员及其他教育工作人员。

2. 本规约之宗旨，系以教育专业界自身之力量达成下列各项之目标：

（1）挽救当前教育界颓风；

（2）充实教育专业修养；

（3）发扬教育专业精神；

（4）加强教育专业组织力量；

（5）提高教育专业社会地位。

第二章 对于学生与社会

3. 持论公正，不为任何一种主义做宣传。

4. 不见诱于私利，不拘泥于成见。

5. 尊重学生之人格、兴趣、性向与能力，了解学生之社会背景。

6. 不以任何方式利用学生以达成偏私之企图。

7. 尽忠职守，保守职务上之秘密。

8. 力谋学校于家庭间的合作。

9. 不受非分之报酬。

10. 对于公共事业如举行选举与兴办福利等等，以公正立场为人民之顾问。

第三章 对于教育专业

11. 信守专业规约，提高专业声誉。

12. 提高教学效率，增进教学技能。

13. 忠于教育，视教育为终身事业。

14. 争取应得之报酬与应有之工作条件。

15. 不依附任何权势，不以职务为个人晋升之阶梯。

16. 不为优厚之俸给所诱而遽换职位或遽离职守。

17. 不利用职权以谋私利，不因推荐工作而受报酬。

---

① 朱炳乾：《全国教育专业道德规约草案》，载《教育杂志》1948 年第 33 卷第 3 号。

18. 不结党营私，党同伐异。

第四章　对于教育界同人

19. 教育专业为整个的，各级学校教员应相互尊重不得有所歧视。

20. 对同事不妄加批评，亦不文过饰非。

21. 对于校内共同问题之处理，均应采民主原则与方式，不寻死专断。

22. 不干涉他人对学生一切问题之处理。

23. 不鄙薄非自己专攻之学科。

24. 与同事群策群力推诚合作。

25. 不排挤同事而窃高位或安置私人。

26. 尊重他人资格与能力，以二者为任职与晋级之主要因素。

27. 不忌妒他人之能力与成就。

28. 不片面毁弃聘约或破坏诺言。

第五章　附则

29. 本规约经本会多数会员之决议通过，发生效力。

30. 参加本会各会员均应明白表示愿诚意接受本规约作为行为之准绳。

31. 如有违背本规约之言行，由服务机关之同仁予以规劝，较严重者，由本会予以谴责，必要时经全体会员之决议，得开除会籍。

32. 本规约如有未尽事宜，得由参加人多数之表决修正之。

对这一规约，《教育杂志》亦极为关注。不仅发表了朱炳乾先生的《全国教育专业道德规约草案》一文，主编赵廷为先生还亲自撰文，谈了自己对这一规约的看法。① 关于规约的作用，赵廷为认为“教育是教人做人，要教人做人，教师自己要懂得做人的道理。这规约的第一个用处是要对教师做人之道定出若干标准，共同遵守。其第二用处乃在供作师资训练的教材。总之，教育是一种专业，使教育专业化乃为挽救我国教育危机的首要途径。教师的行动首先要合于专业的标准。怎样才算是专业的，怎样才算是非专业的，其间的区别必须要研究清楚”。他还提出了订立规约的四大要则：（1）标准不要太高。教师的道德标准当然要比一般人的高些，但是期望每一个教师都像孔圣人一样，那是做不到的。（2）着重服务的理想。教师是为国家

① 赵廷为：《关于全国教育道德规约的问题》，载《教育杂志》1948 年第 33 卷第 3 号。

人类服务的，他的工作是要由改变学生的品行着手来改造这国家这世界，以造福于人类。每一个教师必须要采取服务的人生观，以全部的生命和能力贡献于教育的事业。（3）着重合作。（4）着重对于专业的尊敬。“专业的”的言辞，应成为权衡我们行为的尺度。

之后《教育杂志》又先后发表程时煃先生《从行政经验论教育专业道德规约》和莫仲义的《对全国教育专业道德规约的意见》两篇文章，继续开展对这一问题的讨论。程时煃根据“简明、切要、具体、慎定、笃行”的原则拟定了包括16条内容的教师规约。[①] 莫仲义则从“挽救教育界的颓风和提高教师的社会地位”的角度论述了制定教育专业道德规约的重要性，鉴于“‘公约’有表达共同商定的意义”，提出了将“规约”改为“公约”的建议，并拟定了包括总则、内容和附则在内的3部分共24条的《中华民国教育专业道德公约草案》。[②]

3. 提出了教育行政专业化的问题

教师专业化固然重要，但若没有教育行政的专业化予以保障，教师专业化也难以真正落实。教育行政专业化理当是整个教育专业化的重要组成部分。令人欣慰的是，当时教育界在积极探索教师专业化的同时，也适时提出了教育行政专业化的问题。

常道直在1947年曾提出当时“教育上的两大课题”：一为健全教育人事制度，二为教育行政民主化与专业化。关于后者，作者提出：“教育行政人员由代表人民之机关选任这是行政民主化的第一步；教育政策、规章、薪级课程等，由代表教育界之机关参加制定，这是行政专业化的起码条件……教育行政民主化必须济以专业化。”[③] 教育行政的民主化与专业化，赋予了教育界人士对于教育行政设施的发言权，同时也加重了他们所担负的责任。

此后，李季开先生提出了教育行政人员的专业道德问题，严厉批评了存在于一般教育行政人员中“由于愚昧与自私而表现的非专业行为或不合于专业道德标准的行为”，译述了美国学校行政专家Ward G Reeder于1941年修正再版之《公立学校行政原理》一书中关于教育及学校行政人员应遵守

① 程时煃：《从行政经验论教育专业道德规约》，载《教育杂志》1948年第33卷第5号。
② 莫仲义：《对全国教育专业道德规约的意见》，载《教育杂志》1948年第33卷第6号。
③ 常道直：《当前我国教育上两大课题》，载《教育杂志》1948年第32卷第2号。

的专业道德规约。他还参考当时的国情与需要，把我国教育与学校行政人员应信守的专业道德归纳为如下几点：专业信念、服务理想、民主作风、负责精神、合作态度、公允判断、同情心理、廉洁操守。[①]

4. 对教师专业化的问题进行了理论探索

如李季开对“专业（profession）”与“普通行业（trade）”的不同作了明确的区分，认为社会上各项职业种类繁多，其近于专业而不同于普通行业者，“不仅由其具有广博的文化根基、专门的业务知能与高尚的智慧创获，尤须赖其具有充分的服务精神，以及同业间共同信守的专业道德维系期间”。因此作为专业，“其从业人员除必须遵守社会上一般的道德标准外，相互间并各有其自行遵守的专业道德存乎其间。此种专业道德虽非必具成文的表示形式，然其各个从业分子多能自愿接受其约束，而有感觉必须服从与力行之义务。以是此种专业道德足以增进各该专业分子间之协调与福利，防止其产生不正当的行为与竞争，加强其专业训练的水准，提高其专业的社会地位。总之，乃是维系及发展各该专业的必要条件”。

常道直在《如何促成教育之专业化》[②]一文中对“专业”的概念、特征等作了理论上的阐释，介绍了英美诸国教师专业化的实践经验，结合中国实际提出了通往教师专业化的路径，其中特别强调了“要把教育工作从一种‘行业’、‘艺业’（job trade）提升到专业地位，须靠教育工作者自身之集体的努力”以及“教育学术团体以自身所有力量所能做得到的一点，就是树立教育专业道德规约”。

另外，《教育杂志》还刊登了傅任敢先生编译的《美国教师专业概观》[③]（W. C. Bagley 原著）、林仲达翻译的《德国教师之专业组织》[④]（Harold. H. Punke 原著）、陈选善节译的《师资训练中专业的部分》[⑤]等文章，及时介绍欧美国家在教师专业化方面的概况、动态和进展。

---

① 李季开：《教育行政人员的专业道德》，载《教育杂志》1948 年第 33 卷第 4 号。

② 常道直：《如何促成教育之专业化》，载《教育杂志》1948 年第 33 卷第 4 号。

③ W. C. Bagley，傅任敢编译：《美国教师专业概观》，载《教育杂志》1930 年第 22 卷第 6 号。

④ Harold. H. Punke，林仲达翻译：《德国教师专业组织》，载《教育杂志》1931 年第 23 卷第 12 号。

⑤ 陈选善节译：《师资训练中专业的部分》，载《教育杂志》1948 年第 33 卷第 9 号。

（五）评论

专业化有两层含义：一是指一个普通职业群体逐渐符合专业标准，成为专门职业并获得相应的专业地位的过程；二是指一个职业群体的专业性质和发展状态处于什么情况和水平。教师专业化则是指教师个体的专业水平提高的过程以及教师群体为争取教师职业的专业地位而进行努力的过程，前者是指教师个体专业化，后者是指教师职业专业化。教师个体专业化和教师职业专业化共同构成了教师专业化。[①] 教师专业化也是一个漫长的历史过程。衡量教师职业的专业化程度可以从专业的6个标准入手，即专业知能、专业道德、专业训练、专业发展、专业自主和专业组织。

我国从20世纪20年代开始的教师专业化的探索活动特别是形成的对教师专业化的理论认识，基本符合现代关于教师专业化的理念，但从教师专业化所包含的两个层次来看，我国对教师专业化的探讨则从教师职业专业化的角度论述更多。我国学者较早提出并关注教师专业化的问题，基本是与世界同步进行的。我国学者积极活跃在国际教育舞台上，并两次率先在国际教育大会上提出制定《世界教师专业道德规约》和《国际教师宪章》这些旨在促进教师专业化的重要提案并被大会所采纳，这对世界范围内推进教师专业化具有积极意义，是中国对于国际教师专业化进程做出的重要贡献。“世界教师专业组织”的成立也是在有中国代表出席的1946年召开的世界教育专业会议上做出的决定。因此说“1955年召开的世界教师专业组织会议率先研讨了教师专业问题，推动了教师专业组织的形成和发展”这一提法并不十分准确。从专业化的6个标准来衡量，虽然我国学者在这些方面都有涉及，但主要集中在“专业道德”、“专业组织”上，特别是“专业道德”方面的贡献最为显著。此外，在国内进行的教师专业化的探索和实践也值得称道。中国教育学会将自己的性质明确定位为“教育专业组织”，将“提高教师的专业地位”列为其四项使命之一，制定了《全国教育专业道德规约》草案，提出了教育行政专业化的问题等。

当然，由于当时特定的社会环境和较低的生产力水平，以及教育所面临的种种实际困难，加之教师专业化又是一个漫长的历史过程，使这些可贵的

① 刘捷：《专业化：挑战21世纪的教师》，第80页，北京：教育科学出版社，2002年。

探索在实践上不可能取得满意的效果。但至少我国学者在国内和国际上曾经发出的那些激昂响亮的声音是不该被我们遗忘的。他们对教师专业化进行的理论探索和实践是我国目前教师专业化进程中的重要财富，值得深入挖掘和批判继承。

二、《教育杂志》与师范教育制度

教师培养包括教师的职前培养（主要是师范教育）和教师的在职培训两大方面。当时尽管还没有明确提出教师教育及职前职后一体化等理念，但其对教师培养问题的探讨却多是从这两个方面进行的。

（一）《师范学校论》的发表

《教育杂志》发表的最早的一篇有关师范教育的理论文章是由贾丰臻翻译的《师范学校论》。① 该文对师范教育的意义、师范教育的特色、师范教育在地方上的位置、师范生修养的目的、日本师范教育的历史沿革、欧美诸国教员养成机关等作了详细论述。

关于师范教育的意义。该文认为，“师范学校为教师养成之机关。……国家欲为存在及发展计，则各种机关之必要者有三要素，即精神的要素、政治的要素、实业的要素是也。政治犹人身之骨骼，实业犹人身之筋肉，精神犹人身之血液。各要素能尽其分，则自然致国家之勃兴。……教育事业原为精神的文化的事功之枢纽，于国家之发展上不可一日忽诸。惟欲活动此教育事业者非得教师其人不可。故不论何国皆须扩充教师养成之机关以得醇良优秀之教师为要”。还说“师范教育为国民教育上之枢轴，引其原动力能左右国家之胜衰消长，乃占极重要之地步不可不知也”。

关于师范教育的特色。师范教育“其性质属于专门教育，乃修炼教师为社会上一种特殊之职业，非若中学校之属于高等普通教育。普通教育分个人的社会的。使人类普通之人性调和发达活动于多方面而发挥其全力，此为个人的也。其活动之方面以对于公共之安宁、秩序、进步为要，又以理解社会养成健全之常识、平静敏速律其日常之行动云为目的，总之以陶冶人格为

① 该文连续刊登在《教育杂志》第5卷第2—4号上。原作者是谁、译自何处并未注明。从内容和当时翻译取向看，可能译自日本的某个杂志。

主眼使成稳健刚正优雅之性格，他日入如何社会就如何职业，无往而不佳无入而不适，与以普通的修炼。此为社会的也。中学校教育之目的如是，而师范教育之目的适与之正反对。质言之，即与中学校授同程度之高等普通教育而以教育他人诱掖他人为务，以修炼国民教育之学识技能为必要条件，非仅自己理解会得即满足而已也。然则习练教育人、启发人、传达知识、授予技能之方法，则中学与师范孰重？中学生专顾个人之将来以求猛进，师范生则牺牲自己之荣达养成贡献于国家及社会之信念，以教育人子弟使之发展荣达。其效果之报酬即教师自己在社会之地位得以向上发展为其满足。此师范教育之特色也”。“总之，师范教育之本领，其真正本色即教师学识技能之传达方法研究所，教师性格之陶冶所，对于教师天职信念自觉之场所”。

关于师范教育在府县之位置。师范教育存在之第一义即养成教师以供给于国民学校为其基本任务。即于府县之营造物中不断而送出优良之教师。同时，师范学校即为府县内普通教育之源泉。凡关于普通教育百般之施舍经营不得不待师范教育而解决。故师范学校不得不研究府县之风尚与富力，以研究相应之改良方案。……故师范学校可称为府县普通教育之中心。

关于师范教育生徒修养之目的。一言以尽之，即造出多数优良之教师。中学校教养之生徒亦以优良国民为要。但一方以自己为中心，开拓自己之运命及自己之职业，以修养勉学为善。至师范学生则于自己之外，以国民教育之故不得不依于教育之学德，而直接修养之。故于中学生之思想嗜好大有差异。因此而中学生不能强制，师范生可以强制；中学生不能严责，师范生可以严责。然因为国民之师表国民之先觉者，故社会上之待遇比较的似高。当以安于教职、爱其职务、以国民教育为毕生之天职。此等信念不可不养成。此为师范生徒教养之第一义。

之后，贾丰臻又于1916年发表了《今之师范教育问题》[①] 一文，以自己从事师范教育7年的经历，提出了师范教育存在的9大问题：宗旨问题、经费问题、新生入学问题、课程问题、训练问题、教授问题、实地训练问题、毕业生问题、附属小学问题。

---

① 贾丰臻：《今之师范教育问题》，载《教育杂志》1916年第8卷第1号。

（二）20 年代对师范学制的批评

1920 年 9 月，《教育杂志》发表云六的《现行师范学制的流弊及其改革法》[①] 一文，对当时师范学制提出了批评。他对于师范学校的批评意见主要有三方面：一是完全抄袭日本，且不知日本师范学校的学生在入学前已接受了 9 年教育，而我国却只有 7 年。因此，抄都抄错了。二是师范学校的课程设置，除加了几小时的教育外，与中学校几乎没有差别。“师范学校简直是中学校的别称”。而“从性质上着想，中学校是完足普通教育，造成健全国民为宗旨。师范学校却不是这个目的。为什么课程要十九相同呢”？三是功课太多。师范生以十四五岁的年龄，“知识很简单，程度很幼稚，如何学得了”！然而，“仿佛科科注重，门门要紧，这种训练着实不差，然而结果却造成了一个不伦不类如通非通半生半熟的小学牌位。我国历来的师范毕业生，确能胜小学教员任的，果然也有，但是不能称职者，却占了十分之七八。这不是师范生的罪，也不是师范学校的罪，实是师范学制的罪”。他还认为，高师的分科制差不多和专门学校大学校相近，何以不叫他专门学校？何以不附设于大学校中？所分的国文部、英文部等 6 种是否适当？所设的专修科和选科是否必要？凡此种种疑难问题，一时难以解决，倘务圆满答案，殊非设法改革不可。

英、美、德、法诸国师范学校的地位大多数在中等学校之上。各国中学教员的养成法无需另设高等师范，就是附设在专门学校大学校中也未尝不可。

据此，提出了如下改革意见：

第一，中小学校教员完全是一种职业，师范学校不过是职业学校之一种，并非普通教育，也不是高等教育，所以不必列在学校系统之内。现有的师范学校成绩不甚佳妙，大可废止。一面参酌欧美各国现在的学制，将师范学校地位加高一级，列在中等学校之上，实即扩充现在师范学校第二部的课程，定修业年限两年，名为教员养成所。其招收学生标准，以中学毕业生及甲种实业学校毕业生为限。毕业以后，自中学出身的，充当高小教员，自甲种实业学校出身的，充当乙种实业学校的教员。

---

① 云六：《现行师范学制的流弊及其改革法》，载《教育杂志》1920 年第 12 卷第 9 号。

第二，原有的高等师范学校实是大学及专门学校的赘疣，大可割去。原有各部，可一律归入大学及专门学校带办。不过大学及专门学校中多出一个师范部的名目罢了。如此，则实业教员养成所也可消灭。总之，我的主张，国家颁行制度……应谋办事上的便利，统筹全局；而以时间经济和金钱经济为指归。譬如现在的高师中，要开一班农业专修科，请教员、辟农场、备农具，即此三端所费已经不资，为什么大学的农科及农业专门学校不可兼办呢?

（三）30年代对师范教育的历史反思与检讨

如果说1922年新学制奠定了我国现代教育制度的基础，是一部成功的学制的话，但它在师范教育方面所产生的效果却未必如此。因为在“壬戌学制”中，将师范教育划为6种类型：同完全中学等同的六年制师范学校；相当于高中程度，同初中毕业相衔接的三年制师范学校；高级中学所设师范科；依地方需要设立的短期师范学校或师范讲习科；附设于大学内，属大专性质的二年制师范专修科；独立的师范大学。

这种办学机构的多样化虽然有利于调动各方面的积极性，但其最大的弊病是损害了师范教育的独立性。各地办学条件良莠不齐，加之缺乏统一的行政管理、师资审核和教育质量监督，师范教育质量无法保证。这种情况不能不引起教育界和政府部门的注意。

1932年12月国民政府先后公布《师范学校法》。规定：“师范学校得附设特别师范科、幼稚师范科。”“师范学校修业年限三年，特别师范科修业年限一年，幼稚师范科修业年限二年或三年。”师范学校及其幼稚师范科入学资格，须曾在公立或已立案之私立初级中学毕业。特别师范科入学资格须曾在公立或私立高级中学毕业。均应经入学试验及格。1933年3月公布的《师范学校规程》内载有“公立中学及高级中学内亦得附设特别师范科”。“专收女生之师范学校称女子师范学校。以养成乡村小学师资为主旨之师范学校称为乡村师范学校”。“简易师范学校入学资格为小学毕业生，修业年限四年。简易师范科之入学资格为初级中学毕业生，修业年限一年”。

据以上之规定，除幼稚师范外，训练小学师资的机关只有3种：(1)招收高级中学或高级职业学校毕业生之特别师范科；（2）招收初级中学毕业生之师范学校或乡村师范；（3）招收小学毕业生之简易师范或简易乡村师范。

但这些法律、规程颁布不久，又引起了人们的批评。如涂闻政在《改革中国师范制度刍议》① 一文中对此分析道："此项制度之意义有二：一为使师范制度之三三制平行；二为提高小学师资程度，使与世界先进各国小学教师提高程度之潮流适合。但于实行时不免发生困难。主要有：（1）此项师范制度无弹性。我国土地广大，文化程度不齐，教育之进展亦速度参差，倘惟有此三种师范为培养小学师资之机关，则文化水准较低与需要师资较多的地方均感困难。（2）师范学校修业年限太划一。……应根据地方情形可以伸缩。（3）简易师范之名义不适当。'简易'含有'简单容易'之意，以之为师范学校区别之词实不妥当。不料现行《师范学校规程》乃将招收小学毕业生修业四年或招收初中毕业生肄业一年之师范学校定名为简易师范，其影响于师范学生之心理与社会之观听者实巨。……此项名称不若日本所用第一部师范、第二部师范之适当。（4）现行制度使各种师范不能衔接。……固然师范学校应以培养学生终身服务为目的，但师范生无升学机会亦有种种缺点：①师范毕业生既无升学之望，则志气远大之高才生不愿投考师范；②师范毕业生既无升学希望，服务时则志气颓丧，少研究学术兴趣；③师范毕业生不升学则小学界人才少新陈代谢作用；④师范毕业生不能升学则师范大学或教育学院之学生缺少具有小学经验之分子，其所造就之中等学校师资或教育人才不能切合实用。"

那么，如何改革才能克服这些不足呢？作者从小学教师的培养和中等学校教师之培养两个方面阐述了改革主张。兹将中等学校教师之培养的改革主张略述如下：中等师资之训练机关不外高等师范、大学教育学院、大学教育学系、大学专科学校各种。而为提高程度及增进专业精神之陶冶计，则以师范大学或高等师范制度为最适宜。其次则为大学教育学院。其在大学毕业而欲充中等学校教师者，必选习教育学程若干或曾入中学师资训练班一年，方为合格。关于中等学校教师的进修，作者提出除设立暑期讲习会以资进修外并须强迫中等学校教师每年储备所得薪俸五分之一，于第五年则入研究院研究一年，以所储经费供给家用，其入研究院研究一切费用概由政府供给，迨

① 涂闻政：《改革中国师范制度刍议》，载《教育杂志》1935 年第 25 卷第 11 号。

学习期满经试验及格，再由政府派充中等学校教师，并酌加其薪俸标准。其愿在研究院继续研究而于学术上有价值之贡献者，并可充大学讲师或教授。如此中等学校教师得尽其材。

此外，还有几点是必须注意的：第一，师范学校之设置必由政府统制。各省市教育当局对于师资的供求，必先通盘统计，然后拟订设置计划，呈报教育部核定施行。第二，现有之师范学校修业年限只可增加，不可减少，以免降低文化水准。第三，师范生工作之分派与报酬应详细规定。师范生既有服务年限之规定，倘政府不负责任指派其工作，或不予以适当之报酬，则师范生进退维谷，痛苦实深，师范教育无形受一打击，故此点不可忽视。第四，师范生升学机会应增加。后期师范招收前期师范生，与师范大学或教育学院招收后期师范生之入学试题，均应根据所招收学生毕业学校之课程标准，以免师范生升学困难。

1935 年 7 月，教育杂志社还与中国教育学会合作，推出了《师资训练专号》[①]，并安排在夏季特大号上发表。

关于这一专号的由来，莊泽宣在《写在师训专号的前面》[②] 一文做了如下说明："中国教育学会于二十三年一月在京开第二届年会时，深感中国教育问题千头万绪，本会每届年会既短，一一讨论势所不能。因决定先从中国教育上最根本之问题研究下手，以下列三大问题为本届年会讨论中心：师资训练问题；大学教育学系之方针及设施；生产教育之实施。并为充分准备起见，将本届年会延至本年暑假举行，先期请各分会对于此三大问题作精密之讨论后，报告总会。现除各地分会之研究报告已陆续在本会会刊中发表外，本会一面组织生产教育委员会搜集十几年来国内外对于生产教育之理论与实施之文件汇编专刊，一面又指定泽宣等五人向会外专家及会员广征对于前两题之意见及国内有历史有研究之高级师训机关之实施报告与未来计划，藉作本届年会讨论之根据。此本专号编辑之由来也。"

在该号《编后余谈》中说："刚巧中国教育学会定于七月初旬在北平举行年会。去年该会决定以'师资训练问题'为本年度全体会员研究的中心

① 见《教育杂志》1935 年第 25 卷第 7 号。
② 莊泽宣：《写在师训专号的前面》，载《教育杂志》1935 年第 25 卷第 7 号。

问题之一。今承该会把各会员精心研究的结果编成专号，交给本杂志代为发表。本杂志平素的撰稿人本就是中国教育学会的会员，志同道合，原是一家。因此，我们就乐以特大号大部分的篇幅，全部贡献给中国教育学会，作为本杂志恭祝中国教育学会年会成功和全体会员道履康健的礼物。本杂志本期所刊《师资训练专号》完全由中国教育学会主编。编者和撰稿人全是我国现代的教育专家，所有文字亦都是精心研究的杰作。本杂志得能代为发表，实极荣幸。本杂志编辑同人对于这个专号所负的责任，只是发排和校对两事而已。我们不敢掠美，特再附带声明。”

该号内容：除由该会各理事担任关于师资训练问题之总讨论外，分四大部分：第一部分讨论中学各科教师及中小学特殊科目教师与人才训练问题；第二部分讨论民众教育、职业教育、乡村教育、教育行政等人才训练问题；第三部分讨论今日中小学教师与社教职教及教育行政人员之缺点与补救方法；第四部分为国内著名高级教育人才训练机关的实施报告与未来计划……全部文稿约 15 万字。堪称国内对于师资训练问题最有系统的专刊。①

《师资训练专号》的主要篇目如下：

中国师范教育的总检讨	张钟元
写在师训专号的前面	莊泽宣
师资训练的根本方针	欧元怀
师资训练的必要性及其几个重要问题的检讨	杜佐周
欧洲各国之师资训练	程其保
师范课程各科目间的联络与重复	俞子夷
师资问题——关于普通中学的一部分	江问渔
对于训练中等学校教师之一个建议	杨亮功
中学国文科的师资训练	阮真
中学英语科师资训练	陆殿扬
中等学校算学师资训练问题	朱凤豪
中学算学师资训练问题	汪桂荣
中小学体育师资训练问题	郝更生

① 本刊编辑：《编后余谈》，载《教育杂志》1935 年第 25 卷第 7 号。

中小学艺术科师资训练问题	李朴园
中小学艺术科师资训练问题	李毅士
职业学校的师资问题	杨衡玉
训练职业师资之我见	钟道赞
民众教育师资训练问题	陈礼江
现在中学教师之缺点及其补救之方法	许恪士
中学教师之缺点及其补救	郑西谷
今日小学教师的缺点及其补救	赵欲仁
今日社教人才之缺点及其补救	陈剑翛
小学教师生活调查	张钟元
国立中央大学教育学院过去现在与将来	艾伟
国立北平师范大学之过去现在与将来	李蒸
国立中山大学教育研究所之过去现在与将来	崔载阳
江苏省立教育学院之过去与将来	高阳

欧元怀在《师资训练的根本方针》一文中对以往师资方面的问题和今后师资训练的方针作了精辟阐述。他认为，过去师资的缺点主要有："第一是政治意识的缺乏；第二是专业训练的不足；第三是忽视高尚人格的陶冶"。因此，他提出：就今日民族复兴运动声中的现阶段教育来说，对于师资训练问题必须注意下列三大方针：一是提振政治意识。数十年来，身为儿童与青年师表的教师，大抵缺乏民族自救时期应有的精神与志趣，对被教者不能予以如何救亡图存的指导。往往教师自身陷于职业的近视眼，误认教育可以脱离政治经济而独立，以不谈论政治为风尚。故所造就的学生或不知国家为何物，或因国事烦闷走入歧途。一旦国家有变，号称智识阶级竟不能负起匹夫之责。……在20世纪的人们，谁敢说没有政治的意识而能应付这复杂的社会环境与世界的汹涌潮流？二是充实专业。我们需要的教师系能以教育为终身事业，有服务教育的热忱与责任心，明了教育原理，熟练教学技术，对于各学科的教学组织有充分的知识和技能，并能运用最经济的方法指导儿童学习；同时了解儿童身心发展的事实，善用问题贯聚其研究精神，随时随地本着诚恳的态度去教导，创造适宜的环境以鼓舞其心理上生理上继续不断地生长。三是涵濡高尚人格。教育是心理建设事业。以身作则、感化社

会、改革人心、维护道德、转移习尚是教育者应尽的天职，也即中华民族复兴的关键。凡欲为人师者，其平日对于学术的研究固属重要，而高尚人格的涵濡尤不可缺。今日实施人格教育的标的，第一在崇尚气节，淡泊势利；第二在负责任心，奉公守法；第三在纪律化，明耻教战；第四在勤俭化，坚苦耐劳。

对中国师范教育进行反思与检讨的文献有张钟元的《中国师范教育的总检讨》（第25卷第7号）、祝雨人的《我国中小学师资训练制度》（第26卷第11号）、王凤喈的《中国师范教育之回顾与前瞻》（第27卷第1号）、杜佐周的《师资训练的必要性及其几个重要问题的检讨》（第25卷第7号）等，涉及师范教育发展的历史分期、师范教育目标、师范教育独立设置、师范生待遇等问题。

1. 中国师范教育发展历史的阶段划分

张钟元将其分为5个阶段：萌芽时期（1896—1911）。中国师范教育运动最早开始于梁启超的《论师范》一文的发表。继之而起的有盛宣怀《奏陈开办南洋公学情形疏》《京师大学堂遵筹开办折》，张謇《变法平议》和张百熙所编《学务纲要》中对于师范教育也都竭力提倡。中国师范学校开办最早的还是私人所设。设置的形式，一为与普通中学并存；一为单独设置。前者即南洋公学师范院，后者是张謇所办的通州师范学校。师范教育制度正式由国家颁行是在1903年张之洞等所奏准的癸卯学制。进展时期（1912—1921）。这是最稳定、最有进展的一个时期。有三项事：民国初年颁布了师范学校令，正式确立了师范学校制度并不断推进；颁行了小学教员检定法，虽标准较低，但初次举行，已可减少一大部分滥竽者了；造就乡村师资机关的萌芽。民国八年，山西首创专门培养乡村学校教师的国民师范学校，在师范教育演进上显示了新的动向。师中合并时期（1922—1927）。由于1922年新学制的颁行，造成了师范教育上两件极可注意的改变：一是学制的变异——由单设而合并；一是课程的改造——科目增广又添选科。这次师范教育大规模的改变，直接造成师范生数量上的萎缩，间接增加了义教师资的恐慌；但在另一方面，却又促成师范课程的改造，并且是一个极有意义的改造。乡村师范勃兴时期（1927—1931）。这期间由于乡村教育的热烈提倡，于是有乡村师范蓬勃的建造。其标志性的事件是“晓庄师范”成立。

唯晓庄“真正能实现师范教育转向的使命”。它的生命只不过短短的 3 年，“可是曾唤醒一般传统的师范教育者的迷梦而在中国师范教育的迷雾中指示出一条新途”。在教育方法上的改造便是陶行知提出的“教学合一”的主张了。师范恢复独立时期（1931 年以后）。从 1929 年湖南、湖北省开始恢复师范学校的独立，江苏、浙江等省相继设立独立的师范学校，附设在中学的师范科陆续停止招生。1932 年政府颁布《师范学校法》，1933 年又颁行了《师范学校规程》。至此，师范教育又恢复独立设置。

祝雨人将中国师范教育之演进划分为四个主要时期：第一期，发轫时期（1903—1911）；第二期，即民元学制时期（1911—1922）；第三期，新学制时期（1922—1929）；第四期，现制（1929 年以后）。

王凤喈则将中国师范教育 30 余年的历史分为三段：1903—1921 年为第一阶段。这一阶段虽有变革，但在变革中却保存一贯的精神之存在。这一段有下列几个特征：师范教育是独立的，很少有附设于中学的；国定的师范课程全部为必要，很少选科的机会；师范分区制；师范生之公费待遇，所有学膳宿等费均由公家供给。1922—1931 年为第二阶段。此期为师范教育变动时期。最重要之变动，则为 1922 年之新学制。新学制下，师范教育有四项变化：师范独立制之取消；师范分区制之丧失；师范生公费待遇之取消；全部必修制之取消。民初师范课程全部为必修，新学制将公共必修课减少，增设选修科目。王凤喈认为，这四项变化，除增设选修课一项尚待评价外，其余三项之变革，似只引起纷乱，减少效率，未见何种有利之处。1932 年以后为第三阶段。这一阶段颁布了《师范学校法》，确立了师范教育独立之原则，恢复了师范教育之独立。此外，还有几项变革：恢复师范生公费待遇；增加公共必修科目，限制选修科目；提出师范区制。

上述对于师范教育发展历史的五段论、四段论和三段论的划分各有道理，可以互为补充。

在中国师范教育历史发展的不同阶段，之所以会有各不相同的特点，是跟对某些问题的不同回答有很大关系的。而这些具有核心价值的问题主要有如下几个。

2. 师范教育目标问题

在清末，因鉴于“外侮频凌”、“国势日促”而想整军经武，发愤图强，于是在教育宗旨中规定着“尚武”一纲。因此 1911 年各省教育总会决议：“初级师范学堂应注重体操方法并励行关于军国民教育主义之训练。”至民国元年，国体虽改共和，在师范学校规程上仍定有“爱国家尊宪法为充任教员者之要务故宜使学生明建国之本原践国民之职分”。所以，初期的师范学校均备有军事的设备，学生在课内有兵式操、军事学。在课外有野外勤务、实弹射击等。至民国八年，提出“我国教育宗旨亦应顺应世界潮流有所变更”，于是在民国十年以后，师范学校废止军事训练。“五卅惨案”的发生触动了国人的觉醒，于是有人提出恢复军事教育，在一些师范学校又开始兵操步伐的训练了。民国十七年全国教育会议对于整顿师范教育制度曾决议：“师范学校为实现三民主义的国民教育之本源，其管理及学生之训练，须十分严慎，并须为军事的训练以养成其团结性及纪律性。”民国十八年更有教育部令规定师范学校实行军事教育两学年每年三学分。民国二十年后，国内积极提倡国防教育，在师范学校的课程中多主张增授军用教材。同时在学生生活上也十分注重严格的集团训练了。

清末教育宗旨中规定的“尚实”一纲对师范教育也有影响。民国元年，主张实利主义者认为，人之维持生活既为人生第一要事，教育人人使能维持其生活或更从而进步之，教育之目的达矣。继实利教育之后，更有职业教育的提倡。江苏省各师范学校在民国四年以后纷纷设立农工两科。但到民国十年以后，由于师范并入中学，师范科的劳作生产被认为不必要了。民国十六年随着乡村教育的发展，陶行知等主张“乡村师范之主旨在造就农夫身手、科学头脑、改造社会的精神”。

总之，生产、自卫两项教育，在过去师范学校都发生着反复的变化。根据教育学者和社会学家的分析，人类的行为不外起于康健、工作效能、公民、休闲四项。对于个人与种族的生命维持和延续，教育学者和社会学家都极重视，并把他们列在各项目标之首。生产教育和自卫训练这两项在一般教育上很重视的目标，在师范教育的目标上却未能明确认定，忽而提倡，忽而废弃。“这样在时间上既不经济，在工作上又极少效率”。

3. 师范学校设置的分合问题

影响以往师范教育发展的最大的问题，要算师范学校与中学校设置上的分合问题了。这个问题自发生以至终结，在师范教育发展历程中约有 10 年时间。那么在这一过程中，主张师范独立和主张师中合并的理由有哪些，下面做些简要介绍。

主张师中合并的理由，归纳起来有8点：（1）师范独设与普通文化不能接近，如一经与中学合并，便可增广文化上的陶冶。（2）高小学生毕业即入师范，年龄太轻，择业难期适当。如果入中学3年再上满高中所设各科然后就兴趣所宜慎择升学，便可适于个性发展。（3）合二校为一，可省去一部分之教职员和重复之仪器设备，节省经费。（4）经费既经节省，在以往两校不能购办的仪器图书便可因合并而充实设备了。（5）如纳师范于中学之中，分布可以较广，可以多收人才。（6）师范学校修业年限过长，易使学生厌倦和辍学。（7）师范合并入中学，中学生也可得到教育知识传授的机会，对于教育发生兴趣。（8）师范学制原系抄自日本，不应再事因袭。

主张师范应该独立而反对以上各项的理由：（1）反对合并后增广文化陶冶之说。认为“师范生宜有教育化之纯一训练，其普通学程尽可与中学相同，但取材与教学重点不一致”，合并以后将要失去专业训练的精神了。（2）反对合并可以适应个性发展之说。“真正的择业能力，非特不可求之于十二三岁之小学毕业生，即届十七八岁之中学毕业生，苟在校未受相当之指导，出校仍不免歧路彷徨，莫之所之”。顺应个性发展重在教师指导。（3）反对合并节省经费之说。“师中校舍每非比邻，教务训育庶务书记事难兼顾，原有人员不宜裁减，教员授课按时支薪，薪金何从节省。以云设备仪器有视学生数额而定者此不因分立而费，亦不因合并而省。故合并后……于经费节省一层无甚关系”。（4）反对可以充实设备者谓：“师范教育若有独立存在的必要，则用全力以完成之设备，亦非不可能。且师范教育与普通教育性质不同，决不能利用普通学校设备以为研究工具。”（5）反对合并后可广罗人才的观点。人才的不易罗织根本上还在于服务后待遇的不能提高和无保障。（6）厌学与否，关系于学习兴趣与教者指导方法之若何，年限长短非其主因。至因家境关系而辍学，则不仅师范一校所独有，且师校因免费关系更可减少辍学之因素。（7）中学生可从事教育的研究，乃中学本身的问题，如何因此而迁并师范。（8）一种制度只可问其本身价值如何，不能问其来自何国。况日本师范学制又实渊源于法国。

此外，主张师范教育应行单独设立的理由还有：（1）师范教育系国家的设施。凡设校地点、校数学生额随时因行政需要而定。其培养及奖励师资之政策亦因时不同。与中学合设，师范本身易失标准而实施尤多窒碍。(2) 师范独立，目标确定；训练集中，易于养成专业的兴趣与态度。(3) 师范学校修业年限有时须增加，未必能与中学一致，合并更有不便。

那么，如何看待这两派观点呢？我们应先把目光转向中国师范教育的任务上。而当时中国小学教育最大的病源便是师资的恐慌和师资学力的不充实。所以救济整个中国师资的恐慌，充实整个师资的学力，实为中国师范教育上的唯一责任。因此，我们对于师范教育设置上分合变革的评判，当以此变革以后能否减少师资的恐慌和充实师资的学力为标准，前者是数量的增加，后者是内质的改进。

至于师中分合上所争执的中心问题——增广文化陶冶和注重专业训练，在理论上他们各有见地。但退一步想，在原是独立的师范学校中，把课程设备充实起来，教材教法改进一番，课外再有各种研究的组织和校外专家演讲等，又何尝不可增广文化的陶冶呢？在与中学合并设置的时候，就原有中学生应注意生产劳作等习惯的养成和严格的纪律训练之外再加上专业技术的熟练、教育兴趣的鼓铸……又何尝有妨专业的训练呢？

4. 师范生待遇和服务问题

师范生的待遇和服务问题也是影响师范教育发展的一个重要问题。自前清到民国八年，在规程上虽有公费、半费、自费等规定，但实际上大多是学膳宿费等均由公费支给的。关于服务的规定，公费生男生 7 年，女生 5 年；半费生男生 5 年，女生 4 年；自费生男女各 3 年。新学制改革以前，各校渐收半费。高中师范科成立后，除学费外，一切膳费等均由学生自费。民国十八年部令师范生须服务一年以上才能考入大学的文科或教育科。1932 年教育部所颁规程重新确立了师范生免费原则，所以各省有免收膳费有免收半膳的，服务年限则规定照修业年限加倍计算。

在师范教育发展的这 30 余年中，最初 10 年是免费的，生源充足。中间 10 多年是自费的，特别是师中合并后，各校人数锐减。后一段又恢复免费制。

那么，当时为什么会取消免费制呢？在这个问题上曾发生过很严重的争执。张钟元先生曾撰文说："给费名义上为奖励师范生，事实上乃为体恤贫寒子弟。今全部给费，试问师范生是否全部，抑仅一部贫寒？如系一部分，则全部给费，似欠公平。如系全部，则全国小学教育均操于贫民阶级之手，是否适当？”① 这里其实隐含了两点：第一，贫寒阶级是否愚昧而不可教？第二，贫寒子弟有无享受免费的优先权利？

反对免费制的理由以为一切中等学校都可设奖学金额或试行工读制，不必专在师范免费。这固然对贫寒青年才性含蓄着无限的顾惜和企望。但事实上应免费的人数的比例和中等学校内所能设奖学金额等是否能相当呢？这都成很大的疑问了。

还有些人以为国家经费竭蹶，师范实现公费有碍一般教育的发展，至同属于中等教育一阶段的人，由争执而生嫉妒。但问题在于“教育经费果何因而竭蹶？欲使经费不竭蹶，与军阀争可也，与资本家争可也，与贪官污吏争可也。不与军阀争，不与资本家争，不与贪官污吏争，而独与师范生争此戋戋，何所见之浅耶”。

至于师范生服务年限的规定，即使在全免费时期也不曾能严格实行。所以虽有强制师范生服务的法令，但实际上多徒具形式，并未能落实。

三、《教育杂志》与教师待遇问题的研究

教师的地位待遇问题是事关教育事业能否健康发展乃至国家民族存亡的大问题。自有教师这一职业以来，就没有停歇过关于教师地位待遇的议论。这种情况从断续存在近 40 年的《教育杂志》看亦如此。《教育杂志》从创刊到终刊，杂志主编换了几任，编辑风格有所变化，但都始终关注着教师待遇问题。特别是对于民国时期的教师讨薪运动给予了极大的同情。甚至发表了如何才能有礼有节地争取合理报酬的文章。

1909 年，《教育杂志》刚创刊不久，就发表了《东西洋教师地位之变迁》一文，对东西方教师的地位作了详细比较，提出了东方特别是我国教师地位存在的问题和提高教师地位的建议。之后，《教育杂志》陆续发表关于教师待遇的调查研究文章，对引起社会各界特别是政府部门对教师问题的重视起到了积极作用。

---

① 张钟元：《中国师范教育的总检讨》，载《教育杂志》1935 年第 25 卷第 7 号。

《教育杂志》对教师待遇问题的研究主要有如下几个方面：教师待遇状况的调查；教师薪俸标准的制定；教师待遇的国际比较。

（一）关于教师待遇状况的调查研究

代表性的成果有：俞子夷 1921—1922 年所作的《小学教员生活状况调查》（第 15 卷第 1 号）、郭枬 1931 年所作的《中小学教职员待遇之调查与研究》（第 23 卷第 1 号）、张钟元 1935 年所作的《小学教师生活调查》（第 25 卷第 7 号）等。

俞子夷在 1921 年 11 月向江苏等省发出数千份问卷，调查小学教员生活状况。至 1922 年 5 月，共回收 392 份，涉及江苏、浙江、四川、江西、山东、安徽等省份。俞子夷的调查报告发表在《教育杂志》第 15 卷第 1 号上。根据俞子夷的统计，在其所调查的 6 个省份的近 400 名小学教员中，约有 58% 是受过师范教育的，34% 是受过中等或中等以上的教育或某种专门技术训练的；不足中等程度的只占 8%。俞子夷认为，“这虽不能当作中国小学教员实在情形的调查，但是可以做本调查范围的基础。就是说，受过相当师范教育或中等或中等以上学校或某种专门技术训练的人做小学教员时俸给问题应该怎样”。据统计，当时小学教员的平均年薪只有 160. 25 元，而新教员第一年的平均年薪是 125. 10 元。年薪在 50 元以下的有 3 人，年薪在 600 元以上的有 1 人，绝大部分集中在 100 ~ 300 元之间。当时一个四口之家的最低年用费平均需 316. 45 元。这与调查所得的教师所希望的最低平均年收入 318. 22 元相差无几。说明教师所希望的也就是自己所得能够养家糊口而已。由于教员的薪水入不敷出，所以欠债情况非常严重。在调查所及小学教员中，约有 44. 6% 的人有欠债，平均欠债额为 268 元。俞子夷还对单身教员的年薪及供养父母的预算作了详尽统计。

郭枬是通过发放调查表的形式进行调查的。调查表分为“小学专任教师待遇调查表”和“中学专任教师待遇调查表”两种。在所调查的 201 所小学的1008名小学教师中，平均工资 26. 53 元，与 1926 年的小学教师平均工资相差无几。[①] 最高者为女校长57.49元，最低者为女助教员11.00元。一个奇怪的现象是，女职员的平均工资要比男职员的高。女职员为31.46元，男职员为25.12。这在当时社会条件下是不可思议的。郭枬对此的解释是："任用女教师的学校都是在人口比较多的城市里面，待遇比较高。兼之男教师总数内受了乡村教师待遇低的影响，所以他们的中数因而减低。"调查中学校56所，中学教师1609人。结果显示，中学教师平均工资37.96元，比小学教师高11.43元，但比1924年的平均工资降低了20.91元。[②] 最高者93.50元，比小学教师高出约1倍。调查发现，通过中学与小学教师薪金相比，小学各项职务薪金平均数比之中学的较为集中。也就是说，小学教职员的工资水平差别没有中学教职员的差别大。有部分地方关于教师待遇有暂行的标准。作者建议，政府应该广为收集该标准，再根据学理进一步修改，以便通行全国。

张钟元于1934年2月，向苏、浙、皖、鲁等省现任小学教师发出4000余份调查问卷，至7月底收回570份。这些回收的问卷主要分布在华东地区。统计结果为，小学教师年俸平均为195元，每月16.25元。而每位教师家庭用费和自身所需共计280.33元，一年之内亏空的数目竟达85元。这从另外两项统计中也可得到证实。在438名教师中，所得年薪有盈余的54人，占12.33%；亏空者220人，占50.23%；持平者164人，占37.44%。说明有半数以上的教师入不敷出。

（二）关于教师薪俸标准的制定

杨伟文译自美国《教师专业问题》一书的《小学教师薪水问题》，[③] 对如何制定教师薪酬标准做了有益的探讨。

---

① 据中大教育行政院1926年度普通教育的统计报告，江苏各县小学教员的俸给，以各县之平均数计，钱少者，有月薪6—8元的，钱多者亦不过32—34元，平均为16.7元；若以各县之最高数计，钱少者有以10—12元为一月最高的县份，钱多的县份亦只以58—60元为最高，其平均数为26.75元；若以各县之最低数计，钱少的县份竟有月薪1元的教职员，钱多者亦不过以16元为起码，其平均数为8.72元。据陈东原先生1927年对801名女教师的调查，年薪在221—240元的人数最多，每月可有18.40—20元的薪水。见陈东原：《女教职员之研究》，载《教育杂志》1928年第20卷第9号。

② 廖世承先生曾于1924年调查全国中学教师全年薪金，人数为1470人，平均为58.87元。见郭枬：《中学校教职员待遇之调查研究》，载《教育杂志》1931年第23卷第1号。

③ 杨伟文译：《小学教师薪水问题》，载《教育杂志》1928年第20卷第6号。

薪酬计划中应该包含的几种要素："薪水之用处凡三：生活之维持，进修之促成及劳绩之酬报是也"。①生活。教师薪俸所以维持其适度之生活也。举凡生活上之必需品，当使美满而无缺。其所得年俸当足以获得 12 个月之必需品而无所匮乏。此当视为伦理上一种规范，犹如常识，人人皆宜遵守之。查出一年中精良之食宿所费几何，二倍之所得总数即为一教师可以接受之最低薪金。②进修。专业有促其进步之必要。此事对于学校与教师同感重要。进修必须以加薪促成之，复以加薪酬报之。③成绩。凡遇有教师表现显著之能力时或遇有异常优良之教师应聘或连任，应当从预算中特列酬劳金一项援用。教师薪酬中也要考虑教师的经验。即不管其是否有显著成绩，按在校时间长短给予适当酬金。"吾人甚望教师能不变其志，吾人甚望能保障任重道远之教师，作为终身事业。而此即奖掖其久于其位之一法也"。

该文还提出了制定薪俸表的若干原则：养生原则。根据教师之生活费，若为事实所许，并及其家属。学历原则。根据求学所费时间与金钱之所值。进修原则。根据每两年进修一次，其学费、旅费兼须计入。经验原则。经验加薪为"奖励继续任教之法门"。每年所加之数，不应少于为教师进修而附加之总数。教师负担原则。若教师在正常标准之外，任务加重，自当另加报酬。这可视为劳绩之一种。所加数目，应根据养生平面以上之附加费。譬如 100 为标准负担，某教师之负担为 150，则当加除基本生活费之外的其他费用总和的一半。效率原则。根据教师工作的绩效给予的奖励。此条原则之重要价值，在于"予薪级表以活动之余地。优越之教师，能因此而得聘任，有特殊贡献之教师亦因此而获报酬矣。其为效率卓越之酬金，必须列为等次"。

（三）教师待遇的国际比较

如前所述，《教育杂志》在第 1 年第 5 期即刊登《东西洋教师地位之变迁》一文，赵瑞英又于第 26 卷第 10 号发表《各国小学教师待遇的比较研究》，其中尤以赵瑞英的文章研究较为详细。以下对该研究的主要论点作简要介绍。

关于研究的缘起，作者说："教育经费的扩充，所以求教育机会的普及；而师资训练的改良，则志在优良教师的培植。教育效果的创获，教师是个很重要的因子，而教师的待遇，又是教师问题的核心。我国小学教师的待遇，素称清苦。……我们如果认初等教育为复兴民族的命脉，那么对于新国民的导师，自当竭力维护其生活的安定，待遇的优渥。关于这，各国有着深刻的认识，他们不惜巨资地致力于教师薪俸的提高、年功加薪的实施和养老抚恤的推行。这无非是使教师有安定的生活，能安于其位，悉心从事于伟大的教育工作。所以我们先把各国小学教师待遇的实况作一个简单的绍介，以为研究及改良我国小学教师待遇的借镜与参证。”

在该研究中，作者分别介绍了英、美、德、法、日、意、俄七国小学教师的俸给标准和基本做法。在20世纪30年代中期，这些国家小学教师的年薪大略如下：

表6 各国小学教师基本薪金

国别	最低年薪	最高年薪
英国	3054.24元（168英镑）	7417.44元（408英镑）
美国	3904.32元（1162美元）	7116.48元（2118美元）
德国	3836.00元（2800马克）	7535.00元（5500马克）
法国	2310.00元（10500法郎）	7920.00元（36000法郎）
日本	465.60元（480日元）	2793.60元（2880日元）
意大利	3835.00元（5900利拉）	6500.00元（10000利拉）
俄国	1806.12元（1044卢布）	2076.00元（1200卢布）
中国	40.00元	560.00元①

这只是各国小学教师应得的正薪。除此之外，尚有额外的优待。这些额外的优待，大致可分为两个方面：对于教师本人而言，有年功加俸的实行、生活津贴的酌给、业余进修的免费、职务增加的加薪、疾病治疗的补助和退休制度的实施。对于教师家庭而言，如教师住宅的供给、房屋租金的代付、教养子女的津贴、子女入学的免费和家庭抚恤的实行等。

一国经济状况的丰啬、生活程度的高低、社会对于教师的尊重或轻视等等复杂因素，都会影响一国教师的待遇，在数字上自然是有着分歧的。而且因为生活程度的各异、币制的互殊，单从数字的描述对于各国教师的待遇并不能作精确的比较。但从上表也可看出各国相互间的差异。我国当时小学教师待遇之菲薄、生活之清苦实在出乎我们的想象。作者呼吁，为增加教育的

① 此数据来自张钟元的《小学教师生活调查》，载《教育杂志》1935年第25卷第7号。

效益，自应提高教师的待遇，以保障其生活的安定，奠定民族复兴的基础。

四、关于中小学教师之缺点及其补救法

在《教育杂志》的师资训练专号及其他卷期中，发表了一系列关于教师素质和教师修养方面的研究成果。其中尤以对教师存在缺点及其补救法的研究颇具振聋发聩之效果。

（一）关于小学教师的缺点

“小学教育是建立国家的重要基础，小学教师是设施教育的主要人物。小学教师而得人，教育设施自然合理进步，国家前途自然光明有望；反之，教育设施既难进展，国家前途自趋危急了。小学教师的重要性如此”。[①] 赵欲仁在《今日小学教师的缺点及其补救》一文中，在充分肯定了小学教师重大作用的同时对当时小学教师的整体状况及存在的不足作了分析。他认为，就小学教师实况说，“量和质的两方面，都不能满足迫切的需求。……合格的师资，各省各县大多平均不满教师总数的二分之一。如果一旦切实推行义务教育，师资不敷情形当然要益加明显”。他还说：“优良的教师为数固多，但不能达到理想标准的也不在少。” 于是赵欲仁列举了小学教师存在的 8 大缺点。

（1）不能彻底明了教育目标。这种情况尤以一般女教师和精力衰颓的男教师为甚。小学教师如果不能彻底明了教育目标，那么，仅仅着力于知识技能的传授，对于应该培养儿童为怎样的一个现代国民，丝毫没有注意或设施，好比走路没有方向，好比做工没有目的，是一件何等舍本逐末的事。可是现在大多数的小学教师似乎未能避免这个缺点。

（2）缺乏民族意识。赵欲仁说：“我国民族原有一盘散沙之称，对于国家大事漠不相关的要较深切注意的为多。担任教育重责的小学教师当然有异于此。可是……明知各国经济侵略要较军事侵略文化侵略为严重，但是喜欢购用外国货品的心理，男女教师是同样的。……国难如此严重，民族如此衰颓，走在前面的小学教师还不能如德日等小学教师逢到危急的奋起，为国为民表现出伟大的力量，真是一件深可痛心的事。”

---

① 赵欲仁：《今日小学教师的缺点及其补救》，载《教育杂志》1935 年第 25 卷第 7 号。

（3）只重教室里教学。现在小学教师有一个普遍缺点，就是认定自己唯一的工作仅在教学。……对于儿童品性的训导、人格的培养只有消极的惩罚，浮面的处理，不易看到积极的科学的训导的事实。

（4）不能劳作。现在的小学教师大多受着过去不合理的师范教育的影响，弄得四体不勤、五谷不分，成了一种“士”的阶级。日常生活只知劳心不识劳力，简单的衣食住行问题也往往不能应付。

（5）不识改造社会。现在的社会，愚弱私贫到令人失望。要设法改进，当然要有整个的切实的设施才行。如果没有小学教师出来协作，则很难完成。

（6）无研究兴趣。不合格的教师根本不明白教育的重要，职务以内有关的事项从来不想设法改进，视所任职务为一种职业，仅仅解决糊口问题而已，绝无认为事业的信心。儿童而受此教育，损失真不可统计。

（7）身体欠健康。

（8）没有乐业专业精神。目下政治不宁，社会衰颓直接间接使小学教师态度消极、生趣索然，致乐业专业精神不能充分表现出来。

小学教师的这些缺点，其实多为当时不良社会现实的反映，甚至可以说是社会的缺点。如何补救呢？赵欲仁提出了三种补救办法。

（1）关于教师自身方面的。小学教师自身补救缺点的办法很多，通常的办法有读书、听讲、健身、参加讨论、相互参观等。

（2）关于学校当局方面的。可行的办法有教学演示、成绩展览、教学指导、开会研究等。

（3）关于行政当局方面的。可行的办法有培养、登记、检定、训练等。而培养是补救教师缺点的根本办法。

在这三方面的补救办法中，教师自身方面的补救较之其他两方面尤为重要。因为教师的缺点非由自己发现自己补救总不能达到完善的地步。而学校和行政当局的补救办法总不免是被动的、暂时的，难以适应个别需要的。

（二）关于中学教师的缺点

对于中学教师的基本认识：中学教师所负的责任，与寻常的一个科学家或艺术家所负的责任完全不同。一个科学家或艺术家所负的责任，在客观地充分地表示着科学或艺术的价值。虽然他们直接地亦负了继续文化的责任，然而并不像一个教师那样坚定，那样繁重，而以此为他的唯一的职务。一个教师不但要具有能够支配许多文化材料为教育材料的能力，并且还要有一种高尚的充满着爱和善意的动机，对于一切所有价值，尤其是对于青年——将来继续文化直接负责任的人——的个人价值，要具有深切的感觉力。他的地位，在教育上说，固然是“启发来者”，即在文化上说，一方面“承前”，一方面“启后”。换言之，一个教师，不但要具有渗化文化的能力，使以往文化得以经济地系统地有选择标准地从仁爱手段之中，移植于青年的精神内。因此，我们承认一个良好的中学教师绝对不是一个狭义的学者，或一个技术专家，也不是一个单纯的科学家，或一个单纯的专门人才。我们所要求的中学教师，是“科学”教师和富有教育兴味的专门人材。

基于此认识，在许恪士看来中学教师至少要具备以下三个条件:①

第一，师生心心交感之教育天赋能力。当教师教授的时候，似乎有一点很神秘的连接，将教师的心和各个被教育者的心连接起来。在这种连接之中，不但要去追随教师的一切活动，有时还会超出教师的活动，而发现新的问题。这种强烈的不但能够与人同感而且能够感入别人心中、感入那些精神还未成熟的青年心中的天赋，正是一个教师最重要的最宝贵的性格。

第二，唤醒教育价值。从事社会学科和文艺学科的教师，不但要有远大的意识，还要有一种特别的能力，能将各种文化材料所共同的具有社会的、政治的、道德的种种价值充实而活泼地表现出来，使青年们可以把握这些价值。尤其是一些民族的特殊性格和一个民族的前途希望，其命运大部分放在担任这些学科的教师身上。一个良好的中学教师，不但能够注意到所教学科的客观价值，并且还要能够注意到青年们的人性，以及从此二者之间能够唤起的社会性格和民族生命。

第三，在教育上负有最大效果之能力的人格。一个良好的教师，必备的条件不在他那些科学的聪明和那些呆板的教学方法，而在教师自己是否富有社会的品性和爱的抱负，来做他影响青年最大的原动力。

而中学教师的缺点，就在于缺乏这些教师必备的基本条件。郑西谷则通过调查中学校长指出了中学教师的不足②：知识方面，缺乏专门学识之修

① 许恪士:《现在中学教师之缺点及其补救方法》，载《教育杂志》1935年第25卷第7号。

② 郑西谷:《中学师资训练问题之研究》，载《教育杂志》1935年第26卷第7号。

养；缺乏教育学术之修养；初为师者缺乏经验，久为师者缺乏研究兴趣；对于所教学科未必能彻底了解。技能方面，缺乏教学技术之训练；徒知传授知识不谙学习指导；缺乏管理技术不能维持教学秩序；缺乏工艺技能，不能自制教具。理想方面，缺乏责任心和合作精神；言行不一致，不能以身作则；只知敷衍教授不知负有训育之责任；缺乏坚强的教育信念无终身为教育牺牲之精神；不遵守约书，见异思迁；缺乏民族意识与爱国热情。

（三）关于中小学学生对于教师喜好的一项调查

姚以齐于1924年做了一项关于教师问题的大型调查，以《中国中小学教师问题研究》为题分两期刊登在《教育杂志》第17卷第2号和第3号上。之所以做这样一个研究，在姚以齐看来，因为“教师为教育之钥匙，儿童之向导，此以中小学生尤甚。若教师不良，或儿童不予以信仰，则教育无功效之可言；抑且流弊丛生，甚至有因之生出种种问题，掀动种种风潮，为害之大，胡可胜言！……惟研究本问题之法甚多，要在有真实的客观、多量的材料，斯可获较准确之标准，而后有相当之价值。兹不揣浅陋，特采外国心理学家研究本问题之良法，加以修正，期适合于吾国国情”。

关于研究本问题之目的：一为调查现在中国中小学学生对于教师之心理，见违兼为研究中国儿童心理、青年心理及教育心理学者之一助。二为调查现在中国中小学教育上实际之需要，以为师范学校养成师资之参考。三为调查现在中国中小学教师之行为上及性质上之具体的标准，以为一般中小学教育界同志自量、自修、自励之一助。四为调查现在中国中小学学生对于教师之确实的好恶与希望，以为学校教育行政者改良学校、进退教师及教育官厅解决择师运动等类风潮之一助。

基于这些研究目的，作者设计了8个方面的问题：中小学生喜欢一个教员是为什么？不喜欢一个教员又是为什么？现在中小学生喜欢哪一科的教员？不喜欢的又是哪一科的教员？现在中小学生理想中所最希望的是什么样的教员？中小学生最喜欢的是男或女教员？最不喜欢的是男或女教员？中小学生将来所最希望的是男或女教员？

此次调查共向全国各地发放问卷2400份，实际回收1630份，分布在27个省市区。回答问卷的学生中，男生1413人，女生217人，平均年龄约17岁。根据对问卷的统计，得出了如下结论：

（1）所调查者无论何性别、何年级，现在最喜欢之教员，均因其“学问优美”、“教法优良”、“人格高尚”、“热心”。

（2）所调查者无论何性别、何年级，现在最喜欢之教员，均是英文、国文、数学、理科四科。

（3）所调查者无论何性别、何年级，现在最不满意之教员，均因其“学问浅陋”、“教法不良”、“人格卑污”。

（4）所调查者无论何性别、何年级，现在最不满意之教员，均是手工、图画两科。

（5）所调查者无论何性别、何年级，现在理想中所最希望之好教员，均要其“智识顶完备”、“做事顶热心”、“人格顶高尚”、“经验顶丰富”。

（6）所调查任何年级的男生，现在最喜欢之教员，概为男子；任何年级的女生，现在最喜欢之教员，概为女子。

（7）所调查任何年级的男生，现在最不满意之教员，概为女子；任何年级之女生，现在最不满意之教员，概为男子。

（8）所调查任何年级的男生，将来所最希望做其教员者，概为男子；任何年级的女生，将来所最希望做其教员者，概为女子。

这一研究，对于师范教育、教育行政机关以及教师自身都具有积极的意义。对于师范教育来说，可以根据中小学生的需要、希望及好恶，有的放矢，设法培植适当之人才。对于教育行政机关，可以根据多数学生的共同要求与期望，择定教师任用的标准，选择学生所欢迎的教师。对于教师自身而言，更可根据学生的意见，自量自省，以为己身改正进修之借鉴。

这一研究本身所秉持的科学态度也非常令人敬佩。作者从研究这一问题的发端，国外研究本问题的经过及其结论，我国研究这一问题的困难，本研究的目的、计划、过程、调查数据的分类统计、结论及本研究的缺点及希望等方面作了详尽的论述。这对于尚处于科学启蒙阶段的中国，在科学态度和科学精神极为缺乏的情况下进行这样一项较大规模的科学研究，其困难是可想而知的。因此，此项研究，不仅其结论具有重要的实践意义，其研究过程本身对于倡导教育科学研究具有很好的示范作用。

第六章 《教育杂志》与儿童问题研究

学校教育中最重要的两大主体就是教师和儿童。具有久远文脉的《教育杂志》对于儿童问题的研究可谓是相当丰富的。这种丰富主要体现在两方面。一方面，在《教育杂志》中，直接论述儿童问题的文章就有 150 余篇，这些文章或平铺直叙，或旁征博引，或针砭时弊，分别从儿童的膳食起居、兴趣爱好、心理卫生、权益保护、个性特征等方面对儿童问题进行了深入的探讨。另一方面，许多教育人士针对当时儿童问题的现状进行了细致的观察和冷静的思考后，分别从教育观念、教育环境、教育手段和教育材料等方面提出了一系列革故鼎新的建议。这些探讨和建议折射出那个时代儿童问题研究的现状，反映了那个时代儿童问题研究的方向和内容，凝聚着众多教育先辈的辛劳与智慧。

《教育杂志》不仅从创刊之初就关注儿童问题，发表有关儿童研究的成果，而且从第 18 卷至第 23 卷还专门设立了“儿童研究”栏目。第 24 卷以后，虽然不再单设儿童研究栏目，但对儿童问题的关注程度却丝毫未减。可以说，儿童问题是《教育杂志》始终关注的一个重要研究领域。

一、儿童本位教育理论的倡导

进入 20 世纪 20 年代以后，由于受新文化运动追求民主、科学的推动，以及大批留美学生归国和一些美国学者来华，以儿童本位为特征的国际教育新思潮和美国进步主义教育思想相继传入我国。《教育杂志》亦以相当的篇幅宣传这一思潮。早在第 12 卷第 1 号就集中登载了有关自动主义与自动教育的五篇文章：《文化运动和自动教育》《自动主义的根本思想》《美国之自动教育法》《实施自动教育的先决问题》《教育思想上自由之观念》，极力倡导自由、自主、自治、发挥本性等观念。如姜琦在《自动主义的根本思想》

一文中分析了四种自动主义的思想，认为“教育就是养成他们能够完全发挥自己本性的一种作用”。[①] 第14卷第9号是《现代教育思潮号》，刊载了杨贤江、章锡琛、常道直、钱鹤等人的12篇文章，更加旗帜鲜明地反对主智主义、反对教师本位，主张尊重学生的自由，使他们在自主活动和自我体验中获得发展。曾任《教育杂志》主编的李石岑也倾向于个人本位论，先后发表《现代教育思潮批判》等一系列文章。他提出：“表现生命就是教育家最高的天职。”《教育杂志》第22卷第5号，在“儿童研究”专栏发表了葛承训的《儿童本位教育的理论与实施》，从正反两个方面阐述了儿童本位的概念。葛承训明确提出：从反面说，儿童本位“非课程本位”、“非知能本位”、“非教师本位”、“非教室本位”。从正面说，“儿童本位教育有两个最大特点：一是关于儿童生长的，一是关于儿童生长所需的材料”。“所谓生长含有两方面的意义：一是生理的生长……一是心理的生长。而心理的生长又可分为智力的生长与经验的改组两种”。“儿童生长方面最当注重兴趣、独创和自我人格三项”。独创“绝非在课程本位与教师本位之下所可获得与培养”。在自由的学习下才有独创。儿童生长所需的材料或活动就是工作单元。工作单元与普通课程不一样。“工作单元是活动进行中必需的材料，为改组经验的必需行为”。葛承训在阐述了儿童本位教育的理论之后还详细介绍了儿童本位教育的实施办法。[②]

程国扬在《今日儿童教育的理论及其实施》[③] 中提出：“儿童和成人是在两个不同的生活阶段之内。教育的实施，不仅需要知道什么是本分内所应该做的事，而且要时时接着各种儿童身心发展的步骤去应付他们。儿童各有个性，有着自动的参加工作的需要。假如环境适宜所做的工作，迎合他们内心的要求，他们自然会静定下来，会集中注意。儿童本来喜欢活动和满意自己的创造，而且一直追求着直到他已经完成方肯释手。在他着手的时候，自己仿佛是一个批评家、创造家，十分热心于他的工作。教师只需要从旁指导，以免趋向畸形的发展。所以反过来说，儿童的厌弃工作，统是由于外面的条件，教师实不能辞其处置不当之咎。”总之，教师要保护儿童的自主

① 姜琦：《自动主义的根本思想》，载《教育杂志》1920年第12卷第1号。

② 葛承训：《儿童本位教育的理论与实施》，载《教育杂志》1930年第22卷第5号。

③ 程国扬：《今日儿童教育的理论及其实施》，载《教育杂志》1936年第26卷第2号。

性、积极性。

二、儿童观的研究

儿童观是指人们对于儿童的根本看法、态度。它与教育观、教师观是紧密相关的。通过对《教育杂志》的分析可知，尊重儿童个体身心的完整、爱护和保持"童心"、把握儿童的精神内质是当时儿童观研究的核心内容。

"童心"是一个意蕴指向深刻的概念。它可以内化为儿童自身生命状态下的一种单纯澄澈的精神内涵，也可以雅化为主体创作时的一种本真趋向，更可以外化为一种人类求真、向善、趋美的高贵特质。综观《教育杂志》可以发现，当时对"童心"的研究最为深刻、最有代表性的人物是丰子恺。丰子恺的《童心说》是在重点剖析当时儿童"精神残疾"的基础上，吸收了中国古代朴素的生命哲学观，将"童心"理解为完全趋近于儿童自身生命状态下的一种摈弃浮蔽、通达万物之相的精神特质。其内容主要包括：关注"童心"，尊重儿童的天性；保护"童心"，反对压抑和摧残儿童；呼唤"童心"，企盼"童心"的回归。

（一）关注"童心"、尊重儿童的天性

1. "童心"是纯粹的、广阔的、非功利的

丰子恺笔下的"童心"是指完全趋近于儿童自身生命状态下的一种摈弃浮蔽、通达万物之相的精神特质。在这种观念下，"童心"是"对于人生自然的'绝缘'"，[①] 也就是"对一种事物的时候，解除事物在世间的一切关系、因果，而孤零地观看"。当人们用"绝缘"的眼光观察事物的时候，看到的仅仅是事物的本体的"相"。"相"为何物？"相"是一种纯粹的、孤独的、超功利的本真状态，是每个人都具有的。但因为"成人在世间辛苦地生活，打算利害，巧连智谋，已久惯于世间的因果的网，久已疏忽了、忘却了事物的这"相"。始终让一种习惯的"常态"意识占据内心，而失去了应有的"童心"。南朝著名的文学家江淹，青年时代文思敏捷，屡出上品诗文，不想进入老年文思日渐迟缓。也许是出于解嘲，抑或是同情，不少人硬是"八卦"出一个"江郎才尽"的神话故事。事实上，江淹失去的并非

① 丰子恺：《童心的培养》，载《教育杂志》1927 年第 19 卷第 12 号。

是所谓的“神笔”，而恰恰是能够“看出事物的本身的美，可以发现奇妙的比拟”的童心。“童心”是纯粹的、广阔的，恰似一方晶莹剔透的宝镜，对于大自然的四季交替、人世间的悲欢离合，无不迸发出巨大的魅力，无不激起人们浓厚的好奇心与兴趣。而与此童心相协调的视听，可以在大千世界饱听饶看，广采博集。

2. 童心是灵动的、活泼的、带艺术性的

丰子恺的“童心说”，既是对中国古代文人“童心说”的一种扬弃，又是对当时儿童教育中“童心”遗失的一种诉求。他继承了春秋时期老子的“载营魄抱一，能无离乎？专气致柔，能如婴乎？涤除玄鉴，能无疵乎”[①]的观念，吸收了明代哲学家李贽“童心说”的精髓。即“童心者，真心也”，“夫童心者，绝假纯真，最初一念之本心也”。[②] 最终在艺术创作的过程中找到了相应的契合点。也正如丰子恺所言：“艺术教育就是教人绝缘的方法，就是教人学做小孩子，学做小孩子，就是培养小孩子的这点‘童心’，使长大以后永不泯灭”。童心是“人生的灵感，天地的灵气”。既是儿童的本性，也是成年人的宝贵修养，更是一个人生活幸福、事业成功的宝贵财富。保持童心是一个艺术家的禀赋和特质。“人之初，天生成是和平的、爱的。故小孩子天生成了艺术的态度的基础”。[③] 小孩子所具有的这种直观的、非功利的、原始的审美眼光，是一位优秀的艺术家所要涵养的美学趣味和必须具备的艺术素质。艺术家只有拥有了这种“绝缘”的眼光和心态，才能“暂时放下我们的一切压迫和担负，解除我们平时处世苦心，而作真的自己的生活，认识自己奔放的生命”，艺术家只有这样才能在人们司空见惯的事物中见到美。俄国形式主义批评家什可洛夫斯基曾提出过“陌生化”创作理论，在他看来，文艺创作不能照搬所描写的对象，而是要进行必要的剪裁和处理，“陌生化”则是艺术剪裁和处理不可缺少的方法。这一方法就是将未来熟悉的对象变得陌生起来，从而使读者在欣赏过程中感受到艺术的新颖别致。这与丰子恺所说的“绝缘”之眼的道理是一致的。也就是说，在没有原因结果之网的关系之下观看世界，才能真正看见世界的美丽。

---

① 陈鼓应：《老子注释及评介》，第94页，北京：中华书局，1984年。
② 李贽：《焚书》，第970页，长沙：岳麓书社，1990年。
③ 丰子恺：《童心的培养》，载《教育杂志》1927年第19卷第12号。

总之，童心是纯粹的、广阔的、非功利的，是儿童生活的良好的天然资源。童心是灵动的、活泼的、带艺术性的，它可以使人涤除玄鉴、摆脱功利主义的禁锢，生活得更加充实、轻松和美好。

（二）保护“童心”，反对压抑和摧残儿童

1. 尊重儿童的权利

第一次世界大战以后，在日内瓦曾设立了一个“儿童保护财团国际联合会”，该会曾发表《日内瓦宣言》，宣言对于儿童的权利作了详细规定，明确表达了每个儿童不是仅仅因为弱小而需要保护，而是因为儿童作为一个有能力的、积极主动的主体——拥有权利并可行使自己的权利。该宣言需要在学校的组织、课程和学制中得到体现。但这一宗旨在许多国家的实践中通常会出现权利主义的倾向性，儿童往往被视作成人的附属品。《日内瓦宣言》明确指出儿童身体须正规发展，承认儿童有权利从事教育和娱乐活动，参与文化活动。还享有不受责罚和受保护的权利……各国男女成人应尊重并维护儿童的权利。这是社会文明进步的鲜明特征。“各国无论人种、信仰如何，对儿童都应承认其以最善之努力”作其必尽义务。所以各国男女，对于儿童权利的本宣言，即《日内瓦宣言》，应表明作如下各点之责任与义务：①须研究各种必要之方法，使儿童身体上作正规之发展。②儿童之冻饿者，须给予衣食；疾病者，须加以看护；劣儿应予辅导；不良儿应予感化；孤儿弃儿应予救护。③凡遇危险之际，儿童应最先予以救护。④须设法使儿童获得谋生之必要能力，为人类问题而贡献。[①]

2. 尊重儿童的文化

儿童文化是儿童自己在与同伴交往过程中形成的、儿童之间相互认可的一种文化，一种以儿童自己的思想和行为来决定其价值和标准的文化。儿童文化的精神是自由和平等，这种平等是一种没有高低、贵贱之分的真正意义上的人格平等。儿童文化与成人文化尤其是教师文化既密切相关，又有着很大的区别，但是他们处在一个共同的连续体上，成人文化要向儿童文化学习，儿童文化也必然会向成人文化发展和演进。成人要相信儿童文化是值得学习的。只有这样，成人与儿童之间才能建立起平等的沟通。教育要真正在

---

① 林树艺：《儿童权利运动之起源与发展》，载《教育杂志》1931 年第 23 卷第 9 号。

学生身上达到预期的效果，就必须尊重属于儿童自己的儿童文化，而不是无视和抵制儿童文化；教育要取得好的教育效果，就必须取得儿童内心的认同，从学生的生态角度出发，从学生的生活世界出发，转化原有的知识，以富有儿童文化的语言和行为来施加教育影响。尊重儿童文化就是尊重儿童，尊重儿童就是为儿童文化的发展创造一个良好的空间，因为只有被尊重的儿童才能自由地创造。

3. 尊重儿童的心理自由

尊重儿童的心理自由就是给他们一个想象的空间、一个宽松的氛围，允许他们自由地联想和言论，这些都是创造力的源泉。主动、自由是儿童的天性，尊重儿童的心理自由就是要保护好他们的好奇心和想象力。好奇心和想象力是儿童特有的天性。由于缺乏因果观念和逻辑思维，他们的想象大胆、神奇、无拘无束。在他们眼中，任何事物都被赋予情感的色彩和生命的活力。于是，树可以哭、花可以笑、动物可以说话……正如丰子恺所说："你要拉住火车的尾巴，要月亮出来，要天停止下雨"。"他们吃藕用手工线在藕片上的有规则的孔中穿出一朵花来，把藕片当作天然的教育玩具的穿线板"，"C 字像箱子环，P 字像旗"，"吃石榴得了满握的通红的宝石"。[①] 可见孩子的想象多么惊人！多么神奇！正是这份童年的想象力，才使得弗洛伊德创作"一篇作品就像一场白日梦一样，是幼年曾做过的游戏的继续，也是它的替代物"。[②] 尊重儿童的心理自由就是要尊重小孩子的感情，理解他们的欲求、烦闷和苦衷。不要将小孩子视为"家庭的附属物"和"生活的赘疣"。要充分地理解、信任他们，走进儿童的空间。爱因斯坦曾特别强调两个概念，神圣的好心和内在的自由。如果说前者是健康孩子都有的心理品质，那么后者则是靠天赋加上努力才能获得的能力，这种特征的保护或培养则有赖于外在的自由。

4. 反对压抑和摧残儿童

丰子恺的文章《儿童的大人化》再现了当时儿童教育中存在的四种"精神残疾"，呼吁人们要关注儿童，反对压抑和摧残儿童。文中通过对儿

---

① 丰子恺：《童心的培养》，载《教育杂志》1927 年第 19 卷第 12 号。

② 吴蠡甫：《现代西方文论选》，第 134 页，上海：上海译文出版社，1984 年。

童态度大人化的具体描述，批评了那些只“晓得什么‘三三制’、‘二四制’、‘道尔顿制’，甚至‘成绩’、‘年级’，却不晓得‘儿童’”，“只配去当衙役、账员、狱吏，却不配当最神圣伟大的‘小学教师’”。[①] 通过对儿童服装大人化的描述，讥讽了那种“前襟之短仅及脐部，下端浑圆如戏装的铁甲，两袖像两块三角板，裙子像斗篷”，远望像“一个小型妇人的”令人战栗的装束。通过对儿童玩具的描述，表明儿童玩具要以能开发、引导孩子的想象力，激发儿童的兴趣为准，而非“远望去色泽色彩全与真物一样，模拟太逼真的玩具”。通过日常生活、饮食起居、家具设备等方面的描述揭示了“家庭生活的大人化”。试图以此来唤起人们对于“童心”的重视，警示人们“应该时时召回自己的童心，亲身去看儿童的世界，不要误解他们，摧残他们的美丽与幸福，而硬拉他们到这枯燥苦闷的大人的世界里来”。

5. 重视儿童的玩具和游戏

游戏与儿童有着天然的联系。儿童天生就是一位“游戏者”。游戏使儿童将储藏在身心内部的能量向外释放，游戏使儿童通过扮演各种社会角色来体验儿童以外的生活，在游戏的世界中，儿童能把现实与想象很好地结合起来，达到理性和神话的合二为一。“游戏是儿童的职务，玩具是游戏的工具”。[②] 故保护儿童的游戏，首先要重视儿童的玩具，既然玩具的恰当与否关系到游戏的状态，那么我们必须在玩具的选择上制定相应的标准，然后根据这个标准，达到游戏的最佳状态。

心理学的研究表明，“人有各种各样的个性，个性者，就是各个人所特有的性质”。根据不同的性质，我们可以在玩具的种类上着手，以显其所长，矫正其所短。根据吴宽之的论述，按照儿童气质系统的不同可以将儿童的玩具有不同划分，不同气质系统的人匹配不同的玩具。现将具体情况阐述如下：第一，给予不定心的儿童的玩具：①须给予要用思考及熟虑的玩具；②须给予要用注意与忍耐来熟练的玩具；③须给予要费工夫组织起来玩耍的，即构成玩具。第二，给予欠耐力的儿童的玩具：①需要以持续、忍耐、注意而熟练的玩具；②费工夫的构成玩具，使在兴味中自行养成其持续力；

① 丰子恺：《儿童的大人化》，载《教育杂志》1927 年第 19 卷第 7 号。

② 吴宽之著，丰子恺译：《儿童的年龄性质与玩具》，载《教育杂志》1927 年第 19 卷第 5 号。

③养成积极的意志力，即进取实行力的行动玩具。这两者是属于多血质系统的儿童之短处。第三，给予固执的儿童的玩具：①须取非规则不能行的玩具；②须用锻炼想象及推理的玩具；③须用养同情心的玩具；④须养其忍耐自抑时的苦痛的克己心。第四，给予无同情心的儿童的玩具：①给予有效于养同情心及美感的玩具；②须给予练习推理与想象的玩具；③须给予练习观察力的玩具；④须给予练习克己力的玩具。这两者是属于胆汁质系统的儿童之短处。第五，给予缺乏实行力的儿童的玩具：①须给予实行力的玩具；②须给予要费工夫的构成玩具；③须给予刺激好奇心的玩具；④须给予运动玩具。第六，给予对于事物无感觉的儿童的玩具：①须取刺激好奇心的玩具；②须取组织起来游戏的玩具；③须取赌胜负的玩具；④须取练意志的运动玩具，以诱发其由运动而生的兴味。这两者是属于黏液质系统的儿童之短处。[①] 如此匹配，会更加促进儿童玩得快乐，玩得惬意！

总之，重视儿童的玩具、关注儿童的游戏是保护儿童“童心”的重要手段。如果没有游戏，儿童将失去自己的生活；如果没有玩具，儿童将失去灵性。儿童生活于游戏之中，游戏赋予儿童以灵性，只有在游戏中，儿童与生俱来的自然成长的力量才能彰显出来。因为只有在游戏中，儿童所具备的好奇心、热情、充满幻想和想象的特征才能尽情展现，儿童也只有在玩玩具、做游戏的过程中，“童心”才能够完整地被保存下来。

（三）呼唤“童心”，企盼“童心”的回归

从人类发展的历史来看，“悲剧性的二律悖反”常常会呈现出来。社会的进步和物质财富的增长带来的却是人性的异化、“童心”的丧失。在人类历史的每一个发展阶段，我们都能发现人类深刻的怀旧意识和对失去童真的深刻向往。因此，呼唤“童心”就成为我们心中的一种强烈渴望。尽管人需要社会化、理性化、世俗化，但过度的社会化、理性化、世俗化则迫使人们不得不放弃自己最初的独特的观察、体验、理解和发展，不得不以社会大多数人的见解为见解，结果使人生变得虚伪、世故、单调、麻木、乏味。马克思曾说：“成人不能再成为儿童，否则就变得稚气了。但是儿童的天真不使他感到愉快吗？他自己不该在一个更高的阶梯上把自己的真实再现出来

① 吴宽之著，丰子恺译：《儿童的年龄性质与玩具》，载《教育杂志》1927 年第 19 卷第 5 号。

吗？在每一个时代，它的固有的性格不是在儿童的天性中纯真地复活着吗？为什么历史的人类儿童时代，在它发展得最完美的地方，不该作为永不复返阶段而显示永久的魅力呢？”[①] 车尔尼雪夫斯基说：“在人世间有什么会更诗意、更为迷人，胜于那怀着欢乐的爱，对自己觉得像自己本身一样崇高、纯洁和美妙的东西都发生共鸣的纯真的少年心灵呢？”[②]

童心是圣洁的，是“认识千古的大谜的宇宙与人生的心”。童心是美好的，是得到人生的最高欢悦的心。[③] 童心是自然之心，是未被异化之心。对于我们每个人而言，不社会化、理性化、世俗化显然是不可能的，因为人是社会的一员，人要生存，就要遵从社会的道德规范、法律契约、行为方式，否则就难以在社会中存在。但什么事情都讲个“度”，超过了这个“度”，人们就会完全失去独立思考和感受生活的能力。即所谓“童心既障，于是发而为言语，则言语不由衷；见而为政事，则政事无根抵；著而为文辞，则文辞不能达”。因此，作为身在社会上的每一个人，应在社会化、理性化、世俗化的过程中，永葆一颗赤子之心。永葆一颗赤子之心，可以排斥习惯势力的蒙蔽；永葆一颗赤子之心，可以有效超脱功利主义的禁锢；永葆一颗赤子之心，可以对人的社会化、理性化、世俗化进程起到阻滞作用。如果你细心留意，你就会觉得当人们以一颗赤子之心面对这个世界的时候，这个世界是什么样的呢？作家贾平凹已经告诉了我们答案：“带着童心到处漂泊，才知道什么地方都好看，什么地方都好玩，什么地方都新鲜，什么地方都看不够！”

由上可知，《教育杂志》所极力倡导的儿童观，就是儿童本位主义的儿童观。

三、顽童教育的研究

从《教育杂志》所反映的整体情况分析，顽童教育是当时儿童问题研究的一个“亮点”。当时不少教育名家纷纷撰文讨论顽童问题。按照蒋振的

---

① 马克思：《马克思恩格斯选集》（第 2 卷），第 114 页，北京：人民出版社，1972 年。

② 倪蕊琴：《俄国作家批评家论列夫托尔斯泰》，第 36 页，北京：中国社会科学出版社，1982 年。

③ 丰子恺：《童心的培养》，载《教育杂志》1927 年第 19 卷第 12 号。

说法，顽童一般是与正常儿童相异的，特指那些爱玩爱闹的少年儿童。由于调皮捣蛋和恶作剧，批评责备往往是他们的家常便饭。他们“在家里是父母所讨厌的；在校中是教师所讨厌的；在外面是小朋友们所讨厌的!”在人们的眼中，他们“不循正轨，不务正业”，是标准的“不可教化”的“小坏蛋”。说他们属于特殊儿童，完全正确。说他们属于问题儿童，却并非如此。因为他们确非学业不良之辈，而更多的则是个性鲜明的常态儿童和超常儿童。故我们应更多地关注顽童的优势，应“在积极方面，把一切助长和便利他们趋于常态发展的各种原因和力量，尽量替他们建设；在消极方面，要把一切引诱和压迫他们趋变态发展的原因和力量，尽量替他们扫除”。[①]真诚地鼓励他们，认识他们，理解他们。尊重他们的选择、爱护他们的天性，不断激发他们更深层次的潜能。让他们得到常态的发展，让他们的才之大幸于造福社会、国家以至人类。

（一）认识顽童的特质，激发顽童的潜能

赵廷为认为，“每一顽劣儿童，皆有其特殊的个性”，[②] 这些特殊的个性在他们身上转化为种种特质，这些特质反映出他们与众不同之处，影响着他们的行为方式。蒋振在其文章《再难忽视的顽童教育》中叙述：通常的顽童有这么些特质：(1) 他们崇拜体力。(2) 他们首先要求物质的成功，这是很自然的了，因为在他们当中大多数是陷入于艰苦和贫穷的困境。(3) 他们崇拜权利。凡是有作有为的人，不问他办法如何，都是他们崇拜的偶像。(4) 他们玩忽法律和规例。因为在他们看起来，那是一些可笑的东西。(5) 他们若有了两性生活的电影、滑稽的剧戏一类的东西，就不吃饭也做得。(6) 他们要赌博，冒犯警察，并且常在弹子房里。(7) 吸烟的极多，饮酒的也不少。(8) 对文盲而言，他们也不是文学优长的；况且在他们自身之中不见得就没有文盲。(9) 他们痛恨妇女的状态（就男子言）。(10) 他们是歧视下的牺牲者。在家遭垢詈，在校受鄙薄，使他们沮丧而烦闷。(11) 他们感觉敏锐，形容教师惟妙惟肖。有时还要同教师开心取笑，看他能否受得住。(12) 他们很喜欢有礼貌或客气的人、有运动家精神的

① 蒋振：《再难忽视的顽童教育》，载《教育杂志》1936 年第 26 卷第 1 号。
② 赵廷为：《所谓顽劣儿童》，载《教育杂志》1936 年第 25 卷第 12 号。

人、正直爽快的人、有东西给他们吃的教师。（13）他们对于任何为他们所爱戴的人都极其忠实，差不多是盲目的忠实。（14）不容易使他们发生兴趣（对功课言）。（15）他们喜欢冒险和勇敢的故事，也喜欢听讲得很好的故事。（16）他们喜欢当众背诵，可以让他们出出风头。（17）他们喜欢自治。（18）他们不能以一种太高的伦理规范羁绊之。（19）他们生而有高度的动物精神（粗暴）。（20）他们不喜欢受人干涉，或监视得过于精细。①

以上这些关于顽童的或好或坏或怪或奇或善或恶的种种特质，古今有之，中外有之，不可视为怪异。重要的是，怎样正确对待顽劣儿童的种种特质？怎样能使他们种种鲜明的特质不是趋向变态的发展轨道，而是顺利步入常态发展的序列？针对如此问题。笔者以为："认识顽童的特质、激发顽童的潜能"可以称得上是一种不错的方法。因为任何一个顽童的心灵深处都蕴藏着强烈的好奇心和勃勃的热情，都渴望得到别人的赏识和肯定。这种渴望一旦得到满足，就会自动迸发出一股巨大的潜能，就会达到别人难以想象的成功。反之，如果"好者吝之，恶者与之；或非能力之所适；能者损之，否者益之；或非其仰慕之所向往，尊者远之，鄙者近之，凡此皆足以激起反变之趋向与习惯"。② 相应的，他们身上的各种潜质将化为泡影，甚至导致悲惨之事的发生。

台湾著名作家林清玄年轻时接触到了一件偷窃案，他深为案中那位少年小偷的手法和思维所信服，结果就自然而然地在其文中写道，有这样一双手又有这么缜密的思维，干什么事情都会成功，又何必铤而走险去当小偷呢？正是这份小小的赏识，没想到 20 年后，这位小偷竟然成为台湾当地经营多家驴肉连锁店的老板。据他所言，当年就是因为林清玄的那份鼓励、那份赏识唤醒了他心中的自信，激发起他内在的那份潜质，从而改变了他的人生轨迹，最终成为一位事业成功的佼佼者。这就充分说明：要正确对待顽童的特质，毁之容易，扶之不易。现代脑科学的研究表明，在我们多达 140 亿的脑细胞中，经常处于活动状态的仅有十几亿个，仅占脑细胞总数的 8% 左右，90% 以上的脑细胞一直处于相对静止或睡眠状态。顽童的大脑就像一个酣睡

① 蒋振：《再难忽视的顽童教育》，载《教育杂志》1936 年第 26 卷第 1 号。
② 蒋振：《再难忽视的顽童教育》，载《教育杂志》1936 年第 26 卷第 1 号。

的巨人，一旦唤醒，就能激活那些处于睡眠状态的脑细胞，激发出他们生命的活力，甚至可以改变他们的人生轨迹。以此推之，教师的赏识和鼓励往往可以激活顽童灵魂深处的潜质。因此，我们一定要正确认识顽童的特质，激活顽童的内在潜能。

（二）训练顽劣儿童的方法

根据马精武的说法，造成儿童顽劣的原因主要有生理原因、心理原因和社会原因。针对儿童的顽劣，他提出了两种训练方法，即“一种是治本的方法，一种是治标的方法”。[①] 下面具体解释：

1. 治本的方法

马精武认为，“顽劣儿童是社会的产物”，顽童的一些过失行为统统是由于社会的私有制度造成的。如果实现社会主义之后，在社会主义大家实行了集团的生活以后，这种现象自然会解决。当然，马精武也承认，这种方法不是短时间所能实行，即使新社会实现之后，仍然有许多旧社会遗留下来的意识习惯，需要长期的斗争才能克服。因此，他提出：“治本的方法，是要把造成顽劣儿童的物质基础根本加以改变；换句话说，把现在的社会根本变革一下”。才可彻底解决顽童的问题。

2. 治标的方法

治标的方法就是“不将造成儿童顽劣的物质基础根本加以变革，仅仅借改良的方法、感化的方法来改造儿童的‘良心’”而已。具体地讲，就是“①时常和儿童的家长接近，在可能范围内改善他的家庭。②时常和顽劣儿童亲近，观察他的言行，随时加以纠正。③充分利用顽劣儿童的特长。④把顽劣儿童特别发达而有恶影响的本能，用一种‘替代法’使他——本能——向好的一方面发展。⑤尽量使儿童过一种共同生活，在行动中纠正他们的错误。⑥使儿童彻底明白每一行动的目的和结果”。这种方法体现在实践中就是以积极训练顽童为宗旨的“感化院”的成立。为方便起见，现将感化院实施的方案录出，以供大家参考。

① 马精武：《顽劣儿童的研究》，载《教育杂志》1930 年第 22 卷第 9 号。

《训练玩劣儿童当多用感化方法案》

(1)感化院规程

①感化院以积极训练顽劣儿童为宗旨。

②感化院除星期日外，每日开放时间自上午八时至下午五时止。

③凡有下列情事者得送入感化院：

a. 破坏秩序，屡戒不改者；

b. 公然侮辱师长者；

c. 侮辱或欺负同学者；

d. 窃取物品，查有确据者；

e. 阴谋破坏学校者。

④凡送入感化院之学生，须登记于感化院日志以备稽考。

⑤凡公安局可以直接处置之案件，不得送入感化院。

⑥送入感化院之学生，其感化时间至多不得过两小时。

⑦送入感化院之学生，由各该有关系教师会同训育系积极训练。

⑧学生送入感化院，以不妨正课为原则。

⑨送入感化院之学生，应通知该级级任教师，以便平时加紧训练。

⑩学生每学期送入感化院至五次以上者，即行停学。停学时期，临时决定。

⑪本院规程有未完善处，得随时由训育会议修改之。

(2)感化院日志之一页

姓名	年岁	年级	情由	感化结果	日期	教师签字

另外，感化院既然以积极训练顽劣儿童为目的，他的设备自然要能适应环境为好。所以感化院里的墙壁上，挂些名人的相片，在四周还贴了下面儿条标语：①想我为什么做错了事呢？②想我为什么说错了话呢？③知过必改！④我能改过，我就是好学生！在左边墙角里还挂有一面镜子，使每个送入感化院的学生都能照见自己的面容，有所反省。除了这些设备之外，也放

些凳子，预备顽劣儿童坐的；教师入内感化他们时，也可以坐。

自从创设感化院后，一般顽劣儿童都不像从前那样嚣张了。他们知道一吵闹，便要被送进感化院，同时教师也和他们谈话，感化他们。这样，不知不觉地儿童潜移默化，收到了训育上极大的效果。但是感化院设立后，也有坏的影响。许多教师都把感化院当做“学校监狱”，任意将学生拘入感化院中，也不与他们谈话，更加没有感化他们的心肠，结果儿童被拘在感化院里数小时，等到出来，还不知道自己错在那里，为什么要“吃这场官司”。这就是教师不善利用感化院的恶果。[①]

（三）善待儿童的顽劣，珍视顽童的天性

按照赵廷为的观点：“憎恶儿童的反抗而喜欢儿童的服从，乃是古今中外一般教师所同具的心理。”那么，“‘顽’者是‘劣’，而不‘顽’者就不算是‘劣’的”，[②] 也就成了一般教师约定俗成的道理。以此推之，教师对待儿童顽劣的态度也就顺理成章地形成了，那就是以抑制顽童的不服从天性为主、惩罚顽童的反抗为辅的严惩态度。这种态度一经产生，便付诸实践。但在实践中却并没有取得预想的效果，相反，却越来越糟。因为这种态度不考虑儿童的天性，将儿童的天性完全置于教师的主观意识之内，把学校仅仅作为一个供儿童学习的地方，而不是一个供儿童生活的场所。于是，儿童的“互相轻语”、儿童的嬉戏顽皮便成了教师眼中不可容忍的过失和错误。

其实无论是儿童的“互相轻语”，还是儿童的嬉戏顽皮，都是任何孩童的天性，他们在“互相轻语”中成长，他们在嬉戏顽皮中实现着现实和想象的碰撞和对接。顽皮是儿童的天性，体现在现实中则是嬉戏。通过嬉戏，顽童可以预见广袤世界的美好，可以积淀人生的阅历，产生一种情绪上的最佳状态。顽皮让顽童的生活有张有弛，是滋养儿童疲乏精神的保姆。因此，我们不应用成人的眼光苛求顽童的嬉戏，顽童爱玩不是不务正业，而是生活方式所需。弗洛伊德在《诗人的白日梦》中曾这样说过：“每一个正在做游戏的儿童，看上去都像是一个正在展开想象的诗人。你看，他们不是在重新安排自己周围的世界，使它以一种自己更喜欢的新的面貌呈现出来吗？谁也

---

① 马精武：《顽劣儿童的研究》，载《教育杂志》1930 年第 22 卷第 9 号。

② 赵廷为：《所谓顽劣儿童》，载《教育杂志》1935 年第 25 卷第 12 号。

不能否认，他们对这个新世界的态度是真诚的，他们对自己的游戏十分当真，舍得在这方面花费大量精力和注入自己最真挚的感情。”从这一解释上说，任何形式的玩耍嬉戏都或多或少地说明，儿童的嬉戏顽皮本身就是一种智力活动，是儿童了解成人精神世界的“解码器”。

儿童生活中的嬉戏顽皮和成人生活中的嬉戏是截然不同的。成人的嬉戏是一种消遣，是一种娱乐。而儿童的嬉戏顽皮是一种工作，是一种成长的需要。因为儿童是以嬉戏为生命的。相对于其他儿童而言，顽童的嬉戏顽皮就更具有灵活性和创造性。通过嬉戏，一方面可使顽童情绪愉悦，大脑得到放松。另一方面，通过嬉戏，可以使顽童认识外面的世界，建立起通向未知的道路。尽管有些嬉戏在成人眼中是荒唐可笑的，然而对于他们来说则是趣味十足的。因此，我们要善待儿童的天性。其实，从心理卫生的角度看，凡是“不抵抗”的儿童恰恰不是一种正常现象，更应引起人们的注意。

（四）培养顽童自控力，促进顽童自主性

从心理学的角度讲，顽童一般都快乐活泼，缺乏自我控制力，故导致家长和老师烦恼，伤透了父母和老师的心。因此，纵使顽童有再好的智力优势，如果不能学会驾驭自我，始终桀骜不驯，始终乖戾成涨，到头来，即便是块再好的“玉料”，也难以雕琢成器。

国际顶级魔术大师戴斌淳在未获得国际魔术大师的称号前，曾经是一个顽劣不恭的淘气儿童，从小不太喜欢学习，初中还没有毕业就辍学了，母亲没有办法，很想让他学到一门手艺，于是就将他送入一个学校学习乐器，结果3年过去了，他连一首完整的曲目也弹奏不出。无奈，父母又将他送到远在广东的三叔家学习魔术，以期盼他能掌握一门熟练的手艺，将来能在社会上立足。三叔是从事魔术行业的，起初由于他自控能力差，三叔只教他掌握一些基础的知识，渐渐地，戴斌淳对扑克魔术发生了兴趣，三叔只让他每天练3小时，慢慢地加长时间至6小时。久而久之，他已经有了很强的自控力。6年后，最终走上成功的道路。

戴斌淳的成功固然与他的三叔有关，但如果他不能控制住自己的行为，又怎能有今天的辉煌呢？提高驾驭自我的能力，最重要的是要激励顽童学会规划，可以从短期开始，每天、每周的计划要具体明确，操作性强。顽童的特点是犯错误快、承认错误快、继续犯错误也快，因而要引导他们逐步建立自我监督系统，要忠诚于自己的理想，要全面评量自己的规划是否符合实际，及时修改过去的计划，果断排除计划执行过程中的各种干扰。当一个孩子拽紧他人生缰绳之时，就是他的生命之花绽放之日。

（五）关注儿童的遗传与历史，实施个案研究的方法

赵廷为指出："儿童目前所做的过失行为，只是他所受的遗传和所获得的经验的结果；只是他的'不适应状态'（maladjustment）的一种表征……要把儿童的不适应状态根本地加以解决，我们一定要先研究儿童的过去的历史，要先发现若干关于儿童的遗传和过去经验的重要事实。换言之，我们一定要采用个案研究方法。"①

何为个案研究方法？"简单地说，个案研究的本质，乃是要把关于某儿童的各种知识，从各方面加以搜集，并加以组织和调整，必得窥见其真相"。关于个案研究方法的方案，赵廷为给人们介绍的是一个泼来西（Pressey）氏所订的纲要："Ⅰ. 关于儿童的家庭的历史。（甲）医疗方面的历史。（乙）社会和情绪方面的历史。（丙）智慧方面的历史。（丁）教育和经济方面的历史。Ⅱ. 关于儿童过去生活的历史。（甲）医疗方面的历史。（乙）社会和经济方面的历史。（丙）智慧方面的历史。（丁）教育（和经济）方面的历史。Ⅲ. 关于儿童现今的情形。（甲）身体的情形。（乙）社会的和情绪的适应。（丙）智慧的发展。（丁）教育的适应。"

以上仅仅是将泼来西氏所订的纲要大概录出，其实每一纲目后面都附有教师想要解答的问题。学生如果按照这个纲要对号入座的话，那么，这个学生正如赵廷为所说：就"很明显的是一个不健全的、有缺陷的儿童……该送至特殊班上课"。笔者认为，如果在顽童教育中，一定要根据泼来西氏所订的纲要对号入座的话，那倒没有这个必要。但在研究顽童教育时，真正地考虑儿童的遗传与其历史倒是新颖和必要的，值得我们今天的教育人士借鉴。

（六）防止胜于救治，反对禁抑顽童

顽童天生敏感、个性很强，当儿童受到苛刻的禁抑时，便会对教师和学者产生一种排斥的态度，从而导致厌恶学习。因此，教师应该使儿童喜欢学

---

① 赵廷为：《所谓顽劣儿童》，载《教育杂志》1935年第25卷第12号。

校，喜欢学习；凡足以引起儿童厌恶学校、厌恶学习的态度的每种处置所谓顽童的方法，都是不应该随便施用的。

俗语说："防止胜于救治。"尽管引起儿童的顽劣或过失行为的原因确实是不能由教师加以控制的，但是凡可由教师控制的若干原因，总应由教师尽力去预防。按照赵廷为的观点："有一种最善良的防止顽劣的或过失的行为的方法，就是供应各种有意义的、适合儿童的能力的'工作'，使儿童忙着好的活动而没有闲空去做顽劣的或过失的行为。"① 儿童的天性是好动的，假如没有空闲时间的话，他们也就不会去做所谓的过失行为了。

综上所述，顽童教育不仅是当时众多教育先辈们研究的"焦点"，也是现今教育上关注的"主题"。反观当今的教育现实可知，当今大多数顽童的处境并不理想。根据美国最有影响力的心理学家加德纳教授的研究表明，儿童的智能不是单一的，而是多元的，包括音乐智能、动觉智能、数理逻辑智能、语言智能、空间智能、人际关系智能、内省智能、自然观察智能等，每个人的智能结构都存在着很大的差异。而当下我国小学的课程将学生学习的重点主要集中在语言和数理逻辑智能上，这种狭窄的课程模式只能适应少数语言和数理逻辑智能占优势的孩子，绝大多数儿童拥有的是其他类型的智能。面对那些语言或数理逻辑智能可能处于劣势的顽童，我们应该准确分析他们智能的真正优势，从而因势利导，因材施教。如果这样的话，顽童中的许多天才将会被不断地挖掘，那将是家之大幸、国之大幸。

四、儿童兴趣问题研究

"兴趣是有机体之生命的状态"。"如果我们的兴趣有了变动，那么我们所认识的客观的世界也就跟着发生变动了"。② 可见，人的兴趣在人类的生活中是何等的重要。就如黄诰、钟鲁齐所说："失掉了兴趣无疑是失掉了生命的源泉、行为的动机和生命的奋斗力。"从《教育杂志》所反映的情况看：早在将近一个世纪前，一些教育先辈们就十分关注儿童的兴趣问题了，分别从不同的认识角度、以不同的研究方法对儿童的兴趣问题进行过 3 次大

---

① 赵廷为：《所谓顽劣儿童》，载《教育杂志》1935 年第 25 卷第 12 号。

② 黄诰、钟鲁齐：《小学儿童兴趣的调查与研究》，载《教育杂志》1936 年第 26 卷第 10 号。

型的问卷调查。在这些调查结果中不乏精辟的见解和主张，对我们今天的儿童兴趣问题研究有一定的启示。下面笔者就具体的调查结果分而述之。

（一）游戏兴趣

从《教育杂志》所反映的情况看，关于儿童兴趣的3次大型问卷调查中，都涉及了儿童的游戏兴趣。尽管同一问题调查的时间、范围、角度不同，但最终得到的调查结果却是相同的。郁树敏的调查结果表明，儿童喜欢拍皮球、踢毽子的人数最多。这是因为“儿童喜欢模仿，故兴趣的由来受群体的影响很大。儿童在学校里的一举一动，常常受同学和教师的影响，而以教师为特别显著”。这同时也警示我们：“教师平时‘举’动能不慎重么”?① 黄诰、钟鲁齐的调查结果表明，“儿童们游戏的兴趣大都倾向于拍皮球”，可能是“因为这种游戏随时随地都可以做”，② 又加上这种游戏设备简单、经济实惠，不少当时的小学校都有此种环境。此外，王之璐、罗子欣的调查结果也同样是“拍皮球是儿童最喜欢的游戏”，如果“以性别而论，则女生比男生喜欢拍皮球”。③

（二）学科兴趣

儿童的学科兴趣问题是当时3次大型问卷调查中的主要内容。根据郁树敏的调查结果表明，“儿童对于算术科发生兴趣者，人数多于任何一科”。究其原因是“我校教学算术能充分利用游戏（特别是低年级），并且添置各种利用游戏的算术教具多种”。尽管“计算本为劳心之事，但与游戏相联合，便会发生兴趣”。“由此可知，教师对于儿童一切动作，绝不能凭一己的主观，以为某种是劳苦用力的事，便武断儿童不生兴趣，只要设法去适应儿童的心理，那么，虽是劳苦用力的事，儿童也会发生兴趣。”④ 根据黄诰、钟鲁齐的调查结果表明：儿童最喜欢的学科是国语，其次是算术。在这里，黄诰、钟鲁齐认为产生这种结果的原因在于，“各小学，顶注意的就是国语，其次就是算术。因为教育者注重，教学上或者比较认真，所以他们也更

① 郁树敏：《小学儿童兴趣之调查与研究》，载《教育杂志》1931年第23卷第7号。

② 黄诰、钟鲁齐：《小学儿童兴趣的调查与研究》，载《教育杂志》1936年第26卷第10号。

③ 王之璐、罗子欣：《小学儿童兴趣的调查研究》，载《教育杂志》1936年第26卷第8号。

④ 郁树敏：《小学儿童兴趣之调查与研究》，载《教育杂志》1931年第23卷第7号。

有兴趣”。[①] 同时指出男女性别的不同，女生比男生更喜欢国语，男生比女生更喜欢算术。王之璐、罗子欣的调查结果和黄诰、钟鲁齐的调查结果是一样的。即儿童最喜欢的学科是国语，其次是算术。最不感兴趣的是体育，作者呼吁家长、教师和学校要重视体育，要“因势利导，鼓励其兴趣，藉以锻炼儿童的身体，而趋于复兴中华民族之途”。[②]

（三）读物兴趣

郁树敏的调查结果表明，“我校儿童课外爱阅的书籍，以小说类为最多，其次则为故事杂志类；对于自然科学的书籍，可说绝无兴趣”。[③] 黄诰、钟鲁齐的调查结果表明，儿童最喜欢看的是冒险故事和武侠故事，这两种特质的故事占被调查人数的60%。而且在性别上也有差异，男生倾向于冒险的、武侠的故事；女生倾向于滑稽的、幽默的故事。儿童对于传记也有浓厚的兴趣，“这大概是由于传记材料大多描写生动，富于趣味，且以个人为单位，使儿童容易得到很深刻的印象”。[④]

（四）工作兴趣

关于儿童的工作兴趣，郁树敏认为，儿童对于养动物具有浓厚的兴趣。为此，“我们若能多养几种动物，在自然科里去教学，一定能投其所好；儿童研究起来，亦必孜孜不倦，津津有味，教学上定能收良好的效果”。根据黄诰、钟鲁齐的问卷调查结果表明，“儿童最感兴趣的是室内读书，其次就是做实验工作”。这两项工作具体说起来，就是一个是文学家的工作，另一个是科学家的工作。王之璐、罗子欣的调查结果表明，“儿童最喜欢的工作是读书，其次是扫地”。[⑤] 这就说明教师应在教学上使学生建立更浓厚的兴趣，使习于为公服务，是值得研究的问题。

（五）休闲兴趣

根据郁树敏的问卷调查结果表明，“儿童们比较喜欢逛花园或到郊外，这说明儿童对于自然界的景物极有兴趣”。[⑥] 杜威曾说：“教育者对于儿童的

---

① 黄诰、钟鲁齐：《小学儿童兴趣的调查与研究》，载《教育杂志》1936年第26卷第10号。
② 王之璐、罗子欣：《小学儿童兴趣的调查研究》，载《教育杂志》1936年第26卷第8号。
③ 郁树敏：《小学儿童兴趣之调查与研究》，载《教育杂志》1931年第23卷第7号。
④ 黄诰、钟鲁齐：《小学儿童兴趣的调查与研究》，载《教育杂志》1936年第26卷第10号。
⑤ 王之璐、罗子欣：《小学儿童兴趣的调查研究》，载《教育杂志》1936年第26卷第8号。
⑥ 郁树敏：《小学儿童兴趣之调查与研究》，载《教育杂志》1931年第23卷第7号。

兴味，不宜放纵，亦不宜抑制，须加以继续及同情的观察，以掌握儿童的发育规律，而为教育的根据。”故此，郁树敏认为：由于“沪上剧场所表演的戏剧大都不甚高尚，对于儿童可说是有损无益”，因此，并不主张儿童去看戏。根据黄诰、钟鲁齐的问卷调查结果表明，儿童最感兴趣的就是听讲故事。这可能就是因为“故事能增加儿童的兴趣，助长儿童的知识和激发儿童良好的行为”,[①] 在教学上有很大的价值。所以在小学教学中宜充分利用。

（六）其他兴趣

1. 职业兴趣与社团兴趣

这两项内容只有黄诰和钟鲁齐所进行的问卷调查中涉及。在职业兴趣的调查中，“440 个儿童中，有 72 人愿意做科学家，52 人喜欢做医生，47 人喜欢从事教员工作，36 个人喜欢做文学家工作”。这说明儿童对于自然科学的兴趣一般。对于教员工作的选择也充分说明，当时社会崇敬老师的风尚日益浓厚。在社团兴趣的调查中，“440 个儿童中，有 27% 的儿童选择了篮球队，有 20% 的儿童选择参加旅行社团，这两个团体的人数几乎占总人口的一半”。这是因为篮球运动是体育运动中最普遍的一种活动；而旅行团是一种校外活动，儿童对于校内的活动过于熟悉，也不免日久生怨，很想到郊外旅行以欣赏自然风景，藉以变换环境，以调剂精神。

2. 食物兴趣与声音兴趣

这两项内容只有王之璐和罗子欣所进行的问卷调查中涉及。在食物兴趣的调查结果中可知，“儿童最喜欢吃的是鱼类，其次是米饭，再次是糖、肉和青菜”。因此，作为家长应该时常满足他们的要求，同时要让孩子养成良好的习惯。作为教师应该因势利导，加以节制，避免影响他们的身体和品位。在声音兴趣的调查结果中可知，“儿童最喜欢的声音是音乐声”。相比之下，男童更喜欢听自然的音乐，而女童更喜欢听人为的音乐。[②]

3. 颜色兴趣与玩具兴趣

这两项内容只有王之璐和罗子欣所进行的问卷调查中涉及。从颜色兴趣的调查结果看，“男女儿童最喜欢的颜色为红色，其次是黄色和绿色，再次

---

① 黄诰、钟鲁齐：《小学儿童兴趣的调查与研究》，载《教育杂志》1936 年第 26 卷第 10 号。
② 王之璐、罗子欣：《小学儿童兴趣的调查研究》，载《教育杂志》1936 年第 26 卷第 8 号。

便是青色。男童喜欢黄色甚过于女童，女童喜欢绿色甚过于男童”。这一调查结果在父母为其子女挑选衣服时提供了颜色上的借鉴。从玩具兴趣的调查结果看，“儿童最喜欢的玩具是皮球”。“若以性别而论，则男生喜欢皮球和小汽车，甚于女生；女生喜欢洋娃娃和毽子甚于男生”。

4. 自然现象的兴趣与人的兴趣

这两项内容只有王之璐和罗子欣所进行的问卷调查中涉及。从对自然现象的兴趣的调查结果看，“儿童最喜欢的自然现象为太阳。以性别而论：男生喜欢太阳和雪的百分比超过女生；女生喜欢月亮和雪的百分比超过男生”。既然儿童喜欢太阳、月亮和雪等自然现象，倘若教师和家长能及时把这些作为题材，编成故事供儿童阅读，那一定会收得积极的效果。从对人的兴趣的调查结果看，“儿童最欢喜的人是母亲，其次才是父亲，再次是老师和同学”。通过以上的情况可以知道：“儿童既然喜欢父、母、老师，他们自然也常常和父、母、老师接近；那么，做父、母、老师的，便应常常以身作则，一言一动都须留意，这才可培育儿童成为良好的国民。”

五、儿童的健康教育

“我们要认清健康不是之身体的，且兼之精神的”。[①] 也就是说，儿童的健康教育不仅要注重儿童身体方面的教育，也要注重儿童心理方面的教育。根据《教育杂志》所反映的情况看，儿童心理教育在当时的称谓是被叫做“精神健康”或“精神卫生”的。细说起来，其实精神卫生的范围要比儿童心理教育的范围广，它包括正当的心理态度和健全的精神活动的习惯。

（一）儿童的精神卫生教育

1. 重视儿童的精神卫生教育

“近代儿童卫生上最大的一大进步，便是看出精神的卫生是和身体卫生一样重要的”。[②] “假若儿童没有正当的心理态度，没有健全的精神活动的习惯，便一切都是空话”。可见，当时的人们已经意识到精神和身体的健康是一样的。但正是这一点，却被我们的教育常常忽略。如此下去，“我们生活

① 吴增芥：《我国儿童教育的实际问题》，载《教育杂志》1937 年第 27 卷第 1 号。

② 赵演：《精神卫生》，载《教育杂志》1928 年第 20 卷第 2 号。

者，远不曾到寿终正寝的正常年龄时，就已经成了半疯狂的人”。这并非危言耸听，而是从整体的角度上，分析了儿童心理教育的必要性，就是将其放到现今教育中也有很大的启示。《世界卫生组织宪章》开宗明义地指出：“健康不仅是没有疾病和病态，而且是一种个体在身体上、精神上、社会适应上健全完好的状态。”这个宗旨与将近一个世纪前的教育先辈们所关注的主题是一致的，根据2000年北京师范大学课题组在北京、河南、重庆、浙江、新疆等5个不同地区抽样选取16472名中小学生进行调查，结果表明小学生有异常心理问题倾向的比例是16.4%，有严重心理行为问题的比例是4.2%。[①] 造成这种情况的原因“除了无知和错误而外，便是褊狭的学者式的理想，不顾现实而把褊狭的效率理想拉进学校来。有了这种理想，于是注意所集中的，不是儿童本身，却是学校的课程，怎样分级，怎样在初年级时却给儿童一种形式的教育，怎样升级，怎样做纯粹数量的尺度和标准。总之，所着重的，不在所教育的儿童，却是在学问的结果了”。[②] 故此，呼吁精神卫生方面的教育成为亟待加强的事情。

2. 有效实施精神卫生的职能

根据赵演的描述，精神卫生的职能有九种：“其一，照顾低能和精神错乱的人，并且设法防止。其二，照顾身心上有缺陷的罪犯。其三，照顾常态儿童的精神康健。其四，发展健全的博爱心、爱国心，照顾一切公民的精神健康及气魄。其五，照顾那些紧张期间感受意外累赘和焦急之人的精神健康。其六，学校教学、训育及其他一切工作人的精神卫生。其七，各种专业劳动者的精神卫生，尤其是教师的精神卫生。其八，各种实业的精神卫生。其九，各种社会团体的精神卫生。”

（二）儿童的身体健康教育

1. 注意儿童的营养

对于儿童来说，“体格锻炼固属重要，而营养之供给，尤为国之根本”。“苟营养不良，则因之而停顿”。一般来说，食物中所含之营养要素有7种，即蛋白质、脂肪、碳水化合物、无机盐类、维生素、水及粗纤维质。这7种

---

① 俞国良：《我国中小学生心理健康教育的现状与发展》，载《教育科学研究》2001年第1期。

② 赵演：《精神卫生》，载《教育杂志》1928年第20卷第2号。

营养要素是每天人体必须摄取的，但它们的摄取量是不同的。每日可根据其摄取量的不同进行搭配，保证营养的合理、均衡。

2. 重视儿童的睡眠质量

睡眠质量的好坏决定着人的生长发育。根据国外资料显示，睡眠呼吸疾病在儿童中的发病率约为7% -10%，因睡眠不好而导致反复发作的低氧血症和高碳酸血症可导致一系列神经体液的改变。轻者可造成精神不集中、智力发育落后，影响身体和精神的健康成长；严重的可以造成儿童在睡眠时突然死亡。上海市对1812名1-6岁儿童的研究发现，睡眠障碍的发生率高达46.97%；北京市6个区县的问卷调查，对2-6岁组初步统计结果显示，儿童睡眠障碍发生率为26%。有症状的儿童白天相应存在困倦、多动或烦躁等表现，严重影响着他们的生长发育。

3. 关注儿童的口腔卫生

人的一生有两副牙齿，即乳牙和恒牙。全部乳牙大约在口腔中要工作6-10年，才逐步换掉。此后，一生都不会再换牙。因此，保护我们的牙齿就显得尤为重要。故保护应该做到下面几点：（1）注意口腔卫生，饭后用温开水漱口，早晚各刷牙一次。（2）吃饭不挑食，多吃粗糙和含有纤维的食物。（3）纠正口呼吸、咬手指、咬笔杆等不良习惯。（4）定期检查，对龋齿做到早发现、早治疗。不可轻视小儿的牙病，如果乳牙保护不好，恒牙也难以保证健康。

4. 减轻儿童的学习负担

儿童“除了作文、日记外，还有读书笔记、常识科笔记、各科练习题，小学生在校静坐的时间已嫌太多，还要加上这许多笔头工作，不消说，身上受着极大的损害了”。① 这充分说明了当时的儿童学习负担也是比较重的。这就要求教师一方面要设法减少儿童的文字工作；另一方面，可拿其他比文字作业更有价值的工作去代替，譬如自然课可以让学生做实验报告或记载观察结果，社会课可以让儿童列表或绘图等。

---

① 吴增芥：《我国儿童教育的实际问题》，载《教育杂志》1937年第27卷第1号。

六、儿童读物和儿童图书馆建设

从《教育杂志》所反映的情况看，对于儿童读物的研究是当时儿童问题探讨的主要内容之一，探讨的着重点主要包括：儿童读物的地位、分类、选择、编辑和儿童图书馆的建设。下面笔者择其要点以述之，再现当时对于儿童读物研究的基本状况。

（一）儿童读物的地位

“儿童读物就是儿童书籍或儿童参考书，它的范围是很宽的，即除成人读物之外，凡一切供给儿童的书籍，不论它是图画或诗歌或童话或故事等，都可以概说它是儿童读物”。[1] 从这一定义出发，我们可以晓得，儿童读物是启发儿童思想、引起儿童情感、增加儿童知识和提高儿童生活质量的营养品。儿童读物在小学教育中的地位十分重要，是培养正当学习态度的主要方式。它是小学教育的中心，凭借儿童读物轴心的作用，可内在地得到个人、家庭、社会和学校四方面的益处，关于这一点，胡叔异先生通过图式淋漓尽致地表现出来。现附图于下，以供参考。

（二）儿童读物的分类

依据不同的标准，儿童读物有不同的划分方法。从阅读方面划分，儿童读物可以分为小学教科书和课外读物两类，前者是教学的重要工具，后者是供儿童阅读的。从读物性质划分，儿童读物可以划分为纯文学和文学化的科学两大类。从读物的种类划分，儿童读物可以分为 18 类，即（1）儿童日常知识；（2）童谣；（3）民歌；（4）童话；（5）笑话；（6）神话；（7）神仙故事；（8）故事；（9）自然故事；（10）诗；（11）谜语；（12）谚语；（13）寓言；（14）歌剧；（15）剧本；（16）小说；（17）传说；（18）论说。

---

① 王人路：《儿童读物的分类与选择》，载《教育杂志》1929 年第 21 卷第 12 号。

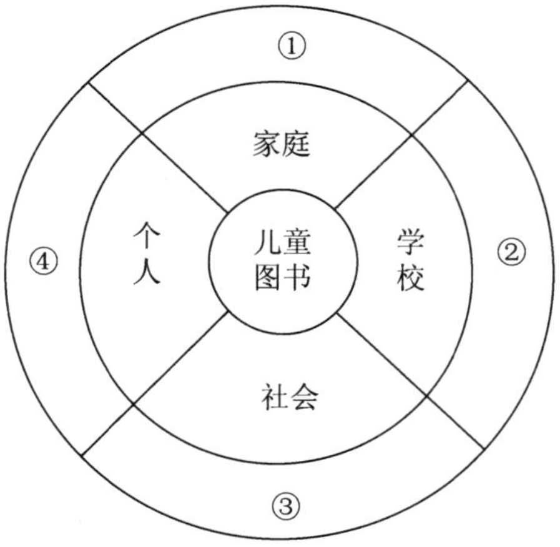

图1　胡叔异先生关于
儿童读物地位的描述

注：①家庭教育的资料；家庭与学校的联络要素。②培养正当学习法；教学法中三要素；积极训育。③分工协作的练习；群体生活经验的培养。④新生活的发源地；扩大环境；获得知识。

（三）儿童读物的选择

对于儿童读物的选择，一般是出于下面的两种考虑：一是由于儿童读物也有优劣之分，不适当的儿童读物会给儿童的身心造成种种不良的后果，影响儿童本身和将来的社会；二是儿童读物对于一个民族的文化有很大的关系，因为“从一个民族的儿童读物的质量上可以估计这个民族文化程度的高低”。故此，我们在选择儿童读物的时候必须有严格的标准和宗旨。首先，选择的宗旨就是，“不论它是纯文学或是文学化的科学的读物，一定要有活泼的思想、丰富的想象、曲折的故事、有力的描写，可以掀动儿童们的情感，使他们感官有兴趣；同时另一方面，又要不背时代的精神，切合儿童的环境”。[①] 其次，对于儿童读物的选择标准，王人路先生所作的标准细腻翔实，可供人们参考，现列举如下：

1. 儿童读物内容的选择标准

（1）关于歌谣和诗词。①歌谣大抵要音节很好的，使年龄较小的儿童爱听爱唱。内容不一定有意义，而歌词必定要浅易，当然是国语化，而且不

① 王人路：《儿童读物的分类与选择》，载《教育杂志》1929年第21卷第12号。

能过于冗长。②诗词大抵是要一些音节自然、和谐分韵的，因为这是供给较大的儿童读的，所以它的内容意义也要很注重。并且诗句的组织都要能合儿童语法的程度，且有百读不厌的文学趣味。

（2）关于笑话、寓言。有趣味和含着一点教训意思的都可以采用，但是对于儿童的道德或修养上有坏的影响或暗示的，应该加以修改或是摒弃不用。总要使它可以帮助儿童理智的发达，从理智上推想的结果，可以得到一种教训，而不致使儿童得到坏劣的影响。

（3）关于童话、神话、故事和小说。①不避神怪；但是用极庄严的文字去描写一个神化或是妖怪是不相宜的，应该反对的。②不怕虚无缥缈的想象；但是需要引起儿童们的兴趣。③不宜谈国王和贵族，因为中国的儿童不一定个个都有受到中等和高等教育的机会。④描写儿童生活的材料多可以采用。

（4）关于谜语和科学游戏等。凡是可以引起儿童研究兴趣的，或是帮助儿童理智发达的，都可以采用。

（5）关于歌剧和剧本。这一类的来源多是将诗歌、故事、童话或小说等各种材料加以制作，使它变成歌剧或剧本，不但可以做国语会话的课本，并且可以使儿童进行实演，以发扬他们高尚的想象作用，只要合乎上述的原则的，都可以选用。

除上述 5 种之外，下列 6 种材料已经经过儿童化及文学化的都可选用：①关于健全人格和公民道德的知识。②关于家庭和社会生活上种种伦理的常识。③理科和地理的知识（如自然观察、动物、植物、生理、地质、地方等）。④历史的知识。⑤日常生活上事物的知识（如衣、食、住、行、器用等）。⑥实业的知识（如关于农、工、商等业务组织和工具等）。

总之，选择儿童读物必定要使该读物合乎以上所说的标准，而这些材料又必定要经过儿童化、文学化、国语化，才可以算是一种良好的儿童读物。至于徒有生字而无文学价值，不合儿童心理的死板的课文、枯涩无味的教科书，则不能称它为良好的儿童读物。

2. 儿童读物形式的选择标准

对于儿童读物的外表和内形，当时的研究者们都给予了非常细化的规范，如对外表设计提出了封面美丽、颜色鲜艳、格式奇特、装订坚固的要求，对于内形则认为应当以字体适宜、插图鲜明、编排得法、纸张讲究为佳。

（四）儿童读物的编订

1. 编订的方法

（1）教育部组织全国儿童读物研究会，聘请对于儿童读物有研究的人员担任委员，主持拟订全国儿童读物的整体计划，并把现有的读物加以审查，以言取舍。

（2）应请艺术家致力于儿童读物插画的研究，以期致善插图，而更能引起儿童阅读的兴趣。

（3）要能使优良的儿童读物推行到边远的地方。

2. 编订的要求

（1）语言文字表达要通俗易懂。

（2）删除过多说教，使得读者可以自己阅读。

（3）规定编撰时按照预定读者的水平编写。

（4）从选题上矫正不适宜儿童的弊端。

（五）儿童图书馆的建设

《教育杂志》中关于儿童图书馆的建设主要集中在为什么要建立和怎样建立儿童图书馆的研究。

1. 儿童图书馆建立的价值

儿童图书馆是一个集图书、信息、知识、文化于一体的地方。一个国家或地区儿童图书馆的建设情况应该大体表明这个国家对知识、文化的重视程度，也大体反映了一个国家文明发展的进程，体现着一个社会的儿童观。从成长的角度来说，儿童比成人更需要图书馆，特别是对于无力购买图书的家庭，孩子的阅读需通过儿童图书馆来保障，图书馆应是人生成长中不可或缺的一处“圣堂”。可见，图书馆的建立确实在教育上有一定的价值，这些价值表现在如下几个方面：（1）发展儿童固有的本性；（2）自觉读书习惯的养成；（3）练习办事能力；（4）辅助学校的教授。

2. 儿童图书馆的建设

（1）目的：养成儿童的读书习惯和养成儿童去图书馆的习惯。

（2）组织：分为两种；①完全独立的；②附设在公共图书馆的。

（3）对馆长的要求：①性情要非常温和，举止文雅，态度亲昵；②有高尚的意向、皎洁的心志、多方的兴趣、广阔的胸襟；③对于普通文字要有根底，对于儿童文字尤要有研究；④熟悉儿童的兴趣，善究儿童的心理。

（4）选择：①社会方面；②儿童方面；③书本方面。

（5）出纳：①宽恕为原则；②反对罚款；③借书证务须限儿童本人使用。

综上所述，在将近一个世纪以前，我们的教育先辈们对于儿童读物和儿童图书馆的建设纷纷出谋划策，旨在引起人们对于儿童图书以及儿童图书馆建设的重视。但是将近一个世纪的光阴过去了，我们国家的儿童图书馆建设又是怎样的一种情形呢？据报道，2004 年全国公共图书馆总数为2720个，总藏书量 345 亿册。在这2720个公共图书馆中共有少儿图书馆 105 个，总藏书量 1350 万册，新购图书 140 万册，全年购书经费为 2300 万元。这样算来在 2004 年全国 3. 67 亿少年儿童人均拥有藏书 0. 04 册，人均购书经费为 0. 06 元。[①] 从上述数字不难看出我国图书馆的发展水平、规模和形式还不够理想，就国内情况来看发展速度远远赶不上经济和人口的需求量。其中，儿童图书馆就更是一个相当薄弱的环节了。从儿童成长的角度来说，儿童比成人更需要图书与图书馆。这正像杨鼎鸿所赞美的："儿童图书馆是儿童的甘蜜之露，光明之灯；是儿童唯一的乐园，唯一的良伴；是新生命之发源地。"[②] 面对这样的现实状况，笔者认为，应该将儿童图书馆的建设作为一项社会公益事业来加以重视，以求其能够更好地满足儿童成长的需要。

---

① 文化部计划财务司：《中国文化文物统计年鉴 2004》，北京：北京图书馆出版社，2005 年。

② 杨鼎鸿：《儿童图书馆在教育上之价值》，载《教育杂志》1926 年第 18 卷第 12 号。

结　语

20 世纪初，中国形势发生巨变。《辛丑条约》签订，清政府成为洋人的朝廷，中国半殖民地半封建社会正式形成。资产阶级民主革命风起云涌，清政府内部矛盾重重。为缓和矛盾，延长统治，清政府于 1901 年实行“新政”。兴学堂、育人才是新政的核心内容。改书院为学堂，大力发展近代新式教育；广遣留学，借鉴外国先进经验，中国学子涌向日本，形成留日高潮。新学堂的兴起、留学教育的发展推动了新学制的诞生。我国近代第一份教育刊物——《教育世界》也于此时应运而生。1902 年，清政府颁布《钦定学堂章程》，虽未实行，却是中国建立新学制的嚆矢。1904 年清政府又颁布《奏定学堂章程》，标志着中国近代学制的正式建立，促进了新学堂的发展。1905 年，清政府在各方面的压力下，废除了科举制，封建旧教育在形式上彻底瓦解，代之而起的近代新教育日趋完善。1905 年中央政府设立学部，在地方设提学使司和劝学所等，建立起从中央到地方较完整的教育行政管理体制。1906 年学部颁定忠君、尊孔、尚公、尚武、尚实的教育宗旨，这是中国教育史上第一个由政府明令颁布的教育方针。从此中国教育初步完成了由古代向近代化的转型，开始真正步入近代教育的发展轨道。[①] 就是在这种背景下，《教育杂志》诞生了。《教育杂志》的出现，不仅填补了由于《教育世界》的停刊而在教育期刊领域留下的空白，而且开了出版机构办教育期刊的先河。

《教育杂志》一经创刊，便以其明确的宗旨、丰富的内容、批判的精神以及服务教育的诚恳态度很快赢得了各级学校和广大教师的赞许，成为教育

---

① 关于 20 世纪初中国教育的宏观背景详见李国钧、王炳照著《中国教育制度通史》（第 6 卷）［济南：山东教育出版社，2000 年］和田亚平著《中国教育史研究》（近代分卷）［上海：华东师范大学出版社，2001 年］的相关论述。

期刊界的一颗闪亮明星。《教育杂志》在其40年的发展历程中，由于受时局的影响，艰难曲折，两度停刊，数次迁徙，人员更迭，但不改初衷，坚守信念，对当时的教育产生了重大影响，成为我国近代教育史上一道独特的风景线，一座巨大的知识宝库。它既为我们了解过去的教育提供了大量珍贵的资料，也为我们办好今天的教育提供了宝贵的历史智慧。正像20世纪初美国《独立周刊》的一篇社论中所说的那样："杂志从有生以来便代表一种智慧的活动。杂志的作用，是从旧材料中编织新的故事，配合时代的潮流改写历史及传记，伸张已经被人遗忘的真理，使健康的知识更能适合人口味，化玄奥的科学为应用的知识，向世界上黑暗的角落及人类文化的若干隐处投以搜寻的光亮，发起新的运动并导引旧的运动，高掀警铃使酣睡中的人们自梦中惊醒，扭转那些向后张望的头颈，使它目向前方。"①

但由于出刊年代久远，人们多从《教育杂志》中寻找自己所需要的一些资料，而对《教育杂志》本身的一些基本问题不大关注。即使有需要说明的问题，也是多征引别人的观点，没有下工夫进行考证。这样就难免以讹传讹。基于此，本研究初步梳理了《教育杂志》的发展过程、办刊宗旨及栏目设置的变化，考证了《教育杂志》的创刊日期、创办人、创办动机、历任主编等基本史实，提出了一些不同于学术界已有的观点。

在近代教育发展中，学制问题始终受到社会各界尤其是教育界的高度重视，学制改革成为教育改革的核心问题，甚至在20世纪80年代还在讨论"五四"制和"六三"制的问题，并进行了改革试点推广工作。会考制度是在民国时期实行过的一种考试制度。当时刚一出台便引起很大争议，后来不得不停止实施。没有想到在20世纪90年代以后又在中学实行会考制度，到今天又演变成为没有什么约束力似有似无不了了之的一种结局。学校教育领域最重要的两大主体就是教师和学生，对于教师问题和学生问题的研究直接关系到教育的质量。在教师问题上，像教师专业化的问题在90年代以后成为研究的重点，几成一场运动。在儿童问题方面，儿童本位教育观的确立也成为近年来讨论的热点。因此，本研究即以近代学制变革、会考制度、教师

① 姚远：《中国大学科技期刊史》，第22页，西安：陕西师范大学出版社，1997年。

问题和儿童问题为例，论述了《教育杂志》在近代教育发展中的重要作用。

《教育杂志》在传播西方教育理论方面的贡献近年来已经得到一定程度的重视和研究。但有些研究却认为"《教育杂志》以对西方近代教育介绍为主要内容"。然而，对《教育杂志》主要内容的这种概括并不准确。介绍西方教育仅仅是教育杂志的重要内容之一，而非全部内容。就以篇幅而言，《教育杂志》研究中国现实教育问题的文字远比介绍西方教育的文字多。现在人们一谈到近代的几个教育刊物，其作用似乎只是译介西方教育，这多少是一种误解。本书没有选择《教育杂志》在西方教育理论传播方面的作用这部分内容，而以中国教育的四个现实问题为例，多少有点纠偏的意思。

如前所述，《教育杂志》作为近代教育期刊中刊龄最长、影响最大的专业期刊，其内容极为丰富。从中国教育到外国教育，从学前教育到高等教育，从普通教育到职业教育，从学校教育到社会教育，从青年教育到女子教育，从天才教育到顽童教育，从教育行政到各科教学，从教育宗旨到学校制度，从法令奏章到德智体美，从教育调查到教育批评，从教育理论到教育实践，从正文到启事、广告，等等，应有尽有，是个无所不包的巨大资料库。是凡我们能够想到的教育问题或当时讨论的问题，都可以在《教育杂志》中找到相关的论述或记载。即使是那些启事和文化教育类广告亦具有极大的史料价值。本研究虽是对《教育杂志》的专门研究，但与《教育杂志》所包含的如此丰富的内容比，只能说是一个初步的研究，所能涉及的内容也极为有限，且具有举例说明的性质。

洪九来在评价《东方杂志》时曾有一段话："可以说，20 世纪上半叶中国社会各个学术领域的佼佼者无不在它上面留下了声音，中国思想界的每一次波动无不在它上面存有痕迹，它是 20 世纪上半叶中国文化史的一个见证物，是中国现代思想宝库中一块丰厚诱人、有待开拓的学术领域。"① 如果借用这段话来评价《教育杂志》，我们也可以说：20 世纪上半叶中国教育领域的佼佼者无不在它上面留下了声音，中国教育思想界的每一次波动无不

① 洪九来：《宽容与理性：〈东方杂志〉的公共舆论研究（1904—1932）》，第 1 页，上海：上海人民出版社，2006 年。

在它上面存有痕迹，它是20世纪上半叶中国教育史的一个见证物，是中国现代教育思想宝库中一块丰厚诱人、有待开拓的学术领域。

今后笔者将在已有研究的基础上继续开展对《教育杂志》的全面系统研究，充分展现《教育杂志》昔日的辉煌，深入挖掘《教育杂志》所蕴涵的巨大学术价值。

参考文献

期刊及索引

1. 《教育杂志》，上海：商务印书馆，1909—1948 年。

2. 《景印教育杂志旧刊全部》（1—80 册），台北：商务印书馆，1975 年。

3. 《东方杂志》，上海：商务印书馆，1909—1948 年。

4. 《学生杂志》，上海：商务印书馆，1914—1931 年。

5. 陈东原等：《教育杂志索引》（第 1 卷—第 23 卷），上海：商务印书馆，1936 年。

6. 教育杂志社：《教育杂志索引》（第 24 卷—第 25 卷），上海：商务印书馆，1936 年。

7. 吴美瑶等：《教育杂志（1909—1948）索引》，台北：心理出版社，2006 年。

8. 北京图书馆：《民国时期总书目——中小学教材》，北京：书目文献出版社，1995 年。

9. 北京图书馆：《民国时期总书目——教育·体育》，北京：书目文献出版社，1995 年。

史料及论著类

1. 张静庐：《中国近代出版史料初编，二编》，上海：群联出版社，1954 年。

2. 张静庐：《中国现代出版史料甲编》，北京：中华书局，1954 年。

3. 张静庐：《中国现代出版史料乙编》，北京：中华书局，1955 年。

4. 张静庐：《中国现代出版史料丙编》，北京：中华书局，1956 年。

5. 张静庐：《中国现代出版史料丁编》，北京：中华书局，1957 年。

6. 张静庐：《中国现代出版史料补编》，北京：中华书局，1959 年。

7. 蔡元培：《商务印书馆九十年》，北京：商务印书馆，1987 年。

8. 高崧选编：《商务印书馆九十五年》，北京：商务印书馆，1992 年。

9. 商务印书馆：《商务印书馆一百年》，北京：商务印书馆，1998 年。

10. 商务印书馆：《商务印书馆百年大事记》，北京：商务印书馆，1998 年。

11. 商务印书馆：《商务印书馆 110 年大事记》，北京：商务印书馆，2007 年。

12. 商务印书馆：《张元济书札》，北京：商务印书馆，1981 年。

13. 张树年、张人凤：《张元济书札》（增订本），北京：商务印书馆，1997 年。

14. 张人凤整理：《张元济日记》（上、下），石家庄：河北教育出版社，2001 年。

15. 钱炳寰：《中华书局大事纪要》，北京：中华书局，2002 年。

16. 俞筱尧、刘彦捷：《陆费逵与中华书局》，北京：中华书局，2002 年。

17. 吕达：《陆费逵教育论著选》，北京：人民教育出版社，2000 年。

18. 包笑天：《钏影楼回忆录》，香港：大华出版社，1971 年。

19. 包笑天：《钏影楼回忆录续编》，香港：大华出版社，1973 年。

20. 朱有瓛：《中国近代学制史料》，长春：东北师范大学出版社，1983 年。

21. 舒新城：《中国近代教育史资料》（上、中、下），北京：人民教育出版社，1961 年。

22. 王元化：《李石岑学术论著》，杭州：浙江人民出版社，1998 年。

23. 李石岑：《李石岑演讲集》，桂林：广西师范大学出版社，2004 年。

24. 宋恩荣等：《中华民国教育法规选编》（修订本），南京：江苏教育出版社，2005 年。

25. ［法］戴仁：《上海商务印书馆 1897—1949》，北京：商务印书馆，2000 年。

26. 杨扬：《商务印书馆：民间出版业的兴衰》，上海：上海教育出版社，2000 年。

27. 王建辉：《文化的商务——王云五专题研究》，北京：商务印书馆，2000 年。

28. 王绍曾：《近代出版家张元济》，北京：商务印书馆，1995 年。

29. 汪家熔：《大变动时代的建设者》，成都：四川人民出版社，1985 年。

30. 张荣华：《张元济评传》，南昌：百花洲文艺出版社，1997 年。

31. 周武：《张元济：书卷人生》，上海：上海教育出版社，1999 年。

32. 叶宋曼瑛：《从翰林到出版家：张元济的生平与事业》，香港：商务印书馆，1992 年。

33. 李家驹：《商务印书馆与近代知识文化的传播》，北京：商务印书馆，2005 年。

34. 史春风：《商务印书与中国近代文化》，北京：北京大学出版社，2006 年。

35. 久宣：《商务印书馆——求新应变的轨迹》，成都：西南财经大学出版社，2002 年。

36. 洪九来：《宽容与理性》，上海：上海人民出版社，2006 年。

37. 王飞仙：《期刊、出版与社会文化变迁——五四前后的商务印书馆与〈学生杂志〉》，台北：“国立”政治大学历史学系，2004 年。

38. 商务印书馆：《商务印书馆志略》，上海：商务印书馆，1929 年。

39. 汪家熔：《商务印书馆史及其他——汪家熔出版史研究文集》，北京：中国书籍出版社，1998 年。

40. 商务印书馆：《商务五十年——一个出版家的生长及其发展》，上海：商务印书馆，1950 年。

41. 汪家熔：《近代出版人的文化追求》，南宁：广西教育出版社，2003 年。

42. 王建辉：《出版与近代文明》，开封：河南大学出版社，2006 年。

43. 周其厚：《中华书局与近代文化》，北京：中华书局，2007 年。

44. 金立人、贺世友：《杨贤江传记》，南京：江苏教育出版社，1990 年。

45. 李国钧、王炳照：《中国教育制度通史》，济南：山东教育出版社，2000 年。

46. 田正平：《中国教育史研究》（近代分卷），上海：华东师范大学出版社，2001 年。

47. 陈科美：《上海近代教育史》，上海：上海教育出版社，2003 年。

48. 陈宝泉：《中国近代学制变迁史》，北京：北京文化学社，1927 年。

49. 董宝良、周洪宇：《中国近现代教育思潮与流派》，北京：人民教育出版社，1997 年。

50. 栗洪武：《西学东渐与中国近代教育思潮》，北京：高等教育出版社，2002 年。

51. 王伦信：《清末民国时期中学教育研究》，上海：华东师范大学出版社，2002 年。

52. 钱曼倩、金林祥：《中国近代学制比较研究》，广州：广东教育出版社，1996 年。

53. 周谷平：《近代西方教育理论在中国的传播》，广州：广东教育出版社，1996 年。

54. 李剑萍：《中国现代教育问题史论》，北京：人民出版社，2005 年。

55. 周策纵、周子平：《五四运动：现代中国的思想革命》，南京：江苏人民出版社，1999 年。

56. 陈元晖：《中国教育学史遗稿》，北京：北京师范大学出版社，2001 年。

57. 张伟平：《教育会社与中国教育近代化》，杭州：浙江大学出版社，2002 年。

58. 张鸿英：《新学制与普通教育》，上海：中华书局，1923 年。

59. 李露：《中国近代教育立法研究》，桂林：广西师范大学出版社，2001 年。

60. 郑金洲、瞿葆奎：《中国教育学百年》，北京：教育科学出版社，2002 年。

61. 王坤庆：《教育学史论纲》武汉：湖北教育出版社，2000 年。

62. 张瑞璠：《中国教育哲学史》，济南：山东教育出版社，2000 年。

63. 梁启超：《中国历史研究法》，北京：东方出版社，1996 年。

64. 蒋廷：《中国近代史大纲》，北京：东方出版社，1996 年。

65. 李华兴：《民国教育史》，上海：上海教育出版社，1997 年。

66. 熊明安：《中华民国教育史》，重庆：重庆出版社，1990 年。

67. 舒新城：《近代中国教育思想史》，上海：中华书局，1923 年。

68. 舒新城：《现代教育方法》，上海：中华书局，1930 年。

69. 杨亮功：《中西教育思想之演进与交流》，台北：商务印书馆，1986 年。

70. 桑兵：《晚清学堂学生与社会变迁》，北京：学林出版社，1995 年。

71. 凌冰、胡适：《儿童学概论》，上海：商务印书馆，1932 年。

72. 姜书阁：《中国近代教育制度》，上海：商务印书馆，1934 年。

73. 贝纳、曾展谟：《儿童学的新观念》，上海：商务印书馆，1934 年。

74. 关宽之、邵人模：《儿童学》，上海：商务印书馆，1934 年。

75. 姚枝碧：《儿童研究概要》，上海：上海新亚书店，1930 年。

76. 周予同：《中国学校制度》，上海：上海书店出版社，1991 年。

77. 郭炳文：《中国教育制度沿革史》，上海：上海书店出版社，1991 年。

78. 盛朗西：《中国书院制度》，上海：上海书店出版社，1991 年。

79. 姜书阁：《中国近代教育制度》，上海：上海书店出版社，1991 年。

80. 王雷：《中国近代社会教育史》，北京：人民教育出版社，2003 年。

81. 蔡芹香：《中国学制史》，上海：世界书局，1933 年。

82. 庄俞、贺圣鼐：《最近三十五年之中国教育》，上海：商务印书馆，1931 年。

83. 杨为学：《中国考试通史》，北京：首都师范大学出版社，2004 年。

84. 金林祥：《20 世纪中国教育学科的发展和反思》，上海：上海教育出版社，2000 年。

85. 熊明安、周洪宇：《中国近现代教育实验史》，济南：山东教育出版社，2001 年。

86. 王坤庆：《20 世纪西方教育学科的发展和反思》，上海：上海教育出版社，2000 年。

87. 李步楼：《冲击与思考——西方思潮在中国》，武汉：湖北人民出版社，1991 年。

88. 高瑞泉：《中国近代社会思潮》，上海：华东师范大学出版社，

1996 年。

89. 孙培青：《中国教育史》（修订版），上海：华东师范大学出版社，2000 年。

90. 王政挺：《传播：文化与理解》，北京：人民出版社，1998 年。

91. 徐柏容：《期刊编辑学概论》，沈阳：辽宁教育出版社，1995 年。

92. 朱世和：《期刊编辑学》，北京：中国青年出版社，1995 年。

93. 李频：《大众期刊运作》，北京：中国大百科全书出版社，2003 年。

94. 杜家贵：《社会科学期刊编辑实用手册》，北京：中央编译出版社，2002 年。

95. 戈公振：《中国报学史》，上海：上海古籍出版社，2003 年。

96. 方汉奇：《中国近代报刊史》，太原：山西教育出版社，1981 年。

97. 周葱秀、涂明：《中国近现代文化期刊史》，太原：山西教育出版社，1999 年。

98. 卓南生：《中国近代报业发展史》，北京：中国社会科学出版社，2002 年。

99. 王林：《西学与变法——〈万国公报〉研究》，济南：齐鲁书社，2004 年。

100. 黄瑚：《中国新闻事业发展史》，上海：复旦大学出版社，2001 年。

101. 杨光辉等：《中国近代报刊发展概况》，北京：新华出版社，1986 年。

102. 姚远：《中国大学科技期刊史》，西安：陕西师范大学出版社，1997 年。

103. 贾晓慧：《〈大公报〉新论》，天津：天津人民出版社，2002 年。

104. 王燕：《晚清小说期刊史论》，长春：吉林人民出版社，2002 年。

105. 叶新：《美国杂志的出版与经营》，北京：中国传媒大学出版社，2007 年。

106. 刘万全：《全国高等院校社会科学学报 1906—1949 年总目录》，长春：吉林大学出版社，1984 年。

107. 宋应离：《中国期刊发展史》，开封：河南大学出版社，2000 年。

108. 张伟：《尘封的珍书异刊》，天津：百花文艺出版社，2003 年。

109. 丁守和：《辛亥革命时期期刊介绍》，北京：人民出版社，1987年。

110. 来新夏等：《中国近代图书事业史》，上海：上海人民出版社，2000年。

111. 郑逸梅：《书报话旧》，北京：学林出版社，1983年。

112. 朱育培：《期刊管理》，沈阳：辽宁人民出版社，1986年。

论文类

1. 朱小曼：《以专业精神办好教育报刊》，载《教育史研究》2004年第3期。

2. 霍艳霞：《学术期刊与学术新人的培养》，载《河北大学学报》（哲学社会科学版）1999年第2期。

3. 顾冠华、萧庆璋：《高教研究期刊：对高等教育的作用与价值》，载《辽宁高等教育研究》1996年第5期。

4. 王自立：《论教育期刊编辑的教育理论素养》，载《江西教育研究》1997年第3期。

5. 许晶：《学术期刊的发展与社会科学的繁荣》，载《中州学刊》2001年第6期。

6. 李小娟：《论全球化时代学术期刊的文化视野》，载《理论探讨》2001年第3期。

7. 周谷平：《〈教育杂志〉与近代西方教育的传播》，载《教育评论》2002年第3期。

8. 杨婷：《1935年〈教育杂志〉读经专号述评》，载《教育史研究》2004年第12期。

9. 李德徵：《五四时期的商务印书馆》，载《文史哲》1989年第2期。

10. 王剑：《商务印书馆与近代西方教育学理的东渐》，载《教育史研究》2003年第9期。

11. 杨扬：《商务印书馆与二十年代新文学中心的南移》，载《上海文化》1995年第1期。

12. 周武：《商务印书馆与五四新文化运动》，载《社会科学》1999年第5期。

13. 周佳荣：《〈教育杂志〉与近代中国的历史教学研究》，载《当代史学》1999 年第 4 期。

14. 赵建民：《吴汝纶赴日考察与中国学制近代化》，载《中国近代史》2000 年第 2 期。

15. 孙邦华：《〈万国公报〉对西方近代教育制度的植入》，载《北京师范大学学报》2002 年第 3 期。

16. 冯明：《二十世纪三十年代中国民众教育研究——以〈中华教育界〉为例》，载《教育史研究》2004 年第 6 期。

17. 穆允军：《王国维的近代教育活动及其贡献》，载《山东大学学报》2003 年第 1 期。

18. 谢长法、罗振玉：《晚清教育改革的先行者》，载《河北大学学报》2003 年第 9 期。

19. 胡艳：《清末、民国时期的免费师范生制度》，载《教育学》2007 年第 9 期。

20. 吴冬梅、俞启定、于述胜：《何谓"新教育中国化"》，载《华东师范大学学报》2005 年第 2 期。

21. 周晔：《〈新教育〉与中国教育近代化》，载《高等教育研究》2005 年第 1 期。

22. 周晔：《〈新教育〉杂志与 20 世纪初的教育改革》，载《教育评论》2004 年第 4 期。

23. 张越、叶建：《近代学术期刊的出现与史学的变化》，载《史学史研究》2002 年第 3 期。

24. 杨建华：《上海近代教育期刊的历史沿革》，载《华东师范大学学报》2004 年第 1 期。

25. 吴美瑶：《待完成的教育哲学体系——重建 1934 到 1937 年中国教育哲学发展史上的一段论争》，载《教育研究集刊》2005 年第 9 期。

26. 宋筱平：《研究生教育研究与研究生教育期刊》，载《中国电力教育》2003 年第 1 期。

27. 谭树林：《早期来华基督教传教士与近代中外文期刊》，载《世界宗教研究》2002 年第 2 期。

28. 田正平：《我国二十年代教育改革的回顾与反思》，载《教育研究》

1989 年第 1 期。

29. 商丽浩：《中国近代教育期刊五十年》，载《教育史研究》1998 年第 1 期。

30. 田正平、商丽浩：《中国教育期刊的现代化特征》，载《高等教育研究》2003 年第 1 期。

31. 杨代春：《〈万国公报〉与西方近代教育制度及教育理论在华的传播》，载《大学教育科学》2004 年第 1 期。

32. 王建辉：《上海何以成为近代中国出版的中心》，载《中华读书报》2002－03－08。

33. 周谷平：《我国近代学制改革的启示》，载《课程·教材·教法》1997 年第 2 期。

34. 吴燕：《陆费逵与中华书局》，见北京师范大学博士学位论文，2004 年。

35. 周晔：《教育期刊与中国近代教育——以〈新教育〉为中心的个案研究》，见浙江师范大学研究生学位论文，2005 年。

36. 杨建华：《中国近代教育期刊与近代教育发展》，见华东师范大学研究生学位论文，2005 年。

37. 杜晓利：《教育研究重心的转移——以〈哈佛教育评论〉为例》，见华东师范大学研究生学位论文，2003 年。

38. 张蓉：《中国近代民众教育思潮研究》，见华东师范大学研究生学位论文，2001 年。

39. 侯怀银：《20 世纪上半叶中国教育学发展问题的反思》，见华东师范大学研究生学位论文，2001 年。

40. 但昭彬：《话语权与教育宗旨之共变——中国近现代教育宗旨的话语权分析》，见华中师范大学研究生学位论文，2005 年。

附录 1：《教育杂志》各卷期出版日期新旧历对照表

卷、期号	旧历	公历	备注
第 1 年第 1 期	宣统元年正月二十五日	1909 年 2 月 15 日	
第 1 年第 2 期	宣统元年二月二十五日	1909 年 3 月 16 日	
第 1 年第 3 期	宣统元年闰二月二十五日	1909 年 4 月 15 日	
第 1 年第 4 期	宣统元年三月	1909 年 5 月	
第 1 年第 5 期	宣统元年四月	1909 年 6 月	
第 1 年第 6 期	宣统元年五月	1909 年 7 月	
第 1 年第 7 期	宣统元年六月	1909 年 8 月	
第 1 年第 8 期	宣统元年七月	1909 年 9 月	
第 1 年第 9 期	宣统元年八月	1909 年 10 月	
第 1 年第 10 期	宣统元年九月	1909 年 11 月	
第 1 年第 11 期	宣统元年十月	1909 年 12 月	
第 1 年第 12 期	宣统元年十一月二十五日	1910 年 1 月 6 日	
第 1 年第 13 期	宣统元年十二月二十五日	1910 年 2 月 4 日	
第 2 年第 1 期	宣统二年正月	1910 年 2 月	
第 2 年第 2 期	宣统二年二月	1910 年 3 月	
第 2 年第 3 期	宣统二年三月	1910 年 4 月	
第 2 年第 4 期	宣统二年四月	1910 年 5 月	
第 2 年第 5 期	宣统二年五月	1910 年 6 月	
第 2 年第 6 期	宣统二年六月	1910 年 7 月	
第 2 年第 7 期	宣统二年七月	1910 年 8 月	
第 2 年第 8 期	宣统二年八月	1910 年 9 月	
第 2 年第 9 期	宣统二年九月	1910 年 10 月	
第 2 年第 10 期	宣统二年十月	1910 年 11 月	
第 2 年第 11 期	宣统二年十一月	1910 年 12 月	
第 2 年第 12 期	宣统二年十二月初十日	1911 年 1 月 10 日	
第 3 年第 1 期	宣统三年正月	1911 年 2 月	
第 3 年第 2 期	宣统三年二月	1911 年 3 月	

续表

卷、期号	旧历	公历	备注
第 3 年第 3 期	宣统三年三月	1911 年 4 月	
第 3 年第 4 期	宣统三年四月	1911 年 5 月	
第 3 年第 5 期	宣统三年五月	1911 年 6 月	
第 3 年第 6 期	宣统三年六月	1911 年 7 月	
第 3 年第 7 期	宣统三年七月	1911 年 8 月	
第 3 年临时增刊	宣统三年七月	1911 年 8 月	世界教育状况
第 3 年第 8 期	宣统三年八月	1911 年 9 月	
第 3 年第 9 期	宣统三年九月	1911 年 10 月	11 月、12 月两月脱期
第 3 年第 10 期	民国元年元月	1912 年 1 月	
第 3 年第 11 期	民国元年二月	1912 年 2 月	
第 3 年第 12 期	民国元年三月	1912 年 3 月	
第 4 卷第 1 号	民国元年四月	1912 年 4 月	
第 4 卷第 2 号	民国元年五月	1912 年 5 月	
第 4 卷第 3 号	民国元年六月	1912 年 6 月	
第 4 卷第 4 号	民国元年七月	1912 年 7 月	
第 4 卷第 5 号	民国元年八月	1912 年 8 月	
第 4 卷第 6 号	民国元年九月	1912 年 9 月	
第 4 卷第 7 号	民国元年十月	1912 年 10 月	
第 4 卷第 8 号	民国元年十一月	1912 年 11 月	
第 4 卷第 9 号	民国元年十二月	1912 年 12 月	
第 4 卷第 10 号	民国二年一月	1913 年 1 月	
第 4 卷第 11 号	民国二年二月	1913 年 2 月	
第 4 卷第 12 号	民国二年三月	1913 年 3 月	
第 5 卷第 1 号	民国二年四月	1913 年 4 月	
第 5 卷第 2 号	民国二年五月	1913 年 5 月	
第 5 卷第 3 号	民国二年六月	1913 年 6 月	
第 5 卷第 4 号	民国二年七月	1913 年 7 月	

续表

卷、期号	旧历	公历	备注
第5卷第5号	民国二年八月	1913年8月	
第5卷第6号	民国二年九月	1913年9月	
第5卷第7号	民国二年十月	1913年10月	
第5卷第8号	民国二年十一月	1913年11月	
第5卷第9号	民国二年十二月	1913年12月	
第5卷第10号	民国三年一月	1914年1月	
第5卷第11号	民国三年二月	1914年2月	
第5卷第12号	民国三年三月	1914年3月	
第6卷第1号	民国三年四月	1914年4月	
第6卷第2号	民国三年五月	1914年5月	
第6卷第3号	民国三年六月	1914年6月	
第6卷第4号	民国三年七月	1914年7月	
第6卷第5号	民国三年八月	1914年8月	
第6卷第6号	民国三年九月	1914年9月	
第6卷第7号	民国三年十月	1914年10月	
第6卷第8号	民国三年十一月	1914年11月	
第6卷 第9号～第12号	民国三年十二月十五日	1914年12月15日	此前号数月数参差不齐，这几号同时赶印
第6卷临时增刊	民国三年七月	1914年7月	教育研究实用主义问题
第7卷 第1号～第12号	民国四年一月～十二月	1915年1月～12月	从此卷开始，号数与月数完全统一，直至1931年第23卷。
第8卷 第1号～第12号	民国五年一月至十二月	1916年1～12月	
第9卷 第1号～第12号	民国六年一月至十二月	1917年1～12月	

续表

卷、期号	旧历	公历	备注
第10卷 第1号～第12号	民国七年一月至十二月	1918年1～12月	
第11卷 第1号～第12号	民国八年一月至十二月	1919年1～12月	
第12卷 第1号～第12号	民国九年一月至十二月	1920年1～12月	
第13卷 第1号～第12号	民国十年一月至十二月	1921年1～12月	
第14卷 第1号～第12号	民国十一年一月至十二月	1922年1～12月	
第14卷号外	民国十一年五月	1922年5月	学制课程 研究号
第15卷 第1号～第12号	民国十二年一月至十二月	1923年1～12月	
第16卷 第1号～第12号	民国十三年一月至十二月	1924年1～12月	
第17卷 第1号～第12号	民国十四年一月至十二月	1925年1～12月	
第18卷 第1号～第12号	民国十五年一月至十二月	1926年1～12月	
第19卷 第1号～第12号	民国十六年一月至十二月	1927年1～12月	
第20卷 第1号～第12号	民国十七年一月至十二月	1928年1～12月	
第21卷 第1号～第12号	民国十八年一月至十二月	1929年1～12月	
第22卷 第1号～第12号	民国十九年一月至十二月	1930年1～12月	
第23卷 第1号～第12号	民国二十年一月至十二月	1931年1～12月	
停刊		1932年1月至 1934年8月	
第24卷第1号	民国二十三年九月	1934年9月	9月复刊，该 卷共4期
第24卷第2号	民国二十三年十月	1934年10月	
第24卷第3号	民国二十三年十一月	1934年11月	

续表

卷、期号	旧历	公历	备注
第24卷第4号	民国二十三年十二月	1934年12月	
第25卷 第1号~第12号	民国二十四年一月至十二月	1935年1~12月	
第26卷 1号~第12号	民国二十五年一月至十二月	1936年1~12月	
第27卷 第1号~第12号	民国二十六年一月至十二月	1937年1~12月	第27卷第9、10期以及第11、12期为合刊
第28卷 第1号~第12号	民国二十七年一月至十二月	1938年1~12月	
第29卷 第1号~第12号	民国二十八年一月至十二月	1939年1~12月	
第30卷 第1号~第12号	民国二十九年一月至十二月	1940年1~12月	
第31卷 第1号~第11号	民国三十年一月至十一月	1941年1~11月	
停刊		1941年12月~ 1947年6月	
第32卷第1号	民国三十六年七月	1947年7月	7月复刊，该卷共6期
第32卷第2号	民国三十六年八月	1947年8月	
第32卷第3号	民国三十六年九月	1947年9月	
第32卷第4号	民国三十六年十月	1947年10月	
第32卷第5号	民国三十六年十一月	1947年11月	
第32卷第6号	民国三十六年十二月	1947年12月	
第33卷 第1号~第12号	民国三十七年一月至十二月	1948年1~12月	

附录2：《教育杂志》关于学制问题主要篇目汇录

文章名称	作者	卷期号（年代）
直隶提学司详直督变通文实分科文		第2年第3期（1910年）
撒克逊小学（国民学校）制度	留德记者	第3年第1期（1911年）
美日教育制度之比较	蔡文森　译	第3年第1期（1911年）
撒克逊小学（国民学校）制度续	留德记者	第3年第2期（1911年）
美日小学制度之比较	蔡文森　译	第3年第2期（1911年）
中华民国教育部普通教育暂行办法通令		第3年第10期（1912年）
民国普通学制议	陆费逵	第3年第10期（1912年）
美国小学校制度	邝富灼	第3年第11期（1912年）
教育部拟议学校系统草案		第3年第12期（1912年）
美国大教育家伊略脱演说词	杨恩湛　译	第4卷第3号（1912年）
教部公布学校系统令		第4卷第7号（1912年）
新学制实行之商榷	荘俞	第4卷第9号（1912年）
学校系统刍议	沈步洲	第4卷第11号（1913年）
鲍特温式学校之兴起与办法	钱智修	第6卷第9号（1914年）
英国学制精华	钱士青	第8卷第7号（1916年）
实业学校改制论	荘启	第8卷第8号（1916年）
各国学校系统之研究	天民	第8卷第9号（1916年）
英国学制精华续	钱士青	第8卷第9号（1916年）
大学改制之事实及理由		第9卷第10号（1917年）
学制调查会规程		第9卷第10号（1917年）
今后学制革新之研究	贾丰臻	第12卷第6号（1920年）
续今后学制改革之研究	贾丰臻	第12卷第9号（1920年）
对于改革现行学制之意见	顾树森	第12卷第9号（1920年）
中学校制度之商榷	李步清	第12卷第9号（1920年）
现行师范学制的流弊及其改革法	范云六	第12卷第9号（1920年）
学制革新之先决问题	姜琦	第12卷第9号（1920年）
马砼基论教育制度	胜颠译	第12卷第11号（1920年）

续表

文章名称	作者	卷期号（年代）
广东学校系统研究会议决案		第 13 卷第 9 号（1921 年）
再续今后学制改革之研究	贾丰臻	第 13 卷第 9 号（1921 年）
再论改革学制	莊泽宣	第 13 卷第 9 号（1921 年）
第七次全国教育联合会会议决学制系统草案		第 13 卷第 12 号（1921 年）
新学制草案评	范云六	第 14 卷第 1 号（1922 年）
施行中等教育新制之参考	王克仁	第 14 卷第 1 号（1922 年）
评教育联合会之学制改造案	余家菊	第 14 卷第 1 号（1922 年）
中学学制改革问题	舒新城	第 14 卷第 1 号（1922 年）
施行中等教育新制之参考	王克仁	第 14 卷第 1 号（1922 年）
新学制的运动		第 14 卷第 2 号（1922 年）
再论新学制运动		第 14 卷第 3 号（1922 年）
对于新学制系统草案之我见	周予同	第 14 卷第 3 号（1922 年）
三志新学制运动		第 14 卷第 4 号（1922 年）
四志新学制运动		第 14 卷第 5 号（1922 年）
论新学制中等教育	王岫庐　译	第 14 卷第 9 号（1922 年）
教育部召集之学制会议及其议决案		第 14 卷第 10 号（1922 年）
江苏省实施新学制之标准及办法		第 15 卷第 4 号（1923 年）
通讯	李石岑	第 15 卷第 4 号（1923 年）
通讯	舒新城	第 15 卷第 5 号（1923 年）
关于格里学校制度之著作之介绍	舒新城	第 15 卷第 5 号（1923 年）
江西对于实施新学制之进行		第 15 卷第 7 号（1923 年）
直隶施行新学制之标准		第 15 卷第 7 号（1923 年）

续表

文章名称	作者	卷期号（年代）
广州施行新学制之议决		第 15 卷第 9 号（1923 年）
欧美教育制度的概观	任白涛译	第 15 卷第 10 号（1923 年）
桂省施行新学制会议之经过		第 16 卷第 10 号（1924 年）
苏俄最近教育制度之经过		第 16 卷第 10 号（1924 年）
苏联之教育制度及其概况	康德一	第 20 卷第 8 号（1928 年）
德国新教育中之高等学校制度	朱君毅	第 20 卷第 8 号（1928 年）
学校系统案之通过		第 20 卷第 9 号（1928 年）
瑞典教育制度概观	雷宾南	第 22 卷第 7 号（1930 年）
苏俄最近教育制度之改革与批评	叶公朴	第 22 卷第 9 号（1930 年）
教育制度在人类社会进化史上之过去与将来	常乃直	第 22 卷第 9 号（1930 年）
日本小学制度之研究与改进	马宗荣	第 22 卷第 12 号（1930 年）
日本教育制度之研究与改进	马宗荣	第 22 卷第 12 号（1930 年）
日本教育制度的缺陷与劳动者的教育	吴自强	第 23 卷第 9 号（1931 年）
欧洲各国学制最近实施状况	程其保	第 24 卷第 1 号（1934 年）
我国中小学教育制度为什么又要变更	吴自强	第 24 卷第 2 号（1934 年）
蒋梦麟等建议修正教育制度		第 24 卷第 2 号（1934 年）
欧洲各国学制最近实施状况（续）	程其保	第 24 卷第 2 号（1934 年）
教育部重要人员发表中等教育改革之计划		第 24 卷第 2 号（1934 年）
欧洲各国学制最近实施状况（三）	程其保	第 24 卷第 3 号（1934 年）
我国中等教育改制问题		第 24 卷第 4 号（1934 年）
中等教育制度问题的商榷	姜琦	第 24 卷第 4 号（1934 年）
从批评中学新法令说到未来的改造	林砺儒	第 24 卷第 4 号（1934 年）
改革中国教育制度私议	张安国	第 24 卷第 4 号（1934 年）
教育改造声中对教育本质之探讨	郑宗海	第 24 卷第 4 号（1934 年）
中等教育制度评议	倪尘因	第 24 卷第 4 号（1934 年）
大学教育制度问题的商榷	姜琦	第 25 卷第 1 号（1935 年）

续表

文章名称	作者	卷期号（年代）
全国专家对于学制改造的态度	高觉敷 赵廷为 浦漪人 杜佐周 周鲠生 谢循初 杨卫玉 杨 廉 孙贵定 吴绍熙 倪尘因 何清儒 范寿康 卫 惷 马宗荣 廖世承 俞子夷 吴研因 汪懋祖 张栗原 金曾澄 郭一岑 周予同 陈东原 赵 演 元 怀 于 卓 郑鹤声 王书林 杨功亮 章益罗 廷 光 林砺儒 朱家骅	第 25 卷第 1 号（1935 年）
全国专家对于教育上特殊问题的意见	陶孟和 吴经熊 李权时	第 25 卷第 1 号（1935 年）
改进中学师范之部令		第 25 卷第 2 号（1935 年）
孙科等提缩短学年案原文	孙科等	第 25 卷第 2 号（1935 年）
教育部王世杰谈年四年度实施义务教育	王世杰	第 25 卷第 2 号（1935 年）
看过了“全国专家对于学制改造的态度”以后的小小感想	许崇清	第 25 卷第 2 号（1935 年）
读了全国专家对于学制改造的态度以后	石玉昆	第 25 卷第 3 号（1935 年）
缩短学年与减少假期问题	欧元怀	第 25 卷第 6 号（1935 年）
二部编制概要	袁湘槐	第 26 卷第 10 号（1936 年）
由免费公费问题想到我们的教育制度	古棋	第 27 卷第 1 号（1937 年）
法国今年来的学制改革	濮秉钧 译	第 27 卷第 2 号（1937 年）
中国社会教育制度的商榷	陈礼江	第 27 卷第 3 号（1937 年）
一九三二年后苏联教育制度之演变	李化方	第 27 卷第 6 号（1937 年）
改变学校办法以解决战时战后的教育困难问题	黄觉民	第 28 卷第 2 号（1938 年）

续表

文章名称	作者	卷期号（年代）
战时教育改造的前车	丁卫	第 28 卷第 4 号（1938 年）
战时战后学校改变办法的再检讨	黄觉民	第 28 卷第 5 号（1938 年）
计划教育及其统制机构的合理化	李清悚	第 28 卷第 8 号（1938 年）
教育改制析论	方东澄	第 28 卷第 9 号（1938 年）
大学教育学院改制问题	高觉敷	第 28 卷第 10 号（1938 年）
一个新兴学制——保学制之理论与实施	丁鸣九	第 29 卷第 2 号（1939 年）
一个新学制的提议	郝士英	第 33 卷第 1 号（1948 年）
瑞典教育制度的全貌（续）	汪家正 译	第 33 卷第 2 号（1948 年）
现行三三制中学与六年一贯制中学之比较研究	郭鸣鹤	第 33 卷第 5 号（1948 年）
中学实施能力分班制与科目升级制商榷	张文昌	第 33 卷第 8 号（1948 年）

附录3：《教育杂志》关于考试问题主要篇目汇录

文章名称	作者	卷期号（年代）
学部通咨改订各学堂考试章程文		第1年第1期（1909年）
详定毕业考试条例等项		第1年第12期（1910年）
论考试分数之记法	缪文功	第2年第2期（1910年）
考试感言	我一	第2年第5期（1910年）
临时考试之宜废	蒋维乔	第2年第8期（1910年）
学部定期考试毕业生		第3年第4期（1911年）
学部高等中等各学堂毕业生复试分数请明定限制折		第3年第8期（1911年）
学部奏停止各省高等中等学堂毕业复试将高等统归部辖中等统归省辖折		第3年第9期（1911年）
教育部公布学生学业成绩考查规程令		第4卷第9号（1912年）
体操成绩考查法	周太玄	第4卷第12号（1913年）
教员选任及成绩考验法	钱基博	第6卷第9号（1914年）
学校考试之害及补救之法	邢定云	第6卷第12号（1914年）
小学教师对于教授效果之省察	王葜	第7卷第4号（1915年）
小学校废去修身考试及考察性行之讨论	候鸿鉴	第7卷第10号（1915年）
小学校成绩考查问题	天民	第9卷第12号（1917年）
儿童成绩考查法	周太玄	第9卷第12号（1917年）
废止学校记分考试议	钱穆	第11卷第12号（1919年）
考试制度	天一	第12卷第5号（1920年）
学校成绩考查法和升级标准	李勉韶	第13卷第5号（1921年）
新法考试的先决问题	常燕生	第14卷第1号（1922年）
对学校风潮的态度	吴研因	第15卷第3号（1923年）
应用科学原理改良入学考试的方法	廖世承	第15卷第10号（1923年）
读常道直君学校风潮之研究	余家菊	第15卷第10号（1923年）
昆山初小算术测验编造法	俞子夷	第16卷第4号（1924年）
怎样解决中等学校的风潮	薰宇	第17卷第8号（1925年）
湘省举行毕业复试之条例及学生之反抗		第18卷第2号（1926年）

续表

文章名称	作者	卷期号（年代）
湖南政府举行毕业复试之失败		第18卷第3号（1926年）
教育的现状	刘薰宇	第18卷第6号（1926年）
学校招考杂谈	胡叔异	第18卷第11号（1926年）
考试	郁达夫	第19卷第7号（1927年）
普通考试之科学化	杜佐周	第19卷第11号（1927年）
改革考试制度之我见	李华民	第20卷第1号（1928年）
考试	刘薰宇	第21卷第10号（1929年）
教育测验编造法的理论和实际	史美煊	第21卷第11号（1929年）
教育测验编造法的理论和实际（续）	史美煊	第21卷第11号（1929年）
整饬学风之南北舆论		第23卷第1号（1931年）
训政时期之全国学风问题		第23卷第1号（1931年）
此起彼伏之国内学潮		第23卷第1号（1931年）
高等考试教育行政人员考试条例		第23卷第3号（1931年）
普通考试教育行政人员考试条例		第23卷第3号（1931年）
检定考试规程		第23卷第3号（1931年）
客观考试法概论	史美煊	第23卷第7号（1931年）
现阶段中国教育鸟瞰及其改进趋势	赵演	第24卷第2号（1934年）
我国中小学制度为什么又要变更	吴自强	第24卷第2号（1934年）
中等教育平议	倪坚同	第24卷第4号（1934年）
从批评新法令说到未来的改造	林砺儒	第24卷第4号（1934年）
改革中等教育制度私议	张安国	第24卷第4号（1934年）
全国专家对于教育上特殊问题的意见		第25卷第1号（1935年）
我国中学会考制度之借镜	张文昌	第25卷第1号（1935年）
五年来英语测验的经过	艾伟	第25卷第2号（1935年）
改进中学师范之部令		第25卷第2号（1935年）
新法考试的研究	钟鲁齐	第25卷第4号（1935年）
教育部修正中等学生毕业会考规程		第25卷第6号（1935年）
修正中学学校规程		第25卷第8号（1935年）

续表

文章名称	作者	卷期号（年代）
记分法新公式的介绍	曹克同等	第25卷第11号（1935年）
测验在教育与职业指导中的应用	金澍荣	第26卷第1号（1936年）
关于曾记分公式的商榷	沈有乾	第26卷第2号（1936年）
对于“记分法新公式的介绍”的商榷	萧起贤	第26卷第2号（1936年）
毕业会考问题研究经过	李建勋 刘廷芳	第26卷第4号（1936年）
关于会考实际经验的调查——初中毕业生的经验及意见	程克敬	第26卷第4号（1936年）
关于会考实际经验的调查——校长的经验及意见	黄钰生 傅继良	第26卷第4号（1936年）
关于会考实际经验的调查——训育主任的经验及意见	胡国钰 刘鸿儒	第26卷第4号（1936年）
关于会考实际经验的调查——高中毕业生的经验及意见	王徵葵 萧师毅	第26卷第4号（1936年）
关于会考实际经验的调查——教育行政人员的经验及意见	金澍荣 李建勋	第26卷第4号（1936年）
关于会考实际经验的调查——教务主任的经验及意见	詹昭清	第26卷第4号（1936年）
关于会考实际经验的调查——阅卷委员的经验及意见	齐国梁 王荣志	第26卷第4号（1936年）
关于会考实际经验的调查——学生家长的经验及意见	沈履　章寅 张钟郁	第26卷第4号（1936年）
关于会考实际经验的调查——担任非会考科目教员的经验及意见	周学章	第26卷第4号（1936年）
关于会考实际经验的调查——担任会考科目教员的经验及意见	潘渊 杨荣贞	第26卷第4号（1936年）
中学会考规程之探讨	潘渊	第26卷第4号（1936年）
体育记分法	方万邦　摘	第26卷第4号（1936年）
毕业会考利弊的检讨	孙钰	第26卷第4号（1936年）
会考对于学校日常工作的影响	胡国钰	第26卷第4号（1936年）
关于会考实际经验的调查·总论	李建勋	第26卷第4号（1936年）
从中学学生毕业会考规程估定中学学生毕业会考制度的价值	徐侍峰	第26卷第4号（1936年）

续表

文章名称	作者	卷期号（年代）
会考是否能达到中学教育的目标	张怀	26卷4号（1936年）
中等学校会考方法之检讨	周学章 程克敬 王征葵	第26卷第4号（1936年）
学部更定会考办法		第26卷第6号（1936年）
推算一个完全可靠的标准的预测效能指数	陈选善　摘	第26卷第11号（1936年）
中学考试诚实的问题	何清儒　摘	第26卷第11号（1936年）
大学四年级的测验分数在指导上的用途	何清儒　摘	第27卷第1号（1937年）
教育上的几个实际问题	李书华	第27卷第1号（1937年）
现代我国教育中的六个基本问题	萧孝荣	第27卷第1号（1937年）
改进我国教育几个当前的问题	钟鲁齐	第27卷第1号（1937年）
如何整顿中学教育	王书林	第27卷第1号（1937年）
中学教育上的三个问题	吴自强	第27卷第1号（1937年）
我国中学教育上十个实际问题	卢绍稷	第27卷第2号（1937年）
美国各省教育成绩的比较办法	陈友松　摘	第27卷第3号（1937年）
中国目前的一个教育方针	葉青	第27卷第6号（1937年）
十年来我国中等教育之概观	戴冠峰	第27卷第7号（1937年）
确定中等教育目标的商榷	袁伯樵	第27卷第7号（1937年）
战区中小学学生自修成绩考察暂行办法		第29卷第12号（1939年）
考卷矫正器的创制	黄觉民	第30卷第7号（1940年）
我国测验运动的回顾与展望	曹日昌	第30卷第7号（1940年）
教育成绩估价上的缺点	雷通群	第30卷第9号（1940年）
考核工作在教育中之地位	陈选善	第31卷第2号（1941年）
考核工作的考核	陈选善	第31卷第4号（1941年）
编制和应用教育测量的几项问题	陈选善	第31卷第4号（1941年）
大学入学考试取录标准之商榷	曹飞	第33卷第9号（1948年）

附录 4:《教育杂志》关于教师问题主要篇目汇录

文章名称	作者	卷期号（年代）
教师概况		
教员之任意旷课	浮邱	第 2 年第 11 期（1910 年）
教师论	顾旭候	第 6 卷第 5 号（1914 年）
小学教员之心得	昆仑客	第 6 卷第 11 号（1914 年）
教师心理与儿童心理	周太玄	第 7 卷第 1 号（1915 年）
小学教师之自身问题	严琳	第 8 卷第 10 号（1916 年）
理想之教师	梁同 译	第 11 卷第 10 号（1919 年）
教育革新中之小学教师	朱学	第 12 卷第 2 号（1920 年）
教师之人生哲学	刘伯明 讲 杨贤江 记	第 13 卷第 8 号 （1921 年）
教师的效率	江	第 16 卷第 10 号（1924 年）
中国中小学教师问题研究	姚以齐	第 17 卷第 2 号（1925 年）
中国中小学教师问题研究（续）	姚以齐	第 17 卷第 3 号（1925 年）
我国中等学校教师的概况	廖世承	第 17 卷第 7 号（1925 年）
教员与艺术家	瞿世英 译	第 17 卷第 11 号（1925 年）
致全国小学教师	孙福熙	第 18 卷第 9 号（1926 年）
乡村学校教师问题	胡家健	第 20 卷第 4 号（1928 年）
新进教师常遇到的问题	俞子夷	第 25 卷第 3 号（1935 年）
利用师范学校实习生推行义务教育的办法	李楚才	第 27 卷第 6 号（1937 年）
对于最近教育部实施导师制的我见	吴自强	第 28 卷第 4 号（1938 年）
中等以上学校导师制纲要之研究	林砺儒等	第 28 卷第 5 号（1938 年）
中等学校导师制施行问题的商榷	何心石	第 28 卷第 5 号（1938 年）
实施导师制时应有之考虑	胡毅	第 28 卷第 5 号（1938 年）
长期抗战中的小学教师	章以文	第 28 卷第 6 号（1938 年）
致敬全国教育同人	崔载阳	第 28 卷第 6 号（1938 年）
如何确立教育者本身的立场	林本	第 28 卷第 7 号（1938 年）
关于实施大学导师制之商榷	鲁继曾	第 29 卷第 5 号（1939 年）
流动教师	朱炳乾	第 32 卷第 6 号（1947 年）

续表

文章名称	作者	卷期号（年代）
班级教师的任务	徐侍峰	第33卷第9号（1948年）
教师对于学术健康应负的责任	袁敦礼	第33卷第10号（1948年）
教师修养		
教师十要	李廷翰	第1年第11期（1909年）
论劝学所之教员	庄俞	第1年第12期（1910年）
敬告客籍教员	庄俞	第1年第13期（1910年）
真小学教师	李廷翰	第2年第1期（1910年）
教师小乘		第2年第4期（1910年）
敬告小学教师	费俊	第4卷第4号（1912年）
小学教师修养谈	贾丰臻	第5卷第9号（1913年）
小学教师修养谈（续）	贾丰臻	第5卷第12号（1914年）
敬告小学教师	张觉初	第7卷第11号（1915年）
造成良教员之法	庄启	第8卷第9号（1916年）
教师之自我管理	张一麐	第11卷第7号（1919年）
今后教育者之新修养	隐青	第11卷第8号（1919年）
教师怎样才可以长进	何仲英	第12卷第1号（1920年）
教师之人生哲学	刘伯明	第13卷第8号（1921年）
教师之人格问题	常导之	第15卷第3号（1923年）
师道	涵冰	第16卷第4号（1924年）
教师的专技	李清悚	第17卷第5号（1925年）
青年教育者的修养	匡互生	第18卷第1号（1926年）
致全国小学教师	孙福照	第18卷第9号（1926年）
教师的自救	赵演	第19卷第1号（1927年）
小学与小学教员——解决普及教育的一个草案	俞子夷	第20卷第3号（1928年）
新进教师常遇到的难问题	俞子夷	第25卷第3号（1935年）
今日小学教师的缺点及其补救	赵欲仁	第25卷第7号（1935年）
现在中学教师之缺点及其补救方法	许恪士	第25卷第7号（1935年）

续表

文章名称	作者	卷期号（年代）
中学教师之缺点及其补救	郑西谷	第25卷第7号（1935年）
师资训练中专业的部分		第26卷第9号（1936年）
小学教师的爱国心		第26卷第11号（1936年）
小学教师苦闷的原因及其解除的方法	蒋协力	第28卷第3号（1938年）
教师自省的方法	张抑予	第28卷第9号（1938年）
现代教师责任的新认识	邱椿	第28卷第11号（1938年）
战时小学教师的心理修养	张俊玕	第29卷第1号（1939年）
优良教师的座右铭十六	雷通群	第30卷第1号（1940年）
教师是文化的传递者	陈科美	第30卷第11号（1940年）
教书的职业	冯邦彦	第31卷第2号（1941年）
战后从事教育者的基本条件	王裕凯	第32卷第2号（1947年）
如何促成教育之专业化	常道直	第33卷第4号（1948年）
教育行政人员之专业道德	李季开	第33卷第4号（1948年）
从行政经验论教育专业道德规约	程时煃	第33卷第5号（1948年）
对“全国教育专业道德规约”的意见	莫仲义	第33卷第6号（1948年）
教师培养（师范教育、在职培训方面）		
师范学校论	贾丰臻	第5卷第2号（1913年）
师范学校论（续）	贾丰臻	第5卷第3号（1913年）
师范学校论（续）	贾丰臻	第5卷第4号（1913年）
师范生实地练习之商榷	侯鸿鉴	第9卷第2号（1917年）
师范生小学教员都应练习白话文字	陆基	第11卷第3号（1919年）
论第五届教育联合会改革师范教育诸案	许崇清	第12卷第9号（1920年）
在职教员之教育与暑期学校	常导之	第14卷第5号（1922年）
小学校行政人员之训练问题	蒋石洲	第18卷第11号（1926年）
女教研员之研究	陈东原	第20卷第9号（1928年）
地方教育服务人员之现状与其问题	陈东原	第20卷第9号（1928年）
师范生实习制度之商榷	王秀南	第22卷第2号（1930年）
指导师范生实习——一个反省	俞子夷	第24卷第1号（1934年）

续表

文章名称	作者	卷期号（年代）
师资训练的根本方针	欧元怀	第 25 卷第 7 号（1935 年）
中小学体育师资训练问题	李朴园	第 25 卷第 7 号（1935 年）
中小学校艺术科师资训练	李普园	第 25 卷第 7 号（1935 年）
中小学校艺术科师资训练	李毅士	第 25 卷第 7 号（1935 年）
中小学体育师资训练问题	郝更生	第 25 卷第 7 号（1935 年）
中等学校算学师资训练问题	朱凤豪	第 25 卷第 7 号（1935 年）
中学英语科师资训练	陆殿扬	第 25 卷第 7 号（1935 年）
中学国文科的师资训练	阮真	第 25 卷第 7 号（1935 年）
中学算学师资训练问题	汪桂荣	第 25 卷第 7 号（1935 年）
民众教育师资训练问题	陈礼江	第 25 卷第 7 号（1935 年）
训练职业师资之我见	钟道赞	第 25 卷第 7 号（1935 年）
中国师范教育的总检讨	张钟元	第 25 卷第 7 号（1935 年）
上海市识字教育师资之考选与训练	孙乐陶	第 25 卷第 8 号（1935 年）
中学英语师资训练问题	张士一	第 25 卷第 8 号（1910 年）
改革中国师范制度刍议	涂闻政	第 25 卷第 11 号（1935 年）
体育师资的训练与修养	方万邦	第 26 卷第 2 号（1936 年）
卫生师资的训练	方万邦	第 26 卷第 4 号（1936 年）
一个异军突起的乡村师范	周邦道	第 26 卷第 8 号（1936 年）
教育部改进各级学校师资		第 26 卷第 8 号（1936 年）
中学教员的辅导问题	张文昌	第 27 卷第 1 号（1937 年）
中国师范教育之回顾与前瞻	王凤喈	第 27 卷第 1 号（1937 年）
中国师范教育之回顾与前瞻	钟到赞	第 27 卷第 1 号（1937 年）
家庭教师问题	陈剑霞	第 27 卷第 2 号（1937 年）
关于师范教育的三个实际问题	浦漪人	第 27 卷第 2 号（1937 年）
师范学校的矛盾形态	章颐年	第 27 卷第 7 号（1937 年）
师范学校的师资问题	边理庭	第 27 卷第 7 号（1937 年）
怎样指导师范生实习	吴敬乔	第 27 卷第 7 号（1937 年）

续表

文章名称	作者	卷期号（年代）
对于简易乡村师范学校课程标准之改进意见	郭人全 滕仰支	第 27 卷第 7 号（1937 年）
师范教育的要点	黄觉民	第 28 卷第 10 号（1938 年）
师范学院的创立与章程		第 28 卷第 11 号（1938 年）
关于编制师范学院课程之建议		第 29 卷第 4 号（1939 年）
关于师范教育的几点改进意见	江学乾	第 29 卷第 4 号（1939 年）
教育改制声中之师范教育问题	方东澄	第 29 卷第 4 号（1939 年）
师范学院有单独设立之必要	马宗荣	第 29 卷第 6 号（1939 年）
论师范教育	罗廷光	第 29 卷第 6 号（1939 年）
师范学院的卫生教育师资训练	周尚	第 29 卷第 6 号（1939 年）
师范院中学实习与教育理论的联络	陈科美	第 29 卷第 12 号（1939 年）
师范学院从速设立附属实验学校的必要	赵廷为	第 29 卷第 9 号（1939 年）
从师范学生志趣再讨论师范教育	江学乾	第 30 卷第 1 号（1940 年）
师范教育的趋势	陈科美	第 30 卷第 3 号（1940 年）
师范学院与师范大学之比较	李蒸	第 30 卷第 5 号（1940 年）
师范教育问题	陈科美	第 30 第卷 9 号（1940 年）
我国师范教育应有之改进	孙韧正	第 31 卷第 3 号（1941 年）
受训前教师的选择	陈科美	第 31 卷第 6 号（1941 年）
我国高级师范教育制度的再检讨	朱师逖	第 31 卷第 9 号（1941 年）
提倡教育与救济师荒	王裕凯	第 31 卷第 9 号（1941 年）
论改革师范生待遇与推进师范教育	许自诚	第 31 卷第 10 号（1941 年）
师范学院招生问题	钟健	第 31 卷第 10 号（1941 年）
战后中国师范教育方针	李蒸	第 32 卷第 1 号（1947 年）
战后我国师范教育之商権	沈灌群	第 32 卷第 2 号（1947 年）
论师范大学与师范学院	张文昌	第 32 卷第 5 号（1947 年）
原子时代的师资训练	杨成章	第 33 卷第 9 号（1948 年）
怎样解决师范教育专业训练的两大困难	张文昌	第 33 卷第 11 号（1948 年）
论师范毕业校友服务指导	方惇颐	第 33 卷第 12 号（1948 年）

续表

文章名称	作者	卷期号（年代）
教师地位、待遇		
东西洋教师地位之变迁		第 1 年第 5 期（1909 年）
初小教员俸给问题	钱兢	第 6 卷第 11 号（1914 年）
广州教师的加薪运动	严既澄	第 14 卷第 2 号（1922 年）
小学教员生活状况调查	俞子夷	第 15 卷第 1 号（1923 年）
对于小学教员要求加薪之平议	常导之	第 15 卷第 3 号（1923 年）
小学教员要求加薪问题	常导之	第 15 卷第 3 号（1923 年）
中小学校教员薪俸标准	刘杰三	第 15 卷第 7 号（1923 年）
江苏有待小学教员暂行办法		第 16 卷第 3 号（1924 年）
小学教师身后家庭养育保障问题	薛溱舲	第 19 卷第 4 号（1927 年）
教师的生活问题	赵秩尘	第 19 卷第 4 号（1927 年）
小学教师薪水问题	杨伟文　译	第 20 卷第 6 号（1928 年）
一位小学教师之悲愤的喊声	王鲁白	第 21 卷第 4 号（1929 年）
中小学教职员待遇之调查与研究	郭楠	第 23 卷第 1 号（1931 年）
小学教师生活调查	张钟元	第 25 卷第 7 号（1935 年）
各国小学教师待遇的比较研究	赵端英	第 26 卷第 10 号（1936 年）
中学教师健康问题	卢绍稷	第 27 卷第 7 号（1937 年）
乡村教师困难的综合研究	钟鲁齐	第 28 卷第 9 号（1938 年）
物价飞涨与教师改业问题之探讨	丁庆生	第 30 卷第 12 号（1940 年）
教师的待遇保障与其影响	黄敬思	第 33 卷第 1 号（1948 年）
教师检定		
日本文部省检定教员章程		第 1 年第 4 期（1909 年）
学部奏遵拟检定小学教员及优待小学教员章程折		第 2 年第 1 期（1910 年）
教员转任问题	约龙	第 2 年第 12 期（1911 年）
论检定教员	戴克敦	第 3 年第 1 期（1911 年）
学部札发检定小学教员文凭式样文		第 3 年第 2 期（1911 年）

续表

文章名称	作者	卷期号（年代）
学部奏检定初级示范中学教员及优待章程折		第3年第3期（1911年）
小学教员优待及检定法	戴克敦	第4卷第5号（1912年）
教育部订定施行检定小学教员办法		第9卷第3号（1917年）
检定小学教员管见	顾倬	第9卷第10号（1917年）
检定小学教员疑问	贾丰臻	第9卷第12号（1917年）
小学教员增能问题	周由廑 译	第10卷第10号（1918年）
中学教员增能问题	Charles，S. KeenM. A	第10卷第10号（1918年）
教师能率测定法	周太玄	第12卷第11号（1920年）
再论教员组合	严既澄	第14卷第4号（1922年）
一个比检定小学教员还要重要的问题	何心冷	第15卷第9号（1923年）
教育部修订小学教员检定规程		第27卷第2号（1937年）
外国教师		
东西洋教师地位之变迁		第1年第5期（1909年）
日本大学教员之生活难		第1年第7期（1909年）
美国之小学教员		第3年第12期（1912年）
德国教员之修养	志厚	第5卷第6号（1913年）
德法教员之状况	郭秉文	第7卷第3号（1915年）
挪威师范教育之现状	周太玄	第8卷第4号（1916年）
德国之教员补习的研究团体		第12卷第3号（1920年）
美国教员缺乏之补救策		第13卷第3号（1921年）
英国诸教员组合之调查	厚生	第13卷第10号（1921年）
法国的师范教育	杨贤江	第16卷第5号（1924年）
美国教师专业概观	傅任敢	第22卷第6号（1930年）
美国教师专业概观	Bagley，W. C.	第22卷第6号（1930年）
德国小学教师师资之训练	吴昌孚	第23卷第4号（1931年）
德国教师训练之新工作	陈耀之 译	第23卷第12号（1931年）
德国教师之专业组织	林仲达 译	第23卷第12号（1931年）

续表

文章名称	作者	卷期号（年代）
欧洲各国之师资训练	程其保	25 卷 7 号（1935 年）
美国教师状况与趋势	陈友松　摘	第 26 卷第 1 号（1936 年）
美国教师的经济状况	陈选善　摘	第 26 卷第 2 号（1936 年）
美国的访问教师运动	程国扬	第 26 卷第 3 号（1936 年）
师范教育新学院的计划	方万邦　摘	第 26 卷第 4 号（1936 年）
苏联高级学校师资之培养	曾绳点　译	第 26 卷第 9 号（1936 年）
苏联教师的地位	尚仲衣　摘	第 26 卷第 12 号（1936 年）
苏联教师待遇普遍提高	尚仲衣　摘	第 26 卷第 12 号（1936 年）
苏联教师时间的预算	吴清友　摘	第 26 卷第 12 号（1936 年）
美国师范教育的趋势	陈友松　摘	第 27 卷第 5 号（1937 年）
美国教师的任期	陈选善　摘	第 27 卷第 5 号（1937 年）
欧美各国小学师资训练制度	翁之达	第 27 卷第 7 号（1937 年）
德法美三国中学师资的训练	袁伯樵	第 28 卷第 1 号（1938 年）
师范学院研究院的教育	陈科美	第 31 卷第 8 号（1941 年）

附录5:《教育杂志》关于儿童问题主要篇目汇录

文章名称	作者	卷期号（年代）
总论		
英国保护小儿法		第2年第2期（1910年）
都会与儿童之关系	异吾	第3年第12期（1912年）
论儿童社会之教育	贾丰臻	第4卷第12号（1913年）
儿童研究	志厚	第6卷第1号（1914年）
儿童之金钱观与教育	太玄	第9卷第2号（1917年）
北京中小学学生年龄年级及其进步的调查	许兴凯	第19卷第1号（1927年）
儿童的大人化	丰子恺	第19卷第7号（1927年）
儿童教育与行为主义	贺昌群	第21卷第1号（1929年）
普通儿童之保护事业	陆宗赞	第21卷第3号（1929年）
儿童行为的新研究	赵演　译	第21卷第10号（1929年）
幼儿行为的新研究	赵涵川　译	第22卷第3号（1930年）
创办儿童生活园之倡议	邰爽秋	第22卷第4号（1930年）
儿童本位教育的理论与实施	葛承训	第22卷第5号（1930年）
现代之儿童问题	朱文印	第23卷第4号（1931年）
中国儿童教育事业之发展		第23卷第5号（1931年）
儿童的新意义	葛承训　摘	第25卷第2号（1935年）
从儿童年想到儿童的自由	葛承训	第25卷第6号（1935年）
儿童社会性之发展及其教育	萧孝嵘	第25卷第10号（1935年）
今日儿童教育的理论及其实施	程国扬	第26卷第2号（1936年）
人类的本性与儿童教育	高觉敷	第26卷第12号（1936年）
我国儿童教育的实际问题	吴增芥	第27卷第1号（1937年）
儿童教育问题之商榷	陈碧云	第27卷第5号（1937年）
战时儿童教育问题之商榷	陈碧云	第27卷第11号（1937年）
今后对于儿童教育应取的根本态度	陈碧云	第28卷第1号（1938年）
儿童教育之先决问题	康德一	第28卷第8号（1938年）
儿童教育之先决问题（续）	康德一	第28卷第9号（1938年）

续表

文章名称	作者	卷期号（年代）
由战区难童的教养谈到中国儿童保育的实际	陈佩兰	第30卷第1号（1940年）
儿童泛生论的实验研究	李象伟	第33卷第3号（1948年）
儿童心理		
儿童心理学序	张景良	第1年第5期（1909年）
儿童读书之心理		第1年第12期（1910年）
小学校男女儿童心身之差别	蔡文森 译	第2年第12期（1911年）
热性儿与冷性儿之教育	侯鸿鉴	第7卷第7号（1915年）
气质教育之研究	天民	第9卷第11号（1917年）
学校儿童心理检查法	太玄	第10卷第1号（1918年）
学校儿童心理检查法（续）	太玄	第10卷第2号（1918年）
学校儿童心理检查法（续）	太玄	第10卷第3号（1918年）
学校儿童心理检查法（续）	太玄	第10卷第4号（1918年）
学校儿童心理检查法（续）	太玄	第10卷第5号（1918年）
儿童创造力养成之研究	静庵	第11卷第1号（1919年）
儿童自由发表之研究	王骏声	第16卷第8号（1924年）
儿童对于各科好恶的调查	俞子夷	第18卷第6号（1926年）
本能与儿童心理学	高卓	第18卷第7号（1926年）
儿童心理学概论	杜佐周	第18卷第7号（1926年）
儿童的被暗示性	陈大齐	第18卷第7号（1926年）
儿童智慧发展的公式	陆志韦	第18卷第7号（1926年）
交替反射法在儿童心理学上之应用	庐于道	第18卷第8号（1926年）
儿童心理在儿童教育上的地位	张铭鼎	第18卷第8号（1926年）
儿童心理学之发达史	艾伟	第18卷第8号（1926年）
儿童的情绪与其教育	胡寿塘	第19卷第1号（1927年）
童心的培养	丰子恺	第19卷第12号（1927年）
儿童的活动性	康德一	第20卷第6号（1928年）
小学儿童不良习惯之改正	韦息予	第21卷第3号（1929年）
小学儿童兴趣之调查与研究	郁树敏	第23卷第7号（1931年）

续表

文章名称	作者	卷期号（年代）
近代儿童心理学的性质与问题	黄翼	第 24 卷第 1 号（1934 年）
童子军教育之起源及其发展	吴耀麟	第 25 卷第 1 号（1935 年）
研究儿童心理的方法	陈选善　摘	第 25 卷第 2 号（1935 年）
心理卫生的基础工作	许逢熙	第 25 卷第 9 号（1935 年）
儿童知觉发展的几种实验研究	萧孝嵘	第 26 卷第 1 号（1936 年）
晚进儿童发展研究之进步	赵演	第 26 卷第 4 号（1936 年）
学校中的儿童行为问题		第 26 卷第 4 号（1936 年）
儿童心理卫生习惯之养成与教师应有之注意	方东澄	第 26 卷第 6 号（1936 年）
小学儿童兴趣的调查研究	罗子欣	第 26 卷第 7 号（1936 年）
精神分析与儿童教育	陈立	第 26 卷第 9 号（1936 年）
小学儿童兴趣的调查与研究	钟鲁齐	第 26 卷第 10 号（1936 年）
小学儿童应养成的卫生习惯及其养成法的研究	孙礼成	第 26 卷第 10 号（1936 年）
儿童良好习惯的养成	关瑞梧	第 26 卷第 12 号（1936 年）
儿童的交友关系及其指导法	张伯谨　摘	第 26 卷第 12 号（1936 年）
儿童的人生观	张伯谨　摘	第 27 卷第 1 号（1937 年）
儿童心理学的趋势	赵演　摘	第 27 卷第 1 号（1937 年）
儿童恐怖心发展的研究	黄觉民　摘	第 27 卷第 3 号（1937 年）
儿童亲属爱之差等	张述祖	第 27 卷第 3 号（1937 年）
儿童的情感生活	姚贤慧　摘	第 27 卷第 4 号（1937 年）
儿童是怎样学习的	姚贤慧　摘	第 27 卷第 6 号（1937 年）
儿童心理学在理论上的基本问题	萧孝嵘　摘	第 27 卷第 7 号（1937 年）
儿童品性训练的商榷	谢春满	第 27 卷第 8 号（1937 年）
儿童情绪的发展	李纯青	第 28 卷第 2 号（1938 年）
儿童的习惯	廖文奎	第 29 卷第 1 号（1939 年）
问题儿童的研究		
最优等生及劣等生之待遇法	王我臧　译	第 1 年第 3 期（1909 年）
最优等生激烈等生之待遇法（续）	王我臧　译	第 1 年 5 期（1909 年）

续表

文章名称	作者	卷期号（年代）
儿童感化	日人某	第1年第5期（1909年）
癖性与训练之关系	太玄	第4卷第5号（1912年）
劣等儿之德性及其涵养法	侯鸿鉴	第7卷第3号（1915年）
儿童缺席之研究	朱鼎元	第10卷第9号（1918年）
劣等儿童教育之要领	太玄	第11卷第5号（1919年）
小学儿童之偷盗	天民	第11卷第6号（1919年）
儿童犯罪之应付与防止	陈博文 译	第18卷第12号（1926年）
儿童之诳语	牟永锡 译	第19卷第4号（1927年）
对于小学生惩罚之成功与失败	罗迪先	第20卷第10号（1928年）
小学生偷窃行为之研究	高杰	第22卷第2号（1930年）
顽劣儿童的研究	马精武	第22卷第9号（1930年）
所谓顽劣儿童	赵廷为	第25卷第12号（1935年）
苦儿的救济与教育	关瑞梧	第25卷第12号（1935年）
儿童犯罪之研究及其教育	李恩沼	第25卷第12号（1935年）
再难忽视的顽童教育	蒋振	第26卷第1号（1936年）
如何处理儿童说谎	黄觉民 摘	第26卷第1号（1936年）
儿童惩罚的讨论	谢春满	第26卷第11号（1936年）
无家儿童的教育问题	刘立明	第26卷第12号（1936年）
“幸运”的儿童与教育上的问题	高君珊	第26卷第12号（1936年）
学校儿童之不良行为的研究	朱镇荪	第27卷第8号（1937年）
怎样处理一个儿童的偷窃	丁重宜	第29卷第7号（1939年）
特殊儿童		
天才教育论	余箴	第5卷第7号（1913年）
教师心理与儿童心理	太玄	第7卷第1号（1915年）
儿童之金钱观与教育	太玄	第9卷第2号（1917年）
儿童自治实行实况	杨彬如	第16卷第7号（1924年）
天才心理	赵演	第18卷第7号（1926年）
天才教育	赵演	第18卷第10号（1926年）

续表

文章名称	作者	卷期号（年代）
儿童自治中人选问题及其解决办法	马精武	第21卷第5号（1929年）
尚公学校儿童自治的昨今明	马精武	第21卷第5号（1929年）
自食其力的残废儿童教育	唐现之　译	第23卷第12号（1931年）
天才儿童的一种特征	高君珊	第25卷第12号（1935年）
儿童智力的落后及其犯罪的研究		第26卷第6号（1936年）
跛童心理之管窥	孙锦灿	第27卷第4号（1937年）
怎样帮助口吃的儿童	姚贤慧　摘	第27卷第1号（1937年）
学校儿童之不良行为的研究	朱镇荪　译	第27卷第8号（1937年）
心能迟钝儿童的教育原则	韩静远	第28卷第1号（1938年）
幼童教育史	富伯宁	第28卷第10号（1938年）
指导儿童的社会发展	章颐年	第29卷第2号（1939年）
社会地位对于学龄儿童行为的影响	陈选善	第29卷第9号（1939年）
上智儿童的特性问题	陈科美	第31卷第5号（1941年）
儿童成长问题		
详察儿童在家庭之生活状态	蔡文森　译	第3年第1期（1911年）
儿童游戏与人类学之意义	天民	第10卷第8号（1918年）
儿童游戏与人类学之意义（续）	天民	第10卷第9号（1918年）
“未入学时期”的家庭教育	祝其乐	第13卷第12号（1921年）
未达学龄的儿童之研究	陈鹤琴	第18卷第7号（1926年）
儿童生活之演进	萧恩承	第18卷第8号（1926年）
儿童的音乐教育与艺术的陶冶	丰子恺　译	第20卷第1号（1928年）
遗传与环境在智慧上之影响	艾伟	第21卷10号（1929年）
儿童留级问题的研究	胡祖荫	第25卷第1号（1935年）
儿童的游戏	方万邦	第25卷第12号（1935年）
儿童的饮食	龚兰真	第25卷第12号（1935年）
儿童的环境	陈意	第25卷第12号（1935年）
儿童卫生	赖斗岩	第25卷第12号（1935年）

续表

文章名称	作者	卷期号（年代）
儿童的爱畜问题	黄觉民　摘	第 26 卷第 1 号（1936 年）
儿童之性的适应	方东澄	第 26 卷第 1 号（1936 年）
儿童性教育的实施	黄觉民	第 26 卷第 2 号（1936 年）
儿童与图书	欧阳湘	第 26 卷第 10 号（1936 年）
儿童睡眠的研究	何静安	第 26 卷第 12 号（1936 年）
怎样训练快乐的儿童	姚贤慧	第 26 卷第 12 号（1936 年）
家庭中的儿童性教育问题	李啸云	第 27 卷第 2 号（1937 年）
低级儿童的劳作生活	苏兆新	第 27 卷第 5 号（1937 年）
儿童的健康训练	邹坤元	第 27 卷第 7 号（1937 年）
儿童牙齿卫生方法	陈卫藩	第 27 卷第 9 号（1937 年）

附录6:《教育杂志》出版的教育丛著目录

教育丛著系将《教育杂志》第1卷至第16卷中的重要撰著分类编辑出版而成，计百余册。凡关于教育原理、教育行政、教育实际设施以及各种测验等，无不兼收并蓄，可以算是一部最完备、最通俗的教育百科小丛书。编撰者有200余人，大都是国内外教育界知名之士。分两期出版，书名开列于下：

第一期出版

《新学制中学的课程》
《新学制的讨论》（三册）
《小学教育的实际问题》
《小学的新课程》（二册）
《大学校之教育》
《初级中学教育测》
《测验之学理的研究》
《师范教育改造问题》
《皮奈西门智力测验法》
《麦柯测验法》（三册）
《团体智力测验法》
《陆军用的智力测验法》
《测验与入学考试的改进》
《五项测验》
《现代教育思潮批判》
《教育统计法》
《社会教育与个性教育》
《日本最近教育思潮》
《晚近美学说和美的原理》
《教育与德莫克拉西》
《美育实施的方法》
《美育之原理》
《教育上之理想国》
《教学之美学的基础》
《美国三大教育家之设计教学法》
《设计教学法实施报告》（三册）
《设计教学法的实际》
《设计教学法概要》
《道尔顿制的实际》
《道尔顿制概要》（三册）
《国文科实行道尔顿制的说明》
《教育之生物学的基础》
《教育杂文》
《巴哥罗底两性教育观》
《教育哲学》
《男女性之分析》
《教育独立问题之讨论》
《性教育的理论》
《教育行政效率问题研究》
《性教育概论》
《乡村教育研究及研究法》
《性教育与学校课程》
《社会学与教育》
《特殊教育之实施》
《青年期之性的卫生及道德》

第二期出版

《小学教法概要》
《作文及文学教学法》
《小学算术教学法及练习法》
《小学史地教学法》
《工艺科教学法》
《外国语教学法》
《试行协动教学法成绩报告》
《教育心理学大要》
《义务教育之研究及讨论》
《职业教育之理论及调查》
《科学教育原理及教授法》
《小学体育教学法》
《女子教育之问题及现状》
《训育之理论与实际》
《儿童自治施行实况》（三册）
《欧战后各国教育之改革》
《哲学与伦理》
《心理学各方面之研究》
《庚子赔款与教育》（三册）
《小学教育参考书》（三册）
《现行教育法令》（三册）
《教学之社会原理述要》
《小学国语教学法概要》
《中学校之博物学教学法》
《小学公民教育及教学法》
《自然科学教学法》
《美术及音乐教学法》
《协动教学法的尝试》
《个性与教育》
《儿童性向的测验报告》
《欧美之义务补习教育》
《成人教育》
《体育之进行与改造》
《田径游泳竞技运动法》
《幼稚教育及日美幼稚园》
《学校风潮的研究》
《教材之研究》
《教育视察与视察后感想》
《心理学之哲学的研究》
《变态心理学概论》
《教育短评》

附录7：台湾影印版《教育杂志》与原版《教育杂志》的比较

——兼论民国期刊启事、广告的史料价值

[摘要]《教育杂志》是我国近代教育期刊中历时最长、影响最大的教育刊物，由上海商务印书馆于1909年2月创刊，1948年12月终刊。1975年9月台湾商务印书馆在王云五主持下重印了全套《教育杂志》，名之曰《景印教育杂志旧刊全部》。经比较发现，影印版并非《教育杂志》的全部，缺少了原刊中的增刊、号外，缺少了公告、启事和广告，个别卷期甚至缺少了正文篇章，还有重新编排的痕迹。而这些改变使影印版《教育杂志》的史学价值受到一定的影响。作者主张，重印旧刊一定要保持旧刊的完整原貌，而不能随意删减或更改。应该重视挖掘旧刊中启事、广告等非正文内容的史料价值。

[关键词]《教育杂志》;《景印教育杂志旧刊全部》;王云五;广告;史料价值

影印版与原版原本没有比较的必要。因为影印就是通过拍照、复印等手段制版重印，而不是重新排版再印。原样复制是影印的本质特征，因此影印件与原件无论版式还是内容都应该完全相同。然而，台湾商务印书馆《景印教育杂志旧刊全部》（以下简称影印版）影印的并非《教育杂志》旧刊的全部，而是缺少了许多东西。那么，影印版究竟缺少了哪些内容，这些内容有无价值，这就有比较和分析的必要了。另外，也应该让那些看不到原版只能看到影印版的读者了解原版还有哪些影印版没有的内容。

原版《教育杂志》与台湾影印版《教育杂志》的概况

《教育杂志》是上海商务印书馆于1909年2月创办的专业教育刊物。1948年12月终刊。其中于1932年1月和1941年12月两度停刊，又分别于1934年9月和1947年7月复刊。该刊为月刊，前3年按“年、期”编排顺序，从第4年起改为按“卷、号”排序。一般情况下每月1期，但第1年由于按阴历有闰月，所以出了13期。1934年9月复刊，所以第24卷只出了4期，1941年12月停刊，所以第31卷出了11期。1947年7月复刊，因而第32卷出了6期。第27卷第9、10期以及第11、12期为合刊。这样《教育杂志》从1909年2月创刊到1948年12月终刊的40年中实际出刊31年零7个月，共出正刊33卷、382期、380册。除此之外，《教育杂志》还出版了《教育杂志补编》

（1909—1922年）10卷，[①] 1911年出版了临时增刊《世界教育状况》1册，1914年第6卷临时增刊《教育研究实用主义问题》，1922年出版了《教育杂志》第14卷号外《学制课程研究号》1期，1936年出版了《教育杂志索引》（1—23卷和24—25卷）两册。

此外，教育杂志社还编辑出版了教育丛著共86种103册。教育丛著系将《教育杂志》第1卷至第16卷中的重要撰著分类编辑而成。按当时的出版预告称："凡关于教育原理、教育行政、教育实际设施以及各种教学法各种测验等，无不兼收并蓄，可算是一部最完备最通俗的教育百科小丛书。"编撰者有200余人，大多系国内外教育界知名之士。关于《教育杂志》社曾经出版过的这套丛书，现在已经少有人提及了。

《教育杂志》是一份在近代持续时间最长、影响最大的教育刊物。在中国近代教育期刊发展史上占有十分突出的地位。它既是中国近代教育曲折发展的忠实记录者，又在很大程度上促进了近代教育的发展变革。

然而，由于《教育杂志》创刊距今已近百年，且其持续时间长，中间又曾两度停刊，出版地点也因战乱数次迁徙，从上海至长沙，又从长沙至香港，最后复归上海。因此，现在已经很难找到一套保存完整的原版《教育杂志》了。据初步了解，国家图书馆和北京师范大学图书馆现存原版《教育杂志》较多，但也都不完整。不仅卷期数不全，即使有些卷期虽有，但也残缺不全。

台湾商务印书馆于1975年在王云五主持下重印了全套《教育杂志》，名之曰《景印教育杂志旧刊全部》。在王云五为此所写的序言中说："有此《教育杂志》之媒介，则四十年之教育史实，得以记载无遗，而新教育思想之演进，亦并及之。""本杂志尚在停顿之中，今悉力搜罗旧刊，蔚为全璧，付诸景印。凡教育上应兴应革，殆无不具备于此过去三十三卷之建言，迄今仍足备在台教育之全面改进，深望大中学校及各图书馆，咸能备此旧志全部，以供参考，俾有助于百尺竿头更进一步，是所厚望焉。"[②] 王云五的这两段话可以看作对为什么要重印这部旧刊的说明。王云五在序言中还概略介绍了《教育杂志》不平凡的发展历程。但对影印旧刊的原则却未做任何说明。

吴美瑶等人又根据影印版编辑了《教育杂志（1909—1948）索引》，由台湾心理出版社于2006年出版。

在原版《教育杂志》收藏不全难窥全貌的情况下，能够重印这一在近代教育发展中发挥了重大作用的珍贵期刊，又一次显示了王云五的远见卓识。我们应该感谢王云五以及台湾商务印书馆为中华民族文化教育所做的又一件功德无量的好事。当然在肯定这一点的前提下又不能不为影印版的美中不足而感到遗憾。

---

① 笔者至今未曾见到这10卷本补编。在国家图书馆和北京师范大学图书馆也未查到。

② 王云五：《景印教育杂志旧刊全部序》，第1页，台北：台湾商务印书馆，1975年。

与原版《教育杂志》相比，影印版缺少了什么

我们分别从第7、12、13、16、20、27卷中抽选共25期，将影印版和原版一一作了比较。从比较的结果看，影印版除在第1年第1期前增加了王云五的一篇序言外，比原版缺少了许多内容。归纳起来，主要有以下一些方面：

第一，缺少了增刊、号外以及补编

《教育杂志》在正刊之外曾出版过两期增刊和1期号外。这3期内容都极为丰富且极重要。当时并无现在人们关于增刊、号外的观念。现在人们都以正刊为重，不太看重增刊。有些期刊将正刊上发表不了的文章放在增刊发表。因此有些部门规定增刊上发表的文章在评聘职务时不算数。可当时不是这样的情况。就文章的价值而言，增刊、号外与正刊并无差别，而且增刊、号外甚至还更重要一些，其专题性更强一些。

影印版所缺少的这3期分别是：《世界教育状况》《教育研究实用主义问题》《学制课程研究号》。

《世界教育状况》是1911年8月出版的《教育杂志》第3年临时增刊。该书洋装500余页，插图200余幅，共分15编，由时任《教育杂志》主编陆费逵编辑。当时对这部书作了这样的介绍："我国之人素缺世界知识，兴办教育殆皆规仿日本。而日本制度之不善与夫不合我国情形者贸然效之，未免利少害多。是编缕述世界各文明国教育状况自英德文书中辑出。凡教育行政、大学、中学、小学、实业、专门、教科书、图书馆、学校卫生等纲举目张，其可为吾国取法者叙述尤详。不惟汉文书中从来未见，且大半为日文图籍所未有也。"① 这部书被认为是我国最早的专述外国教育的著作。②

《教育研究实用主义问题》是《教育杂志》第6卷临时增刊，朱元善编。其主要内容来自该刊第5卷第7号（民国二年十月）的一次征文。该次征文的题目有两个：（1）今日学校教育应否采用实用主义；（2）实用主义实施法。所以在该刊出版说明中作了如下介绍：

"本社实用主义征文前经登报披露后并选择巨作数十篇汇刊一册都十余万言颜曰教育研究实用主义问题。内容除征文外又采录日本最近之学说以资参考。首有黄炎培、庄俞两君叙文，言理论纵横美不胜述诚我国研究教育以来未有之大著。凡为教员者不可不手持一编也。"

---

① 陆费逵：《〈教育杂志〉绪论》，载《教育杂志》1911年第3年第6期。

② 吕达：《陆费逵教育论著选》，第88页，北京：人民教育出版社，2000年。

《学制课程研究号》是1922年出版的《教育杂志》第14卷号外。这个号外的内容也是来自第14卷第1号发起的一次征文。征文启事对征文意图作了这样的说明：我国学制最初大半是模拟日本；虽然也经过许多次的修正，但总是“补苴罅漏”的办法，从没有彻底根本地去改革。近数年来，旧学制的破绽逐渐显露。于是，国人不满意旧学制而要求新学制的声浪，一天胜似一天了。去年十一月，全国教育会在广东召开第七次联合会，顺应国人的希望，采摭欧美的新潮，议决了一种新学制。在国本飘摇、国事蜩螗的时候，居然有这种成绩，不能不算是教育界的觉悟和国家唯一的希望了。但自从新学制草案宣布以后，国内舆论，赞成的固然很多，而对于学制一部分主持异议的，也间有一二。况且议决的新学制不过是个大体，如学科的分配、课程的变更，都非赶快研究不可。本志以研究教育为职志，用特于本卷第四号出一《学制课程研究号》特刊，希望国内教育家惠赐大著，以促新学制的实现。①

后由于来稿太多，原定第14卷第4号出为《学制课程研究号》，特改为号外。“本号全书共四百余页，三十余万言，讨论学制者十四篇，讨论课程者二十篇，执笔者均系国内外专攻教育之士。凡关于学制之文字，皆系讨论新学制系统草案，而与以最稳健最切实之批评。凡关于课程之文字，皆系按照新学制斟酌立言，而供给第八届全国教育联合会编订新课程时以丰满之参考。又篇末插有各种补白，或关于西洋学制课程之状况比较，或关于学制改革之时贤意见，均经采辑。倘兹册能在教育界获涓涘之效益，固同人所极欣忭者也”。②

这个专号不仅对我国1922年新学制的制定起到了积极的促进作用，而且在我国课程研究史上被看做是我国课程研究起步阶段的标志性成果。

此外，10卷本《教育杂志补编》（1909—1922）也未曾刊印。

第二，缺少了公告、启事

教育杂志社的一些公告、启事最明确地说明了杂志的编辑意图，是我们研究、解读期刊的一把钥匙。如果没有这些说明性的文字，便不知道杂志为何做出这些改变。这里仅举几例影印版缺少的公告、启事略作说明。

20世纪20年代是商务印书馆各大期刊革新的重要时期。更换主编、革新栏目一时成为潮流。《教育杂志》也在此时及时预告了革新事项。

《教育杂志》刷新预告③

本社所出《教育杂志》自明年一月起由李石岑编辑。内容可分数项说明：

---

① 本刊编辑：《征文启事》，载《教育杂志》1922年第14卷第1号。

② 本刊编辑：《出版说明》，载《学制课程研究号》，即1922《教育杂志》第14卷号外。

③ 本刊编辑：《刷新预告》，载《教育杂志》1921年第13卷第11号。

建议：教育独立

提倡：美育与体育兼及职业教育

研究：设计教学法、智力测验、教育测验及其他

世界教育新潮：欧美、日本、菲列宾等之教育新说及最近教育状况

国内教育状况：如小学统计及设计法

教育评坛：专评国内教育界新发生事件

新刊介绍：介绍欧美教育名著详列书之内容、价格及出版地址及教育杂志社方面每月将欧美日本所出各种主要《教育杂志》之要旨列一详表以供教育界之参考

预定明年六月出现代教育思潮号特刊搜集欧美日本各种教育最新学说及现代教育家肖像等

所有《教育杂志》价格邮费一律仍旧

上海宝山路商务印书馆编译所教育杂志社启

再如，第20卷第8号刊登了《教育杂志》征求文字及图画启事：

本志数载以来，均以“提高教育学术之程度”与“扩大教育学术之范围”为编辑上之主旨。今后当仍本此意，以挽不学之颓风。但为避免沉闷与蹈空之讥，拟同时着重国内教育之根本的或急要的问题，使读者由文字上的启示或提倡，而获得实际上之应用或解决。兹将征文征画意见列举如次：

通论一栏，除刊载教育学术及与教育学术有关之文字外，拟着重于教育制度与政治或经济之关系，以促进教育机会均等之理想。

小学教育一栏，除刊载小学教育之理论的与实际的文字外，拟着重农村小学之推广运动，小学教师之生活改善运动，并拟征求小学教材，以为各校之补充读物。

儿童研究一栏，除刊载研究儿童之专门的文字外，拟着重幼稚教育之推广与特殊儿童之教养，并连带的讨究优生学以及母性保护等问题。

教育评坛一栏，除普通文字外，拟着重国内外教育上偶发事项之批评与建议而导国人以思想上之正轨。

新刊介绍一栏，除绍介东西洋教育名著外，拟同时对于国内教育著作或译述加以善意的绍介与批评。

其他世界教育新潮、教育文艺、教育界消息及教育报告诸栏，亦力求其充实与新颖。如为事实上之需要，拟临时增添其他各栏。

图画方面，除普通插图外，拟征求教育漫画、儿童自由画、现代教育专家相片、世界著名大学及实验学校之内部摄影、国内各学校各学术团体之含有教育意义的摄影。

这一启事反映了《教育杂志》在编辑宗旨方面的调整、在栏目设置方面的改变及若干重点研究领域。这无论对于作者还是读者都具有重要的导向作用。对于后来的研究者也具有不可或缺的指导意义。如果没有了这则启事，我们便不能准确地把握当时编辑的真实意图和重点关注的课题。因此这部分内容应该是杂志的有机组成部分。

《教育杂志》第21卷曾出版了1期《实验小学教育专号》。但为什么要出版《实验小学教育专号》呢？这在第20卷第10号刊载的《教育杂志》第21卷特别号《实验小学教育专号》征文启事中有详细的说明：

近年来，中国教育界发生两种不甚好的现象：第一，过于注重大学教育而忽略了小学教育；第二，过于注重都市教育而忽略了乡村教育。因为过于注重大学教育，于是不问社会经济之有无能力，不问国内学术界之有无人才，不问学生毕业后有无出路，而殚精疲神于畸形的大学教育的扩张。其结果呢，外国留学生办国内大学，国内大学生办国内中学，幻成所谓“轮回的教育”，而中学生及一部分的大学生无路可走，只得当“学问尚未成功”之时，供一班无政治计划且无政治道德之新式政客所欺骗所驱使。又因为过于注重都市教育，于是不问中国社会的组织如何，不问人口分配的比例如何，不问地方需要的程度如何，而盲目地辗转地模仿一二工商业建国的列强。其结果呢，一方面因为国家生产力赶不上模仿的西洋教育，使都市教育成为华而不实；他方面，因为乡村教育被蔑视、被遗弃的缘故，使农民生活益陷于颠连而无告。这两种现象，如果放任地让它绵延下去，则中华民族将有不可拯救之一日。所以政治当局以及教育专家如果真正为全民族前途的安宁与发展设想，则农村小学教育实应加以绝大的努力。自然在扩张农村小学教育的经费方面，我们这个藐小的刊物是丝毫不能尽力的，而只有赖于农民自身的奋斗与贤明当局的措置。但在促进农村小学教育的内容方面，我们这个刊物今后当毫不客气地负起一部分的责任，与国内真正的教育家们合作。现在我们想得到的第一个办法，就是想在明年第二十一卷的二三月间，特出一《实验小学教育专号》，请从事实验小学教育的教育家将他们的全部的或一部分的计划与成绩忠实地陈述出来，以供将来改进农村小学教育参考。这不仅仅是实验小学教育互相切磋以求改进的问题，而是一个关系于我们全民族的安宁与发展的大问题。征文的范围很广，只要是实验小学教育的有价值的计划与成绩的报告都可以。期限明年一月底止。报酬为现金并赠该专号一本。

可是这则启事在影印版中却没有，这使我们无从了解出版这个专号的背景。

还有一些启事对于考察《教育杂志》的经营策略极有帮助。如第27卷第1号刊登了《教育杂志》优待旧订户、广征新订户、举行特价三个月①的启事，说明了《教育杂

① 指从民国二十五年十二月一日起至二十六年二月底止，全年十二册特价一元三角，半年六册特价七角。

志》社采取的灵活的经营策略，同时还向读者说明了拟作的几项改进。

应广大所填调查表的读者要求，《教育杂志》再作下列几项改进：

充实内容：多刊中小学教师及教育学院师范学院学生实用的文稿和农村教育工作者、家庭教育实用的文稿。

字体改大：从本卷一号起将论著栏各文改用大五号字排印，其他各栏照旧，篇幅计万字以上的文稿乃用小五号字排印。

用影写版精印教育照片，并将材料加多，以增进读者的兴趣。

提倡教育的科学研究。欢迎用科学方法研究教育的文稿。

介绍《教育杂志》的主要内容

此外，另附《教育杂志》订单一份。订单背面用较大篇幅刊登了《教育杂志》主要编辑及撰稿人名单。这对了解《教育杂志》的编辑情况具有重要价值。

第7卷第1号刊登了小说月报社启事：

本社自辛亥年九月因交通阻碍出报较迟，嗣又因遵用阳历之故遂以一月出第十号致出报号数与月份参差不齐殊多不便。兹除第五卷九号照常出版外，其第十、十一、十二三号赶排赶印一律于三年十二月内出完，以答谢爱读本报者之意。自四年一月起续出第六卷第一号俾号数月份相符。特此通告。小说月报社谨启

该启事对《小说月报》卷期号的调整作了说明。如果没有这则说明，那么为什么在一月之内出版3期的现象就无从解释了。

每年的第一号出版正值新年，所以《教育杂志》连续几年都在新年号的扉页用彩色字体刊印新年祝贺：“恭贺新年并祝教育进步！《教育杂志》社同人鞠躬”。这一祝辞虽然谈不上有什么史料价值，但也从一个侧面反映了《教育杂志》编辑对作者、读者的一份敬意和良好祝愿。编辑那种谦逊的态度、负责任的精神和强烈的事业心跃然纸上，即使是今天的读者读来也会倍感亲切温暖，这种感受在影印版中是读不到的。

还有些启事是披露征文结果的。从这些启事中可以看出《教育杂志》的编辑活动及对于当时教育的影响。第6卷第5号曾悬赏征文，题目是《小学作文教授法》和《单级教授之心得》。奖金一等各100元（谨赠商务印书馆书券），二等各50元，三等各30元，以下酌赠。原定三年十二月底截止四年二月揭晓。但由于未能如期评阅完征文，所以在第7卷第2期就没能公布征文结果，但发了一则《特别启事》，向应征者作了说明：“因特请教育名家详细评阅惟一时未能如期阅竣，兹拟展期至第四号杂志披露不误此告”。到第7卷第4号刊登了《本社悬赏征文披露》，正式刊登了评选结果：

“本社此次征文蒙海内外学界同志纷纷惠寄鸿篇无任敢佩兹评阅已竣披露如后除择优选登本杂志并备商务印书馆书券及本杂志计值洋一千零二十一元分别赠奖藉答。雅意

应得书券诸君已另由本社交邮挂号寄呈谨此奉告”。

征文活动是《教育杂志》很重要的一种集稿方式和宣传手段，对加强与教育界的联系、扩大《教育杂志》的影响发挥了非常重要的作用。可教育杂志社的这些活动过程在影印版中也是看不到的。

第三，缺少了广告

《教育杂志》刊登的广告，从广告主来分，大致可以分为商务印书馆以内的广告和商务以外的广告；从广告的内容来分，又可分为书刊类广告和书刊以外的商业广告。总体上看，《教育杂志》的广告以商务自己的书刊类广告为主。影印版除将与正文、图片对应页的极少数广告一同刊印外，绝大部分广告没有刊印。而这些没有刊印的广告却未必没有一定的史料价值。这里仅将第 7 卷第 1 号没有刊印的广告分类列举如下：

商务印书馆以外的书刊类广告如下：

（1）《时报》的广告：中华民国唯一日刊《时报》之六大特色：本报社说公明正大、不偏不倚，均由当世明达才哲之士执笔；本报新闻确实快捷机敏灵活，海内外每日均有电信；本报短评皆精辟透彻、对症发药、短兵相接实开各报之先；本报纪事皆以优美之笔达之令人阅之增无量兴味；本报小说笔记杂组余兴为本报之特长于文学家最占优势；本报图画最精能自制铜板锌板以世界最新图画供献读者。

（2）《学生社会服务之研究》广告：中华基督教青年会组合，切合今时代要求之出版物。“社会服务乃吾国初输入之新名词，而为各国富强之本源，社会改良之要务也。是书于实行社会服务之方法条分缕析靡有或遗。各校学生诚能人手一编，身体力行之，则所以进社会之程度，造社会之幸福者将无涯涘矣”。

（3）江苏省教育会编辑《教育研究》广告：本杂志以实际研究为主旨，内分插画、时论、研究、学说、译著、调查、杂纂、会报八门。学理新颖，材料丰富，出版以来，颇受学界欢迎。许为教育界唯一之良友，有志研究教育者定当先睹为快，而各人手一编也。江苏省教育会出版书籍：《实用主义小学教育法》《日本模范小学校要鉴》《单级教授法》《二分间体操实用学校园》。

（4）京师教育报（中华民国三年二月创刊，京师学务局印行）广告：本报登载关于教育及学艺之事项，以广教育界之见闻。研究教育改良为宗旨，内容分为插画、法令、文牍、论说、译述、查学报告、教育实验、教育纪闻、教育小说、读物介绍、各报萃珍、传记、图表、业谭、附录等二十门每期登载十门以上。执笔者均系深于教务经验最富于教育学理及应用之研究确有心得。选材精当立言切实。实首都教育界唯一之善本，学校职教员之良伴侣也。不独京师学界宜人手一编，凡各地从事教育诸公欲觇京师教育界之真相，以期共同研究一致进行者，尤不可不购置座右参考也。每月一期每册定价一角。预订半年六册五角五分，全年十二册一元，邮票每册京城一分各省二分，外国四分。

商务印书馆以外的商业类广告有五洲大药房之广告、精益眼镜公司之广告、上海济生堂大药房之广告、上海华明眼镜公司之广告、戒除烟瘾之广告等。

商务印书馆自己的书刊类广告：

（1）《新缝纫》商务印书馆出版教育部审定，初等小学共和国教科书。教育部批文：此书遵照本部小学校课程表第一表程度准作为初等小学第三第四学年教员教授之用。

（2）《女子缝纫教科书》，汪农麟著，蒋维乔校；中学校、师范学校通用。教育部批文：该书大致分裁法缝法两大纲，又细到为大裁、套裁、巧裁、纫缝、复缝等法，于本国衣服之制法已包举无遗，文辞亦简洁明了，颇合女子中学及师范学校之用。

（3）商务印书馆出版新书广告：日用须知、卫生治疗新书、因是子静坐法、世界大事年表、五彩历史挂图、中外度量衡币比较法、阴阳历对照表、电报书、中国旅行指南、上海旅行指南、西湖游览指南、交通必携。

（4）《五彩新理科挂图》，凌昌焕编；高等小学用。出版预告：学校适用各种挂图、新修身挂图、修身作法挂图、最新修身挂图、最新笔算挂图、五彩历史挂图、教科实用挂图。

（5）《黄炎培考察教育日记》第一集，被称为“实地调查之杰作”。“欲知今日教育状况者不可不读此书”。还对该书内容及所占篇幅作了介绍：1/4 社会状况，2/4 教育状况，1/4 山川名胜。调查地点：江西、安徽、浙江 3 省。

（6）《东方杂志》第 12 卷第 1 号要目（民国四年一月出版）：社会协力主义；中国现今教育问题之一（郭秉文）；大战争续记四（附图十三）；新战术（附图五）；上海三电车公司之组织（附图九）；欧洲战役小史（附图九）；大战争中之非战论（附图七）；论统治殖民地之两大主义；伍廷芳君之中西文化观附图一；述美学；论中国急宜谋进医学教育；电业之历史及其作用；人造物料与天产之竞争；说溉孚；薄滓女。此外，对于卷期号的对应问题作了说明：“本志第十一卷出至六号为止。应出十一卷第七号从民国四年一月起改为第十二卷第一号。俾号数月份相符以便记忆此布。”

（7）教育部审定，商务印书馆初等小学校用书

初等小学单级教科书：修身（甲乙各九册），又教授书（甲乙各六册）；国文（一至六册），又教授书（第一册）；算术（十二册），又教授书（十二册）；单级教科书要项（一册）。

共和国教科书，春秋季始业各有一种：新修身（八册），又教授法（八册）；新国文（八册）、又教授法（八册）；新算术（八册），又教授法（八册）。

春秋季始业通用：新算术珠算（一册），又教授法珠算（一册）；新字帖（第一册）；新国画铅笔（八册）；新图画毛笔学生用（八册）；新图画毛笔教员用（一册）；新缝纫（二册）；新唱歌（四册）；新体操（一册）。

补习教科书：修身（一册）；国文（一册）；算术（一册），又教授法（一册）。

通用教科书：简明修身教科书（八册）；简明修身教授法（八册）；女子修身教科书（八册）；好修身教授法（八册）；简明国文教科书（八册）；好国文教科书（八册）；初等小学算术书（一册）；最新珠算入门（二册）；毛笔习书帖学生用（八册）；毛笔习书帖教员用（一册）；铅笔习书帖（四册）；手工教科书（一册）。

（8）教育部审定商务印书馆高等小学校用书

高等小学共和国教科书

春秋季始业各有一种：新修身（六册），又教授法（六册）；新国文（六册），又教授法（六册）；新历史（六册），又教授法（六册）；新地理（六册），又教授法（六册）；新算术（六册），又教授法（六册）；新理科（六册），又教授法（前后三册）。

春秋始业通用：新算术珠算（三册），又教授法珠算（三册）；新商业（四册）；法制大意（二册）；英文读本（一册）；新图画毛笔学生用（六册）；新图画毛笔教员用（一册）；新图画铅笔（六册）。

补习教科书：修身（一册）；国文（一册）；算术（一册），又教授书（一册）；历史（一册）；地理（一册）。

通用教科书：国文选本（六册）；女子新国文（六册）；共和国民新读本（二册）；理科实物教程（二册）；毛笔习书帖（六册）；毛笔习书范本（六册），又习书范本教员用（一册）；铅笔习书帖（六册）；铅笔书范本（六册）；手工教科书（一册）。

以上审定各书至民国三年十二月二十五日为止

（9）商务印书馆发行《法政杂志》第4卷第1号至第6号要目。如释条例参政院代行立法院职权之文艺工作者疑问；论懋迁公园；论剪发条规是否侵犯人民身体之自由；自课税原则上观察吾国新书旧诸税；政治罪恶论；率诉原兴行政诉讼之区别；公司条例之误点；俸给论；美国国会之组织；论租税法兴预算之国法的关系。

（10）中华民国四年商务印书馆发行

学校日记定价五角；国民日记定价五角；袖珍日记一角六分外加铅笔五分定价；座右日记十幅八分；七曜日记十二幅五分；日历一厚捆一角六分。

最新出版证书：教育部制定中学毕业证书；教育部制定小学毕业证书；空白彩印学校证书；最新成绩证书；最新毕业证书。

学校表簿：商务印书馆出版表簿种类繁多，或告于不知用法。且自行印刷，劳费不资本馆有鉴于此，皆将各种表簿择要印行以供各学校之用，另择说明书一册，详述其用法，定价一角。如欲索阅请加盖学校图记，并附邮票五分，当即将说明书寄赠。

教务类：学籍簿五角；教授时间表二角；教授细目四角半；教案二角半；教授周录二角半；教授一览表二角半；绩分表四角；成绩一览表五角；成绩考查簿三角半；操行考查簿三角半；褒奖状二角半；学生画簿五角。

庶务类：学校日志三角半；职员录簿五角；职员到簿六角；参观题名录二角半；图书目录二角；器物目录二角；志愿书二角；保证书二角；请假书二角半；收据存根二角。

卫生类：身体检查表一角。

（11）商务印书馆广告：通俗教育之辅助品；幻灯影片。

（12）教育部审定教科书教授书广告：共 190 种 570 册，初等小学、高等小学、师范学校、女子学校、单级学校、半日学校无不齐备。

（13）英文书；教育部审定商务印书馆教科教授书之广告；辞典字典共 15 种。

（14）《自习复式教授法》，明悉单级之编制，不可不于复式编制法研究而贯通之。范祥善君编纂，大洋四角定价。

（15）《英文杂志》第 1 期、《妇女杂志》第 1 期要目。广告语：学界之宝鉴、女界之明灯。

（16）《学生杂志》第 2 卷第 1 号要目，月出一册一角，预订全年一元，邮费每册一分半。

（17）梁启超著《欧洲战役史论》，商务印书馆出版，定价七角。

（18）小说月报社启事。

第四，个别卷期缺少了正文

在将影印版与原版比较过程中发现，不仅大量的启事、广告没有刊印，就是个别卷期的篇目、内容、页码都作了变更，与原刊不符。如第 27 卷第 6 号，原刊在封面要目和内页目录中都有一篇《小学教室中实际问题及其解决》的文章，作者吴鼎，页码在 53—60 页。可在影印版中，无论封面要目、内页目录还是正文内容都没有这篇文章，且把内页目录的页码标识也作了调整。将原排在该文后面的文章《父母情感态度方面的几个问题》标识为 53 页（该文原起始页码为 61 页），之后的篇目按新的页码顺序排列。所以原刊共 148 个页码，而影印版只有 140 个页码。这说明这一期就不是影印旧刊，而是作了重新编排。至于为什么要这样做不得而知。相应的，以重印本为基础而编制的《教育杂志（1909—1948）索引》（吴美瑶等编）也便缺少了这一篇文章。

另外，原版第 12 卷第 2 号还有一篇《论登书籍及杂志广告的利益》的文章，在影印版中也没有。

要重视期刊启事、广告的史料价值

从上述台湾影印版《教育杂志》的取舍情况来看，除将两个增刊、一个号外以及发现的两篇文章没有刊印外，更多的未刊印的内容就是通告、启事及广告了。显然，在王云五以及台湾商务印书馆看来，也许是限于刊印成本的考虑，这些通告、启事和广告与正文比是无足轻重的，甚或是没什么价值的。所以除与正文对应页的少量启事广告被保留外，其余一概未予刊印。从广告的本体价值，即宣传产品、招徕顾客、扩大销售看，重印旧刊，广告已经起不到这些作用了，因为广告最讲究时效性，所以台湾商务印书馆这么做是可以理解的。但是在事隔几十年之后再回头看当时那些期刊的启事、广告，恐怕看到的就不是它的告示和宣传价值了，而是广告的史料价值了。

第一，民国期刊的广告具有广告史价值

在1995年出版的一部《期刊编辑学概论》中关于期刊广告有过这样的论断："70年代以前，商业广告在中国极为少见，期刊、报纸更是根本不登广告。""广告进入期刊的大门，在中国不过是近10来年的事。"① 在1995年出版的著作中所说的"70年代以前"显然应该包括民国时期。可仅从《教育杂志》反映的情况看，这一结论显然是不能成立的。《教育杂志》中不仅刊登了大量的书刊类广告，也有相当数量的纯商业广告，像大药房的广告，眼镜店的广告，胶鞋、牙膏、香皂的广告等。这些广告可以为广告史的研究提供大量的第一手史料。

第12卷第2号还刊有《论登书籍及杂志广告的利益》一文，应属于广告学的内容。

第二，民国期刊的广告具有教育史价值

《教育杂志》中刊登了大量有关教育方面的广告。如教科书的出版广告、教育刊物的要目广告、学校的招生广告、教学设备的广告等。这些广告多具有很高的教育史料价值，如湘雅医学专门学校的招生广告。② 原文如下：

宗旨　本校为湖南育群学会与美国雅礼会订约合组，呈准立案。以英文教授，注重实习，造就医学专门人才。本科五年毕业，授以医学博士学位。

入学资格　凡中学毕业生在本校所承认之大学或专门学校修业至少一年，于化学、物理、生物三科确有实习经验，英文能直接听讲者得入本科第一年级；凡中学毕业或有

---

① 徐柏容：《期刊编辑学概论》，第439—441页，沈阳：辽宁教育出版社，1995年。

② 载《教育杂志》1917年第9卷第4号。

同等学力者得入预科。

临症实习　本校附设之湘雅医院建筑绝精，又有湖南红十字会医院及肺痨医院，均为本校学生实习内外各科之地。

学费　全年学膳宿费六十元，分两期缴纳。书籍、制服、显微镜、预备等费外加。

试验　入学试验定于本年六月二十号至二十二号及九月五六七号在长沙本校举行。外埠如京汉沪广等处如有五人以上，同时通知本校，各人先纳特别考试费五元者，得在各该处受特别试验。如确有入本校本科资格而有本校承认学校之凭证者得免试验，径入本科第一年级。凡投考预科者均须一律受试。

开学　本年九月十一号为下学年始业期。另有详章函索即寄。

校址　湖南长沙潮宗街

从这则简短的招生广告中，我们便可以了解到当时医学教育的宗旨、入学资格、学费、开学时间等一系列问题。

再如，《教育杂志》还刊登过商务印书馆函授学社英文科招生广告：

无每日到校上课之劳，而有得到完美实用之英文知识之好机会。开办迄今已历六年，学员共有六千余人，毕业者已有千余人，学科分正科与选科，所聘教员极有经验，改课答问精细详明，无论何时皆可入学，印有简章函索即寄。①

商务印书馆的函授学社不知是否为我国函授教育的开端，但从这则广告中我们至少可以知道英文函授教育的一些情况。

中小学教科书出版发行的广告、教育部《教育公报》的要目等对于了解中小学教育情况、教育部的政策规定等都具有极重要的价值。

第三，民国期刊广告具有出版史价值

商务印书馆出版有20余种杂志，如《东方杂志》《教育杂志》《妇女杂志》《学生杂志》等，在这些杂志中刊登了大量的书刊广告。这些书刊的广告无疑是研究出版史的重要史料。这里举几例略加说明。

四部丛刊是商务印书馆较早出版的大型古籍丛书。对于保存国故、传承文化发挥了巨大作用。《教育杂志》曾用整版篇幅刊登了这部“空前之大丛书”的发售预约广告，称“本馆辑印此书筹备几及十年，收罗至于海外计得经史子集三百数十种”。广告中列数该书“备、精、美、廉”四大优点。②

再如对北京大学丛书的介绍：“下列丛书四种著者皆北京大学教员，于中国旧学既极有根底，复能上下古今融会中西而一以贯之，故能独标真谛得未曾有。”本丛书包括：

① 载《教育杂志》1921年第13卷第1号。

② 载《教育杂志》1920年第12卷第9号。

胡适著《中国哲学史大纲》、陈大齐著《心理学大纲》、周作人著《欧洲文学史》、陈映璜著《人类学》、梁漱溟著《印度哲学概论》。

《教育杂志》还曾刊登共学社广告一则，包括征稿启事和出版预告两部分。征稿启事说明了共学社的目的是要把西洋文化原原本本介绍过来，征稿范围是科学、历史、哲学、经济、社会。出版预告列出包括梁启超著《现代思潮之渊源》、舒新城译《教育心理学》在内的20部著作目录和将来出版分类。拟分时代丛书、历史丛书、学艺丛书、马克思研究丛书等。①

在“世界丛书”的一则广告中除言明丛书的目的（在于输入世界文明史上有重要关系的学术思想）和审查委员（蔡孑民、蒋梦麟、陶孟和、胡适之诸先生）外，还特别明确了稿费支付的两种办法和标准。这在出版史上当是讨论的重要问题。

其实，广告的史料价值远不止这些。我们都知道商务印书馆是一家民营出版社，以编书、出书为业。然而一则黑橡皮底鞋广告、一则活动影片的广告和一则玩具广告②会使我们对商务印书馆的经营范围有新的了解：商务不仅出版图书，还经营胶鞋、制作影片、制作供应玩具。其他诸如社会史、艺术史、法制史、思想史、学术史等都可从当时广告中找到珍贵资料或研究的重要线索。

由此又想到两点：第一，清末民初时期出版过大量期刊，这些期刊不仅对当时的社会生活、文化教育、学术研究、思想领域等方面产生过重大影响，发挥了重要作用，成为当时社会现实的真实记录者，而且具有极高的史学价值。但这些期刊由于时代久远，保存多不完整。即使在国内各大图书馆也少有收藏齐全的。因此，国家应该组织各方面力量，尽快将这些旧刊收集齐全，重新影印出版。第二，影印旧刊一定要保持旧刊原貌，不能随意删减。即使是广告、插图、启事、补白均要一应俱全，不能以今人褊狭之见或个人好恶任意取舍。当然更不能随意修改其内容，重新编排，否则就是对历史的极不尊重。

---

① 载《教育杂志》1920年第12卷第11号。

② 《教育杂志》第13卷第11号上刊登了上海商务印书馆经售美国克罗司厂制作的黑橡皮底鞋，其广告语是：“这种鞋子实在好，著在脚上极时道；黑帆布面橡皮底，货品道地价又小。”同期还刊登有活动影片和教育玩具广告，都为商务制作并经销。玩具广告词为“新年、西节必备”，说明圣诞节大概在当时也很流行。

后　记

本书是在笔者的博士学位论文基础上修改完成的。

2002年9月，笔者有幸考入久负盛名的北京师范大学，师从俞启定教授攻读中国教育史专业博士研究生。没想到这一读就是6年的时间。这期间笔者所供职的学校发展面临许多重大关键时刻——学科建设、博士单位申报、学位点评估等。虽说学校人才济济，不乏干具体活儿的人，但自己身处研究生处这样一个重要部门，又不能袖手旁观。在自己的学业和学校的事业之间毅然选择了后者。在申博、评估的那段日子根本无暇顾及学位论文的事情，论文的写作便一拖再拖。由于不能按时完成作业，一度曾羞于面对导师，甚至不愿踏进北师大的校园。最后还是导师用他那惯有的率直和最后通牒式的口吻让我猛醒，从而坚定了笔者完成博士论文的信心和勇气。"不必背包袱，但也要抓紧"这则至今仍保存在手机里的普通短信对笔者却具有特别的意义。它既是导师对笔者的宽慰，又是导师的严格要求。笔者不知道导师将我招至门下时有着怎样的期望，是否想到这个不成器的学生会如此拖沓。当笔者交出这份倾注了先生许多心力和关爱的答卷时，既为终于完成了一个重大任务感到如释重负，却又生怕达不到先生的要求而有些惶恐不安。"一日为师，终身为父"这个多少有点封建色彩的古训其实最好地表达了师生间那种不可更改的永存的情谊。师恩难忘！

北京教科院耿申教授是我与《教育杂志》结缘的介绍人。当我正在为博士论文选题举棋不定时，一次谈话中俞老师说：近代教育期刊非常值得研究，且目前研究的人很少。他问我有没有兴趣，我说可以试试。于是在俞老师的引荐下，拜访了耿老师。与耿老师的一席深谈，便让笔者进入了一个既陌生又充满挑战的领域。

王炳照先生曾给予我许多具体指导，无论是开题报告会上的精辟点拨，还是论文答辩会上的真知灼见，谆谆教诲犹在耳边。如今先生虽已离开了我们，但将永远活在学生的心中。

感谢于述胜教授和徐勇教授的指导和帮助。于老师在开题报告会上提出“要重视发掘办刊人的历史责任感和文化追求”的建议对论文写作产生了深刻影响。在参加中国教育学会教育史分会2005年年会期间，与徐勇教授的交流对我启发良多。博士论文初稿也承蒙徐老师提出了具体修改意见。在北京期间国家图书馆是我常去的地方。一次在国家图书馆与孙邦华教授不期而遇，简短的交谈使我认识到了研究期刊的不易。

汪家熔先生是著名的出版史专家。当笔者将一些初步研究心得贸然寄给汪老时很快得到了先生的鼓励和肯定，给我增添了无限的信心和力量。汪老认为，不管研究书史还是期刊史，都要“见物说话”，不武断，不臆测。这对笔者影响至深。在论文写作过程中，还曾得到台湾周愚文教授、吴美瑶博士的鼓励。台湾友人蔡琳堂先生还寄来有关材料。

感谢毛祖桓教授、杨东平教授、于述胜教授、徐勇教授在答辩会上对论文给予的肯定及提出的许多非常深刻、中肯的意见和建议。这些见解成为笔者进一步研究的重要指导。

这篇论文能够完成，是许多师友帮助和关心的结果。北京师范大学张斌贤教授、石中英教授都是笔者的老师，却给予了许多朋友般的鼓励。周作宇教授更是给予了无微不至的关心和精神的慰藉，一想到他便不再感觉孤单。

感谢楼世洲博士、张蕊博士、王颖博士、欧阳光华博士、王晨博士、杨克瑞博士、米俊魁博士给予的帮助，特别是张蕊博士和米俊魁博士不仅提供资料，还对论文写作提出了很好的建议。

内蒙古师范大学党委书记陈中永教授、校长杨一江教授、副校长照日格图教授、云国宏教授、包头师范学院初志壮院长始终关心笔者的学业。扎巴教授、靳乃铮教授、张慕蕴教授、刘文霞教授时时督促且经常鼓励，给我增添了许多战胜困难的力量。历史学资深教授曹永年先生给予了许多学术上的指导和精神上的鼓励。历史文化学院于永教授、刘成法教授、张建军博士非常关心研究，提出的许多建议使笔者受益匪浅。数学教育史专家代钦教授不仅提供了大量珍贵的资料，还审读了论文初稿，是我学术上的良师益友。时任科技处处长的扎格尔教授对笔者的研究工作极为关注，甚至腾出了他们经常使用的会议室让我独占数月之久。图书馆所藏的部分《教育杂志》成为此项研究所需的弥足珍贵的第一手资料。时任图书馆馆长的杜宏刚先生、特藏部王晓霞主任、王丽英副馆长在资料使用方面提供了许多方便。没有他们的鼎力相助，笔者的论文不会完成得这么顺利。在专心写作论文的日子里，是云国宏副校长和乌日娜处长带领研究生处全体同志完成了大量本该由我承担的工作。他们成为笔者安心写作论文的坚强后盾，感谢研究生处全体同仁。科技处处长赵明教授、副处长王建莉教授对笔者的研究极为关注，特别是在论著出版方面给予了大力支持，在此一并致以诚挚谢意。

笔者的研究生段雨佳、张鑫蕊、张键楠、胡乐、路宁、杨帆、白茹、田中梅等同学帮助查阅整理资料、校对文字、编辑文稿，付出了很多劳动，尤其段雨佳在论文后期编校方面花费了很多精力。

笔者也不会忘记家人。爱人李芳在身体欠佳的情况下，既要完成教学任务，又要承担几乎所有的家务，她把自己的发展置之脑后，为我们的家做出了很大的牺牲。我无以为报，权且将这部书作为献给她的礼物。

研究无止境。通过完成这部书稿，笔者更加明确了今后一段时间的研究领域和主攻方向，并会在这一领域不断探索，继续前行，并以此报答所有关心、帮助我的人。

王有亮

2011 年 12 月 8 日

宣統元年正月二十日發行

教育雜誌

第一年第一期

本期之目錄

圖畫・主張・社說・教授管理・教授資料・記事・教育法令・調查・論說・叢談・評論・雜纂・文件・批評・介紹・附錄

龍門師範學校戊申下學期全校撮影〇南洋公學戊申畢業撮影〇愛國女學校戊申畢業撮影〇上海公立幼稚舍戊申下學期撮影

普通教育當採用俗體字 陸費逵

縮短在學年限 陸費逵

論普及教育宜注重宜講 沈頤

論小學校之教授國文 陸爾奎

不良少年論 王我臧

龍門師範生試教教授案 李廷翰

上校友會述辦學情形書 嚴保誠

冰談

本國之部〇外國之部

日本教育界最近之調查〇朝鮮之師範教育

浙籍與高等實業學堂〇入學考驗問題〇異哉辦學堂之人乃不令子弟入學堂 莊俞

教育瑣談

教育界之竹頭木屑 天笑生

小說 教育 飛兒就學記

九種

學部審定中學教科書提要

每月一期二十五日發行

宣統元年正月二十五日出版

編輯者 桐鄉陸費逵

發行者 教育雜誌社

印刷所 商務印書館

發行所 上海棋盤街 商務印書館

分售處 商務印書分館

定價表 費須先惠逢閏照加

項目	一冊	半年六冊	全年十二冊
報資	一角	五角五分	一元
郵費 本國日本	二分	一角二分	二角四分
郵費 外國	四分	二角四分	四角八分
廣告 一面	八元	三十六元	六十元
廣告 半面	五元	二十元	三十二元

第一期懸賞徵集唱歌

初等小學校歌

F調二拍子

| 1122 | 3322 | 5321 | 2320 |

| 5553 | 665 | 3322 | 1. 0 |

| 6656 | 1321 | 2212 | 3. 0 |

| 5535 | 6653 | 2123 | 2210 ||

歌詞須淺顯易解而又恰合初等小學初年級之身分程度如有已撰成之校歌不拘用何曲譜亦請示下當選者酌贈本雜誌一冊或數冊

第一期懸賞徵集教授案

初等小學第二年國文科教授案

（商務書館出版最新國文教科書第三冊第二十三課）

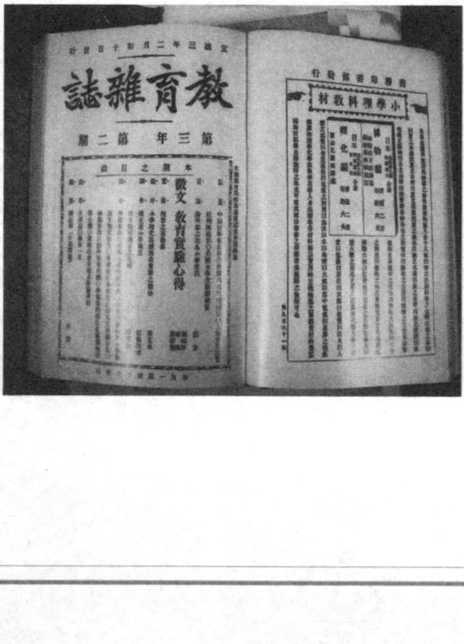

宣統三年二月初十日發行

教育雜誌

第三年第二期

本期之目錄

小學理科教材

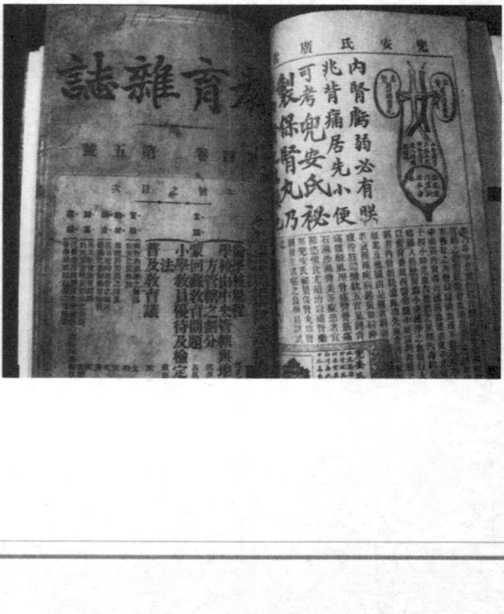

教育雜誌

第四卷第五號

本號之目次

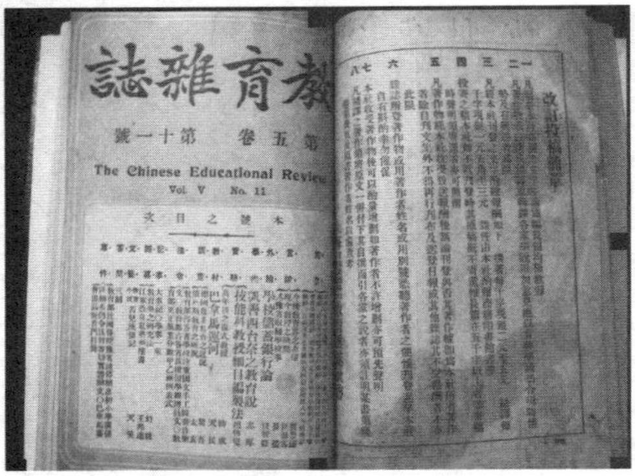
教育雜誌
第五卷 第十一號
The Chinese Educational Review
Vol. V No. 11
本號之目次

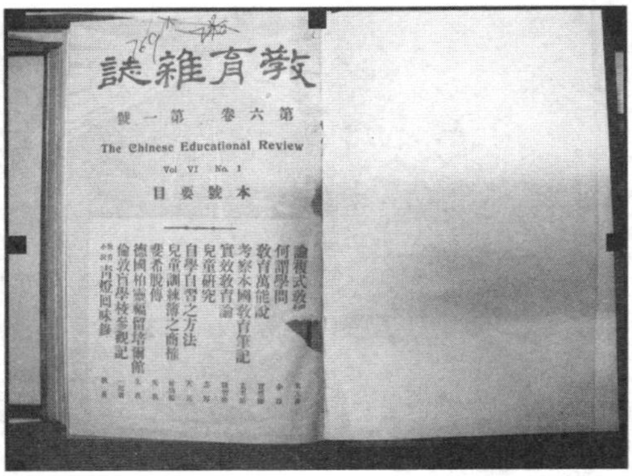
教育雜誌
第六卷 第一號
The Chinese Educational Review
Vol. VI No. 1
本號要目

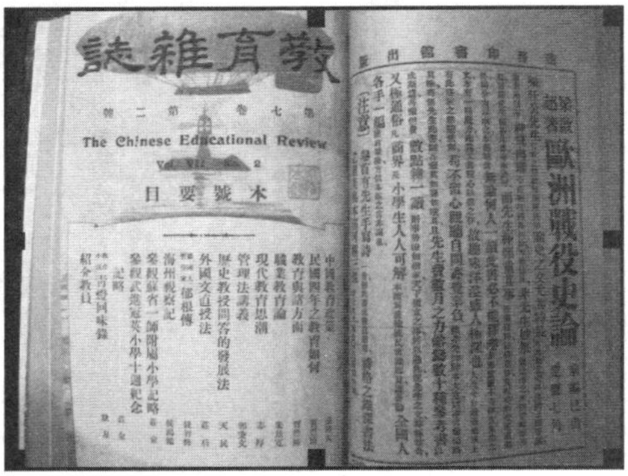
教育雜誌
第七卷 第二號
The Chinese Educational Review
本號要目
歐洲戰役史論

教育雜誌
第八卷 第十一號
The Chinese Educational Review
Vol. VIII No. 11
本號要目
2007.08.30

教育雜誌
The Chinese Educational Review

教育雜誌
The Chinese Educational Review
2007.08.30

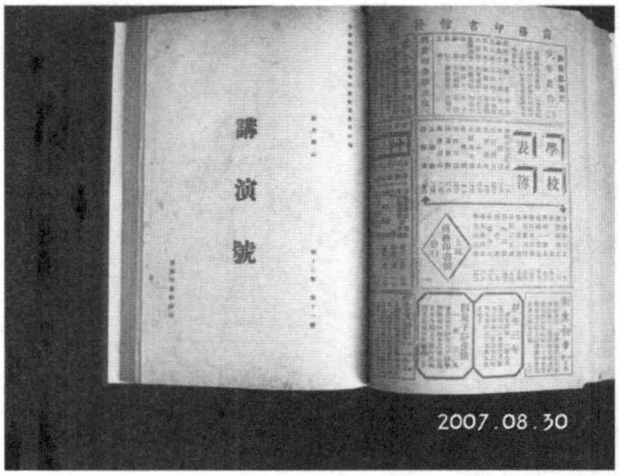
講演號
2007.08.30

安氏固牙香膏
THE CHINESE EDUCATIONAL REVIEW
教育雜誌
Commercial Press, Limited

學制課程研究號

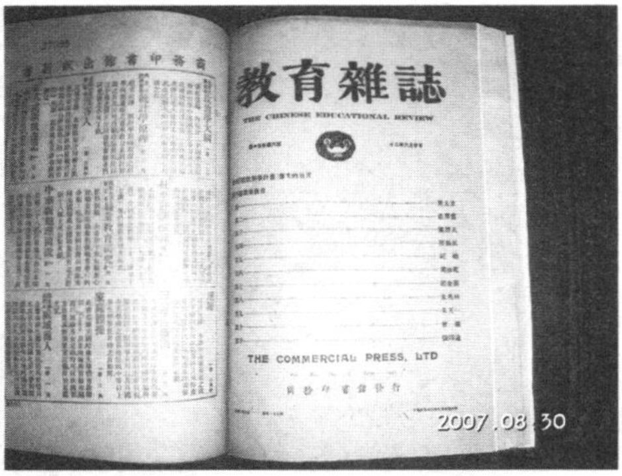
教育雜誌
THE CHINESE EDUCATIONAL REVIEW
THE COMMERCIAL PRESS, LTD
2007.08.30

教育雜誌
性教育專號
THE COMMERCIAL PRESS, LTD
2007.08.30

教育雜誌
小學教育參考書專號
2007.08.31

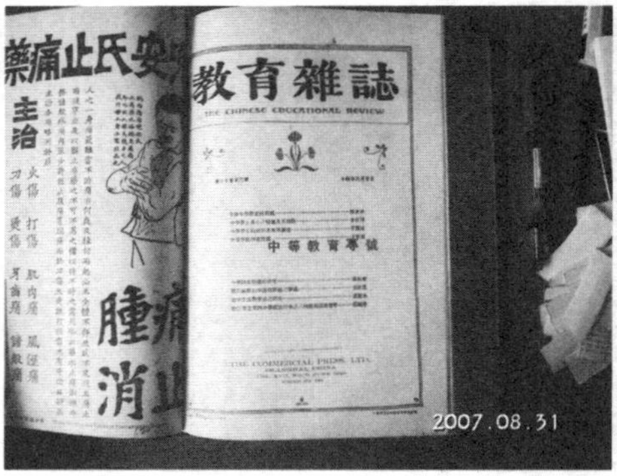
安氏止痛藥
教育雜誌
中等教育專號
2007.08.31

兜安氏補藥片
教育雜誌
THE EDUCATIONAL REVIEW
2007.09.03

教育雜誌
2007.09.04

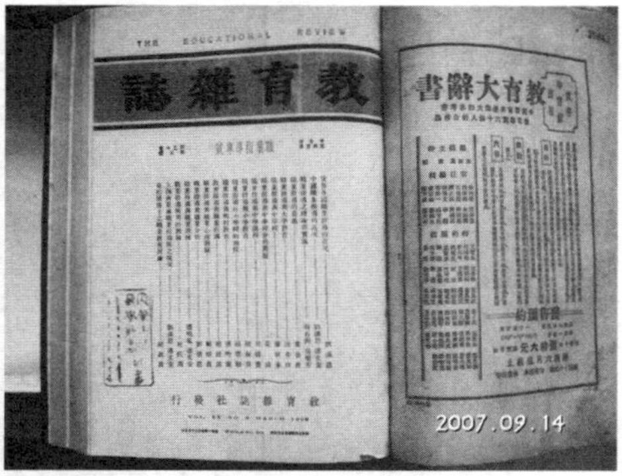
THE EDUCATIONAL REVIEW
教育雜誌
教育大辭書
2007.09.14

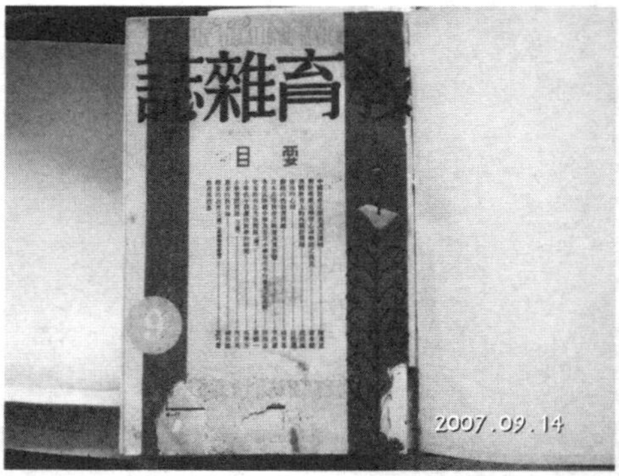
教育雜誌
要目
2007.09.14

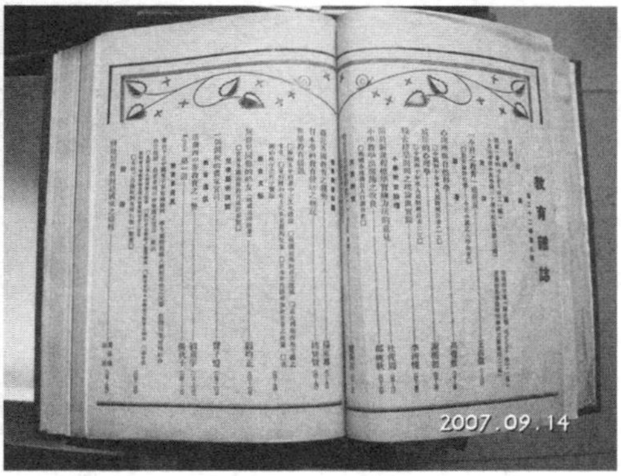

教育雜誌
十月

教育雜誌
第二十三卷第六号
民國二十年六月二十日出版
上海商務印書館發行

復興初中教科書
上海商務印書館發行

教育雜誌
第二十五卷
第一號
新年號
要目

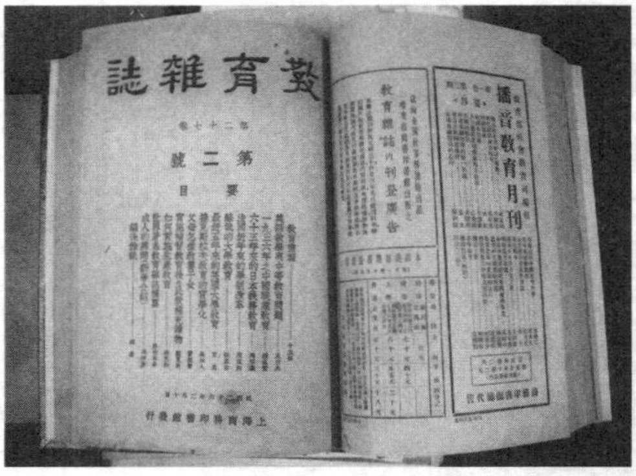
教育雜誌
第二十七卷
第二號
要目
播音教育月刊

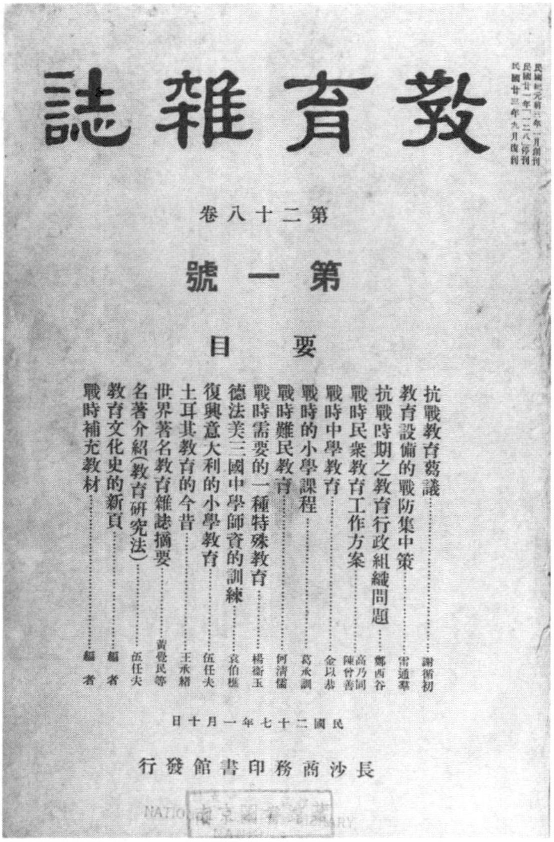

民國紀元前三年一月創刊
民國廿一年「一二八」停刊
民國廿三年九月復刊

教育雜誌

第二十八卷

第一號

要目

民國二十七年一月十日

長沙商務印書館發行

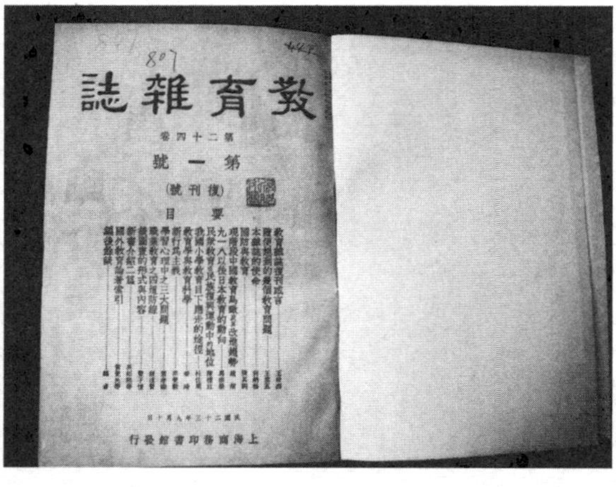

教育雜誌

第二十四卷

第一號

(復刊號)

要目

民國二十三年九月十日

上海商務印書館發行

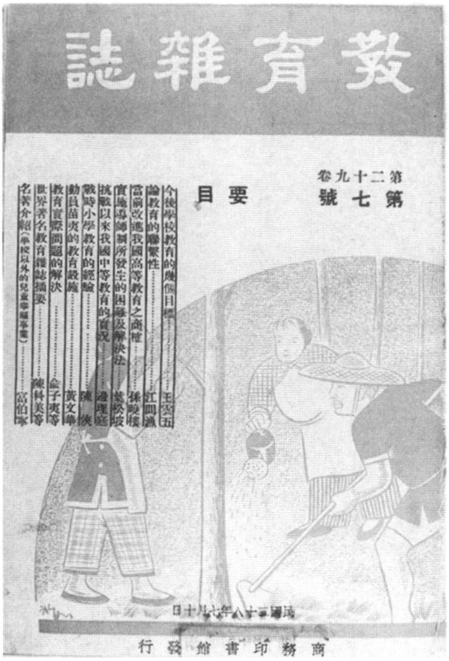
教育雜誌
第二十九卷
第七號
要目
今後學校教育的應備目標……王雲五
論教育的聯繫性……江問漁
當前改進我國高等教育之商榷……孫毓棠
實施導師制所發生的困難及解決法……葉松坡
抗戰以來我國中等教育的實況……邊理庭
戰時小學教育的經驗……陳俠
動員苗夷的教育設施……黃文華
教育實際問題的解決……金子爽等
世界著名教育雜誌摘要……陳科美等
名著介紹(學校以外的兒童學圖畫)……宮伯家
中華民國二十八年七月十日
商務印書館發行

新年
教育
教育雜誌 刷新預告
教育雜誌社啟
現代教育思潮號
2007

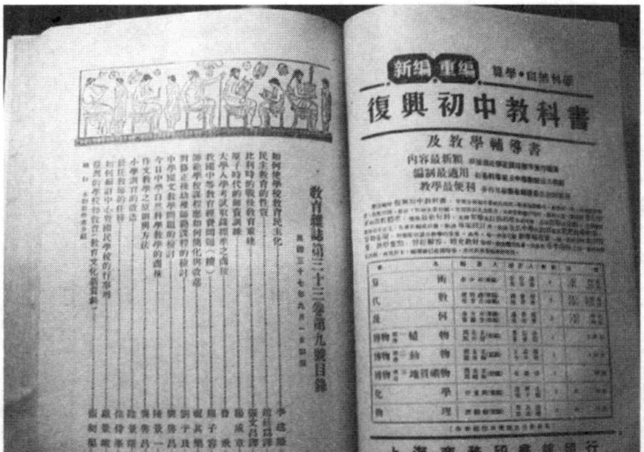
新编 重编
復興初中教科書
及教學輔導書
上海商務印書館印行

教育雜誌
第三十卷 第一期
民國二十三年九月復刊
要目
戰時高等教育問題論戰的總檢討
從師範學生志趣再論師範教育
小學實際問題——分數的初步練習
對於學校軍訓的一點認識
冀東淪陷區奴化教育的實況
兩種小學算術教科書的比較
優良教師的座右銘十六則
商務印書館發行

教育雜誌
抗戰四周年紀念號 第三十一卷 第七期
要目
抗戰以來的四川省教育
抗戰以來的廣東省教育
抗戰以來江西省教育
一年來之貴州教育
湖北教育的新動向
抗戰以來之西康省教育
炸彈下長大的中央大學

教育雜誌
第三十二卷
第三號
日本教育專號
要目
上海商務印書館發行

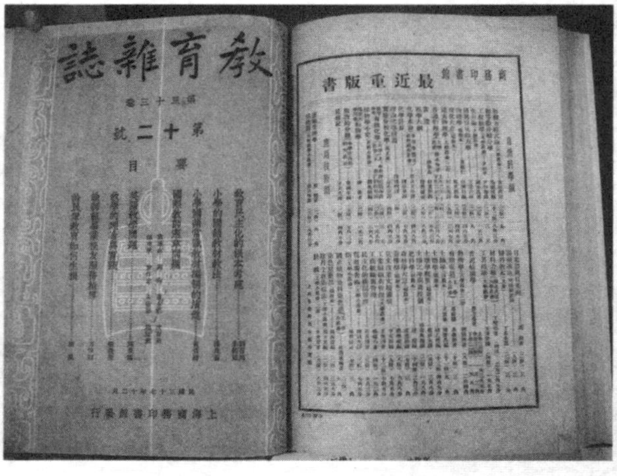
教育雜誌
第三十三卷
第十二號
要目
上海商務印書館發行
商務印書館
最近重版書